영국인의 문화와 정체성

대처주의와 자유시장이 부른 전통의 위기

소나무

영국인의 문화와 정체성

대처주의와 자유시장이 부른 전통의 위기

초판발행일   2008년 11월 20일

펴낸이   유재현
편집교정   김석기·이혜영·유소연
마케팅   장만·안혜련
디자인   조완철
인쇄제본   영신사
필름출력   ING
종이   한서지업사

펴낸곳   소나무
등록   1987년 12월 12일 제2-403호
주소   121-830 서울시 마포구 상암동 11-9, 201호
전화   02-375-5784
팩스   02-375-5789
전자우편   sonamoopub@empal.com
전자집   www.sonamoobook.co.kr

책값   18,000원

ⓒ 박우룡, 2008

ISBN. 978-89-7139-553-0   93920

소나무 머리 맞대어 책을 만들고, 가슴 맞대고 고향을 일굽니다

이 보잘 것 없는 책을
그리운 어머니 고 최복례님의 2주기 영전에 바친다.

머리말

I.

2008년 미국에서 출발한 세계적인 금융 위기와 경기 침체에서 가장 직격탄을 맞은 나라는 영국이었다. 영국은 1988년 불경기에 빠진 이후 여러 국면에서 경제의 취약성을 보여 왔다. 제조업은 침체를 거듭하여 국제 무역에서 차지하는 영국 제품의 비중은 1950년의 약 25%에서 1990년에는 6%로 추락하였다. 또 전체 산업 구조도 일부 첨단 산업을 제외하고는 주로 금융과 건설을 중심으로 하는 단순화된 구조로 재편되었다. 그래서 이번 주택 경기 침체와 그에 따른 금융 위기에 가장 큰 타격을 받게 된 나라가 영국이다. 무엇보다도 이번 위기는 대처 정부의 인위적인 주택 경기 부양과 무리한 금융 대출이 하나의 원인遠因이 되었다고 할 수 있을 것이다.

주요 외신에 의하면 영국은 이번 위기에 대응하여 4,000억 파운드(한화 약 800조 원)를 구제 금융으로 방출할 것으로 알려지고 있다. 미국의 구제 금융 액수에 거의 근접하는 금액이다. 그러나 그러한 조치로 금융 위기가 해소될지는 아직 미지수다. 거기에다가 영국은 장기적인 경기 침체의 늪에 빠질 것으로 예측되고 있다. 또 IMF는 영국의 국가 부채가 심각한 상황에 이르고 있음을 경고하고 있다. 어찌 보면 이번 금융 위기는 영국이 1980년대 이후 계속해서 겪어온 여러 문제의 결정판이 아닌가 하는 생각이 든다.

1980년대부터 영국은 정치·경제적으로 극적인 변화를 겪었다. 그것은 대처 정부의 급격한 체제 실험이 초래한 결과였다. 정치적으로는 개혁주의 전통이 퇴조했다. 그에 따라 2차 대전 이후 4반세기 동안 정치·경제 정책의 기조가 되어온 복지 국가와 완전 고용의 '정치적 합의'가 무너졌다. 경제 영역에서 자유시장을 창출한다는 명목으로 국가 권력에 의해 여러 가지 과격한 정책이 추진되어 경제의 기본 골격이 무너졌다. 시장에 대한 국가 개입의 최소화라는 명분으로 시작된 대처의 정책은 결과적으로는 20세기 영국에서 가장 권위주의적인 국가 권력을 낳고 말았다.

통화주의 정책에 의해 고금리 정책이 도입되면서 전통적인 제조업이 크게 몰락하고, 노동 탄압적인 정책을 취하면서 실업자 수가 크게 늘었다. 무리한 민영화와 주택 판매로 국가 재정에 큰 적자를 떠안겼다. 주택과 금융의 일시적인 경기 호황이 있은 후, 1988년부터 큰 경기 침체가 닥쳐오면서 주택 대출금을 갚을 수 없게 된 수많은 가구들은 집을 압류당하고 거리로 내몰리게 되었다.

지역적으로 수도권인 런던과 그 주위 남동부를 '중심부'로, 그 나머지 지역을 '주변부'로 분리하는 이른바 '두 국민' 정책을 폈다. 그 결과 1980년대 다른 지역이 전반적인 경제적 침체를 겪는 동안, 남동부 지역은 다른 모든 지역에 비해 3배의 빠른 경제 성장률을 기록하였다. 또 노동 계급도 정규직과 비정규직으로 차별하는 '두 국민'화가 이루어졌다. 이에 따라 지역별·계층별 빈부 양극화의 간극이 더 심해졌다. 이러한 상황이 계속되면서 빈민층 실업자인 '하위 계급underclass'이 크게 늘어나 다섯 가구당 한 가구가 아무도 벌이가 없는 심각한 상태에 빠지게 되었다.

II.

영국의 문화는 보수와 개혁의 두 전통 위에서 발전해 왔다. 영국인은 한편으로 영광스런 시절의 전통과 사회적 기풍을 간직하면서도, 새로운 시대적 조류를 수용하려는 자세를 가지고 점진적이고 실용적인 개혁을 도모해 왔다. 20세기 후반의 다양한 문화적 현상도 '노스텔지어'와 '모더니티'라는 두 개념으로 수렴되는 것을 볼 수 있다. 그러한 태도가 몸에 밴 다수 영국인은 관용, 품격, 온건함, 합의와 타협 같은 가치를 중시해 왔다. 대신 극단적인 개념의 표현을 쓰는 것을 삼갔다. '해방,' '부르주아,' '자본주의적' 같은 어휘를 선뜻 쓰려고 하지 않는 것을 보게 된다. 그들은 겸손과 절제를 좋아하고, 완벽한 논리보다는 실질적인 상식을 더 선호하기 때문이다.[1]

이러한 영국인의 성향은 19세기 들어와 자본주의 발전이 가속화되면서 여러 가지 경제적·사회적 문제가 발생하자 당대의 선구적 지식인들이 온건하고 점진적인 담론을 통해 개혁에 대한 시대적 필요성을 제기하는 데서도 찾아볼 수 있다.

워드워스William Wordsworth, 칼라일Thomas Carlyle, 러스킨John Ruskin, 밀J. S. Mill, 디즈레일리Benjamin Disraeli, 그린Thomas Hill Green 같은 당대의 선각자들은 '자연에의 감성적 동화,' '영국의 현실Condition of England,' '분배 정의,' '애타주의altruism,' '공동선Common Good,' '사회적 부'와 같은 가치를 꾸준히

---

1) David McDowall, *Britain in Close-Up : An In-Depth Study of Contemporary Britain* (London : Longman, 2001), p. 102.

발굴하고 전파했다. 그리고 사회 개혁의 필요성을 영국인의 문화와 국민성을 고양하는 측면에서 찾으려 했다.

19세기 후반 홉하우스Leonard Hobhouse, 홉슨John Hobson, 스콧S. C. Scott 등 지식인, 언론인, 종교인, 정치가 등 수많은 사회 지도층 인사도 영국이 산업화와 부르주아 사회로 변해가면서 파생되는 문제를 사회 개혁을 통해 해소하려고 노력했다. 그들은 오랫동안 진지하게 고민하면서 개혁의 논리를 개발하고, 시민 운동을 통해 개혁의 여론을 형성하고, 정치 영역에 접목시켜 '생존 가능한 자본주의 사회를 만드는 데 지대한 노력을 기울였다.

III.

영국의 보수주의와 보수당도 버크Edmund Burke와 디즈레일리Benjamin Disraeli 이래 진보적·온정적·개혁주의를 그 전통의 한 축으로 삼아왔다. 영국 보수주의에 대해 일반적으로 연상하는 말은 '실용주의pragmatism'와 '유연성 flexibility'이다.2) 전통적으로 보수당은 변화하는 환경에 적응하는 데 두드러지 게 탄력적인 모습을 보였다.

실로 보수당이 영국 정치에서 주도적인 정당으로 스스로를 유지해 온 이유 가운데 하나는 적응과 변화에 대한 적극적인 태도에 있었다고 할 것이다. 그러므로 보수당의 전통은 이념 정당이 아니라 실용주의 정당의 특징을 보여 왔다. 반동적이거나 급진적인 변화보다는 점진적 개혁과 유기적 변화를 선호하 는 것은 영국 보수주의의 분명한 특징이 되었다.

버크는 개혁에 대한 영국 보수주의자의 그러한 태도를 가장 잘 표현하고 있다. "변화 수단을 갖지 못하는 국가는 생존 수단이 없는 국가이다."3) 하지만

---

2) Robert Leach, *Political Ideology in Britain* (New York : Palgrave, 2002), p. 47.

개혁은 과거와의 유기적인 관계에서 생겨나야 하며, 추상적인 이성보다는 '선례, 권위 그리고 본보기'에 기초해 이루어져야 한다고 주장했다.[4] 그가 명예 혁명을 칭송하고 프랑스 혁명을 배척하는 이유가 바로 여기에 있었다. 버크가 프랑스 혁명으로부터 얻은 교훈은 변화는 자연스러운 것이거나 불가피한 것이어야 하며, 변화를 추구하는 경우에 저항을 받아서는 안 된다는 것이었다. 그래서 버크적 보수주의의 특징은 신중하고 온건하며 실용적이다.

19세기 중반 보수당 지도자 디즈레일리는 산업화와 자본주의적 가치 체계 전반을 강력히 비판했다. 디즈레일리는 특히 자유방임 경제학의 이념과 슬로건을 공격했다.[5] 그는 자유방임적 자본주의를 보수당이 반드시 지켜야 하는 공동체와 전통에 파괴적인 이념이라고 보았다. 또 자유방임주의는 빅토리아 시대의 잉글랜드 사회를 부자와 빈민의 '두 국민two nations'으로 분열시켰다고 보았다.[6] 디즈레일리는 사회 정책을 통해서 어떻게든 그 분열이 극복되어 영국인이 하나의 국민으로 합쳐질 것을 갈망했다. 여기에서 '한 국민one nation' 보수주의가 생겨난 것이다. 빅토리아 시대 후기에 다수 보수주의자는 '한 국민one nation'을 당의 슬로건으로 선택했다.

20세기 후반까지도 대부분의 보수주의자는 사유 재산의 옹호가 반드시 자유시장에 대한 절대적인 옹호를 수반한다고 생각하지 않았다. 인간의 본성과 지적 능력의 불완전함을 믿는 보수주의자는, 불완전한 인간에게 '자유방임 laissez-faire'을 허용하는 것은 부적절한 일이라고 여겼다.[7]

---

3) Edmund Burke, *On Government, Politics and Society*, ed. B. W. Hill (London : Fontana, 1975), p. 285 ; Andrew Heywood, *Political Ideologies : An Introduction*, 4th edn. (New York : Palgrave, 2007), p. 81.

4) Edmund Burke, *Reflections on the Revolution in France* (Harmondsworth : Penguin, 1968), p. 296.

5) Leach, *Political Ideology in Britain*, p. 60.

6) *Ibid.,* p. 80.

7) *Ibid.,* p. 60.

20세기에 와서 챔벌린Neville Chamberlain이 산업 합리화를 내세워 '통제 자본주의managed capitalism' 국가 개입주의 정책을 폈다. 2차 대전 후 보수당 수상 맥밀런Harold Macmillan은 "보수주의Toryism는 항상 일종의 온정적 사회주의였다"는 다소 파격적인 선언을 하면서, 자유방임적 자본주의와 사회주의적 국가 계획 사이의 개입주의적 '중도 노선Middle Way'을 표방했다. 또 전시 보수당의 개혁그룹Tory Reform Group은 보수당이 사회 개혁, 더 나아가 '토리즘의 본질 그 자체'라고 선언된 '비버리지 보고서The Beveridge Report'의 사회 복지의 청사진을 받아들일 것을 촉구했다.

이처럼 보수당의 개혁주의Tory Collectivism는 보수당 노선의 한 경향으로 자리잡았고, 그러한 이념적 기반 위에서 대전 후 복지 국가와 완전 고용을 정치의 최우선 목표로 하는 '정치적 합의political consensus'가 도출될 수 있었던 것이다. 그래서 자유시장이나 자본주의라는 용어는 모두 영국에서 폭넓게 받아들여지지 않았고, 심지어 보수주의자들도 마찬가지 태도를 보였다.[8] 그러므로 사회 개혁은 노동당, 보수당 할 것 없이 영국의 정치 문화에 하나의 대세로 자리잡게 되었다. 그러나 이러한 영국의 개혁주의적 정치 문화는 보수당의 소수파인 대처와 뉴 라이트에 의해 무참히 무너지고 말았다.

IV.

20세기 영국의 문학과 예술도 시대적 현실을 반영하면서 역동적으로 발전하는 모습을 보여주었다. 이미 19세기 영국의 문학과 미술은 워즈워스와 러스킨 John Ruskin의 주도로 계몽주의의 차가운 이성에 대한 안티테제로 자연친화적인 낭만주의적 감성을 추구하였다. 또 문학을 통해 인간성의 고양을 추구하는

---

8) *Ibid.*, p. 192

전통을 후대에 물려주었다. 문학은 20세기 후반에도 청년·노동자의 등장에 따른 사회적 리얼리즘, 여성의 지위 향상과 사회 참여의 확대에 다른 페미니즘 문학, 그리고 식민지 출신의 뛰어난 작가들이 개척한 식민지 문학의 정수를 보여주었다.

새롭게 등장한 청년 문화는 음악과 패션에서 혹은 거리 미술과 자연친화적 태도를 통해 영국 하위 문화subculture의 다양성을 유감없이 발휘했다. 식민지 출신 영국인의 음악과 패션을 바탕으로 한 다문화multiculture는 영국 문화의 흐름에 큰 영향을 끼치면서 주요한 경향으로 자리잡게 되었다.

이러한 영국의 문화는 1980년대 이전 세계 문화의 발전에 선도적인 역할을 하는 모습을 볼 수 있었다. 그러나 이러한 문화적 전통도 대처주의가 등장한 1980년대 이후 앞에서 말한 상업화의 물결 속에서 통속화되어 가면서 과거의 영광을 잃고 말았다.

V.

대처주의는 그동안 경제와 관련하여 우리에게 매우 긍정적인 이미지로 기억되어 왔다. 대처에게는 지나친 복지를 억제하고 노동조합의 과도한 요구를 물리쳐 '영국병'을 치료하고 경제를 회복시켰다는 찬사가 뒤따라 다녔다. 그래서 그녀의 정치적 태도와 정책은 정치 지도자들이 마땅히 추종해야 할 하나의 전범으로까지 여겨질 정도였다. 심지어 대처는 신자유주의와 세계화가 시대적 조류로 등장했을 때, 그러한 새로운 방향을 선도하는 정치인으로 크게 추앙받기도 했다.

그러나 대처주의의 실상은 우리에게 알려진 것과는 크게 달랐다. 대처주의의 내용과 그 결과는 우리가 알고 있는 그런 장밋빛이 아니었다. 당시 영국의 경제 상황은 알려진 것보다 훨씬 나빴으며, 대처의 경제적 업적이나 국가 개조에 대한 실적도 사실과 달리 부풀려져 있다. 그동안 우리에게 알려진 대처의 이미지는 다분히 언론이나 뉴 라이트 추종자들이 만들어낸 일종의 신화였다. 특히 한국에서 대처주의는 제대로 알려져 있지 않고 친기업적인 일부 언론이나 우파 지식인에 의해 과대 포장되거나 왜곡되어 왔다.

대처는 영국에서 사회주의를 물리치고 자유시장을 창출한다는 목표를 내세우고 그 실현을 위해 급진적인 체제 개혁을 단행했다. 강력한 권위주의적 권력을 행사하여 통화주의와 노동 억제 정책을 밀어부쳤다. 복지를 대폭 축소하고, 교육·예술 등의 분야에 대한 지원을 중단하고, 세금 감면, 민영화, 교육 개혁, 지방자치 단체의 권한 약화 등을 추진했다. 그러나 영국 사회의 모든 것을 시장의 논리에 맞춰 개조하려고 했던 대처의 실험은, 그레이John Gray의 말처럼, "그녀가 의도하지 않은 결과를 낳았고, 꿈꾸지 않은 사회"를 출현시키고 말았다.9)

대처가 추구한 재산 소유 민주주의property-owning democracy 혹은 주식 소유 민주주의share-owning democracy의 꿈은 일시 실현되는 듯이 보였다. 그러나 지나치게 낮은 가격으로 지방자치 단체의 주택을 매각하고, 저리의 금융 대출을 시행함으로써 국가의 재정에 큰 부담으로 작용했다. 결국 1988년부터 심각한 불경기가 발생하고 대량 실업이 초래되면서 오늘날의 미국과 같은 주택 경기 추락과 관련한 금융 위기가 발생했다.

대처의 집권 초기 통화주의 정책으로 영국 제조업의 25%가 일시에 몰락했다. 그 결과 무역 규모 또한 1980년대 여타 선진 산업국가 가운데 가장 큰 하락 폭을 보여주었다. 대처 정부의 경제 성장률도 대처 집권 기간 전체에 걸쳐 연 평균 1.75%에 지나지 않는 초라한 성적이었다. 그것은 대처가 집권 전에

---

9) John Gray, *Black Mass : Apocalyptic Religion and the Death of Utopia* (New York : Farrar, Straus and Giroux, 2007), p. 77.

그 성장률을 비웃던 이전 노동당 정부 10년 동안의 2.4%나, 1997년 이후
노동당의 2.7%에 비해도 훨씬 낮았다. 소득 편중도 심화되어 보수당 집권
18년 동안, 빈곤층의 소득은 그대로이거나 하락한 반면, 상위 10%의 부유층은
62%나 상승했다.

VI.

그런데 이러한 실상을 갖는 대처주의가 왜 세계적으로 크게 주목을 받게
되었는가? 그것은 무엇보다도 대처가 물러갈 무렵쯤 대처 자신과 그녀를
추종한 뉴 라이트들이 그녀의 정책을 이데올로기화하려고 시도했기 때문이다.
또 소련과 동구권이 무너지면서 영·미식 자유시장의 이데올로기가 유일한
대안으로 제시된 것도 큰 요인으로 작용했다.

하비David Harvey의 지적처럼, 자유시장과 신자유주의를 지배적인 이데올로
기로 전파하려는 시도는 오랜 시간 동안 다각적으로 집요하게 이루어졌다.[10)
그 과정에서 대처를 카리스마적 지도자로 만들면서 그녀의 정책을 자유시장의
대표적 성공 사례로 미화시키려는 작업도 끈질기게 이어졌다. 그러나 영국의
좌·우파를 막론하고 균형 감각이 있는 지식인 혹은 역사학자는 대처주의의
문제점과 그 폐단의 심각성을 잘 알고 있었다.

대처주의가 그 한 축이 되었던 신자유주의는 1990년대 중반부터 본격화한
세계화의 물결을 타고 전세계를 거세게 휩쓸었다. 그러나 그 결과는 비단
영국뿐만 아니라 전세계에 걸쳐 수많은 부정적인 결과를 초래했다. 그리고
이번 세계적인 금융 위기와 그에 뒤따르는 세계적인 불경기는 신자유주의와

---

10) David Harvey, *A Brief History of Neoliberalism* (Oxford and New York : Oxford University Press,
    2005, 2007), p. 40.

그를 기반으로 하는 세계화에 대해 본격적으로 의문을 제기해 봐야 할 시점이 다가왔음을 분명하게 알려주고 있다.

위기에 처한 영국의 전통과 문화를 다시 정상적인 상태로 되돌리기 위해서는 그동안 우리에게 잘못 알려져 있는 대처주의의 신화에서 탈피하는 일부터 시작해야 할 것이다. 그러기 위해서는 대처주의 정책의 문제점과 폐단을 보다 정확하게 파악할 수 있어야 한다. 그리고 그 대안을 모색하는 데 있어서 1세기가 넘는 기간 동안 영국의 지도적 인사들이 고민했던 개혁주의 전통을 다시 되돌아보아야 할 것이다. 또 1980년대 이전 영국 문화의 내용을 관찰하여 어디서부터 영국의 문화가 잘못되기 시작했는가를 성찰해 보아야만 한다.

따라서 이 책은 1부에서 대처주의 이전의 영국의 문화와 가치관의 모습을 제시한다. 2, 3부에서는 대처주의의 내용과, 대처주의가 오늘날 영국을 어떻게 위기에 처하게 만들었는가를 들여다보기로 한다. 4부에서 다시 과거 영국의 개혁주의적 가치와 사회 개혁의 노력을 상기하고, 5부에서 현대 영국의 문화·예술의 다양성과 역동성과 풍요로움을 재음미하기로 한다.

VII.

이 책을 쓰면서 여러 분의 도움을 받았다. 차하순 선생님께서는 언제나 열심히 연구와 일에 몰두하시는 모습을 통해 필자에게 많은 가르침을 주셨다. 김영한 선생님과 임상우 선생님께는 필자가 어려울 때 늘 격려해주시고 따뜻하게 보살펴 주신 데 대해 감사드린다. 서강대 사학과의 여러 교수님께서는 꾸준히 학문에 정진하시는 모습을 통해 필자에게 많은 자극을 주셨다. 이보형 선생님께도 만수무강을 기원한다.

이화여대 학술원의 박경서 석좌교수님께 필자에게 관심을 갖고 격려해

주신 데 대해 감사드린다. 서울대의 신문수 선생님께도 그동안 진지한 태도를 가지고 학문에 임하도록 여러 조언을 주신 데 대해 감사드린다. 서강대 국제지역 문화원은 필자가 집필에 몰두할 수 있도록 여러 가지 도움과 편의를 제공했다. 서정목 원장님과 여러 선생님께 감사드린다.

어려운 여건에서도 출판을 흔쾌히 맡아준 소나무의 유재현 사장님과 직원분들에게도 깊은 감사를 드린다. 워드 작업을 도와준 서강대 신진우 군에게도 고마움을 표한다.

세 번째 책이 나올 때까지 어려운 시간을 함께 하며 열심히 도와준 박순복에게 고맙다는 마음을 전하고 싶다.

박우룡

차례

제1부 영국인의 정체성

제2부 대처와 하이에크

제5부 문학과 예술

주요 출전 및 근거

이 책을 쓰면서 주로 참고한 자료와 근거를 밝힌다.

제1부 영국인의 정체성에 대한 문화적 정의
박우룡, 「영국인의 정체성과 의사표현 방식」(『영미연구』 제9집, 2003).
박우룡, 『서양의 지적 운동 II』(공저)(지식산업사, 1999).

제2부 대처와 하이에크
박우룡, 「영국 뉴 라이트의 이념적 한계 : 하이에크의 '자생적 질서와 자유시장 이론의 현실적용의
　　문제점」(『대구사학』 제93집, 2008 게재 예정).
박우룡, 「1980년대 영국 경제 쇠퇴의 '교육 책임론'에 관한 재검토 : '위너 테제'에 대한 반론들을
　　중심으로」(『역사학보』 제198집, 2008)

제3부 대처주의와 영국 문화의 위기
박우룡, 『영국 : 지역·사회·문화의 이해』(소나무, 2002, 2005).
박우룡, 「영국의 하위계급 논쟁, 위험한 계급인가, 아니면 희생양인가?」(『서양사론』 제78호, 2003).
Jo Croft, "Youth culture and style," Mike Storry and Petrer Childs (eds.), *British Cultural Identities*
　　third edn. (London and New York : Routledge, 2006).

제4부 영국의 개혁주의 정치 문화
박우룡, 『전환시대의 자유주의』(신서원, 2003).
박우룡, 『자본, 제국, 이데올로기 : 19세기 영국』(공저)(혜안, 2005).
박우룡, 「영국의 신자유주의와 레이보우 서클」(『서양사론』 제48호, 1996).
박우룡, 「홉슨의 윤리적 경제론」(『역사문화연구』 제6집, 1997).
박우룡, 「근대 영국의 기독교와 개혁주의 정치문화」(『역사문화연구』 제8집, 1998).
박우룡, 「근대 영국 그리스도교의 복음주의 운동 : 영국인의 가치관과 사회개혁에 끼친 영향」(『역
　　사문화연구』 제12집, 2000).
박우룡, 「영국의 '진보적 연대'의 사회운동적 성격 : 1886-1914」(『서양사론』 제66호, 2000).
박우룡, 「산업사회에서 종교의 역할 : 영국과 미국의 '사회적 기독교'」(『역사문화연구』 제18집,
　　2003).

제5부 문학과 예술
현대 영국 문학을 읽는 세 가지 코드 : Ronald Carter and John McRae, *The Routledge History of Literature
　　in English : Britain and Ireland* second edn (London and New York, 2001) ; Michael Alexander, *A History
　　of English Literature*(London : Macmillan, 2000) ; David Christopher, *British Culture, An Introduction*(London

and New York : Routledge, 2006) ; J. Breen, *In her Own Write : Twentieth-Century Women's Fiction* (London : Macmillan, 1990) ; J. Thieme (ed.), *Post-Colonial Literatures in English*(London : Arnold, 1996).

현대 영국 연극의 전위성 : Christopher Innes, *Modern British Drama 1890~1990* (Cambridge and New York : Cambridge University Press, 1992) ; Sanford Sternlicht, A Reader's Guide To Modern British Drama (Syracuse, New York : Syracuse University Press, 2004) ; David Christopher, *British Culture, An Introduction* (London and New York : Routledge, 2006) ; K. A. Berney (ed.), *Contemporary British Dramatists* (Andover : St James Press, 1994).

대처주의와 1980년대 영국 영화의 발전 : Lester Friedman (ed.), *British Cinema and Thatcherism : Fires were Started* (London : University College London Press, 1993). 박우룡, 「대처리즘과 영국 영화의 르네상스 : 헤리티지 영화」, 『대구사학』 제72집(2003년), pp. 439~470.

헤리티지 영화 : 박우룡, 「대처리즘과 영국 영화의 르네상스 : 헤리티지 영화」(2003년), 『대구사학』 제72집, pp. 439~470을 기초로 작성됨.

영국의 음악 : A. Bennett, *Popular Music and Youth Culture : Music, Identity and Place* (London : Palgrave/Macmillan, 2000) ; D. Christopher, *British Culture : An Introduction* (London : Routledge, 2006) ; D. Clarke, *The Rise and Fall of Popular Music* (Harmondsworth : Penguin, 1995) ; B. Longhurst, *Popular Music and Society* (Cambridge : Polity Press, 1995) ; Andy Bennett, Barry Shank, and Jason Toynbee (eds.), *The Popular Music Studies Reader* (London and New York : Routledge, 2006).

미술 : L. Biggs & D. Elliot, *British Art in the 20th Century : The Modernist Movement* (London : The Royal Academy of Arts, 1987) ; R. Hughes, *The Shock of the New : Art and the Century of Change* (London : Thames & Hudson, 1991) ; E. Lucie-Smuth, *The New British Painting* (Oxford : Phaidon, 1988) ; F. Spalding, *British Art Since 1900* (London : Thames & Hudson, 1986) ; D. Bindman et al (eds.), *The Thames and Hudson Encyclopedia of British Art* (London : Thames and Hudson, 1985, 1992).

제1부

영국인의 정체성

제1장 영국의 정체성에 대한 문화적 정의

1. Britishness인가, Englishness인가?

영국의 국가적 정체성을 말할 때, 'Britishness'라고 해야 할지 'Englishness'라고 해야 할지 구별하는 일은 그리 쉬운 일이 아니다. 공식적으로 영국인의 국민성 혹은 정체성을 말할 때 'Britishness' 혹은 'British National Identity'로 표현한다. 이러한 표현은 영국이 동질적인 사회를 형성하고 있다는 것을 전제로 할 때 가능하다. 그러나 영국의 역사적 성립 과정과 다수 이민의 존재를 고려한다면, 영국을 통일된 정체성을 가진 나라로 단정하기는 쉽지 않다.

영국은 정치적으로 수 세기에 걸쳐 잉글랜드의 주도로 웨일스(1536), 스코틀랜드(1707), 북아일랜드(1801)의 순으로 합병이 이루어져 연합 왕국The United Kingdom이 되었다. 이 과정에서 잉글랜드의 제도와 문화가 영국인의 생활에서 지배적인 위치를 차지하게 되었다. 그리고 시간이 흐르면서 각 지역은 잉글랜드의 문화에 점차 동화되어 독자성을 거의 상실했다. 그래서 영국의 정체성을 말할 때 잉글랜드의 정체성Englishness을 말하는 것이 옳다는 의견이 많다. 실제로 20세기 외국인에게 고정관념이 된 영국적 특성과 영국인의 이미지는 대부분 잉글랜드에서 유래한 것이다.[1]

영국인은 가는 세로줄 무늬의 정장을 입거나 비가 오는 날에 바바리 방수 코트를 입는다. 그는 중절모를 쓰고, 등나무 손잡이가 달린 돌돌 말은 검정 우산을 들고, 왼쪽 겨드랑이에 연분홍색 신문을 찔러 넣고 다닌다. 그는 일요일 아침에 교회에 가고 점심으로 요크셔 푸딩을 곁들인 로스트 비프를 먹는다. 그는 원칙에 철저한 사람으로, 약자를 위한 페어플레이를 강조한다. 어린아이나 여우, 조류鳥類보다는 말, 고양이나 개에게 더 애정을 쏟는다. 그는 아마도 이튼Eton이나 옥스퍼드나 캠브리지에서 공부했을 것이고, 애스컷Ascot,[2] 윔블던, 트위큰햄 Twickenham,[3] 로즈Lord's[4]와 웬트워스Wentworth[5]에서 자주 운동경기 관람을 즐긴다. 그는 군주제, 대영제국, 보수당을 신봉한다. 그가 자신의 사교클럽(여성금지)에 있지 않을 때는 정원사나 수렵구區 관리인과 함께 펍에 앉아서 따뜻한 맥주를 홀짝이고 있을 것이다. 또 종종 교구 목사와 차를 마시며 국교회, 농장 경영, 밀렵密獵, 고장의 축제, 근위 사단에서 복무했던 시절에 관해 이런저런 대화를 나누기도 한다.

이런 영국인의 모습은 현대에는 상당 부분 기억에서 사라진 것이다. 또

---

1) R. Lewis, *When Cultures Collide : Managing successfully across cultures* (London : Nicholas Brealey Publishing, 1998), pp. 172~173.
2) 영국 버크셔Birkshire에 있는 유명한 경마장으로 6월 셋째 주에 경마가 행해진다.
3) 런던 남서부의 리치먼드 어폰 템스 지역에 위치한 럭비 경기장으로 비공식적으로는 'Twickers' 로 알려져 있으며, 5개국 대항 럭비 경기와 럭비 연맹이 주최하는 다른 경기가 열리는 곳이다.
4) Lord's Cricket Ground의 약칭으로 북부 런던의 세인트 존스 우드St John's Wood에 위치한 유명한 크리켓 경기장이다. 경기장 이름은 1814년 이 경기장을 세운 토마스 로드Thomas Lord 에서 유래했다.
5) 남부 잉글랜드 서리Surrey 주에 있는 유명한 골프 코스로 세계적인 경기(World Match Championship)를 포함해서 수많은 중요한 경기가 열리는 곳이다.

영국인 가운데 켈트족과 북부와 중부의 잉글랜드인은 이러한 이미지와는 거리가 멀다. 켈트족은 중부와 북부 잉글랜드인과 마찬가지로 외국인의 마음속에 고정되어 있는 영국인의 이미지에 대해 매우 비판적이다. 이들은 그러한 이미지와 흡사한 영국인이 존재하지만 그들은 남동부의 일부 상류층 사람이라는 것이다. 아직도 잉글랜드를 제외한 스코틀랜드, 웨일스, 북아일랜드는 독자적인 관습, 제도, 가치관, 언어가 있다. 또 어떤 사람은 20세기에 이민이 급속하게 늘면서 영국은 다인종 다문화 사회로 변해가고 있기 때문에, 그러한 고정관념은 더 이상 보편적인 영국인의 모습이 아니라고 지적한다.

남부의 잉글랜드인도 이러한 지적에 상당 부분 공감한다. 그들은 영국은 다양한 민족과 인종이 함께 살고 있고, 특히 거의 천만 명에 달하는 켈트족 출신이 과거 수 세기 동안 한 국가를 이루고 살아왔다는 것도 잘 알고 있다. 이들 비잉글랜드인은 잉글랜드의 지배권을 상기하게 만드는 잉글랜드 상류층의 전통적 사고방식과 태도에 매우 민감하게 반응한다.[6] 그래서 잉글랜드인은 가능하면 잉글랜드 풍이 느껴지지 않도록 조심하면서, 'British'가 들어가는 표현(British Commonwealth, British navy, British trade)이나 자신을 'Britons'로 부르는 것을 받아들이는 태도를 취한다. 그러나 이러한 태도는 표면적인 것에 불과할 뿐, 진심은 'English'가 아닌 다른 말로 자신이 불리는 것을 별로 달가워하지 않는다. 이들의 솔직한 심정을 파울러Doreen Fowler는 다음과 같이 잘 대변하고 있다.

그러나 반드시 기억되어야 할 것은 어떤 잉글랜드인도 …… 마음속에 장난기가 꿈틀대는 것을 느끼지 않고서는 자신을 'Briton'이라고 부르는 사람은 없고,

---

6) Krishan Kumar, "'Englishness' and English National Identity," David Morley and Kevin Robins (eds), *British Cultural Studies : Geography, Nationality, And Identity* (Oxford University Press, 2001), p. 41.

혹은 어떤 잉글랜드인도 자신이 'Britisher'로 불리는 것을 들을 때 어색해 하지 않는 사람은 없다는 것이다. 어떻게 잉글랜드인Englishman이 'England'에 대한 절실한 마음에도 불구하고 'Great Britain'이라는 표현을 써야 한단 말인가? 잉글랜드인이 군주를 부를 때 외부 사람에게는 'Her Britannic Majesty'이지만, 자신에게는 'Queen of England'인 것이다. 그는 'English'를 말한다. 그는 'English' 역사를 알프레드 대왕에서 현재에 이르기까지 연속된 역사로 배웠다. 그는 'Englishman'의 말을 듣고 'English' 신사가 되기를 열망한다.[7]

스코틀랜드인, 웨일스인, 북아일랜드인, 거기에 여러 지역에서 온 이민을 포함하여 이들의 생활방식과 가치관을 모두 포괄하여 영국인의 정체성 (Britishness)을 정의하는 것은 현실적으로 매우 어려운 일이다. 이러한 방식으로 영국인의 정체성이나 국민성을 정의하는 것은 다분히 인위적이라고 할 수 있다. 즉 포괄적인 정체성은 자연발생적이라기보다는 시대적 필요의 산물이었던 것이다. 그러므로 "'브리티쉬British'나 '브리튼Britain'이라는 공식 용어는 앞으로 300년의 세월이 흐른다고 하더라도 인공적 표현이라는 딱지를 뗄 수 없을 것"[8]이라는 지적은 상당한 타당성을 가진다고 할 수 있다. 영국의 문화는 잉글랜드적인 것이 주류를 이루어 왔고, 잉글랜드인도 영국의 문화에서 비잉글랜드적 요소를 인정하는 것을 특별한 경우에 한정하고 있다.[9] 이러한 측면을 고려하면 영국인의 정체성을 말할 때 잉글랜드의 정체성(Englishness 혹은 English National Identity)을 말하는 것이 더 타당하다는 것이다.

영국의 국민성이 형성된 역사적 과정을 살펴보면 잉글랜드의 정체성이

7) Kumar, "English National Identity," p. 42 ; David McDowall, *Britain in Close-Up : An In-Depth Study of Contemporary Britain* (London : Longman, 2001), p. 10.

8) David MacDowall, *Britain in Close-Up : An In-Depth Study of Contemporary Britain* (London : Longman, 2001), p. 10.

9) Kumar, "English National Identity," pp. 41~42.

주류를 형성하고 있음을 확인할 수 있을 것이다. 근대에서 현대에 이르기까지 영국인의 국민성 형성과정은 크게 네 단계로 나눠 생각해 볼 수 있다. 1707년 스코틀랜드와 통합이 이루어지기 이전 잉글랜드의 독자적 정체성이 발전하던 단계, 18세기~19세기 중반까지 잉글랜드, 웨일스, 스코틀랜드, 아일랜드를 포괄하는 통합적 정체성이 추구된 시대, 19세기 후반 잉글랜드 중심의 민족적 정체성이 확립된 시대, 20세기에 잉글랜드의 정체성이 영국의 정체성으로 확실하게 자리잡게 된 시기가 그것이다.

이 가운데 19세기 후반에 초점을 맞추어 잉글랜드의 정체성의 기초가 된 요인을 정리해 보기로 하겠다. 물론 그 이전 단계에서도 튜더 시대 이후 잉글랜드의 종교적 역할과 민족의식의 성숙, 17세기 이후 자유주의와 개인주의의 급속한 신장, 중세부터 확고하게 자리잡아온 계급의식 등이 영국인의 정체성을 형성하는 데 상당 정도 영향을 끼쳤다는 사실을 염두에 두려고 한다. 이러한 시도를 통해 영국인의 정체성으로 자리잡게 된 몇 가지 주요 특징을 확인해 보고, 그 특징이 영국인의 일상에서 어떻게 문화적·언어적으로 표현되고 있는가를 살펴보자.

2. 영국적 정체성의 형성 과정

(1) 통합적 정체성의 추구

어떤 학자들은 잉글랜드에는 국가 정체성을 이해하는 데 가장 핵심적인 요소라 할 수 있는 민족주의가 오랫동안 존재하지 않았다고 지적한다.[10] 애국주의patriotism, 군주주의royalism, 제국주의는 있었지만 유럽 대륙에서 19세기부터

10) G. Newman, *The Rise of English Nationalism : A Cultural History 1740~1830* (London : Weidenfeld & Nicolson, 1987), pp. xvii~xviii.

시작된 것과 같은 민족주의는 없었다는 것이다. 한편 19세기 이전에 잉글랜드에 민족주의가 형성되었다는 주장도 있다. 즉 잉글랜드인은 엘리자베스 시대에 스페인의 무적함대와 맞서 싸우면서 애국적 열정을 경험했고, 특히 17세기 내전 기간에 평등에 대한 주장이 제기되면서, 그리고 18세기 후반 프랑스혁명과 나폴레옹 전쟁 때 프랑스에 대항하는 민족적 단결심이 확산되면서 민족의식이 생겨났다는 것이다.[11]

그러나 이러한 주장은 민족주의를 구성하는 가장 중요한 요건(인민이나 국민에 의해 국가가 형성되는 인민주권 국가 혹은 국민 국가nation state)을 결여하고 있었다는 점에서 민족주의라고 할 수 없다는 것이다. 대부분의 학자는 민족주의의 시작을, 모든 시민의 평등을 근본 원리로 표방한 프랑스혁명의 결과로 보기 때문이다.[12] 19세기 후반 이전에 잉글랜드는 인민주권이 형성되지 않았다. 따라서 잉글랜드는 프랑스혁명이 끝나고 나서 적어도 1세기 동안 민족주의가 성립되지 않았다고 할 수 있다.[13]

그 이전에 잉글랜드인이 가졌던 정체성은 연합왕국의 구성원으로서 가질 수 있던 '일종의 국가적 정체성national identity of a kind'이었지 '민족주의적 정체성nationalist identity'[14]은 아니었다. 18세기는 잉글랜드만의 배타적인 민족적 정체성을 추구할 시기가 아니었다. 당시는 가톨릭 세력의 위협, 프랑스와의 충돌, 아메리카 식민지와 갈등이 깊어져 가는 상황에서 집단적 대응의 필요성이 절실하게 제기되었다. 또 점차로 광대하게 팽창해 가는 제국을 다스리기 위해서

---

11) L. Greenfeld, *Nationalism : Five Roads to Modernity* (Cambridge, Mass. : Harvard University Press, 1992), pp. 29~87.

12) P. Alter, *Nationalism*, 2nd edn. (London : Edward Arnold, 1994), pp. 39~41 ; R. Brubaker, *Citizenship and Nationhood in France and Germany* (Cambridge, Mass. : Harvard University Press, 1992), pp. 35~49.

13) Kumar, "English National Identity," pp. 44~45.

14) *Ibid.*, p. 45.

도 스코틀랜드나 웨일스 출신 영국인의 도움이 절실한 상황이었다. 이러한 시대적 배경에서 1707년 스코틀랜드가 통합되면서 이른바 통합적 정체성 (Britishness)이 추구되었다. 특히 1707년부터 1837년까지 프랑스와 벌인 오랜 정치·종교 전쟁은 위기 상황에 대응하기 위해 '새로운 인위적 정체성'15)이 만들어지는 계기가 되었다. 그러므로 이 시기의 정체성은 이른바 '만들어진 질서'16)였다. 그러므로 이때 만들어진 영국(British state)은 훗날의 '국민국가 nation-state'의 형성과는 크게 다른 것이었다.17) 이러한 결합은 이전 잉글랜드, 웨일스, 스코틀랜드가 가지고 있던 기존의 정체성을 억누르지 않고, 그 이전 역사 속에서 형성되어온 지역과 계급에 따른 정체성을 훼손하지 않은 채 이루어졌다.

18세기와 19세기 전반前半에 새로 성립된 영국(Great Britain)의 국민은 자신을 우선적으로 영국인(Britons)으로 그리고 자신의 나라를 영국(Britain)으로 생각했다. 이 시절에 영국인이 애착을 가졌던 것은 주로 제도적인 것(국교회, 의회, 그리고 무엇보다도 군주)이었다. 또 이 시절에는 종교가 중요한 역할을 했다. 프로테스탄트 국가로 탈바꿈한 영국은 자신을 프로테스탄트 신앙의 수호자로서 유럽의 가톨릭 세력에 맞서 싸울 준비가 되어 있는 국가임을 자임했다. 과거 스페인이 주도한 가톨릭 세력은 이 시기에는 프랑스가 강력한 후원자 역할을 하게 되었다. 잉글랜드, 웨일스, 스코틀랜드의 프로테스탄트는 가톨릭을 옹호하는 반동적인 프랑스 군주에 맞서 프로테스탄트를 옹호하고 제국의 이익을 추구하려는 공동의 목적에서 함께 단결할 수 있었다. 이 시기에 잉글랜드가 다수 국민의 열렬한 지지를 받으면서 주도적인 역할을 한 것은 개신교의

---

15) D. McCrone, "Scotland and the Union : Changing Identities in the British State," Morley and Robins (eds), *British Cultural Studies*, p. 98.

16) L. Colley, *Britons : Forging the Nation, 1707~1837* (New Haven : Yale University Press, 1992), p. 6.

17) McCrone, "Scotland and the Union," p. 98.

수호자 혹은 전파자로서의 역할을 할 때뿐이었다.[18] 당시 영국 제국주의의
확산에 특히 잉글랜드의 복음주의Evangelicalism의 이념과 선교활동이 상당한
기여를 했다.[19]

(2) 잉글랜드 정체성의 형성 요인

18세기에도 잉글랜드인이 자신만의 독자적인 민족성을 추구한 흔적이 있다.
그 한 예를 잉글랜드를 의인화한 것으로 여겨지는 상상의 인물인 존 불John
Bull의 캐릭터가 이미 1712년에 고안된 데서 찾을 수 있다.[20] 19세기에 와서
존 불은 붉은 얼굴을 가진 뚱뚱하고 명랑한 농부나, 실크 모자를 쓰고 조끼를
입고 긴 장화를 신고 있는 신사로 그려졌고, 불독 한 마리를 데리고 등장하는
경우가 많아졌다.[21] 그는 둔감하지만 신뢰할 수 있는 사람으로 상식을 믿고
예의바르고 공정한 사람으로 묘사되었다.[22] 이 인물은 전형적인 잉글랜드인을

---

18) Kumar, "English National Identity," p. 46.
19) K. Tidrick, *Empire and the English Character* (London : Tauris, 1990), p. 1.
20) 그러나 이때 만들어진 존 불은 잉글랜드인이 아닌 스코틀랜드의 수학자가 프랑스인의 무역에
    대한 부정을 풍자하기 위해서 정직한 포목상으로 그린 인물이었다.
21) 불독 한 마리를 데리고 있는 모습은 용감하고 맹렬하고 독립적인 품성을 가졌다는 것을 암시하
    는 것이다. 이러한 외양은 18세기 지방 신사의 전형적인 모습으로, 옛 전원생활의 이상을
    되살아나게 한다. 미국의 엉클 샘Uncle Sam과 비견될 수 있는 이 캐릭터는 19세기 풍자만화에
    단골로 등장했다. 많은 영국인은 제2차 세계대전에서 활약한 윈스턴 처칠 수상에게서 이 남자
    와 개의 이미지가 융합된 현대 영국인의 대표적인 모습을 연상했다고 한다. James O'Driscoll,
    Britain : The Country and Its People (Oxford : Oxford University Press, 2001), p. 11.
22) 그러나 영국인의 생각과 달리 프랑스 사람을 비롯한 외국인은 존 불을 거만하고, 섬나라
    사람의 편협한 근성을 가진 인물로 보고, 영국인의 예의바른 성격도 위선을 감추기 위한 가식
    적인 태도라고 생각하는 사람이 많다. 영국인의 국민성에 대한 유럽인의 시각은 이중적이다.
    현대의 프랑스인은 영국인을 "보수적·배타적·애국적이며, 자존심이 강하고 편협한 성격을
    가진 언제나 미국과 유럽 사이에서 갈등하는 사람"으로 보고 있다(프랑스 관광청 보고서).
    16세기 네덜란드 사람이 영국인에 대해 가졌던 이미지는 "전쟁에서는 도전적이고 용감하고
    열정적이지만, 일관성 없고 경솔하며 허영심 강하고 가벼우며 기만적이며 의심이 많다"(네덜
    란드인 에마뉘엘 반 메테랑). 19세기에 독일인이 본 영국인은 "영국이 섬인 것처럼 영국인도
    제각각 하나의 섬이다. 가끔 인간적인 온정을 느낄 수 있을 뿐 영국인은 부지깽이처럼 아주

상징하고 오늘날에는 영국인의 국민성을 상징하게 되었다.

잉글랜드의 국가적 정체성이라고 할 수 있는 것이 분명하게 나타난 것은 19세기 말 경이었다. 19세기가 진행되면서 영국인에게 일체감을 느끼게 했던 프로테스탄트 국가라는 공감대가 점차 약해지기 시작했다. 이러한 경향은 유럽이 전반적으로 세속화된 결과로, 특히 독일과 미국의 등장으로 가톨릭의 위협이 약화되었기 때문이다. 무엇보다 잉글랜드의 정체성이 등장한 가장 중요한 이유는 이념적인 데서 찾을 수 있다.

19세기는 민족주의의 시대였다. 19세기 후반에 유럽의 민족주의는 크게 발전했다. 이탈리아와 독일은 민족주의를 중심으로 통일이 되었고, 합스부르크 제국과 오토만 제국은 민족주의에 의해 분열되고 있었다. 유럽 대륙뿐 아니라 다른 지역에서도 민족주의 운동이 점차 확산되고 있었다. 영국에서도 웨일스와 스코틀랜드의 민족주의가 이 시기부터 시작되었고, 아일랜드 민족주의는 영국의 정치를 분열의 위험으로 몰아넣었다. 이 시기에 지배적인 민족주의는 문화적인 것이었다. 이러한 민족주의의 주요 특징은 언어, 종교, 역사, 혈통 혹은 '인종'이었다. 이러한 것은 민족의 '정신soul'을 표현하고 있다고 여겨졌다.

영국의 지식인은 이러한 시대 흐름에 적극적으로 반응했다. 언어와 문학 연구, 역사 사료 편찬, 소설과 시, 그리고 민속에서 잉글랜드적인 것을 정의하고 찬양하려는 일종의 문화운동이라고 할 움직임이 생겨났다. 1980년대부터 집중적으로 이루어진 연구들이 이러한 운동의 윤곽을 밝혀내고 있다.[23] 이러한

완고하고 딱딱한 사람들"이다(프로이센 정치가 칼 오거스트). Pam Barrett, *Insight Guide England* (Apa Publications 2000), p. 17.
23) 이러한 내용을 담고 있는 대표적인 저서는 다음과 같다. J. W. Burrow, *A Liberal Descent : Victorian Historians and the English Past* (Cambridge : Cambridge University Press, 1981) ; R. Colls and P. Dodd (eds.), *Englishness : Politics and Culture 1880~1920* (London : Croom Helm, 1986) ; B. Doyle, *English and Englishness* (London : Routledge, 1989) ; S. Collini, *Public Moralists : Political Thought and Intellectual Life in Britain 1850~1930* (Oxford : Clarendon Press, 1991) ; J. Lucas, *England and Englishness : Ideas of Nationhood in English Poetry, 1688~1900*

운동을 통해 지식인은 잉글랜드 역시 독자적인 민족정신을 가지고 있다는 것을 강조하려 했다. 잉글랜드의 독자성을 추구하려는 노력 가운데 가장 두드러진 것이 영어의 정리였다. 이 새로운 영어는 19세기에 정규 교육이 확대되고 대영제국이 팽창하면서 표준어에 대한 시대적 요구에 의해 탄생했다. 언어학자는 표준말로 지배 계급이 주로 사용한 캠브리지와 옥스퍼드 지방의 말투가 많이 섞인 말을 추천했다. 이 영어는 '여왕의 영어Queen's English'로도 알려졌지만, 나중에는 모든 사람이 인정한다는 의미에서 '공인 발음Received Pronunciation(RP)'으로 불리게 되었다.

이러한 노력은 제임스 머레이J. Murray가 1879년에 시작한 『옥스퍼드 영어사전 The Oxford English Dictionary on Historical Principles』의 편찬으로 이어졌다. 그의 사전 속에서 영어는 역사상 처음으로 완전한 전국 표준어가 되었다. 1920년대 대중 방송이 시작되면서 국영방송(BBC)이 표준어를 쓰면서 이 언어의 사회적 위상은 더욱 높아졌다.24) 그러나 공인 발음은 온 국민이 쓰는 언어로 발전하지 못했고, 상류 계급과 교육 수준이 높은 사람이 주로 쓰는 언어가 되었다.

문학 역시 잉글랜드를 대표하는 요소가 되었다. 18~19세기에 영문학의 '정전正典(canon)'이 확립되었다. 민족 문화에서 문학이 차지하는 비중을 고려할 때, 영문학은 영국인의 정체성을 형성하는 데 가장 크고 지속적인 영향을 끼쳤다.25) 잉글랜드의 문화는 이들 위대한 '민족적' 시인, 극작가, 그리고 소설가에 의해 창조되었다. 그들의 작품은 잉글랜드 민족의 기상을 최상으로 표현하는 가치관과 삶의 방식을 묘사하고 있다.26) 이러한 정전을 담은 『영시의

(London : Hogarth Press, 1991).

24) BBC 방송은 표준 영어를 개발하여 보급하기 위해서 극작가(George Bernard Shaw), 계관시인 (Robert Bridges), 미술사가(Kenneth Clark), 젊은 언론인(Alistair Cooke) 등 자문위원을 선정하여 연구를 거듭했다. 그러한 노력의 결과, BBC는 언어에 관한 권위를 인정받는 대표적 기관으로 자리잡았고, 'BBC 영어'라는 표현이 나오게 되었다.

25) Kumar, "English National Identity," p. 49.

보고 *Golden Treasury of English Verse*』(1861)와 같은 중요한 문학 서적이 19세기 후반에 등장했다.[27]

초서Chaucer에서부터 빅토리아 시대의 위대한 시인과 소설가까지를 망라한 '영국 문안' 시리즈는 영문학의 위대성뿐만 아니라 영국인의 두드러진 민족적 특징을 보여주기 위해서 만들어진 것이다. 이들의 작품은 성실성, 개성, 구체성, 인생의 풍요로움과 다양성에 대한 감각을 영국인의 특성으로 보여주었다.[28] 특히 문학 작품에 표현된 낭만주의Romanticism는 국민에게 항상 높은 호응을 받아왔다. 낭만주의 작품은 영국인이 지성보다는 감성을, 철학보다는 시를, 사회 정치보다는 문학과 역사를 더 선호하는 것을 보여주었다. 자연경관의 다양한 모습과 장점을 담고 있는 낭만주의 작품을 통해 '남부의 자연'은 민족적 상상력의 중심으로 이동했다. 문학은 자연을 영국인의 생활로 자리잡게 만들었고, 반反도시적·반反산업적 문화를 지속시키면서, 목가적 상상력을 통해 추한 현실로부터의 탈출을 가능케 해주었다.

이 시기에 특정한 지적 경향은 독특하면서 자랑스러운 잉글랜드 문화로 규정되었다. 영국의 지적 전통은 베이컨Francis Bacon, 로크John Locke, 벤담Jeremy Bentham, 밀 J. S. Mill, 다윈Charles Darwin과 같은 사상가에게서 두드러지게 나타난다. 이들이 추구한 지성은 경험적·공리적·구체적·개별적인 것을 특징으로 한다.[29] 특히 '최대 다수의 최대 행복'을 추구하는 벤담의 공리주의

---

26) 지성사가인 콜리니는 영문학의 이러한 탁월성을 잉글랜드의 정치적·역사적 위대성을 찬양하는 '휘그적 역사 해석'에 견줄만하다고 높이 평가했다. S. Collini, *Public Moralists*, pp. 342~373.

27) Palgrave가 '진정한 민족적 명시 선집'을 만들기 위해서 시도한 이 책은 오랫동안 많은 사람에게 읽혀졌다. Sir Arthur Quiller-Couch의 *Oxford Book of English Verse* (1900) 역시 같은 기능을 했는데 이 저서는 1939년까지 20판을 거듭해 거의 50만 권에 달하는 수량이 팔렸다. 또한 John Morley의 책임편집 아래 Macmillan에 의해 *English Men of Letters* 시리즈가 발간되었다 (1877).

28) Kumar, "English National Identity," p. 49.

29) 이러한 영국의 지적 전통은 대륙의 추상적·형이상학적 사상과 대립된다. 영국의 지식인은 대륙의 지적 전통은 비실용성을 낳고, 극단적 이데올로기를 지향하는 정치 문화의 원인이

Utilitarianism와 이를 실천할 방법론을 제시해준 '철학적 급진주의Philosophical Radicalism'는 이러한 영국의 지적 전통을 잘 실증해 주었다.

제임스 밀James Mill과 벤담이 이끈 철학적 급진주의자는 지배층이 인민의 행복을 바라지 않기 때문에 인민의 수중으로 정치권력이 넘어가서 다수결의 원칙이 실현되어야 비로소 최대 다수의 최대 행복이 보장될 수 있다고 주장했다. 이들은 프랑스 혁명과 같은 불행을 피할 수 있는 유일한 방법은 정치적·사회적 급진 개혁뿐이라고 주장했다. 그들은 그러한 개혁이 평화롭게 추진되자면 의회를 귀족 계급이 아니라 중산 계급이 지배해야 한다고 믿었다. 그들은 선거권의 확대를 주장하면서 재산에 의한 선거권의 제한을 옹호했다. 선거권이 중간 계급에 한정된다 하더라도 그들은 하층 계급을 지도하고 하층 계급은 그들을 틀림없이 따를 것이라고 믿었다. 이들은 영국에 중간 계급이 의회에 진출할 수 있도록 하기 위한 정치 개혁을 사상적인 뒷받침을 하여 마침내 선거법 개정과 곡물법 폐지를 통해 중간 계급이 정치적 주도권을 잡는 데 크게 기여했다. 이들은 또 사회 개혁을 바라는 여론을 형성하는 데 기여하여 영국에 개혁적 전통을 수립하는 데 지대한 영향을 미쳤다.30)

철학적 급진주의와 공리주의가 소수의 지식층에게만 영향을 끼친 반면, '복음주의Evangelicalism' 운동은 민족의 성격을 형성하는 데 더 큰 토대가 되었다.31) 앞에서 말한 철학적 급진주의가 정치적·경제적 차원에서 중간 계급

된다고 보았다.

30) 1832년 선거법 개정을 시작으로 곡물법 철폐, 형법과 형무소 개혁, 의무교육제도, 최저 임금제, 건강 보험, 노령 연금 등의 실현에는 벤담을 위시한 철학적 급진주의자의 사회 개혁 노력이 크게 영향을 끼쳤다.

31) 철학적 급진주의와 복음주의는 20세기 초 대표적인 역사가 가운데 한 사람인 아레비 Elie Halevy의 *The Growth of Philosophical Radicalism* (1901~1904년 발간)과 "The Birth of Methodism"(1906년 출간)에서 집중적으로 조명되었다. 앞의 저서의 중요성은 말할 것도 없고, 복음주의와 감리교 운동에 대한 아레비의 논문은 복음주의가 끼친 독특한 사회적 영향을 탐구한 논문으로 동시대 Max Weber의 "The Protestant Ethic and the Spirit of Capitalism"에 버금가는 위치를 차지한다는 지적이 있다. S. Collini, *English Pasts : Essays in History and Culture*

의 위상과 역할을 설정했다면, 복음주의 운동은 종교적 차원에서 중간 계급의 도덕과 가치관을 추구했다. 복음주의는 감리교Methodism와 국교회 복음주의 Anglican Evangelicalism를 포괄하는 운동이다. 두 운동 모두 국교회에서 발생한 운동으로 영국인의 정체성 형성에 큰 영향을 끼쳤다.

감리교 운동은 18세기 중반 대중의 '영적 공허감'[32]을 메우기 위해 출현한 운동으로 '믿음에 의한 구원,' '예정설의 부정,' '정화淨化'를 강조하는 민주적 종교와 신앙의 대중화를 추구했다. 또 이 운동은 평신도의 역할 확대, 개인의 신앙 체험 중시, 근로 윤리 등을 강조하면서 전례 없는 대중의 적극적 호응을 받으면서 새로운 종교적 르네상스를 열고 대중의 가치관 형성에 크게 기여했다.[33] 나아가 산업화가 진행되면서 대중이 느끼는 불안감과 소외감, 경제적 어려움, 체제에 대한 불만을 달래줌으로써 체제의 안정에 기여했다.[34]

감리교 운동의 대상이 일반 민중이었던 데 반해 국교회 복음주의 운동은 중·상류층과 국교회 성직자를 대상으로 했다. 운동의 방식도 대중 집회보다는 일종의 점진적 침투의 방법을 택했다. 프랑스 혁명에 충격을 받은 국교회는 평등의 요구와 폭력의 확산을 막기 위해 보수주의적 기풍을 강화하고 중상류 계층의 쾌락주의를 대신할 새로운 종교적 가치관을 필요로 했다. 이때 복음주의

(Oxford University Press, 1999), pp. 72~74.

32) M. R. Watts, *The Dissents*, vol.1 (Oxford University Press, 1978), p. 270.

33) J. Obelkevich, "Religion," F. M. L Thompson (ed.), *The Cambridge Social History of Britain 1750~1950* (Cambridge University Press, 1990), p. 323.

34) 그래서 20세기 초 프랑스 역사가 아레비Elie Halevy는 혁명적 프랑스와 안정된 영국 사이의 중요한 차이점의 하나는 복음주의 종교의 존재 유무에 있었다고 지적했다. Edward Royle, *Modern Britain, A Social History 1750~1985* (Edward Arnold, 1989), p. 299. 톰슨Edward P. Thompson도 비슷한 시각을 가지고 있다. 그는 감리교 복음주의 운동을 정치적 급진주의 운동이 탄압을 받고 좌절해 가는 과정에서 생겨난 하나의 대안으로 파악했다. 즉 1790년과 1830년 사이 감리교도가 대규모로 증가한 것은 현실에 대한 절망감에 사로잡힌 인간이 보상심리에서 이 운동에 적극 참여한 결과라는 것이다. Thompson, *The Making of the English Working Class* (Vintage Books, 1966), chap. 11.

운동은 이른바 '새로운 도덕적 절제'의 가치관을 제시하여, 진지함, 자기 억제, 성적 절제, 품격의 덕목을 기반으로 하는 새로운 생활방식을 추구할 것을 촉구했다. 이러한 복음주의 운동이 추구하는 미덕과 중간 계급의 가치관은 크게 닮았다.35) 한편 복음주의자는 부는 신의 축복이며 기존의 사회 질서는 신이 부여한 것이라고 말함으로써 중간 계급의 재산권을 보호해 주었다. 또한 복음주의는 종교가 실용적이고 공리주의적인 것이 되어야 한다고 강조했다. 이러한 내용은 바로 빅토리아적 가치관Victorianism의 정신적 기반이 되었다.

또한 복음주의는 19세기를 통해 영국의 상류층 사람에게 신분에 따른 철저한 도덕적 의무를 강조했다. 상류 계급은 이러한 가르침을 적극적으로 받아들여 '클래팜파派 Clapham Sect'를 결성하고, 의원들은 의회 안에 '성자Saints'라는 단체를 만들어서 그 실천에 나섰다.36) 복음주의는 낭만주의와 결합하여 인도주의 운동을 추구했다. 윌리엄 윌버포스William Wilberforce가 노예제 폐지 운동을 주도했고, 셰프스베리 경Lord Shafesbury은 사회 개혁 운동에 앞장섰으며, 윌리엄 부드William Booth는 구세군Salvation Army을 창설했다. 복음주의는 19세기에 아프리카, 인도, 중국에서 성공적인 선교 활동을 했고 스페인, 포르투갈, 이탈리아 등지에서도 큰 성공을 거두었다.37) 이 운동의 영향으로 상류 계급과 중간 계급의 가치관과 생활 방식이 점차 바뀌게 되었다.38) 빅토리아 시대의 교육 또한 영국적 정체성을 형성하는 데 중요한 기여를 했다. 19세기 교육은 중간 계급의 도덕과 리더십을 키우는 데 목표를 두었다. 토마스 아놀드Thomas Arnold 가 교장으로 있었던 럭비학교Rugby School가 그 대표적인 경우였다. 아놀드는

---

35) 자기 수양, 근면, 정직, 시간의 합리적 이용, 조기 기상, 게으름과 천박함에 대한 비난 등 복음주의자가 요구하는 내용은 중간 계급의 적극적인 호응을 받았다.
36) 클래팜파의 활동과 빅토리아적 가치관의 관계에 대해서는 Collini, *English Pasts*, pp. 103~115.
37) 그러나 이 선교 활동은 영국의 제국주의 팽창과도 연관되는 부정적 측면이 있다고 지적된다.
38) C. Hill, *British Economic and Social History 1700~1982*, Fifth edn. (London : Edward Arnold, 1986), p. 214.

교육의 최우선의 목표를 기독교적 신사를 양성하기 위한 인격 형성에 두었다. 그는 기독교적 가치관을 가지고, 정직, 책임감, 집단에의 충성심, 용감한 성격을 갖춘 새로운 지배 계급인 중간 계급을 육성하려고 했다. 따라서 그에게 있어서 지식을 배우는 것은 그 다음의 문제였다. 존 스튜어트 밀 역시 건전한 성격을 가진 인재를 양성하는 것을 교육의 일차적 목표로 삼았다.

이러한 전통에 입각해서 특히 사립학교는 학문적 능력을 기르는 것 못지않게 '인격형성character building'과 '단체정신team spirit'에 중점을 두는 인문 교육에 치중했다. 이러한 태도는 영국인이 구체적이고 실용적인 지식을 중시하지 않고 지식만을 추구하는 사람을 경멸하는 이른바 반지성주의anti-intellectualism 의 풍조가 생겨나는 데 영향을 끼쳤다. 아놀드는 이와 같은 성격의 형성과 단체정신이 중요하다는 생각에서 스포츠를 장려하기도 했다. 이러한 태도는 영국이 교육의 방향과 내용을 결정하는 데 큰 영향을 끼쳤다. 그 결과 영국은 아직도 교육 정책에 관한 토론에서 어떻게 교육이 유용한 지식과 기술을 습득하도록 도울 것인가 보다는 어떻게 교육이 더 나은 사회를 이루는 데 기여할 수 있는가(효율성보다는 오히려 사회 정의)를 주제로 삼는 경우가 많다.39)

19세기 말 영국인의 역사의식 또한 강력한 영국적 특성을 나타냈다. 자신의 역사에 대한 잉글랜드인의 열광적인 태도는 이미 17세기 말부터 분명하게 드러나기 시작했다.40) 그러한 역사 속에는 하원의 오랜 전통과 독립성, 자유의 기초로서의 마그나카르타 신화, 중세부터 17세기로 이어져 내려오면서 군주의 권력을 제한한 입헌주의 전통, 원시 튜탄Teuton 족의 자유와 그것을 말살하려고 했던 '노르만의 멍에Norman Yoke'에 관한 내용이 포함되었다. 이러한 역사적 신화는 학교의 교과서에 실리게 되었고, 영국적 전통의 핵심 요소로 자리잡게

39) O'Driscoll, *Britain*, p. 132.
40) H. Butterfield, *The Englishness and his History* (Cambridge University Press, 1944), p. 69.

되었다. 많은 역사가의 저술에서 영국의 자유는 꾸준히 지속적으로 성장하고 확산되어온 '단일한 진보의 드라마[41]'로 서술되고 있다. 이러한 역사적 전통에 대한 자부심은 영국이 미래에도 세계에서 가장 부유하고 강력한 국가로서 영광을 누릴 것이라는 낙관론을 갖게 만들어 주었고, 영국인이 보수적 성향을 갖도록 중요한 심리적 동기를 제공해 주었다.

끝으로, 영국의 국가적 정체성은 제국주의와 긴밀하게 연관되어 있다. 영국은 세계에 광대한 식민지를 가진 대영제국The British Empire이 되었다. 또한 '내적 식민주의internal colonialism'는 '내적 제국internal empire'[42]을 만들었고, 이는 그레이트 브리튼Great Britain 혹은 연합왕국The United Kingdom으로 불렸다. 영국의 이러한 '이중적 정체성'을 고려할 때 잉글랜드의 정체성은 다른 국가가 채용해온, '안에서' 정체성을 발견하는 전통적 방식[43]을 탈피해서 "제국주의 역사의 틀 안에서 조명되어야만 한다"[44]는 사고를 낳았다. 즉 영국인의 정체성을 파악하기 위해서는 제국주의가 영국인의 의식 속에 남겨 놓은 '일종의 잔재kind of residue'[45]를 중시해야 한다는 것이다.

광대한 식민지를 통치한 관리, 인도와 아프리카에서 복무한 군인, 대양을 항해하면서 생애를 보낸 선원, 해외에서 선교 활동을 했던 성직자는 그 자손에게 뿌리 깊은 제국주의적 사고방식과 민족적 우월감을 심어주었다. 또한 영국인은 현대의 미국이 최강의 나라가 되는 데 '핵심적인 역할'[46]을 한 사람들이 바로

---

41) Burrow, *A Liberal Descent*, p. 295.

42) M. Hechter, *Internal Colonialism : The Celtic Fringe in British National Development, 1536~1966* (London : Routledge, 1975).

43) 잉글랜드의 정체성을 찾는 데 전통적인 방식(민족 문화의 주요 특성 즉 행동 양식, 도덕률, 전원과 도시의 풍경, 주요 역사적 사건 등의 탐구)을 추구한 대표적인 연구자로는 프리스틀리 J. B. Priestley (*English Journey*, 1934), 오웰G. Orwell(*The Lion and The Unicorn*, 1941), 그리고 가장 뛰어난 셀라와 예츠먼W. C. Sellar and R. J. Yeatsman(*1066 and All That*, 1930) 등이 있다.

44) Kumar, "English National Identity," p. 43.

45) *Ibid.*

잉글랜드, 스코틀랜드, 아일랜드 출신의 미국인이라는 긍지를 가지고 있다. 영국인 주변에 있는 많은 역사적 건물과 문화재는 아직도 영국인에게 자신이 세계를 지배했던 시절에 대한 진한 향수를 느끼도록 한다.[47] 역사적 순간을 기억하게 하는 도시의 많은 거리는 제국주의적 팽창과 지배가 영국인의 정체성을 형성하는 데 얼마나 깊게 영향을 끼쳐왔는가를 잘 보여주고 있다.[48] 그러므로 제국주의 시대가 지나갔음에도 불구하고 그 시절에 대한 자부심과 세계에서 최고를 자랑했던 우월감이 아직도 영국인의 의식 저변에 깊이 깔려 있다. 1990년대까지도 영국인의 생활과 사고방식에 제국주의의 유산이 크게 자리잡고 있었다.[49] 영국인의 우월감은 아직도 다른 나라 국민이나 언어에 대해 냉담하거나 무관심한 태도에서 잘 드러나고 있다.

지금까지 잉글랜드의 정체성이 만들어져 가는 과정을 통해서 대략 다섯 가지 측면에서 영국인의 기본적인 태도와 가치관을 발견해낼 수 있다. 즉 개인주의, 보수주의, 계급의식, 공공 의식과 아마추어 정신, 자연사랑 등이 바로 그것이다. 이러한 요소가 영국인의 국민성을 구성하는 핵심적인 것이라고 할 수 있다. 이제 영국인이 이러한 가치를 일상적인 생활방식과 문화 속에서 그리고 언어를 통해 어떻게 구현하고 있는가를 살펴볼 차례다.

---

46) Lewis, *Cultures Collide*, p. 75.
47) 시티The City of London에 있는 잉글랜드 은행과 증권거래소Royal Exchange는 영국이 세계의 금융 중심지였다는 사실을 상기시켜주고, 리버풀의 증권거래소 건물 벽에 남아 있는 아프리카 인의 머리와 코끼리의 부조浮彫는 노예무역이 이 도시에 가져다준 풍요로움을 상기시킨다. 또 식민지 지배를 통해 가져온 문화재와 보물이 넘쳐나는 런던의 여러 박물관 등 헤아릴 수 없이 많은 것들이 대영제국의 영광을 확인시켜 준다.
48) C. Hall, "British Cultural Identities and the Legacy of the Empire," Morley and Robins (eds), *British Cultural Studies*, p. 27.
49) *Ibid.*, p. 28.

3. 영국의 국민성

(1) 개인주의

영국은 대부분의 유럽 국가보다 중앙 집권의 역사가 오래되었음에도 자유로운 풍조와 향토적 사고를 바탕으로 한 강한 개인주의가 자리잡고 있다. 영국인의 자유는 부분적으로는 중앙 정부의 권위에 강력하게 저항한 다양한 종류의 제도가 성장한 오랜 역사에서 파생되었다. 그래서 다른 많은 나라와 달리 지방 정부가 아직도 지역적 정체성과 방식을 고수하는 전통이 계속 이어져 내려오고 있다. 영국에서 개인과 개인의 권리를 존중하는 풍토는 17세기에 시민 사회가 성립하고 자유주의가 점차 발전하면서 확고한 정치적 전통으로 자리잡게 되었다.[50] 전통과 관행을 통해 발전해온 개인주의는 오늘날 지역의 일터와 공동체의 조직 속에 깊게 뿌리내렸다.[51]

개인주의가 발전해온 오랜 전통으로 영국인은 개인이 국가보다 우선한다는 것을 당연시한다. 그 때문에 영국은 국가가 개인에게 부과하는 규칙과 규제가 다른 국가에 비해 적다. 그 단적인 예로 영국은 시민이 신분증을 소지하지 않아도 되는 일부 유럽 국가에 속한다. 국가에 대한 개인의 의무는 법을 위반하지 않고 세금을 납부하는 데 한정되어 있다. 개인의 다양한 선택과 의사를 존중하는 전통 때문에 영국은 다른 유럽 국가에 비해 종교나 정치가 개인을 판단하는 데 중요한 고려 사항이 되지 못한다. 개인의 종교적·정치적 성향은 직장 선택, 노동조합의 가입, 교우 관계, 이웃 교류에 거의 영향을 미치지 않는다.

개인과 개성을 중시하는 사고는 주거와 옷차림에서도 잘 드러나고 있다.

---

50) 영국 자유주의의 발전과 개인주의의 관계에 관해서는 박우룡, 「자유주의」, 김영한 편, 『서양의 지적운동 II』(지식산업사, 1998), pp. 65~109 참고.
51) McDowall, *Britain in Close-Up*, p. 102.

영국에서 아파트가 인기가 없는 또 다른 이유는 개성을 표현할 수 있는 여지를 별로 허용하지 않기 때문이다.[52] 영국의 주택은 개인이 짓는 것이 아니라 단체가 짓기 때문에 하늘에서 내려다보거나 멀리서 볼 때는 모두 똑같은 모습으로 보인다. 그러나 가까이에서 보면 각각의 집이 모두 차이가 있다. 모두 주인의 개성대로 꾸며져 있기 때문이다. 현관문의 형태나 창틀의 색깔이 다르고, 정원의 모습이 각양각색이다. 영국인은 유별난 복장에 대해서도 그 사람의 개성 표현으로 생각하고 너그럽게 받아들인다. 영국인 일부, 특히 젊은이는 상대방의 남루한 차림이나 개성적인 옷차림을 자연스럽게 받아들인다. 새 옷을 사 입을 능력이 되는데도 불구하고 많은 사람이 남이 입던 옷cast-offs 을 사 입으려는 나라는 그리 많지 않다. 그러나 영국에서는 많은 사람, 특히 학생이나 젊은이가 전국에 걸쳐 퍼져 있는 수많은 자선 상점charity shop에서 싼 중고 옷을 즐겁게 고르고 있다. 개성이 있는 패션을 추구하는 상당수 젊은이는 이러한 상점에서 독특한 옷을 사서 입고 주위 사람을 깜짝 놀라게 한다. 서유럽 국가의 국민 가운데 가장 자유로운 복장을 하거나 남루한 옷을 입는 국민이 바로 영국 국민이다.

영국인의 개인주의는 사생활을 보호받으려고 하는 열망에서 가장 강하게 표현된다. "영국인에게 집은 그의 성이다"는 말은 영국인이 사생활을 얼마나 중시하는가를 단적으로 나타내고 있다. 영국인이 아파트를 싫어하는 정서가 강한 것도 아파트가 개인의 사생활을 보호해 주지 못한다고 생각하기 때문이다. 대다수 영국인은 독립가옥에 살면서 사생활을 보호받고 싶은 희망을 가지고 있다. 그래서 영국인은 가까운 사이가 아닌 상대방이 '사적인' 질문을 하는 것을 무례하게 여긴다. 가까운 이웃이라고 하더라도 일정한 거리를 유지하면서 서로의 생활에 참견하지 말아야 한다. 사생활을 중시하는 영국인의 태도는

---

52) O'Driscoll, *Britain*, p. 178.

청소년의 성에 대한 시각에서도 잘 드러나고 있다. 대다수 성인은 성숙한 청소년의 성에 관한 간섭은 그들의 사생활에 대한 침해이므로 용납될 수 없다고 본다.[53]

(2) 보수성

영국인은 전통과 안정을 상징하는 것을 좋아한다. 영국인의 보수성은 불확실한 현재보다는 대영제국 시절의 더 풍요롭고 안정된 시절에 대한 강한 향수에서 연유된 것이기도 하다. 대영제국 시절 이전에도 영국은 전통적인 것을 잘 유지해 오고 있었다. 영국은 전국적으로 그 지역의 특징을 보여주는 전통행사와 축제가 매년 열리고, 박람회만 해도 7천여 개가 열린다.[54] 정치인도 유권자의 지지를 얻기 위해 아직도 '가정의 전통적 가치'를 강조한다. 이러한 영국 국민의 보수성 때문에 20세기에도 반反모더니즘anti-modernism은 영국 문화의 지배적 경향이었다.

영국인은 새집에서 사는 것을 특별히 좋아하지 않는다. 영국의 크리스마스 카드에는 수 세기 전의 풍경이 주로 담겨 있다. 그들은 펍public house도 세월의 묵은 때가 낀 것처럼 보이는 곳을 더 좋아한다. 어린이가 읽는 책도 옛날이야기를 주로 담고 있다. 자연에 대한 사랑도 안정을 원하는 영국인의 보수성에 기인한다. 영화, 댄스 홀, 축구 경기장에서 표현되는 도시 노동 계급의 대중문화는 모더니즘과 관련이 적다.

영국인은 변화보다는 친숙한 환경을 선호하기 때문에 집을 떠나 멀리 옮겨가

---

53) 특히 젊은 세대의 혼전 관계 등 성도덕에 대한 입장에서도 도덕적 측면에서 반대하는 성인은 남녀 모두 20%를 넘지 못한다. 스웨덴과 독일은 이보다 훨씬 낮아서 10%에도 못 미친다. 반면 미국의 남성은 약 32%, 여성은 45% 이상이 찬성하지 않는다. 아일랜드는 남녀 모두 40% 이상이 반대하고 있다. Susan McRae ed., *Changing Britain : Families and Households in the 1990s* (Oxford University Press, 1999), pp. 8~9.

54) C. Kightly, *The customs and ceremonies of Britain* (London : Thames & Hudson, 1986).

기를 꺼린다. 그들은 고향을 떠나는 일을 가볍게 여기지 않으며 떠날 때는
충분한 이유가 있어야만 한다. 일자리가 없다는 것이 고향을 떠나는 충분한
동기가 되지 못한다. 또 다른 곳에 살더라도 자신이 성장한 집과 비슷한
집에서 살려고 애쓴다. 주택이나 건물을 지을 때도 현대적인 건축을 추구하지
않는다. 거실과 침실이 아래층과 위층으로 구분된 전통적인 2층 가옥을 선호한
다. 1980년대 건축 분야에서 전통 양식과 현대 건축을 둘러싸고 격렬한 논쟁이
전개되었다.55) 이 시기에 1960년대와 1970년대 초반에 유행한 콘크리트로만
지어진 고층 빌딩에 대한 반발이 거셌다. 이때 찰스 황태자가 전통적인 건축
양식과 건축 재료로 복귀하는 주장에 앞장을 섰고, 많은 국민은 그의 입장에
공감하는 것으로 드러났다.56)

영국 국민 다수는 유행을 따라 옷을 입기보다는 보수적인 복장을 선호한다.
소수의 상류층과 법정 변호사, 외교관, 고급 장교, 보수당 의원과 같은 전문직은
세련된 정장 스타일로 옷을 입어왔다. 그들 가운데 많은 수가 특별 맞춤
수트를 착용하고 있기 때문에 옷차림만 보아도 그가 상류층 사람이라는 것을
바로 알 수 있다. 대다수 시민은 번화가 상점에서 옷을 사 입는다. 대개 중산
계급의 옷을 입는데 이 의복은 아주 무난한 것이지만 유럽의 다른 지역처럼
현대식 유행과는 거리가 먼 것이다. 실제로, 영국인은 유럽에서 가장 옷을
못 입는 국민으로 소문이 나 있지만, 그들은 그런 평가에 신경 쓰지 않는다.57)

영국 통치 제도의 특징은 다른 나라와 다르며, 전혀 현대적이지 않다는
데 있다. 이 가운데 가장 두드러진 것은 헌법이다. 영국은 헌법이 없는 거의
유일한 국가이다. 대신 국가를 통치하고 국민의 권리의 근거로 삼는 원칙과

---

55) McDowall, *Britain in Close-Up*, p. 106.
56) 찰스 황태자는 19세기 초 건물인 내셔널 갤러리National Gallery에 모더니즘적 요소를 덧붙이
    는 것을 막기 위해 개입했고, 시티City of London에 모더니즘 계열의 건물을 세우는 것을
    막았다.
57) McDowall, *Britain in Close-Up*, p. 105.

절차는 수많은 다른 근거로부터 온다. 그것은 수 세기에 걸쳐서 점차로 발전해
왔다. 영국 사람은 영국적임을 상징하는 것으로 여겨지는 모든 것을 완강하게
고수하려는 보수적인 태도를 취한다. 영국인은 길 왼편으로 운전하는 관행,
파운드와 온스로 물건을 사고파는 관행, 일기예보를 화씨로 받아들이고, 유럽과
1시간 시차를 두고, 4월 초부터 회계 연도를 시작하는 관행을 고수하고 있다.
영국인은 자기 나라의 제도가 다른 나라의 제도와 뭔가 다르다는 것에서
오히려 자부심을 느낀다. 영국인이 변화하지 않으려는 이유는 다른 국민과
다르다는 데 있다. 이러한 점에서 영국인의 보수주의가 그들의 개인주의와
결합했다고 할 수 있다.[58]

영광스런 시절에 대한 노스탤지어와 전통적인 것에 대한 향수는 그것을
상품화하고 산업화하는 단계에 이르렀다. 1980년대에 잉글랜드적인 것이 영국
의 정체성으로 부각되면서 마가렛 대처의 보수당 정권 하에서 과거의 영광을
되살리려는 움직임이 급속히 확산되었다. 이 시기에 과거 상류층의 고상한
생활상, 역사적 유물과 저택, 영국적 자연에 대한 동경심을 확산시키는 이른바
'헤리티지heritage' 운동이 활발하게 전개되었다. 이러한 내용을 영상으로 정확
히 재현하여 영국인에게 노스탤지어를 불러일으키는 '헤리티지 영화Heritage
Films'를 만들어 크게 성공하여 영국적 특성을 다시 세계에 알리면서 국제
영화계의 주요한 장르로 자리잡게 되었다. 헤리티지를 관광업과 연계시킨
이른바 '헤리티지 산업Heritage Industry'이 대표적인 문화 산업으로 각광을
받게 되었다. 1980년대에만 41곳의 헤리티지 센터가 세워졌고 어느 때보다
많은 사람이 잉글랜드의 역사적 장소를 방문했다.

---

58) O'Driscoll, *Britain*, p. 59.

(3) 계급의식

현대 영국인은 아직도 계급을 크게 의식하면서 살아가고 있다.[59] 영국인은 노동 계급, 중류계급, 상류 계급으로 비교적 구분이 잘 되어 있다. 오늘날은 노동 계급에서 중간 계급으로의 사회적 이동이 늘고 있고 중간 계급의 폭이 점차 넓어져 가고 있다. 아직도 배타적인 엘리트 계층은 자신의 기득권을 보호하기 위해서 노력한다. 영국인이 어떤 특정 계급으로 태어나서 다른 계급으로 이동할 수 있는 가능성은 매우 낮다. 영국인의 계급 차이는 교육, 언어, 가치관, 태도, 생활방식 등에 반영되어 나타난다.

영국의 계급 사회를 존속시키는 데 대표적인 역할을 하는 것이 바로 사립학교 교육이다. 미국인은 학벌을 말할 때 주로 대학을 말하고 중·고등학교는 별로 중요시하지 않는 반면, 영국인은 대학과 중등학교에 똑같은 비중을 둔다. 영국의 사립학교는 과거부터 중·상류층의 아동을 교육하는 데 중요한 몫을 담당했다. 오늘날에도 대개 공립학교보다는 사립학교가 시설도 좋고 대학 입시에서 좋은 성적을 올리기 때문에 여유가 있는 학부모는 자녀를 사립학교에 보낸다. 사립학교의 원래 목적은 자기 학교 출신 학생이 군대, 기업, 법조계, 공무원, 그리고 정치 분야에서 고위직을 차지하도록 준비시키는 데 있었다. 그리고 사립학교는 학문적 능력을 배양하는 것 못지않게 '인격 형성character building'과 '단체정신team spirit'에 중점을 두는 인문 교육을 강조했다.

사립학교 학생은 사회적 특권 의식을 갖도록 교육받는다.[60] 오늘날 사립학교 학생은 전체 학생의 7%에 불과하지만, 이 학생은 특별한 의복을 착용하고, 앞에서 말한 표준 발음과 어휘를 사용하고, 기숙사에서 생활하면서 엘리트 문화와 그들만의 독특한 태도를 익히게 된다. 사립학교에서 이렇게 이루어진

---

59) 1991년의 조사에서 응답자의 29%는 중류 계급, 65%는 노동 계급이라고 대답한 것으로 나타났다. "The little class game," *The Economist*, 12 September, 1992, p. 64.
60) McDowall, *Britain in Close-Up*, p. 93.

교육은 학생에게 평생 영향을 끼친다. 이들은 학교를 졸업하고 나서도 자신의 습관과 언어를 계속 유지하면서 일반 국민의 정서와 동떨어진 보수적·배타적 집단을 형성한다. 일부 영국인은 이들 사회 상류층이, 자신의 전공 분야와 무관하게 국가의 주요 분야의 요직을 거의 독점하면서, 계급사회를 존속시키고, 국가적 비능률을 심화시키고 있다고 비판을 가하기도 한다.

예의를 중시하고 참을성을 기르고 질서를 존중하는 영국인의 태도는 부분적으로는 계급 문화에서 비롯된 것이다. 영국인의 가정교육은 무엇보다도 자식을 예의바르게 키우는 데 주안점을 둔다.[61] 남의 아이에 대한 관심을 표시할 때 무엇보다도 그 아이가 예의가 바른가를 우선적으로 언급한다. 어른은 아이에게 적절한 매너를 가르치는 데 가장 많은 관심을 쏟는다. 또 영국인은 어려서부터 '윗입술을 꾹 다물도록' 교육을 받으며 자라는데 이것은 감정을 억제하는 데 익숙하도록 하려는 것이다. 상류층 사람일수록 감정을 절제하는 태도를 보이려고 한다. 급박한 상황이 아닌데도 감정을 터트리는 사람은 감정적인 사람 또는 불안정한 사람으로 보인다. 그래서인지 영국 성인의 자제하는 태도만큼은 어느 나라 사람보다 뛰어나다고 알려져 있다. 심지어 영국인은 고객으로서 성의 없는 대우를 받을 경우에도 별 불평 없이 받아들인다. 또 환자는 의사의 조언을 잘 따르고 학생은 교사의 가르침을 잘 받아들인다.[62] 이러한 태도는 잘 참는 것이 귀족적인 태도라는 사고방식에서 일부 생겨난 것이라고 할 수 있다.

영국은 계급에 따라 먹는 음식도 차이가 난다.[63] 상류 계급upper class은 다른 계급에 비해 고급 음식점에서 외식의 빈도가 월등하게 높고, 식료품

---

61) M. J. Gannon, *Understanding Global Cultures* (Sage, 2001). 최윤희 외 옮김, 『세계문화 이해』(서울 : 커뮤니케이션북스, 2003), pp. 350~351.

62) G. Hofstede, *Cultures and organizations : Software of the mind* (New York : McGraw-Hill, 1991).

63) A. Warde, "Food and Class," N. Abercrombe and A. Warde (eds.), *The Contemporary British Society : Reader* (Cambridge : Polity Press, 2001), pp. 210~220.

구매에도 가장 많은 지출을 한다. 그들은 생쇠고기, 어류, 야채, 생과일을 많이 구입하는 반면, 소시지, 가공된 육류, 피시 앤 칩스fish & chips, 우유, 통조림, 야채, 감자, 차tea 종류는 비율이 낮다. 또 와인과 치즈를 구입하는 비율이 매우 높고 건강식에 관심이 많다. 중간 계급은 음식의 소비성향이 전반적으로 두드러지지 않는 계급이다. 이들은 외식보다는 집에서 식품을 소비하는 경향이 크며, 빵, 우유, 감자를 재료로 한 음식, 피쉬 앤 칩스, 차, 설탕 소비 비중이 높다.

중간 계급 가운데서도 단순 사무직에 종사하는 사람은 음식물을 구입하는 데 드는 지출이 적고 식습관도 뚜렷한 특징을 보이지 않고, 외식을 하거나 펍에서 음주를 하는 빈도도 낮다. 자영업을 하는 중간 계급의 식품 구입 방식은 노동 계급과 비슷하다. 이들은 쇠고기, 베이컨, 마가린, 감자를 주로 먹으며, 펍에서 술을 마시는 것을 즐긴다. 노동 계급은 외식보다는 사가지고 가는 음식을 선호하며, 빵, 소시지, 맥주, 피쉬 앤 칩스, 설탕, 차, 통조림 야채의 구입 비율이 높다. 다른 계급에 비해 야채, 과일, 와인의 구입 비율이 낮다.

식사에 대한 명칭도 계급마다 다르다. 도시의 노동 계급(스코틀랜드와 아일랜드 사람 가운데 많다)에게 '티tea'는 일터에서 집에 돌아오자마자 6시경에 먹는 저녁 식사를 말한다. 다른 계급에게 티는 5시경에 먹는 한 잔의 차와 간식을 의미한다. '서퍼supper'는 저녁을 티라고 부르지 않는 대부분의 사람에게 저녁 식사를 의미하는 일상적인 말이다. '디너dinner' 역시 종종 저녁 식사를 의미하는데, 다소 큰 규모의 식사나, 비교적 늦게 하는 식사, 공식적인 식사를 말하기도 한다.

⑷ 공공 의식과 아마추어 정신

영국인은 개인주의적임에도 불구하고 공동체적 정신을 추구하는 모습을 가지고 있다. 영국 사람은 일상생활에서 교제를 중시하기 때문에 펍이나 노동자 클럽, 혹은 다양한 스포츠와 여가 활동 등을 통해 타인과 접촉을 꾀한다. 비슷한 관심사나 태도를 갖는 사람과의 만남과 공공 활동을 통해 자신의 사회적 정체성을 갖게 된다. 영국인은 공공의 문제에 참여하여 일정한 역할을 하는 것을 당연한 권리이자 의무로 여기는 강한 공공 의식을 가지고 있다. 특히 영국인은 오래 전부터 자신과 공동체를 위해 조직을 구성하여 활동해온 전통을 자랑한다.[64] 현재 정부에 정식 등록된 자선 단체의 수가 18만 개 이상이 되고, 스포츠클럽, 여행 모임, 사회운동 단체 등 미등록 단체도 30만 개 이상이 존재한다.

영국은 공적 영역에서 '능력이 있는 아마추어'의 봉사에 의존해온 오랜 전통이 있다. 그들은 사회가 '조금씩 나눔chipping in'의 기초 위에서 더불어 살아가는 사회를 지향할 때 잘 유지될 수 있을 것이라는 믿음을 공유하고 있다. 그래서 많은 사람은 자신의 여가 시간 일부를 할애해서 다양한 방식으로 남을 돕는 봉사활동을 하고 있다. 영국인은 '단지 자신의 일만 잘 하는 것'으로는 모든 행동을 정당화할 수 없다는 생각을 가지고 있다. 특히 사회의 지도적 위치에 있는 사람일수록 그 신분에 따르는 도덕상의 의무noblesse oblige를 다 해야 한다는 사고방식과 관행이 전통으로 자리잡아왔다. 이러한 정신은 국민의 광범위한 봉사활동, 의회 의원의 활동, 일반인의 재판 참여, 교육 제도, 아마추어 스포츠에서 찾아볼 수 있다.

영국인이 가장 중요시하는 타인과의 접촉 가운데 하나가 봉사활동이다. 영국인의 봉사활동은 오랜 역사를 가지고 있다. 복지 국가가 생겨나고 사회봉사

---

64) McDowall, *Britain in Close-Up*, p. 102.

라는 관념이 존재하기 이전에도 영국에는 빈민과 불행한 사람을 돕기 위한 수많은 자선 단체가 있었다. 이 단체는 대부분 무급 자원 봉사자 특히 여성의 봉사로 움직였으며, 자발적인 기부금에 의해 운영되었다. 그 가운데 가장 규모가 큰 단체가 재난 구제와 제3세계의 빈민 구호 활동을 하는 옥스팸Oxfam65) 이다. 또 절망에 빠져 있는 사람에게 전화상담을 하는 '사마리아인The Samaritans,' 19세기에 런던의 빈민가에서 기독교적 선교활동을 하기 위해 군대 식으로 조직되어 곤궁한 사람을 돕는 '구세군The Salvation Army,' 19세기에 설립되어 어려운 아이를 돌보면서 고아에게 거처를 제공하는 단체(Barnado's), 정신장애자를 돕는 단체(MENCAP) 등이 잘 알려져 있다. 이러한 자선 단체는 규모가 크건 작건 모두 회원이 자발적으로 제공하는 시간, 기술, 돈으로 운영된 다.66)

전통적으로 영국인은 하원 의원을 전문 정치인으로 보기보다는 자신의 일과시간 일부를 할애해서 국민을 대변하고 봉사하는 아마추어 정치인으로 간주하려는 경향이 있다. 이 때문에 의원직은 20세기 초까지도 급여를 받지 않으면서 사회 지도층이 국가를 위해 봉사하는 자리였다. 오늘날에도 영국의 의원은 다른 유럽 국가의 의원과 비교할 때 많은 급여를 받지 못한다. 대부분의 의원은 두 명 혹은 그 이상의 의원과 함께 사무실을 공동으로 이용하고, 한 사람의 비서가 몇 의원을 돕는다.

---

65) 본래 명칭이 The Oxford Committee for Famine Relief인 이 단체는 영국에서 가장 크고 가장 잘 알려진 봉사 단체이다. 1942년 식량 사정이 아주 어려운 다른 유럽 국가에 식량을 보내주기 위해서 시작했다. 오늘날에는 주로 개발도상국에서 활동하면서 비상사태가 발생한 지역에 도움을 주고, 정부와 협력하여 빈민을 돕는 계획을 추진하고 있다. 이 단체는 전국에 걸쳐서 800개 이상의 상점으로 이루어진 판매망을 통해서 무급 자원봉사자가 중고 물건과 서적, 제3세계에서 생산된 제품을 팔고 있다. 이 단체는 연간 약 1억 파운드의 판매고를 올린다.
66) 자선 단체는 전부 합해 연간 약 150억 파운드 이상의 수입을 올리고 있다. 그러나 연간 활동비 가 1천 파운드에 못 미치는 자선 단체도 많다. 일부 단체만이 1백만 파운드 이상의 경비를 쓴다.

치안 판사 제도는 영국의 공공 생활에서 아마추어리즘의 중요성을 보여주는
또 다른 예이다.[67] 치안 판사가 주재하는 재판은 1327년부터 시작되었고,
이러한 제도는 시민이 전문가가 아닌 다른 시민에 의해 재판을 받는 사법
제도의 선례가 되었다. 시민 재판관을 맡는 사람은 과거에는 지역의 중간
계급이나 상류 계층의 유지(지주, 의사, 퇴역 장교, 사업가 등)인 경우가 많았다.
그러나 오늘날의 치안 판사는 좋은 평판을 받는 일반 시민 가운데서 지방
위원회가 선발한 사람이다. 이들은 자신의 일상 업무를 보면서 시간제로 재판을
맡는다. 그들은 필요 경비 외에 전혀 보수를 받지 않는 명예직으로 봉사한다.

영국인은 축구, 골프, 테니스, 배드민턴과 럭비 등 많은 세계적인 스포츠를
발명했다. 빅토리아 시대의 사립 중·고등학교는 조직적인 경기가 심성 발달에
많은 도움이 된다고 믿었다. 즉 스포츠는 이기기 위한 것이 아니라 남성적인
기독교 정신을 함양하고 단결심·용기·복종심·리더십 등을 키우는 데 도움이
될 것으로 여겼다. 이러한 경기는 영국인의 '페어플레이' 정신을 키우는 데
도움이 되었다. 중요한 것은 승리나 패배가 아니라 어떻게 경기에 임했느냐에
달려 있다. 패배는 단지 '경기의 일부'일 뿐이다. 이러한 태도가 바로 아마추어
정신으로 여겨졌다. 영국인은 스타플레이어만 높이 평가하지 않고, 협동심을
잘 발휘하는 선수와 팀워크가 잘 이뤄지는 팀을 그 못지않게 높이 평가하려는
경향이 있다.

(5) 자연 사랑

영국 대중문화의 가장 두드러진 양상 가운데 하나는 자연에 대한 사랑이다.
영국인에게 자연은 평화와 고요함, 아름다움, 건강과 범죄가 없는 것을 의미한
다. 영국은 인구의 80% 이상이 도시나 타운에 거주하는 국가다. 그러나 대부분

67) MacDowall, *Britain in Close-Up*, p. 109.

의 영국인은 도시 생활을 경제적 필요 때문에 사는 '부자연스러운' 삶으로 생각하면서 산업 사회의 문화를 거부한다.[68] 영국인이 전원생활을 동경하는 것은 안정을 추구하는 영국 보수주의의 한 단면이다.[69] 전원생활에 대한 향수는 부분적으로 2세기 전에 시작된 산업혁명으로 급속한 산업화와 도시화가 진행되면서 자연에 대한 상실감과, 영문학의 강력한 주제였던 자연에 대한 낭만적 동경에서 유래하는 것이다.[70]

많은 영국인이 꿈꾸는 집은 창문 너머로 장미가 자라는 시골의 단독 주택이다. 경제적으로 여유 있는 사람은 많은 여가 시간을 시골에서 보낸다. 영국인은 산뜻한 관목이 늘어서 있고, 둘레에 넓은 녹지와 자연스럽게 조화를 이루는 18세기 풍의 정원으로 둘러싸여 있는 작은 집과 커다란 시골 저택으로 이루어진 이상향에 대한 깊은 향수를 가지고 있다. 경제적 여유가 있는 중상류층은 주말에 휴식을 취하기 위해 시골에 주택을 소유하고 있다. 그들은 자연과 가까이 하는 방법으로 정원을 직접 만드는 경우가 많다. 1971년에서 1991년 사이에 농촌 인구는 거의 200만 명 혹은 17%까지 증가했다. 이러한 경향은 영국인 특히 잉글랜드인이 시골에서 살려는 욕구가 지속적으로 커지는 것을 보여준다.[71] 이러한 추세는 유럽에서 영국만이 가지고 있는 독특한 점이다.[72]

---

68) *Ibid.*, p. 105.

69) O'Driscoll, *Britain*, pp. 60~61.

70) McDowall, *Close-Up in Britain*, p. 104.

71) 1851년에 도시 인구가 농촌 인구를 넘어섰으며, 지속적인 농촌 인구 감소로 1901년에 이르면 77%의 인구가 도시에 살게 되었다. 같은 기간 국민총소득에서 차지하는 농업의 비중이 20%에서 약 6%로 하락했다. 농업이 영국의 산업 생산에서 차지하는 비중은 계속 하락해 1980년에 이르면 2%대에 불과하게 되었다. 농업에 종사하는 사람의 숫자도 이 시점에 이르면 고작 57,600명에 불과하게 되었다. 그러나 1991년부터 농촌 지역의 인구 감소 추세가 멈췄다가 점차 다시 증가하게 되었다. B. A. Holderness, *British Agriculture since 1945*(Manchester : Manchester University Press, 1985), pp. 170~172.

72) A. Howkins, "Ruality and English Identity," Morley and Robins (eds.), *British Cultural Studies*, p. 146.

내셔널 트러스트The National Trust 운동은 산업혁명 후에 잃어버린 농촌의 낙원에 대한 향수가 커져가면서 생겨난 운동이다.[73] 이 단체는 1895년에 산업화로 말미암아 자연환경이 파괴되고 옛 건축물이 훼손되는 것을 막으려는 동기에서 몇 사람에 의해 설립되었다. 이 단체는 입회비를 납부하는 민간인에 의해 운영되며, 국가가 재정을 지원하거나 운영에 개입하지 않는 순수 공익단체 charity이다. 이 단체의 활동은 가능한 한 많은 영국의 자연환경을 보호하고, 역사적 건물을 매입하여 잘 보존하려는 데 중점을 두고 있다. 1970년대 후반에 315,000명이던 회원 수가 1997년에 이르러 240만으로 급속하게 증가한 것은 자연에 대한 사랑과 문화유산에 대한 동경을 촉진시키려는 이 단체의 노력이 성공한 것을 보여주는 것이다. 1996년 한 해에 내셔널 트러스트에 속한 문화유산과 자연을 방문한 사람의 숫자가 1,100만 명을 훨씬 넘었다. 실제로 다수의 영국인이 전원생활에 대해 거의 모른다고 하더라도, 자연에 대한 사랑은 그들의 정체성의 아주 중요한 부분으로 남아 있다.[74]

최근 영국의 하위 문화 가운데 가장 중요하고 독특한 것 가운데 하나가 '뉴 에이지 방랑자New Age Travellers'이다. 이들은 도시적 삶을 거부하고 자연스럽고 이상적인 소박한 삶을 살기 위해서, 소규모 집단을 결성해서 이동주택에 살면서 시골을 떠돈다. 이들은 1960년대 히피의 자연스러운 후예다. 1980년대 보수당 정부 하에서 그들은 자주 단속을 받아왔다. '불결한 비렁뱅이'로 비난을

---

73) The National Trust for Places of Historic Interest and Natural Beauty는 세계에서 가장 큰 환경보존 단체이다. 자연을 지키기 위해 토지를 사들이는 이 단체는 영국에서 세 번째로 많은 토지를 소유하고 있다. 토지 면적이 약 586,000에이커(거의 2,400평방킬로미터)이고, 매입한 해안선의 길이가 500마일(약 800킬로미터) 이상이 된다. 이 단체가 보유하는 자산 가운데는 해안, 유명한 정원, 마을, 농장, 풍차와 물방앗간, 호수와 언덕, 성당, 교회 건물, 선사 시대와 로마 시대의 유적, 중요한 조수鳥獸 보호구역, 그리고 산업고고학Industrial Archaeology(산업혁명 초기의 공장·기계·제품 따위를 연구하는)의 표본이 포함되어 있다. 이러한 활동을 뒷받침하는 법률 가운데는 의회의 승인 없이 이 단체가 보유하고 있는 어떤 토지도 수용收用할 수 없도록 하는 법률도 포함되어 있다.

74) McDowall, *Close-Up in Britain*, p. 105.

받지만, 이들은 전국적으로 깊은 영향을 끼쳐왔다. 위기에 처한 생태와 환경에 관한 그들의 유별난 관심은 다수 국민이 자연 파괴의 어리석음을 인식하게 되면서 점차 지지를 받게 되었다. 1990년대 중반 새로운 큰 도로를 놓는 것을 반대하는 운동을 주도한 '환경운동가eco-warriors'는 주로 이들이거나 이들로부터 영감을 얻은 사람이었다.

4. 현대 영국 정체성의 변화

19세기 후반에서 20세기 초에 이르러 형성된 잉글랜드의 정체성은 대부분 문화적 정의를 내용으로 하는 것이었다. 이 시기의 민족 정체성은 시인, 소설가, 문학평론가, 언어학자, 민속학자, 그리고 역사가의 문제였다. 훗날에 내려진 '영국적 특성English character' 혹은 '영국적 전통English tradition'의 많은 설명이 이 정체성에 지나치게 의존했다. 그러나 정치적인 차원에서 이러한 정체성은 별로 중요하게 받아들여지지 않았다. 또 20세기 전반前半의 다른 변화, 특히 새로운 노동운동과 노동당의 대두가 잉글랜드의 정체성을 약화시켰다. 노동운동은 잉글랜드만이 아니라 영국 전체의 문제였다. 이 운동은 웨일스와 스코틀랜드를 중심으로 세력이 확대되어 나갔고, 또 과거 어느 정파나 운동보다 인종적·민족적 노선을 초월해서 광범위하게 전개되어 나갔다. 노동운동으로 잉글랜드뿐만 아니라 웨일스와 스코틀랜드의 민족주의도 약화되었다.

그러나 1960년대 이후 제국의 종말과 더불어 영국은 분열되기 시작했다. 잉글랜드는 다시 스코틀랜드, 웨일스, 아일랜드의 민족주의 운동에 직면하면서 잉글랜드는 다시 통합적 정체성의 보호막이 허물어지는 것을 경험하게 되었다. 대영제국의 정체성이 퇴조하면서 잉글랜드의 정체성이 새롭게 강조되기 시작했다. 그러나 이제 잉글랜드의 정체성은 문화에서 정치로 이동했다.[75)]

1970~1980년대 '신 우파New Right'의 보수적 정치인이 다수 등장하고 우파 학자와 출판업자가 이에 가세하면서 이들은 잉글랜드 중심의 정체성을 본격적으로 추구했다. 20세기 말에 이르러 노동당 정권이 지방 자치Devolution를 강조하고 스코틀랜드, 웨일스, 북아일랜드가 자치 의회를 갖게 되면서 잉글랜드의 정체성이 영국의 정체성으로 더욱 확고하게 자리잡게 되었다.

서두에서 말한 바와 같이 잉글랜드의 정체성은 영국인 모두에게 적용되는 것은 아니다. 20세기 후반으로 오면서 영국이 다인종·다문화 사회로 변화하면서 이러한 정체성을 낯설어하는 많은 영국인이 생겨났다. 20세기 후반에 영국 사회는 노동 계급 문화의 대두, 여성의 사회 진출과 지위 향상에 따른 가족 관계와 가정의 변화, 청소년 문화의 발전, 도시의 하위 문화sub-cultures가 생겨나면서 기존의 가치관과 행동 양식이 급속도로 달라져 가고 있다.

이제는 기존의 영국적 정체성이라는 패러다임으로 설명할 수 없는 부분이 늘고 있다. 영국인 모두가 자연을 좋아하는 것은 아니다. 도시의 대중문화를 선호하여 잉글랜드의 자연을 거부하는 사람도 상당수 있다. 특히 사회에서 자신의 위치에 깊은 불만을 가진 채 살아가는 사람은 전통적인 전원적 정서에 반감을 가지고 있다. 실제로 기존 사회 질서에 순응하기를 거부하는 사람과 사회적 약자, 젊은 세대가 추구하는 하위 문화는 도시의 빈민 지역에 그 뿌리를 두고 있다.

영국의 하위 저항 문화에 대한 가장 큰 영향은 아프리카-카리브계로부터 왔으며, 이들의 흑인 음악이 가장 중요한 문화적 영향을 주었다.[76] 이들의 음악과 문화는 런던의 노팅 힐 카니발Notting Hill Carnival에서 가장 화려하고 풍부하게 대중 앞에 펼쳐진다. 문학에서도 1970년대 이후 중남미, 아시아와

---

75) Kumar, "English National Identity," p. 52.
76) 특히 스카ska, 레게reggae, 랩rap의 세 음악 형식은 카리브와 미국에서 시작되었지만, 영국에서 본격적으로 발전했다.

아프리카 이민의 후손이 주도적인 역할을 하고 있다.[77] 영화도 1980년대 후반 이민이 만든 영화가 전성기(Black Film Renaissance)를 구가했다. 1960~1970년대 전위적 대중음악의 눈부신 발달, 1970년대부터 본격화된 실험 연극, 1980년대 체제 비판 영화의 본격적인 등장에서 영국의 문화와 사회가 본격적으로 모더니티를 지향하고 있음을 알 수 있다. 이러한 현상은 이제 영국이 다문화 사회로 변해가고 있으며 기존의 정체성이 급속히 무너지고 있음을 알려준다. 그러나 다수 영국인이 자연에 대한 노스탤지어를 가졌던 것처럼 몇몇 하위 문화는 잃어버린 세계에 대한 향수에서 출발한다.[78] 이를테면 스킨헤드Skinheads는 상상 속에 있는 이상적인 노동 계급의 문화, 래스터패리언Rastafarians은 옛 아프리카에 대한 동경, 그리고 '뉴 에이지 방랑자'는 옛 전원생활을 동경하고 있다. 이처럼 오늘날 영국은 현대의 모더니티를 추구하면서도 과거에 대한 노스탤지어가 공존하는 모습을 보인다.

또한 영국적 정체성 혹은 정서에 대한 노스탤지어를 상업적인 목적이나, 보수주의를 강화하기 위한 이데올로기로 이용하려는 부류도 있다. '헤리티지' 정서를 상업화하려는 시도는 부분적으로 긍정적 측면이 있다. 이러한 정서는 거친 언어와 폭력이 일상화되고 물질문명이 인간의 소외를 가속화하는 현실에서 고상한 품격과 점잖은 언어를 상기시켜주고 옛 유적과 자연의 아름다움을 통해 인간성을 회복하는 데 상당한 도움이 될 것이다.[79] 그러나 1996년까지

---

77) 살만 루시디Salman Rushdie, 밴 오크리Ben Okri, 나딘 고디머Nadin Gordimer, 나이폴V. S. Naipaul, 데렉 월코트Derek Walcott, 하니프 쿠레이시Hanif Kureishi 등.

78) 1950년대 에드워드 7세 시대의 화려한 복장을 입은 테드Teds, 1960년대 폭주족 로커Rockers와 보헤미안적 옷차림을 추구하던 모드Mods, 1970년대 폭주족 바이커Bikers 혹은 그리서 Greasers, 보수파 청년인 스킨헤드족Skinheads, 거칠고 반항적인 옷차림과 음악을 추구했던 펑크족Punks, 독특한 머리모양과 옷차림을 하고 아프리카 복귀를 주창하는 아프리카-카리브 출신의 래스터패리언Rastafarians, 1970년대 펑크와 1960년대 히피의 혼합물인 1980년대 고트 족Goths, 뉴에이지 트래블러New Age Travellers 등이 대표적이다.

79) 이러한 입장은 박우룡, 「대처리즘과 영국 영화의 르네상스 : 헤리티지 영화」에 개진된 바 있다.

영국에 세워진 2,500개의 박물관 가운데 절반이 1971년 이후에 세워진 것이고, 1996년 한 해에만 1,100만 명의 관광객이 이러한 장소를 찾았다는 것은 상업주의가 다소 지나치게 작용하고 있다는 느낌을 준다. 더 부정적인 것은 민족의 정체성을 정치 이데올로기화해서 대중 동원에 이용하려는 것이다. 특히 대처의 보수당 정권 하에서 과거에 대한 노스텔지어를 강조하는 이면에는 이러한 정치적 의도가 상당히 작용하고 있는 흔적이 발견된다.

앞에서 지적한 바와 같이 영국의 전통과 정체성은 현대에 와서 과거와 많이 달라지고 있다. 이러한 현상은 비단 영국만의 현실이 아니다. 오늘날 나라마다 다소 차이가 있지만 전통적인 가치나 제도가 급속히 바뀌는 실정이기 때문이다. 영국인은 1960년대 이후 이혼과 가정의 해체, 미혼모와 청소년 문제, 범죄율, 실업과 하위 계급 증가 등 여러 측면에서 다른 나라와 비교가 되지 않을 만큼 매우 심각한 변화를 겪고 있다. 앞에서 논의한 영국인이 가지고 있는 덕목이 급속하게 실종되고 있는 것도 사실이다. 그럼에도 불구하고 우리가 영국인의 가치관과 태도 가운데 본받고 지켜가야 할 것도 많다. 개인의 자유와 개성을 존중하고, 옛 것을 소중히 여기고, 사회를 위해 봉사하고, 페어플레이 정신을 발휘하고, 점잖은 매너와 친절한 언어로 타인을 대하고, 타인에게 관대하고 아랫사람을 인격적으로 대하며, 자연과 동물을 사랑하고 보호하는 마음씨는 영국인이 인류에게 주는 소중한 선물이다.

제2장 통합과 비잉글랜드적 정체성

역사적으로 영국에 있던 네 나라 사이에 점진적인 통합이 있었다. 이 통합은 잉글랜드 튜더 왕조의 헨리 8세가 프랑스와 전쟁을 하기 전에 브리튼 섬 안의 적에 대해 내부 단속을 할 필요가 있다고 판단함으로써 본격적으로 이루어지기 시작했다.[1] 웨일스는 1536~1542년에 통합되었다. 스코틀랜드 역시 1707년의 통합법Act of Union에 의해 잉글랜드/웨일스에 합쳐졌다. 세 나라의 공동 의회가 만들어짐으로써 '대 브리튼 연합 왕국United Kingdom of Great Britain'이 생겨났다. 1801년 이 세 나라에 마지막으로 아일랜드가 합쳐지면서 또 다른 통합법이 통과되었다. 이로써 '대 브리튼과 아일랜드 연합United Kingdom of Great Britain and Ireland'이 탄생함으로써 브리튼 섬과 아일랜드 섬의 통합이 완성되었다. 그러나 아일랜드는 줄기찬 투쟁 끝에 1921년 북부 일부 주를 제외하고 독립했다. 20세기 말부터 노동당 정부는 중앙 정부의

---

1) Kenneth O. Morgan(ed.), *The Oxford History of Britain* (1989). 영국사연구회 옮김, 『옥스퍼드 영국사』(한울출판사, 1994), 276쪽.

권한 이양 절차를 통해 웨일스(1999년), 스코틀랜드(1999년), 그리고 북아일랜드 (2000년)의 지방 정부에 자치권을 보다 폭넓게 부여하고 있다.[2]

1. 잉글랜드

잉글랜드인은 유럽의 다른 나라 국민보다 훨씬 먼저 국민적 정체성을 인식하기 시작했다.[3] 5세기부터 브리튼 섬을 침입한 앵글족, 색슨족, 주트족 등 게르만족은 원주민인 켈트족을 내쫓고 잉글랜드를 차지했다. 7세기경 이들은 잉글랜드에 7개 왕국을 세웠다. 스코틀랜드와 접한 북쪽의 노섬브리아 Northumbria, 중부의 머시아Mercia, 동부의 이스트 앵글리아East Anglia와 에식스 Essex, 남동부의 켄트Kent와 서식스Sussex, 남서부의 웨식스Wessex가 그것이었다. 이 중에서 이스트 앵글리아는 앵글족이, 켄트는 주트족, 그리고 에식스·서식스·웨식스는 색슨족이 세운 왕국이었다. 이들은 8세기에 북부의 노섬브리아, 중부의 머시아, 남동부의 웨식스의 3개 왕국으로 세력이 재편되고, 10세기에는 마침내 웨식스 단일 왕국으로 통일된다. 웨식스 왕가는 바로 9세기에 잉글랜드를 침략한 데인족을 물리치면서 통일의 기반을 놓은 알프레드 대왕Alfred the Great(849~899)의 후손이다.

다양한 종족의 잉글랜드인이 통일을 이룰 수 있었던 데는 몇 가지 요인이 긍정적으로 작용했다. 우선 이 지역은 영토의 크기가 넓지 않은 섬이었기 때문에 통일된 체제나 제도를 만들기가 용이했을 것이다. 또 외부로부터의 침입에 공동으로 군사적 대응을 하면서 지역별 결속을 이룰 수 있는 계기가 마련되었다. 게르만의 방언이 영어로 발전하면서 이들의 의사소통을 가능하게

2) John Oakland, *Contemporary Britain, A Survey with Text* (London and New York : Routledge, 2001), p. 120.
3) 박지향, 『영국사 : 보수와 개혁의 드라마』(까치, 1997), 20쪽.

해 주는 공통의 언어가 되었다. 1250년 이후에는 영어가 귀족 계층을 제외한 모든 잉글랜드인의 모국어로 자리잡았다. 기독교와 교회는 국민에게 통일된 의식을 가져다주었다. 교회의 위계질서는 군주의 권위를 신성시하는 데 도움이 되었고, 교회에서 교육받은 인재는 국가를 효율적으로 운영하는 데 필요한 유능한 인적 자원을 제공해 주었다. 10세기에 지방행정 단위가 주shire로 통일됨으로써 중앙 집권 체제의 기반이 마련되었다. 이때 만들어진 32개의 주는 1970년대까지 그대로 유지되었다.

노르만의 정복은 영국 역사에서 하나의 중요한 분수령을 이룬다.[4] 윌리엄 정복왕은 색슨의 통치자로부터 통일된 국가를 물려받아 이후 2세기 동안 봉건 제도와 의회주의를 발판으로 전국적인 행정 체제를 발전시켰다. 우선 윌리엄은 기존 앵글로-색슨족의 문화와 법 등을 지속적이고 일관되게 계승함으로써 국민적 통합을 유지하고 자신의 권력 행사에 대한 반발을 막았다. 보통법Common Law이 그 대표적 사례였다. 그는 또 유럽 대륙의 봉건 제도와 다른 잉글랜드식 봉건 제도를 도입했다. 이 제도는 봉신封臣과 그 밑의 기사가 궁극적으로 모두 왕에게 충성을 서약하는 제도로서, 왕에게 효율적이고 통일된 국가 운영을 할 수 있는 중앙 집권적 권력을 제공해 주었다. 그리하여 군주를 국가와 동일시하는 태도가 점차 싹트기 시작했다. 회계청Exchequer은 중앙 집권화와 국가 운영의 효율성을 상징했다.[5]

의회의 발전은 통일 국가의 또 다른 초석이었다. 의회는 처음에는 국가 통치를 쉽게 하기 위한 군주의 '발명품'으로 출발했다고 할 수 있다. 즉 의회는 효율적인 통치에 필요한 정보를 수집하고, 고위 성직자나 귀족 등 유력자의 조언과 협조를 구하며, 재정 조달을 쉽게 하기 위해 만들어진 기구였다고 할 수 있다. 그러나 1215년의 대헌장Magna Carta 이후 의회는 국민의 의사를

---

4) Oakland, *British Civilization* (London : Routledge, 2005), p. 22.
5) 박지향, 『영국사』, 22쪽.

대변하는 기관으로 점차 변모하기 시작했다. 무엇보다도 13세기 후반 에드워드 1세 때(1271~1307)부터 14~15세기의 백년 전쟁에 이르기까지, 군주들은 전쟁 경비를 지속적으로 조달해야 할 필요성 때문에 의회의 발언권과 권한을 인정하게 되었다. 이 시기에 의회가 잉글랜드 국민을 대변한다는 분명한 사실이 국민적 정체성을 확립하는 데 지대한 역할을 했다. 이러한 정체성이 민족주의적 정서로 확대된 것은 15세기 말 인쇄술이 발달하고 대중 극장이 등장하면서부터였다.

잉글랜드가 세계 제국으로 뻗어나갈 본격적인 기틀을 마련한 것은 튜더 왕조Tudor Dynasty(1485~1603) 때부터였다. 장미전쟁에서 승리하여 왕위에 오른 헨리 7세(1485~1509)는 중앙집권 체제를 확립하여 정치적 안정을 도모하는 한편 잉글랜드의 미래가 대양 진출과 식민지 개척에 달려 있다고 보고 그 기초를 마련했다. 그는 크고 작은 상선을 건조하여 상인에게 임대함으로써 대양 진출의 꿈을 실현시켜 나갔다. 그는 또 상선에 대포를 설치하도록 하여 영국 해군의 초기 모습을 갖추었으며, 대양 항해를 가능케 하는 정책을 취해서 영국이 제해권을 장악하는 데 크게 기여했다.[6] 또 존 캐벗John Cabot을 지원하여 최초로 북미 북동부 연안을 탐험시킴으로써(1497) 북 아메리카를 영국의 식민지로 만들려는 노력을 시작했다.

헨리 8세(1509~1547)는 1530년대에 종교개혁을 통해서 로마 교회로부터 독립된 국교회Church of England를 출현시킴으로써 영국의 역사와 기독교의 역사에 중요한 전환점을 마련했다. 유럽의 다른 국가와 달리, 잉글랜드 국교회 성립의 직접적인 원인은 종교적 문제보다는 오히려 개인적이고 경제적인 이유였다.[7] 헨리 8세는 자신이 자유롭게 재혼을 하고 그가 원하는 인물을 잉글랜드 교회의 지도자로 임명하려고, 의회를 이용해서 로마 교회와 결별하는

---

6) 김현수, 『영국사』(대한교과서주식기업, 1997), 120쪽.

7) O'Driscoll, *Britain : The Country and Its People* (Oxford University Press, 2001), p. 20.

법률을 통과시켰다. 그는 스스로를 국교회의 수장首長으로 선언하고, 수도원을
해산(1536~1539)하여 몰수한 토지를 유력자에게 배분하고 지주에게 매각함으
로써 절대 왕정의 지지 기반을 튼튼히 했으며, 농업 자본주의 발전에도 기여했
다. 또 그는 웨일스를 완전 합병하고(1536), 아일랜드를 예속화하려고 시도했다.

엘리자베스 1세(1558~1603) 때 잉글랜드의 왕정은 전성기를 누리면서 대제
국으로 성장할 확고한 기반을 닦았다. 여왕은 가톨릭 신자였던 메리 여왕
Mary(1553~1558) 때 흔들렸던 종교를, 1559년 통일령統一令을 통해서 잉글랜드
가 프로테스탄트 국가임을 분명히 함으로써 바로 잡았다. 그러나 그것은 종교
분쟁의 종말이 아니라 더 큰 갈등의 시작이었다. 의식은 가톨릭의 방식을
유지하면서 교리만 개신교로 바꾼 중도적 종교 정책은, 국민을 그녀의 종교
정책에 순응하는 국교도Anglicans와, 이에 불응하는 비국교도Dissenters(19세기
중반 이후 Nonconformists로 불림)로 분열시켰다. 비국교도 중에서도 완전한
프로테스탄트 교회를 열망하는 퓨리턴Puritans은 국교회를 부정했다. 자신의
종교적 신념 때문에 가혹하게 탄압을 받던 이들 퓨리턴은 1620년 종교적
자유를 찾아서 아메리카 대륙으로 건너갔다. 그러므로 미국 역사의 본격적인
출발점은 엘리자베스 1세 치하의 영국에서 시작되었다고 볼 수 있다.[8] 나머지
퓨리턴은 탄압에 저항하다가 1640년대에 와서 이른바 청교도 혁명Puritan
Revolution이라고 하는 내전Civil War의 주역이 되었다.

엘리자베스 1세는 능숙한 외교술을 발휘하여 체제의 안정을 도모하고,
상공업의 발전을 촉진했으며, 해외 진출을 적극적으로 지원했다. 또한 스페인과
의 전쟁(1588)에서 막강한 무적함대를 물리침으로써 영국의 발전과 세계 종교
사에 하나의 결정적인 전환점을 마련했다. 이제 영국은 더 이상 스페인 함대에
대한 두려움을 갖지 않고 본격적으로 대양으로 나가 미래의 식민지 제국을

---

8) Robert Crunden, *A Brief History of American Culture* (1991). 정상준 외 옮김, 『미국의 역사』(대한교
과서주식기업, 1996), 16쪽.

건설할 수 있는 기틀을 마련했다. 무엇보다도 가톨릭 강국인 스페인을 물리치며 개신교를 위기에서 구해냄으로써, 개신교가 세계적인 종교로 발전할 수 있는 계기를 만들었다. 여왕은 스페인과 오랜 긴장 관계 속에서 영국인에게 애국심과 국민적 정체성을 갖도록 만들었고, 전쟁을 승리로 이끌면서 그들에게 자신감과 신이 자신을 택했다는 선민의식을 갖도록 만들었다. 이 시기는 셰익스피어로 대표되는 영국의 르네상스 문화가 꽃피는 시대이기도 했다.

튜더 왕조 초기부터 성장한 젠트리Gentry 계급을 선두로 한 신흥 시민 계급은 17세기에 와서 영국의 경제 발전을 선도하면서 정치적 주역으로 등장하게 되었다. 이들은 스튜어트 왕조의 전제 정치와 종교 탄압에 맞섰으며 내전에서 국교회 세력과 왕당파에 맞서 싸워 승리함으로써 시민 국가의 기틀을 마련했다. 이들 부르주아 계급은 명예 혁명Glorious Revolution(1688)을 통해 영국을 의회 주권 국가로 변화시켰다. 이후 하원의 다수당이 내각을 구성하여 국가의 정치를 이끄는 내각 책임제가 발전했다. 영국은 이러한 의회 민주주의를 통한 정치적 안정 위에서 산업 혁명을 거치면서 세계적인 제국으로 뻗어 나갔다. 그러나 영국의 국가 발전과 영광의 뒤에는 식민지 지배와 제국주의 정책의 어두운 그림자가 자리잡고 있었다.

2. 웨일스

웨일스의 역사는 앵글로-색슨 시대부터 시작한다. 4세기 말에 앵글로-색슨 에 쫓긴 켈트인이 이곳에 정착하면서 역사가 시작되었다. 6세기에는 아서 왕의 신화가 만들어지면서 앵글로-색슨 침략자에 대한 웨일스인의 줄기찬 저항을 상징하게 되었다. 9세기가 되면서 웨일스인은 자신의 나라를 '켈트인의 나라Cymru'라고 불렀다. 12세기 중반에 잉글랜드의 헨리 2세가 대규모 원정을 통해 웨일스의 종주왕으로 인정받았으나, 실질적으로는 웨일스의 남쪽은 앵글로-노르만인의 손에, 북쪽은 웨일스 본토인에 의해 지배되었다. 웨일스는 13세기 말 잉글랜드의 에드워드 1세의 지배 하에서 큰 변화를 겪게 되었다. 그는 웨일스를 침략하여 병합한 후 이곳에 식민 정책을 펴면서 이민을 장려했다. 또 웨일스인에게 주어지는 웨일스공Prince of Wales의 지위를 자신의 장남에게 부여했는데, 황태자가 웨일스공이 되는 이 전통은 오늘날까지도 이어져오고 있다.

점차 잉글랜드와 가까워져 가던 웨일스는, 튜더 왕조를 연 헨리 7세가 웨일스 출신이었기 때문에 1485년 이후 잉글랜드와의 통합을 크게 거부하지 않고 받아들였다. 1536년 헨리 8세 치하에서 토마스 크롬웰은 웨일스에 잉글랜드식 행정 구역과 치안 판사, 보통법 제도 등을 도입하고, 국교회를 확립시켰다. 마침내 웨일스의 대표를 잉글랜드의 웨스트민스터 의회가 받아들이면서 완전 통합이 이루어졌다.

웨일스인은 일상생활에서 그들의 웨일스적 특징을 크게 드러내지 않는다. 공적 제도도 잉글랜드의 그것과 유사하며, 웨일스적 특징을 보여 주는 상징물도 그리 많이 존재하지 않는다. 더욱이 웨일스에 사는 사람 중 많은 수가 자신의 민족적 정체성을 전혀 의식하지 않는다. 19세기에는 많은 수의 스코틀랜드인과 아일랜드인 그리고 잉글랜드인이 일자리를 찾아서 웨일스로 왔다. 그래서 오늘날에도 많은 잉글랜드인은 여전히 웨일스에 그들의 집이나 별장을 가지고 있다.

그러나 웨일스에도 그들만의 정체성을 보여 주는 매우 중요한 특징이 있다. 바로 웨일스어가 그것이다. 웨일스에 사는 모든 사람이 영어를 말할 수 있긴 하지만 영어가 모든 사람의 모국어인 것은 아니다. 웨일스에서는 300만 명 가량의 인구 중 약 20%(60만 명 정도)가 웨일스어를 쓴다. 그러므로 웨일스어는 영국에서 가장 널리 쓰이는 소수 언어인 셈이다.[9] 또 웨일스 문학은 유럽에서 가장 오래된 문학 중 하나로서, 매년 열리는 전국 규모의 음악, 문학, 드라마 페스티벌Royal National Eisteddfod을 통해 그 명맥이 유지되고 있다. 이 페스티벌은 12세기부터 시작된 것이다. 모국어를 쓰자는 계속된 캠페인 덕분에 웨일스어는 웨일스 지역의 많은 영국인에게 사랑을 받고 있다. 웨일스에 사는 모든 아동은 학교에서 웨일스어를 배운다. 또 웨일스에는 웨일스 말로 된 여러 개의 지역 신문과 웨일스어로 방영되는 한 개의 텔레비전 채널이 있으며, 거의 모든 공공 게시물과 표지판은 웨일스어와 영어로 표기되어 있다.

3. 스코틀랜드

기원후 1세기에 로마의 하드리아누스 황제가 북부 잉글랜드와 스코틀랜드의 접경 지역에 방벽Hadrian's Wall을 쌓은 후, 스코틀랜드는 독자적인 역사를 걸어왔다. 6세기 초에 이미 스코틀랜드는 이곳을 통치하는 왕과 여왕의 지배를 받고 있었지만, 지역별로 다른 민족으로 나뉘어 있었다. 가장 오래된 주민인 픽트인Picts 혹은 켈트인은 북부와 동부에, 북아일랜드로부터 온 스콧인Scots은 서부에, 앵글로-색슨이 영국을 침략하면서 북쪽으로 쫓겨온 브리튼인은 남서부에 살고 있었다. 거기에 독일 지방에서 들어 온 앵글인이 섞이기 시작했다. 로마인은 4세기 초 스코틀랜드에서 물러갔다. 이들은 서로 다른 언어를 사용했는데, 이 가운데 픽트어는 사라지고 스콧어에서 근대 게일어가 발달했다.

스코틀랜드의 역사는 잉글랜드의 침략에 맞서 국가를 지키려 한 항쟁의 역사다. 7세기에 이미 잉글랜드 북부의 노섬브리아 왕국이 침략하여 픽트인의

---

9) David Christopher, *British Culture : An Introduction* (London and New York : Routledge, 1999), p. 29.

왕이 물리친 적이 있다(685). 9세기에 바이킹의 침략에 대응하기 위해서 스콧인의 왕인 맥얼핀이 스콧인과 픽트인을 통합한 후, 11세기에 이르러 맬컴 2세가 스코틀랜드 통일에 성공했다. 1057년에 즉위한 맬컴 3세는 잉글랜드의 윌리엄 정복왕과 벌인 전투에서 패하고, 그를 스코틀랜드의 종주왕宗主王으로 인정했다. 이때부터 잉글랜드에 예속당하는 역사가 본격적으로 시작되었다. 그러나 데이비드 1세는 잉글랜드 왕실의 내분을 틈타 잉글랜드를 침략하여 스코틀랜드의 독립을 되찾았다(1138). 그 후 잉글랜드의 내전이 끝나고 즉위한 헨리 2세는 다시 스코틀랜드에 대한 잉글랜드의 지배권을 되찾았다. 또 헨리 3세의 누이와 스코틀랜드의 왕 알렉산더가 결혼하면서 양국 관계는 원만한 사이가 되었다.

그러나 왕실의 혈통이 끊기고 유력자 사이에 왕위를 놓고 다툼이 벌어졌을 때, 잉글랜드의 에드워드 1세는 종주왕의 권리를 내세워서 존 드 베일리얼을 스코틀랜드의 통치자로 지명했다(1292). 브리튼 섬과 대륙에서 잉글랜드의 세력을 확장하기 위해 프랑스와 전쟁을 벌인 에드워드 1세는 전비를 조달하기 위해서 스코틀랜드에 대해 끊임없이 돈을 요구했다. 베일리얼은 에드워드에게 충성을 거부하고 프랑스와 동맹을 맺었다(1295). 이에 대한 응징으로 에드워드 1세는 대군을 이끌고 침입하여 베일리얼의 군대를 대파하고 스코틀랜드 왕의 대관식 때 앉는 스쿤의 돌Stone of Scone을 잉글랜드로 가져갔다(1295~1296). 그 후 윌리엄 월리스가 스코틀랜드의 새 통치자가 되었지만(1297~1305) 또 다시 에드워드 1세에게 침략을 당했다. 뒤이어 새로운 스코틀랜드의 왕이 된 로버트 브루스(로버트 1세, 1306~1329)는 다시 에드워드 1세에게 항거했고, 이 외중에 에드워드 1세가 사망했으며, 브루스는 잉글랜드로 쳐들어가서 잉글랜드를 거의 다 장악하는 전과를 올린다. 1328년 조약으로 잉글랜드는 브루스의 왕위와 스코틀랜드의 독립을 인정했다. 1329년 이후 베일리얼 가와 브루스가의 왕위 쟁탈전 끝에 1371년 스코틀랜드의 스튜어트 왕가가 시작되었으며, 이는 1707년 잉글랜드와 통일 왕국을 이룰 때까지 지속되었다.

스코틀랜드와 잉글랜드는 16세기 프로테스탄트 종교개혁 이후 두 나라가 같은 칼뱅파의 종교 노선을 지향하면서 가까워지게 되었다. 언어적으로도 영어와 같은 기원인 스콧츠Scots라는 언어가 저지대에서 사용되고 있었기 때문에, 일부 지역 사람 사이에는 의사소통이 가능했다. 정치적 결합은 1603년 스코틀랜드의 제임스 6세가 잉글랜드의 엘리자베스 1세 여왕을 계승하여 제임스 1세로 등극했을 때 처음 이루어졌다. 제임스는 할머니로부터 잉글랜드 왕실의 혈통을 이어받은 잉글랜드 왕위의 정통 후계자였다. 이 결합은 나중에 1707년 통합법에 의해 확정되었다. 스튜어트 왕가의 마지막 군주인 앤 여왕에게 후사가 없는 것을 기회로 잉글랜드는 두 왕국의 통합을 추진했다. 그 결과 그레이트 브리튼 왕국이 성립되었다. 그 후 스코틀랜드의 주권을 회복하려는 시도는 두 차례의 자코바이트의 난Jacobite Rebellion(1715, 1745)으로 나타났으며, 아직도 그 감정적 앙금은 다 사라지지 않고 있다.

스코틀랜드 사람들은 그들만의 제도와 특징을 꾸준히 유지해 오고 있다. 첫째, 교육, 법, 종교 등 공적 제도의 몇 가지가 영국의 다른 지역과는 다르게 조직되어 있다. 둘째, 스코틀랜드식으로 영어를 말하는 방식은 매우 독특하다. 스콧어Scot로 알려진 방언은 저지대 노동 계급의 일상생활에서 쓰이고 있다. 이 말은 많은 특징적인 표현을 가지고 있어서 보통 스코틀랜드 사람이 아닌 영국인은 알아들을 수가 없다. 셋째, 널리 알려진 스코틀랜드적 특징을 표현하는 많은 상징이 있다.[10]

---

10) O'Driscoll, *Britain*, p. 42.

4. 아일랜드

아일랜드인의 조상 역시 켈트족이다. 이들도 잉글랜드와는 다른 민족 기원의
신화를 가지고 있다. 자신은 브루투스의 후손이 아니라 스페인의 밀레시우스의
후손이며, 이 후손들이 아일랜드를 3,500년 동안 다스려 왔다고 주장한다.
로마인이나 앵글로 - 색슨족의 침략이 크게 영향을 미치지 않았기 때문에 이들
은 문화적으로나 언어적으로 동질성을 유지할 수 있었다. 특히 5세기에 성
패트릭St. Patrick이 기독교를 전파한 후 아일랜드는 가톨릭의 단일 종교로
통일성을 유지할 수 있었다. 기독교의 영향으로 국민의 지적 수준이 높아지면서
예술과 문학이 발전했다. 795년부터 바이킹이 침략하여 정착하면서 더블린
등의 도시를 건설하고 기존 켈트족과 혼합되었다.

고대 아일랜드에는 4개의 왕국(Ulster, Leinster, Munster, Connaught)이 있었다.
오늘날 이 가운데 얼스터Ulster를 제외한 다른 지역은 아일랜드 공화국이
되었고, 북부의 얼스터만 기존 9개의 주에서 6개의 주가 영국의 영토로 남아
있다. 그리고 이 얼스터 지방은 20세기 후반에 프로테스탄트계 주민과 가톨릭계
주민 사이의 증오와 유혈로 얼룩진 상처를 가지고 있다. 이 불행한 역사는
잉글랜드가 아일랜드를 침략한 데서 시작되었다.

잉글랜드의 아일랜드 침략의 역사는 1169~1171년의 앵글로 - 노르만족의
정복에서부터 시작되었다. 이때 잉글랜드의 헨리 2세는 아일랜드를 정복하여
아일랜드의 종주왕이 되었다. 튜더와 스튜어트 시대에 이르러 아일랜드는
완전히 잉글랜드의 지배에 놓이게 된다. 1530년대 토마스 크롬웰Thomas
Cromwell은 아일랜드 지배 계층이 잉글랜드 왕에게 충성을 맹세하고 잉글랜드
의 귀족이 되어, 잉글랜드의 법과 관습을 따르도록 하는 정책을 추진했다.
엘리자베스 여왕 치세에 잉글랜드는 다시 아일랜드 직접 통치를 시도하는데,

신교를 강요하고 2만여 명의 잉글랜드인을 이주시켰다. 제임스 1세 때인 1608년
에는 저항의 중심지였던 얼스터에 신교도를 대거 이주시켰으며, 청교도 혁명기
에 더 많은 잉글랜드인이 몰려들었다. 이때 잉글랜드 정부는 가톨릭 신자의
땅을 강제로 몰수하고, 신교를 공식 종교로 선언했다. 이때 뿌려진 비극의
씨앗이 오늘에 이르기까지 아일랜드를 끊임없는 갈등의 현장으로 만들고
있다.

결국 나폴레옹 전쟁 때 잉글랜드는 아일랜드가 프랑스의 침략기지 역할을
할 가능성을 내세워서 1800년에 강제 합병을 단행했다. 그러나 합병 이후에도
아일랜드인의 저항은 수그러들 줄 모르고 계속되었다. 19세기에 들어 미국
독립 혁명, 프랑스 혁명 운동 등에 자극을 받아 아일랜드에도 민족 독립
운동이 활발하게 전개되었지만, 매번 실패로 끝나고 말았다. 1886~1914년
사이 아일랜드 자치Home Rule(내정과 관련된 모든 문제에서 영국으로부터의
독립)를 획득하기 위한 무장 봉기와 치열한 게릴라전을 통해서 마침내 사실상의
독립을 쟁취하게 되었다. 오랜 투쟁 끝에 아일랜드의 남부 지역(아일랜드
전체 22개 주 중 16개 주)은 결국 1921년 아일랜드 자유국Irish Free State이
되었다. 아일랜드 자유국은 1949년 공화국을 선포하고 아일랜드 공화국Republic
of Ireland이 되었다. 이 공화국은 브리튼과 북아일랜드와 완전히 분리 독립하여
그 정부를 수도인 더블린Dublin에 두었다.

그러나 얼스터 지방의 다수를 차지하는 100만 명의 신교도는 잉글랜드로부
터의 독립을 강력하게 반대했다. 그들은 가톨릭이 지배하는 국가에 속하기를
원하지 않았다. 당시 신교도는 아일랜드 전체 인구의 1/4이 못 되는 인구였지만
얼스터에서는 주민의 65%를 차지했다. 그래서 이 지역의 9개 주 가운데 6개
주는 수상을 두고, 정치(외교는 제외한)를 담당하는 의회를 벨파스트Belfast의
스톨몬트Stormont에 둔 채 영국의 일부로 남았다. 프로테스탄트는 과거부터

6개 주의 경제권을 장악해 왔고, 이제는 정치권력과 공직을 독점했다. 이 지역에서 소수 국민이 된 북아일랜드의 가톨릭 신자는 주택이나 직업에서 프로테스탄트와 동등한 기회를 갖지 못한다는 것을 알게 되었다. 그에 따라 가톨릭의 민권 운동이 시작되었지만 프로테스탄트는 거의 관심을 갖지 않았다.

이후 반세기 동안 이 지역 주민은 양극화된 두 공동체로 나뉘어 살아오고 있다.[11] 한 공동체는 저지대 스코틀랜드나 잉글랜드에서 온 조상을 가진 주민으로 구성되어 있다. 그들은 자신이 개신교라는 사실을 뚜렷이 의식하고 있고, 영국의 테두리 안에 남아 있기를 원한다. 또 다른 공동체의 주민은 아일랜드의 원주민을 그들의 조상으로 두고 있다. 그들은 가톨릭에 대한 집착이 강하고, 북아일랜드가 아일랜드 공화국의 일부가 되기를 바란다. 이들 두 공동체의 주민은 각기 다른 거주지에 살면서 다른 라디오와 텔레비전 프로그램을 시청하고, 다른 의사의 치료와 자기 교파의 약사가 조제한 처방약을 받으며, 서로 다른 경축일을 축하하면서 행진하고, 다른 신문을 읽는다. 그들의 자녀 역시 다른 학교에 다닌다. 그래서 대다수의 학생이 대학에 진학해서야 다른 공동체에서 온 사람과 처음으로 접하게 되는 경험을 한다. 대학에 가지 않는 다수의 사람은 다른 공동체의 사람과 말을 하는 것조차도 드문 일이 된다.

결국 1960년대 후반에 가톨릭계 주민의 민권 운동이 시작되었다. 이에 대해 프로테스탄트 주민이 폭력적인 대응을 함으로써 빈번한 충돌이 일어났다. 양 진영 사이에 적대감이 악화되면서, 영국은 1969년에 평화를 유지하기 위해 북아일랜드 의회의 활동을 중지시키고, 군대를 파견했다. 군대는 처음에는 프로테스탄트의 폭력에서 자신을 보호해 줄 것으로 믿은 가톨릭 신자에 의해 환영을 받았다. 그러나 군대가 총을 가진 사람을 찾기 위해 가택 수색을 시작하면서 분위기는 돌변했다. 이때부터 양측에서 많은 희생자가 생겨났다.

---

11) *Ibid.*, pp. 52~53.

1972년, 이른바 '피의 일요일'로 알려진 이날 영국 군인이 런던데리Londonderry의 가톨릭 시위대에게 발포하여 13명이 사망했다. 영국 군인도 상당수가 다치거나 죽었다. 이후 양 진영의 과격 단체는 총격과 폭탄 테러와 같은 극단적인 테러 행위를 자행하기 시작했다. 이들 단체 가운데 '과격 아일랜드 공화국 군대Provisional IRA' 같은 단체는 영국 본토에 대한 폭탄 테러 시위를 시작했다. 영국 정부는 재판을 거치지 않고 투옥하거나 IRA와 같은 단체를 불법화하는 등 비민주적이고 무성의한 대응을 함으로써 적대감을 증폭시켰다.

양 진영의 태도는 더욱 강경해졌고, 불법적인 비밀 군대까지 갖게 되었다. 가톨릭측의 군대는 아일랜드 공화국군Irish Republican Army과 아일랜드 민족해방군Irish National Liberation Army이다. 이 두 조직은 무력 수단을 사용해서 아일랜드의 통일을 이루려고 한다. 그러나 두 단체는 아일랜드 공화국에 의해 불법화되어 있다. 프로테스탄트 쪽에는 얼스터 방위 연합Ulster Defence Association과 얼스터 자위대Ulster Volunteer Force가 있다. 이러한 군대를 동원한 '피의 투쟁'의 결과 오늘날까지 양측에서 3,600명에 달하는 희생자를 낳았다.

1972년부터 영국 정부는 이 지역을 직접 통치하기로 결정했다. 이후 20년 동안 과거의 정치적 분쟁은 대부분 사라졌고, 가톨릭계 주민은 프로테스탄트계 주민과 거의 동등한 정치적 권리를 갖게 되었다. 주민 사이에서도 중간 계급을 중심으로 상대방에 대한 극단적인 태도가 점차 완화되고 있다. 더욱이 영국 정부와 아일랜드 정부가 좋은 관계로 발전하면서 서로 새로운 제안을 내놓았다. 일단 1973, 1975년의 협상이 실패로 돌아가고, 1980년 아일랜드 공화국과 영국 정부가 다시 협상을 시도했다. 이 협상은 마침내 1985년 영국-아일랜드 합의Anglo-Irish Agreement를 도출했다. 이 합의의 내용은 아일랜드 공화국에게 북아일랜드 통치에 개입할 수 있는 권한을 주지만, 대신 아일랜드 정부는 만약 얼스터 주민 다수가 동의할 때만 아일랜드의 통일이 이루어질 수 있도록

인정하기로 한 것이다.12)

1996년 6월부터 북아일랜드의 8개 정파는 분쟁 종식을 위한 협상을 시작했다. 이러한 노력을 통해서 양 진영은 1998년 4월 마침내 북아일랜드 평화협정의 체결이라는 결실을 맺게 되었다. 이 협정은 영국이 북아일랜드 자치 정부와 의회에 자치권을 부여하는 것이 핵심 사항이었다. 1999년 아일랜드 공화국은 헌법에서 얼스터 6개 주를 공화국의 영토로 주장한 내용을 삭제했다. 이러한 후속 조치로 공화국은 얼스터 합병을 두려워하는 프로테스탄트의 불안감을 잠재우면서, 동시에 그에 대한 반대급부로 북아일랜드에 세워진 자치 정부를 포함한 많은 정치 기구에서 역할을 갖게 되었다.13)

---

12) 이 합의에 대해 영국의 모든 정당과 미국과 같이 많은 아일랜드 이민이 사는 국가는 환영했지만, 북아일랜드인은 누구나 불만스러워했다. 이 합의는 민주 연방당Democratic Unionist Party 의 당수인 이안 페슬리Ian Paisley와 같은 프로테스탄트 지역의 중요 지도자에 의해 거부당했다. 역시 IRA와 밀접한 관계가 있는 정당인 신페인Sinn Fein(Ourselves Alone)당 당수 게리 아담스Gerry Adams 역시 거부했다.

13) O'Driscoll, *Britain*, p. 120.

제3장 영국적 정체성의 언어적 표현

1. 언어의 특징

영국인의 언어는 영국인의 국민성을 잘 반영하고 있다. 영국인은 어느 나라 사람 못지않게 절제된 언어, 완곡한 화법, 유머를 통한 독특한 의사표현 방식을 가지고 있다. 영국인은 직설적인 표현은 피하고 대화에 신중을 기하는 경향이 있다. 영국인은 의사를 전달할 때 내용을 상세하게 말하는 태도는 불필요하며, 상대방을 조금 불쾌하게 만들 수도 있다고 여긴다.[1] 그러면서도 상대방과 하는 몇 마디 대화 속에서 그의 경제적 지위, 교육 수준, 출신 성분, 잠재력 등을 파악한다.

영국인은 절제된 의사표현을 하는 대표적인 국민이다. 의사소통을 구두로 하든 서면으로 하든 상관없이 정확한 사실과 숫자는 가급적이면 피하려는 경향이 강하다. 감정을 표현할 때도 마찬가지다. 영국인 특히 잉글랜드인은

---

1) M. J. Gannon, *Understanding Global Cultures* (Thousand Oaks : Sage, 1994), p. 364.

어느 나라 사람보다도 더 내성적인 사람이기 때문에 드러내놓고 애정이나 우정을 표시하는 일은 드물다. 그러면서도 자신의 표현이 예의에 어긋나지 않고 상대방의 마음을 상하지 않도록 배려하는 경향이 강하다. 그래서 영국인의 다양한 의사표현은 일반적으로 미묘함, 부정확성, 모호함을 특징으로 한다. 같은 내용의 말을 할 때 미국인의 말투와 영국인의 표현방식을 비교해 보면 이러한 특징을 잘 알 수 있다.[2]

- 상사의 반대를 표현할 때
(미국인) Jack'll blow his top(잭은 불같이 노할 것이다).
(영국인) Our chairman might tend to disagree(우리 회장은 동의하지 않는 방향으로 갈 수도 있다).

- 상대방의 말을 묵살할 때
(미국인) You're talking bullshit(말도 안 되는 소리).
(영국인) I'm not quite with you on that one(나는 그 점에서 당신과 생각이 조금 다르다).

- 반대할 때
(미국인) You gotta be kidding(농담하지 마).
(영국인) Hm, that's an interesting idea(흠, 그거 재미있는 생각이네요).

- 만족할 때
(미국인) That's a beautiful scenario(아주 훌륭한 계획입니다).
(영국인) We might find a way of making that work(그 일이 이루어질 방법을 찾을 수 있을 것입니다).

---

2) R. Lewis, *When Cultures Collide : Leading Across Cultures* (London : Nicholas Brealey, 1996, 1999, 2006), p. 171.

▪ 손해를 볼 때

(미국인) You're going to get hurt(당신은 손해볼 것이다).

(영국인) I'm not sure this is advantageous for you(이것이 꼭 당신에게 이롭다고
　　　　 장담할 수 없다).

▪ 선택할 때

(미국인) It's the only game in town(그것만이 최선의 선택이다).

(영국인) I have no other choice(다른 선택의 여지가 전혀 없다).

▪ 최선을 다할 때

(미국인) Go for broke(죽을 힘을 다한다).

(영국인) Stake everything on one venture(한 가지 일에 모든 것을 건다).

▪ 성공하고자 할 때

(미국인) He'll do his best to make it fly(그는 그 일을 뜨게 하려고 최선을 다할
　　　　 것이다).

(영국인) He'll do all he can to ensure success(그는 반드시 성공할 수 있도록
　　　　 모든 일을 다 할 것이다).

▪ 꾸지람 할 때

(미국인) When you scramble, you scramble like a son-of-a-bitch(너는 꾸물거릴
　　　　 때는, 꼭 병신같이 꾸물거린다).

(영국인) Speed of action is advisable(빨리 움직이는 것이 좋다).

　유머는 영국인에게 대화의 중요한 요소이다. 영국인이 유머를 즐기는 것은
감정을 직접 표현하지 않으려는 영국인의 태도 때문이다. 영국인은 속내를
잘 드러내지 않으면서도 기본적으로 심각한 태도를 싫어하기 때문에 유머를

통해 무거운 분위기를 반전시키려는 노력을 자주 한다. 영국인에게 있어서
유머는 다루기 힘들지도 모르는 당혹스럽거나 긴장된 상황을 모면케 한다.[3]
유머를 통해 노골적인 풍자를 즐기고 방송에서도 거친 농담과 과장된 행동으로
가득한 희극을 즐긴다. 의회에서도 신랄한 유머가 표현되어 협상의 지루함을
덜어준다. 영국인은 다음과 같은 여러 가지 상황에서 유머를 자주 사용한다.[4]

- 자기를 낮출 때
- 분위기가 비타협적인 방향으로 흘러가는 상황에서 긴장을 완화하기 위해서
- 지나치게 격식으로 대화가 지지부진할 때 대화의 속도를 빠르게 하기 위해서
- 해고당하지 않고서 상사를 비판하려고 할 때
- 상상력이 없는 동료에게 새롭고, 다듬어지지 않은 아이디어를 소개할 때
- 어려운 협상에서 예기치 않은 제안을 할 때
- 어떤 일에 지나치게 신중한 모습을 대할 때
- 혹은 직장에서 납득할 수 없는 상황이 벌어졌을 때
- 미래에 대한 계획을 너무 심각하게 말하는 것을 비웃을 때

2. 직장에서의 언어 표현

영국 기업가의 태도와 경영 방식은 아직도 전통 사회의 계급의식과 제국주의
시대의 가치관을 반영하는 측면이 있다. 영국에는 계급 제도가 아직 존속하고
있고 사회적 지위와 활동도 어느 정도는 혈통, 지위, 가문의 후광을 입기
때문에 이러한 사회적 분위기가 기업 경영에도 상당한 영향을 끼친다. 외국인이
볼 때 영국의 경영자는 외교적이고, 재치가 있고, 느긋하고, 격식을 차리지
않고, 합리적, 타협적 태도를 가지며, 공정한 태도를 유지하려고 애쓰는 사람으

3) Gannon, *Global Cultures*, p. 363.
4) Lewis, *Cultures Collide*, p. 176.

로 받아들여진다. 영국의 경영자도 스스로를 창의력이 풍부하고 가끔은 고정관
념에 얽매이지 않고 균형이 잡힌 사고를 하는 사람으로 여기고, 아량, 품격,
유머, 위트, 설득력, 침착성을 가지고 기업을 운영하고 있다고 생각한다.[5]
미국인 경영자는 사업상 새로운 일이 생겨났을 때 기발하고 멋진 말로 표현하는
재주가 있는 반면, 영국인은 새로운 표현을 피하고 막연한 전통적 표현 방식을
더 선호한다.

　영국의 경영 방식에는 캐나다, 호주, 독일, 미국과 같은 나라에는 거의
없는 겉치레가 존재한다. 경영자의 가장 중요한 능력은 회의를 효율적으로
진행하고 부하 직원과 좋은 관계를 유지하는 것이다. 하급자에게 지시를 할
때에도 정중하게 부탁하는 방식을 택하는 것이 관례로 되어 있다. 경영자는
마음을 잘 드러내지 않는 태도와 더불어 이러한 정중한 태도를 통해 하급자와
일정한 거리를 두려고 한다.

　일반적으로 영국에서 회의는 근무의 중요한 부분으로 여겨진다. 경영자는
회의를 지시를 내리는 기회라기보다는 합의를 도출하는 과정으로 인식한다.
업무에 관한 결정이나 지시도 회의에서 함께 논의하고 확인함으로써 내려진다.
이러한 회의는 일반적으로 격식을 차리지 않는 대화로 진행되며 참석자는
질문을 해서라도 자기 몫을 한다. 각자 생각이나 의견을 자유롭게 제시하도록
권장되지만 의견의 비중은 신분이나 나이에 따라 달리 받아들여진다.

　영국에서 언어는 경영의 수단으로 쓰일 때는 훨씬 더 섬세하게 표현된다.[6]
경영자는 부하를 다스릴 때는 격식을 따지지 않고 다정하고 조용한 음성으로
차분하게 대한다. 대신 직원을 칭찬하거나, 꾸짖거나, 암시하거나, 비판할
때는 다양한 유머를 사용하여 의사를 표시한다. 미국이나 독일의 경영자의
경우 부하를 꾸중할 때 퉁명스럽고 직선적으로 쏘아붙이지만, 영국 경영자의

5) *Ibid.*, p. 76.
6) *Ibid.*, p. 109.

경우는 다른 말을 할 때 거기에 덧붙이는 식으로 하거나 유머를 통해 완곡하게 표현하는 경우가 많다. 부하를 책망할 때 오히려 크게 배려하는 듯한 말을 하거나 심지어 친절한 태도를 보이기도 한다.[7] 반대로 칭찬을 할 경우에는 꾸중을 하는 것처럼 하는 경우도 있다.

영국인 경영자는 근무시간을 엄격하게 통제하지는 않지만, 시간을 낭비하는 것을 용납하지 않는다. 영국에는 정시 출근을 하지 않아도 되고 근무시간에 구애받지 않고 자유롭게 근무를 하지만, 그날그날 주어진 과제를 완전하게 마무리하는 것을 당연하게 여긴다. 그 때문에 경영자나 직원이나 모두 보통 5시나 6시에 기업을 퇴근하지만 일거리를 자주 집에 가져간다. 업무를 처리하다 실수를 해도 책망을 받지 않고, 일을 서둘러서 처리해야 한다는 압박감도 거의 느끼지 않는다. 부서별로 팀워크가 강조되지만 경영진이 평사원과 직접 접촉하는 것을 이상하게 여기지 않는다. 특히 경영자가 신임하거나 재능이 있고 진취적이라고 알려진 사원에 대해서는 더욱 그렇다. 경영자는 부하가 어떤 성과를 내는가도 중요하게 생각하지만, 결과보다는 일을 하는 과정에서 최선을 다하는 태도를 더 높이 평가한다.

직장에서 하는 사회적 접촉과 직업 혹은 기술을 통해 많은 영국인은 자신의 정체성을 발견한다.[8] 영국인은 개인주의적인 성향이 강하면서도, 자기가 소속된 집단의 보호와 안정된 위계질서 속에 일하는 것을 선호한다. 영국인은 상사의 권위를 존중하기 때문에 윗사람의 지시를 받는 것에 익숙하며 상사가 누구든 상관없이 그가 내리는 지시에 의문을 제기하지 않는다. 영국인은 자신이 속해 있는 집단과 직장에서 인정을 받지 못하는 경우에는 불편한 마음을 가지면서도 그것을 잘 표현하려고 하지 않는다. 집단의 구성원은 가능하면 서로간의 불화를 피하려고 하기 때문에 근본적인 문제를 제외하고는 직장에서

---

7) *Ibid.*, p. 110.
8) O'Driscoll, *Britain*, p. 52.

일어나는 갈등은 거의 원만히 수습된다. 직장인 대부분은 출세하기 위해서는 높은 학력, 능력, 야망, 노력, 교제가 필요하다고 여긴다. 그러나 출세를 위해 노력하면서도 무리한 욕심은 자제하고 위의 상사가 승진하거나, 이동하거나, 사망하여 승진할 기회가 주어질 때까지 참고 기다리는 것이 일반적인 경향이다.

3. 언어적 표현 방식

영국인과 갖는 사교모임은 물론 비즈니스에서도 정한 시간을 지키거나 몇 분 늦게 도착하는 것은 괜찮지만 일찍 가는 것은 금물이다. 영국인은 보통 10~20분 늦는 것을 그다지 문제시하지 않는다. 사업상의 만남에서 영국인은 처음에는 다소 격식을 차리는 편이지만 두세 번 만나면 격의 없이 어울리려고 한다. 그들은 이름을 부르고 상의를 벗거나 와이셔츠 소매를 걷어 올리는 등 매우 자연스러운 태도를 보인다. 영국인은 자신이 가정적인 사람으로 보이기를 좋아하며, 회의 도중에 자연스럽게 어린아이, 휴가, 옛 추억을 이야기한다.

영국인은 영어를 모국어로 쓰는 국가의 사람과 대화를 할 때 편안함을 느낀다. 그들은 또한 북유럽이나 네덜란드 사람, 그리고 일본인과 상대할 때 자연스러움을 느낀다. 그리고 영국인은 지나친 격식이나 친근감 따위는 좋아하지 않는다. 자신은 지나친 격식을 갖추는 국민(프랑스, 독일)과 너무 성급하게 친근감을 드러내는 국민(미국, 호주의 습성) 사이에 중용을 지키고 있다고 생각한다.[9] 영국인은 속해 있는 계급과 지역에 따라 상대방의 태도에 다르게 반응한다. 부유하고 계급을 의식하는 남부 잉글랜드 사람은 개인의 교양과 교육적인 측면을 중시하는 반면, 보다 완고한 북부 잉글랜드, 스코틀랜드, 웨일스 사람은 상대방의 진실성과 솔직한 태도에 더 비중을 둔다.

---

9) Lewis, *Cultures Collide*, p. 175.

유머는 앞에서 본 것처럼 영국인의 일상과 직장생활에서 필수적인 것일 뿐만 아니라 외국인이 영국인과 협상하는 데도 중요한 역할을 한다. 영국인과는 풍부한 화제나 유머를 주고받으면서 업무 외적인 대화를 잘 풀어나갈 때 상담商談이 잘 이루어질 가능성이 높다. 또 영국 경영자는 유머를 가장 효과적인 능력의 하나로 간주하기 때문에 유머감각에서 그들과 대등하게 맞설 수 있는 사람을 신뢰하는 경향이 있다. 그래서 영국인과 거래를 할 때 조크나 일화를 많이 준비해야 한다. 그러나 영국인은 상대방을 비웃거나 상대방의 의견에 반대하거나 심지어 경멸할 때도 유머를 하나의 무기로 사용한다. 특히 일부 라틴계 사람처럼 지나치게 자신을 과시하는 상대방에게는 가차없이 부정적인 유머를 사용하는 경우가 많다. 그러나 그들은 겸손함과 절제된 태도를 보이는 북유럽 사람에게는 좀처럼 비꼬는 유머를 쓰지 않는다.

영국인의 말을 삼가서 하는 태도나 유머의 용도를 잘 이해하는 외국인이라도 거래나 상담을 할 때 그들의 막연한 태도에서 짜증을 느낄 때가 많다. 외국인은 영국인의 말을 알아듣는 데 어려움을 느끼는데, 그것은 그들의 말이 불분명하게 전달되기 때문이다. 영국인은 막연한 태도로 시간을 벌거나, 상대방을 혼란스럽게 하거나, 일을 질질 끈다. 영국인은 좋은 매너, 유머, 타협적·합리적 자세로 협상에 임하지만 오랜 기간을 겪어본 사람은 다루기 까다로운 상대라고 생각하고 있다. 이들 기업인과 거래해 본 사람은 영국인이 적극적으로 토론하려고 하고 타협하려는 자세를 가지는 점을 평가하면서도, 그들의 태도가 위선적인 경우가 있다고 느낀다. 영국의 기업주는 직원에게 다소 불분명하게 의사를 표현하는 방식을 습득해서 거래 상대방을 대하는 행동 요령을 익힐 것을 주문한다. 영국인과 거래를 해본 사람은 그들이 이처럼 일종의 술책을 부리는 데 실질적이고 물질적인 욕구가 크게 작용한다는 것을 알고 있다.

영국인은 상대방의 제안을 드러내놓고 반대하는 경우는 드물다. 그들은 동의를 할 때도 제한을 많이 둔다. 그러나 반대나 거절의 의사를 표시할 때는 여러 가지 감춰진 표현을 이용한다.

- 글쎄요, 우리는 그것을 아주 좋아합니다만 (Well, we quite like that, however...)
- 막연한 대답
- 반대를 할 때도 조심해서 말하는 태도 (조금 어렵지 않을까요. That might be a bit tricky.)
- 유머

영국인은 상대방과 의견의 불일치가 없는 경우에조차도 처음의 합의에서 최종 결정을 내리는 경우가 드물다. 그들은 상대방이 신속하게 결정을 내리도록 재촉하지 않는다. 그들은 항상 가능하면 느긋하게 뒷걸음치는 자세를 취하고 있다. 가까운 상대가 아닐 경우에는 쉽게 믿지 못하고 상대방을 파악하기 위해서 뜸을 들이는 경향이 있다. 이러한 태도는 외국인이 그들을 속이려 한다는 불신감을 부분적으로 내포하기도 한다.[10] 미국인은 가능한 한 본능적으로 단숨에 결정을 내리기를 좋아하는 반면, 영국인은 논리적이기보다는 본능적이지만 결정할 때는 보다 신중을 기한다.

영국인은 일반적으로 단기간의 거래보다 장기간의 관계에 관심이 많다. 다른 나라에서는 많은 업무가 전화로 이루어지는 경우가 많다. 영국인은 거래 조건을 길게 토론하고, 거의 항상 토론 후에 바로 상대방에게 그 내용을 문서화하기를 요구한다. 그래서 영국인은 각 거래마다 조건과 거래 과정을 기록한 두툼한 파일을 가지고 있다. 영국의 경영자는 이러한 전통적 방식을 고수함으로써 신속하고 효과적인 거래를 할 수 있는 기회를 놓치는 경우가 많다. 이러한 태도에 대응해서 외국인은 겸손한 자세와 좋은 매너를 보이면서

---

10) *Ibid.*, p. 178.

끈기를 가지고 기다리는 요령을 터득하는 경우가 많다.

영국 기업을 대표하는 사람들은 그들 회사의 명성, 규모, 재력을 협상하는 데 보통 이용한다. 상대방도 그런 정상적인 조건을 이용할 수 있다. 그러나 영국인과 하는 협상에서 상당한 힘을 발휘하는 것은 그들이 쉽게 노출시키지 않는 이면의 영향력이다. 학연 혹은 옛 친구 관계는 영국의 경영자의 일상생활에서 매우 중요한 하나의 현실적인 능력이므로 낮게 평가해서는 안 된다. 이러한 비합리적 요소는 재계, 행정부, 법조계에서 특히 영향력을 발휘한다.

이러한 점들을 미루어 보면, 영국인과 상담 등을 할 때 그들의 언어적 습관을 고려하면서 대화하는 것이 좋은 결과를 얻는 데 도움이 될 것이다. 영국인은 그것이 긍정적인 결과라고 하더라도 쉽게 결론에 도달하지 않고 시간을 끄는 경우가 많으므로, 상대방에게 재촉하는 듯한 인상을 주지 말고 느긋하게 참고 기다리면서 상대방이 결론을 내릴 때를 기다리는 것이 좋다. 물론 대화 속에 적절한 유머를 섞어가면서 여유로움을 보이고, 대화의 분위기를 부드럽게 가져가는 것은 성공적인 결과를 얻는 데 큰 도움이 될 것이다.

제2부

대처와 하이에크

제1장 대처주의의 실험

1. 대처주의란 무엇인가?

(1) 대처의 등장

마거릿 대처Magaret Thatcher는 심각한 경제적 난국에 제대로 대처하지 못하는 무능한 정부에 대한 국민적 불신이 팽배하고, 국가적 영광이 쇠퇴하는 시기에 권력을 잡았다. 1979년 보수당 집권 직전 영국은 '영국병'의 빈사 상태에서 허덕이고 있었다. 노동당 정부의 과다한 복지예산 지출로 국가 재정은 파탄 상태였다. 국영 기업의 적자는 눈덩이처럼 불어났고, 노조의 과도한 임금 인상 요구와 빈번한 파업으로 주요 산업은 거의 마비 상태에 있었다. 특히 1978년 말과 1979년 초 공공 부문 노조의 파업으로 국가 기능이 사실상 정지되었다. 이러한 상황에서 '불만의 겨울'을 보낸 국민은 1979년 총선거에서 보수당에게 승리를 안겨주었다.

영국이 당면한 구조적 문제점을 정확히 파악하고 있던 대처는 국가 경제를 살리기 위한 혁명적 조치를 취한다. 그녀는 취임과 동시에 복지 예산과 정부 지출을 대폭 삭감하면서, 복지 국가 건설과 완전 고용의 실현이라는 '정치적 합의'1)의 틀을 완전히 깨버렸다. 강경 노선을 걷던 노조와의 치열한 투쟁 끝에 노조의 활동을 결정적으로 약화시켰다. 또 적자 상태의 공기업을 과감히 민영화하고, 시장 경제를 활성화하기 위해서 경제 영역에서 국가 간섭을 대폭 축소시켰다. 그리고 19세기 빅토리아 시대의 주요 가치였던 자유방임, 자조, 근면, 개인의 진취적 기상을 되살리고, 법과 질서를 회복하려고 했다.

대처리즘은 경제적으로는 '규제받지 않는 시장'을 지향하는 '신자유주의 neo-liberalism,' 정치적으로는 '신보수주의적 권위주의,' 사회적으로 '두 국민Two nations' 정책을 추구했다. 대처는 이러한 노선을 실현하기 위한 최우선 정책을 노동조합의 개혁에 두었다. 1970년대에 3개의 정권이 노동조합의 파업으로 몰락한 것을 경험한 대처에게는 노동조합의 권리를 대폭 축소하고, 노동계의 정치 세력화를 종식시키는 일이 무엇보다 중요했다.

또 대처는 영국의 경제 구조를 완전히 바꿔버렸다. 즉 기존의 경제 질서를 탈규제와 민영화를 통해 자유시장 질서로 재편했다. 많은 국영 기업을 민영화함으로써 국민의 주식 소유 범위를 넓히고, 지방자치 단체 소유의 임대 주택을 개인에게 매각했다. 주식 소유와 주택 소유의 확대는 새로운 보수주의가 추구하는 '재산 소유 민주주의property-owning democracy'의 핵심 요소가 되었다.2)

1) 전쟁의 승리를 위해 민족적 단결이 필요했던 2차 대전 때부터 보수당과 노동당 사이에 정치적 합의의 전통이 생겨나기 시작했다. 경제 정책과 사회 정책에 있어서 1942년의 비버리지 보고서 Beveridge Report와 1944년의 케인즈 고용백서Keynesian White Paper on Employment에 대한 전반적인 지지가 바로 이러한 합의의 주요 내용이었다. 비버리지 보고서는 전후 복지 국가의 주요 내용을 예고하는 것이었고, 케인즈 백서는 전후 완전 고용이라는 목표를 세웠다. 복지 국가와 완전 고용이라는 두 정책은 전후 25년 이상 지속적으로 추진되었다. F. N. Forman and N. D. J. Baldwin, *Mastering British Politics*, 4th edn. (Macmillan, 1999) p. 9.
2) John Corner and Sylvia Harvey, "Introduction : Great Britain Limited," John Corner and Sylvia Harvey (eds.), *Enterprise and Heritage : Crosscurrents of national culture* (London and New York : Routledge, 1991), pp. 8~9.

산업도 금융, 서비스, 통신 분야를 집중적으로 육성했다. 새로운 주력 산업의 생산 설비를 현대화하고 기술력을 높이는 데 드는 막대한 재원은 주로 미국과 일본의 자본에 의존했다. 대처는 소득 재분배 정책을 반대하고, 부유층과 빈곤층의 소득 격차를 줄이거나 경쟁에서 실패한 사람의 사회적·경제적 고통에는 관심을 두지 않았다. 또 소득세에 대한 최고 과세율을 83%에서 40%로 낮춤으로써 부유층에게 유리한 정책을 폈다. 초기 목적만 놓고 판단하면, 대처는 자신이 의도한 개혁에서 성공한 수상이었다.[3]

(2) 대처주의의 이념적 기원

대처주의가 처음부터 이데올로기가 중심이 되는 정치적 기획으로 시작된 것은 아니다. 대처 정권 이전에 이미 캘러헌의 노동당 정부는 영국의 조합주의 corporatism를 해체하고 있었다. 캘러헌 정부는 1976년 가을, 국제통화기금IMF의 강력한 요구에 대한 대응으로, 케인즈주의적 경제 관리 정책을 통한 완전 고용의 추구는 더 이상 가능하지 않다고 선언했다. 그러나 그러한 조치는 영국의 전후 합의를 단절하는 것 이상이 될 수 없었다. 그것만으로는 영국의 노사 관계를 개혁할 수 없었기 때문이다.

대처주의는 노동 문제에 대한 대응으로 시작되었다. 마가렛 대처는 영국의 조합주의(정부, 고용주, 노동조합에 의한 경제 정책의 3자 조정)가 부를 창출하는 수단이나 사회적 결속의 도구라기보다는 오히려 국민 소득의 분배를 둘러싼 다툼과 분쟁의 원인이 되고 있다고 인식했다.[4] 그래서 대처는 정권 초기에 노동조합의 개혁을 최우선 과제로 삼았다. 그러므로 대처주의는 단적으로

---

3) John Gray, *Black Mass : Apocalyptic Religion and the Death of Utopia* (New York : Farrar, Straus and Giroux, 2007), p. 76.

4) John Gray, *False Dawn : The Delusions of Global Capitalism* (Sondon : Granta Books, 1999), pp. 24~25.

말하면 1980년대 대처 정부가 추구한 노동 정책에 대한 일종의 수사(修辭)였다.5)

대처 정권 초기 보수당은 어떠한 일관된 정치적 노선을 가지고 있지 않았다.6) 사실 대처주의라는 관념 그 자체는 좌파에 의해 만들어졌다고 할 수 있다. 일부 통찰력 있는 마르크스주의자가 대처의 노선을 다르게 인식하기 시작했던 것이다. 특히 선도적인 잡지 「마르크시즘 투데이*Marxism Today*」의 편집인 마틴 작스Martin Jacques는 대처 정권이 전후 사회민주주의와 돌이킬 수 없는 단절을 하고 있다는 사실을 처음 발견한 인물 가운데 하나였다.

장기적인 관점에서 보면, 1975년 마거릿 대처가 에드워드 히드Edward Heath 를 물리치고 보수당 당수의 자리에 오른 것은 이데올로기적인 차원에서 하나의 전환점이었다.7) 그러나 당시에는 이러한 점이 분명하게 부각되지 않았다. 당시 보수당이 인기 없는 실패한 지도자를 제거한 것으로만 비쳤을 뿐이다. 그러나 실제로 당시 보수당 안에서는 이념과 계급 두 차원에서 투쟁이 진행되고 있었다. 비록 대처와 그녀의 추종자가 사회주의와 노동당 정부를 표면상의 공격 목표로 삼았지만, 어떤 의미에서 그들의 진정한 적은 보수당 내부에 있었다고 할 수 있다.

20세기 초 에드워드 시대Edwardian Period 이래로 중간 계급의 보수당원은 부유한 상류 계급 출신 지도부에 강한 분노를 느껴왔다.8) 밸푸어A. J. Balfour(1902~1905년 수상 역임)가 이러한 불만의 첫 번째 희생자가 되었다. 그 후 1911년부터 대부분의 보수당 지도부는 중간 계급에서 뽑혔다. 그러나 그 지도자들도 대개 자유주의적 보수주의로 보수당을 이끌려 했다.

양차 대전의 경험과 노동 계급 투표권 부여에 영향을 받아서, 보수당은

---

5) *Ibid.*, p. 25.

6) *Ibid.*

7) Martin Pugh, *State and Society : British Political and Social History 1870-1992* (London and New York : Edward Arnold, 1994), p. 298.

8) *Ibid.*

복지와 집단주의 방향으로 정책의 기조를 바꾸려고 시도했다. 그러한 변신은 보수적인 당원이 보기에는 보수당의 역사가 좌파가 명령한 길을 따라 후퇴하는 것처럼 보일 수도 있었다. 그래서 대처를 포함한 다수의 보수당원은 당 지도부가 자신들을 낙담하게 만든다고 느꼈다. 더욱이 히드 수상의 개인적인 성향, 즉 과거지향적·무사안일적·반동적[9] 태도가 그러한 감정을 더욱 악화시켰다.

그러나 대처는 히드와 완전히 달랐다. 그녀는 지역구 평당원 활동가의 불만을 명확하게 파악하고 있었고, 또 그것을 자신의 확고한 믿음으로 받아들인 최초의 지도자였다. 이를테면 세금과 복지를 '등치는 자scroungers'를 경멸하고, 영국을 다시 초강대국으로 만드는 일에 헌신하고, 외국인을 비하하고, 급진주의에 영합하는 경향 말이다.[10] 따라서 외견상 유사점이 있음에도 불구하고, 히드와 대처는 서로 크게 다른 지도자였다. 그러한 차이에도 불구하고 대처는 히드 앞에 고개를 숙였고, 그 아래서 1970~1974년에 교육부 장관을 지냈다.

보수당에서 대처는 진정한 아웃사이더였다. 부분적으로는 그녀가 여성이라는 이유 때문이었고, 또 다른 이유는 하층 중간 계급의 도덕성과 식료품 상인의 경제학을 자랑으로 여겼기 때문이었다.

대처가 사회주의를 반대하고 자유시장을 추구하는 태도를 갖게 된 데는 사회 사상가이자 경제학자였던 하이에크F. A. Hayek의 영향이 결정적이었다고 할 수 있다.[11] 대처 자신과 그녀의 추종자들에게 하이에크의 이론은 진정으로 "핵심적인 판단의 기준key reference point"[12]이었다. 대처는 그녀의 자서전에서,

---

9) *Ibid.,* p. 299.

10) *Ibid.*

11) 대처와 하이에크의 관계는 박우룡, 「영국 뉴 라이트(The New Right)의 이념적 한계 — 하이에크의 자생적 질서와 자유시장 이론의 현실적용의 문제점」, 『대구사학』 93(대구 : 대구사학회, 2008)을 참고.

12) Alan Ebenstein, *Friedrich Hayek : A Biography* (New York : Palgrave, 2001), pp. 206~208 ; Andrew Gamble, *Hayek : the iron cage of liberty* (Cambridge : Cambridge university Press, 1996), pp. 100~125, 166~168 ; E. H. H. Green, *Ideologies of Conservatism : Conservative Political Ideas*

젊은 여성으로서 그녀가 읽었던 "사회주의적 계획과 사회주의 국가에 대한 가장 강력한 비판"을 담고 있고, "이후 자주 되풀이 읽었던" 책이 『예종의 길A Road to Serfdom』이었다고 언급하고 있다.13) 사실상 대처는 자신의 자서전에서 하이에크가 "'모든 정당의 사회주의자'에게 헌정한 『예종의 길』"로부터 자신과 보수당이 지대한 영향을 받았다고 언급하고 있다.14)

이미 1940년대에 하이에크는 『예종의 길』에서 개인의 자유를 정치적 자유와 동일시하고, 정치적 자유를 시민의 법치주의적 평등에 기반한 경제적 시장 자유와 동일시했다.15) 그는 이 책에서 전체주의를 계획 경제가 초래한 예기치 못한 결과로 파악한다. 그는 또한 대중 민주주의가 전체주의를 낳을 수도 있다는 점을 지적하고 나치 독일의 등장을 그 극단적인 사례로 들었다. 그는 국가 계획은, 그것이 파시스트나 공산주의자에 의해 이루어지건, 온건한 사회주의자 심지어 보수당 정부에 의해 추구되든 간에, 모두 '노예의 길'로 가는 것이라고 주장했다. 이 저서를 통해 하이에크는 전통적·고전적 자유주의의 가장 위대한 옹호자이자 새로운 자유지상주의의 가장 열렬한 제안자로서 세계적인 유명세를 얻게 되었다.16)

대처는 자신이 "명저"17)로 묘사한 하이에크의 다른 저서 『자유헌정론The

in the Twentieth Century (Oxford : Oxford University Press, 2004), pp. 220, 250, 258~259 ; Edgar Wilson, A Very British Miracle : The Failure of Thatcherism (London and Concord, Mass. : Pluto Press, 1992), pp.26~27, 32~33.
13) Margaret Thatcher, The Path to Power (London : Harper Collins, 1995), p. 50.
14) Margaret Thatcher, The Downing Street Years (London : Harper Collins, 1993), pp. 12~13. 대처는 키스 조지프 기념강연Keith Joseph Memorial Lecture에서 『예종의 길』은 "내가 처음 읽었을 때 내게 크나큰 영향을 끼쳤고," 키스 조지프가 그 책을 언급했을 때, 그 책은 내게 더 강한 느낌으로 다가왔기 때문에 나는 하이에크의 다른 저술에도 깊이 빠져들게 되었다"고 말했다.
15) Hayek, The Road to Serfdom, pp. 54~75 ; E. H. H. Green, Ideologies of Conservatism : Conservative Political Ideas in the Twentieth Century (Oxford : Oxford University Press, 2004), p. 258.
16) Ebenstein, op. cit., xiii.
17) Thatcher, The Path to Power, p. 85.

Constitution of Liberty』(1960)과 『법, 입법 그리고 자유』[18]에서도 역시 큰 영감을 얻었다고 언급했다. 대처는 보수당 정책 토론장 테이블 위에 하이에크의 『자유 헌정론』을 놓고 손바닥으로 치면서 "이것이 우리가 믿는 것이다!"고 외치기도 했다.[19]

하이에크가 가장 잘 알려진 국가는 영국이었는데, 그러한 명성을 얻게 된 것은 무엇보다도 1980년대에 대처가 그를 자신에게 철학적 영감을 주는 지도적 존재로 떠받들고, 그의 사상을 정책에 반영한 결과였다.[20] 이녹 파월 Enoch Powell, 그리고 대처 정부의 각료인 키스 조지프Keith Joseph, 제프리 하우Geoffrey Howe, 존 비펜John Biffen, 나이즐 로슨Nigel Lawson 등 영국의 다른 정치인도 하이에크의 영향을 받았다.[21]

하이에크는 정치에 뜻을 두었던 피셔Anthony Fisher를 설득하여 고전적 자유 주의 이념을 전파하는 연구소를 설립하도록 했다. 하이에크는 피셔가 런던에 세운 '경제문제 연구소Institute of Economic Affairs(IEA)'를 통해 자신의 이념을 조직적으로 전파하기 시작했다. IEA는 영국의 정책 기조를 바꾸는 데 중요한 역할을 했을 뿐만 아니라, 그 후 전세계에 걸쳐 생겨난 수많은 고전적 자유주의 "싱크 탱크think-tanks"의 모델이 되었다.[22] 이 연구소는 마거릿 대처가 수상으로

---

18) F. A. Hayek, *Law, Legislation, and Liberty : A New Statement of the Liberal Principles of Justice and Political Economy* (Chicago : University of Chicago Press, 1973).

19) 심지어 윈스턴 처칠조차 하이에크의 『예종의 길』에서 자신의 정적인 노동당의 애틀리Clement Atlee의 사회주의적 경제 정책에 대한 경각심을 갖게 되었다는 일화까지 있다. Ebenstein, *op. cit.*, p. 291.

20) 당시 영국에서 하이에크는 스태그플레이션의 결과, 과도한 노조 세력, 노벨상 수상, 그리고 특별히 대처의 지위 상승으로 그가 이전에 누렸던 것보다도, 그리고 미국이나 여타 어떤 지역에서보다도 훨씬 더 큰 명성을 누렸다. 대처 수상은 하원에서 "나는 하이에크 교수를 크게 숭배한다. 존경하는 의원들도 그의 저서 가운데 몇 권을 읽을 것을 권한다"고 말할 정도였다. Brian McCormick, *Hayek and the Keynesian Avalnche* (New York : St. Martin's Press, 1992), p. 235.

21) 1970년부터 1974년까지 영국의 수상을 지낸 히드Edward Heath 역시 하이에크가 창설한 '몽 페레렝 협회Mont Pelerin Society'의 지역 회합에 참가했다.

있는 1979년부터 1990년까지 11년 동안 실행에 옮겨진 주요 정책을 이념적으로 뒷받침했다.[23]

하이에크의 자유시장 이론은 20세기 말 보수당이 보수주의 이념 전통에서 크게 벗어난 극단적 자유방임의 철학을 채택하는 데 힘을 실어주었고, 영국의 공공 정책에 영향을 끼쳤으며, 보수당이 노동 관계법을 적극적으로 개혁하는 이념적 기반을 제공했다.[24]

대처의 초기 정책 목표를 세우는 데 또 다른 큰 영향을 준 인물은 존 호스킨스 John Hoskyns였다. 그는 실업가 출신으로 대처의 개인 사무실에서 주요 전략가로 활약했다. 1977년 가을 호스킨스는 대처에게 정권을 잡기 위해 추구할 목표들을 제시한 "디딤돌Stepping Stones"이라는 보고서를 제출했다. 그 보고서는 당시 영국인이 느끼고 있는 불안의 원인을 분석하면서, 대처에게 노동조합 세력의 억제, 인플레이션의 통제, 균형 예산의 유지를 정치적 목표로 삼을 것을 권했다.

아울러 호스킨스는 대처가 미래를 준비하는 지도자로서 과거에 대한 부정적 태도, 미래에 황금시대가 도래할 것이라는 낙관주의, 기업이 경제 회복의 유일한 동인이라는 신념을 국민에게 심어줄 것을 권했다.[25] 이러한 태도는 대처를 보수당이나 다른 당의 여타 정치적 지도자들과 다르게 보이도록 해줄 것이었다. 처음부터 그녀는 사상적 주창자로서의 어떤 특징을 보여주었다.

22) Kukathas, *op. cit.*, p. 182.
23) 프리드먼은M. Friedman "만약 IEA가 없었다면, 과연 대처의 혁명이 존재할 수 있었을지 나는 크게 의심할 수밖에 없다"고 언명하면서 이 기관이 지대한 역할을 했음을 강조했다. Caniel Tergin and Joseph Stainslaw, *The Commanding Heights* (1998), p. 98 ; Ebenstein, *op. cit.*, p. 285.
24) Ray Richardson, "Hayek on Trade Unions : Social Philosopher or Propagandist?" Stephen F. Frown (ed.), *Hayek : Economist and Social Philosopher, A Critical Retrospect* (New York : Macmillan, 1997), p. 260.
25) Hugo Young, *One of Us : A Biography of Magaret Thatcher* (London : Pan Books, 1993), p. 113.

그러나 초기에 그녀는 세계를 구원하는 데 목표를 두지 않았고, 오직 영국에만 초점을 두었다.[26]

정치인 가운데 대처에게 진정한 영감을 준 인물은 이녹 파월Enoch Powell이었다. 그는 1950년대와 1960년대를 통해 맥밀란Harold Macmillan(1957~1963년 수상 역임)에 의해 추구된 국가 개입주의에 맞서 자유주의 고전 경제학에 대한 자신의 신념을 거침없이 표출했다. 1974년 파월은 히드의 유럽 정책에 반대하는 시위로, 노동당에 투표를 하겠다는 말을 해서 당의 지도적 지위에서 밀려났다. 그러나 그의 이념은 히드 정권에서 주도적인 위치에 있던 키스 조지프Keith Joseph에 의해 받아들여졌다.

조지프는 1974년 2월 보수당이 패배한 지 몇 주 지나지 않아서, 과거의 잘못을 고백하고 보수주의로 전환할 것을 선언했다. 그가 말하는 보수주의는 경제적 자유주의로 전향하는 것을 의미했다.[27] 그는 보수주의자가 반#사회주의와 혼합 경제에 현혹되어 왔으므로, 미래에 보수주의자는 시장의 힘을 강화하고 국가의 개입으로 그것을 기만하려고 노력해서는 안 된다고 주장했다. 그는 점차 통화주의에 끌리게 되었다.

조지프는 '정책 연구 센터The Centre for Policy Studies'를 설립해 그의 생각을 발전시켜 나가기 시작했다. 그 연구 센터는 셔먼Alfred Sherman의 지휘 아래 가동되어 당 공식 연구 기관과 라이벌 관계를 유지했다. 이후에 대처주의자로 알려지게 된 수많은 사람처럼 셔먼의 출발점은 좌파에 있었다. 전향한 공산주의자인 그는 극좌파의 극단주의와 교조적 접근법을 보수주의 극우파로 가져왔다.[28]

1974년 가을까지 조지프는 인플레이션, 소득 정책, 국가 지원에 관한 히드의

---

26) Gray, *Black Mass*, p. 79.
27) Pugh, *State and Society*, p. 299.
28) *Ibid.*, p. 300.

정책을 거세게 공격할 준비를 갖췄다. 보수당 의원 다수는 기존의 정책에 만족한 것으로 드러났다. 그러므로 히드의 권좌에 대한 도전은 새로운 우파에 의해 시작될 수밖에 없었다. 조지프는 히드에 도전할 확실한 인물로 보였다. 그러나 조지프는 몇 가지 말실수로 그 기회를 날려버리고 그해 11월에 물러난다. 그때 대처가 그의 자리를 대신해 들어왔던 것이다. 그때는 아무도 히드에 도전하는 모험을 할 준비가 되어 있지 않았기 때문이다. 당시 그녀가 히드에게 승리할 가능성은 희박해 보였다.

그러나 그녀의 지지자들은 교활한 전술을 이용했다. 그들은 대처가 히드의 정책을 잘 이어나갈 것이라고 강조했다. 히드에 대해 분노의 감정을 가지고 있던 다수 의원이 도전자에게 투표를 함으로써, 그 감정을 발산할 출구를 찾도록 만들었던 것이다. 1975년 2월 4일 투표는 충격적인 결과를 초래했다. 대처가 히드에게 승리했던 것이다. 그녀의 승리는 의도하지 않은 혁명이었다.[29]

대처는 우파 정책을 제시해서 당선된 것은 아니었다. 그러나 히드의 패배 이후, 보수당은 본래의 보수주의적 원칙으로 돌아가려는 정책을 환영할 준비가 되어 있었다. 대담하게 사회주의를 공격하고 자유시장의 대의를 옹호함으로써, 그녀는 보수당원에게 자신이 도덕적으로 높은 고지를 차지했다는 느낌을 회복시켜주기 시작했다.

그러나 당시 보수당의 어느 누구도 영국이 여성을 수상으로 받아들일 준비가 되었는지 확신하지 못했다. 더구나 매우 공격적인 태도를 가진 중간 계급 출신 여성을 말이다. 대처를 얕잡아본 캘러헌James Callaghan(1976~1979년 수상 역임)은 선거를 연기했다. 대처는 두 번째 행운을 차지했다. 만약 캘러헌이 1978년 가을에 총선을 치렀다면 그는 승리했을 것이다. 선거 연기, 그리고 1978~1979년 겨울 파업Winter of Discontent의 대혼란은 그녀에게 절호의 기회가

---

29) *Ibid.*

되었다. 그렇다 하더라도 보수당은 고작 43%의 지지를 얻었을 뿐이었다. 과거의 선거에 비하면 그다지 좋은 성적은 아니었다. 그러나 의회의 다수당을 차지하기에는 충분한 결과였다.

2. 대처의 기본 노선

(1) 국가의 역할

대처가 보기에 국가가 너무 많은 계획을 하고 너무 많은 제약을 하고 있었다. 사람들은 자신의 기업가 정신을 보여줄 더 많은 자유를 원했다. 대처가 말한 것은 19세기의 빅토리아적 가치관으로의 회귀였다. 경제는 시장의 수요(시장의 힘)에 따라 발전하도록 자유롭게 내버려 두어야 한다. 근로와 기업가 정신은 보상받아야 하며, 노동조합(대처가 파괴자wreckers로 부르는)의 힘은 억제되어야 한다. 직접세는 감세되어 사람들이 자신의 돈을 그들이 원하는 대로 쓸 수 있어야 한다.

이러한 체제 안에서는 부의 불평등이 존재할 수 있다는 것이 인정되지만, 그러나 부에 대한 기대는 '기업 문화enterprise culture' 속에서 환영받을 일이다. 결국 국가는 모든 국유화된 산업을 민영화시킴으로써 훨씬 '그 역할이 축소될 rolled back' 것이다. 자유시장에 대한 대처의 믿음은 사적으로 소유된 기업은 국가에 의해 소유된 기업보다 긍정적인 결과, 즉 더 높은 효율성과 더 많은 이익을 낳을 가능성이 높다는 데 있었다.[30]

(2) 통화주의

대처와 뉴 라이트에 대한 또 다른 영향은 미국의 경제학자 밀턴 프리드만

---

30) Norman Lowe, *Mastering Modern British History*, 3rd edn. (New York : Palgrave, 1998), p.568.

Milton Friedman[31]으로부터 왔다. 그는 정부와 기업이 이전보다 지출을 줄여야 한다고 주장하는 경제학자였다. 그의 생각은 정부는 경기 침체에서 벗어나기 위해 투자를 해야 한다는 케인즈의 이론과는 상반된 것이다. 과거 정부는 경기 진정 국면에서 은행 이자를 일시적으로 올림으로써 통화 공급을 조절했다. 대처는 이 정책을 적극적으로 밀어붙이는 데 목표를 두었다.[32]

통화주의 이론은 잉글랜드 은행을 통해 높은 이자율을 유지하여 통화 공급을 강력하게 억제함으로써, 기업과 개인이 대출을 줄일 수밖에 없도록 만드는 것이었다. 따라서 경영자는 노동자를 해고하고 기업 운영에서 더 큰 효율성을 얻기 위해 경비를 절감함으로써 비용을 줄여야만 한다. 비능률적인 기업을 살리기 위한 정부의 보조금은 전혀 없을 것이고, 따라서 경쟁력이 있는 기업들만 살아남을 것이다. 그러한 정책은 높은 실업률을 의미하는 것이다. 그 결과 영국의 산업은 비록 크게 위축되지만 대외적으로는 보다 효율적이고 경쟁적이 될 것이다.

대처는 실업이 늘면서 구매력이 줄어들면 인플레이션이 통제되고 그에 따라 임금 인상에 대한 요구도 완화될 것으로 보았다. 대처가 보기에 통화주의의 또 다른 장점은 통화주의가 실행하는 통제는 사람과의 관계를 거치지 않아도 되므로 정부와 노동조합이 직접 대립할 가능성을 훨씬 줄여준다는 데 있었다.[33]

더욱이 통화주의가 보수당 사람들에게 좋은 이유는 노동조합의 세력이 약화될 것이라는 데 있었다. 즉 실업률이 높은 상태에서 일자리를 가지고 있는 노동자들은 파업을 할 가능성이 훨씬 줄어들 것이기 때문이었다. 머지않아 일자리 부족은 서비스 산업에서 수많은 새로운 직업의 창출로 상쇄될 것이라고

---

31) 1976년 노벨 경제학상 수상자. 그는 국가의 경제는 그 나라 정부의 통화 공급에 의해 대부분 영향을 받는 다는 믿음, 즉 통화주의monetarism를 주장했다.
32) Rowe, *Modern British History*, p. 569.
33) *Ibid.*

기대했다. 이 새로운 일자리는 이전보다 임금이 낮고, 덜 안정적이고, 노동조합 지배가 덜한 일자리가 될 것이다. 통화주의는 인플레이션을 낮춰줌으로써 사람들로 하여금 더 많은 돈을 절약하도록 해 줄 것이다.[34]

(3) 자조와 개인주의

대처는 국민을 '요람에서 무덤까지' 돌보는 것이 국가의 책무라는 생각을 거부했다. 대처가 생각하기에 개인은 질병이나 노후 대비를 스스로 해야 하며, 국가가 그런 일을 해줄 것으로 기대해서는 안 된다. 오직 자신을 돌볼 능력이 전혀 없는 사람만이 국가의 도움을 받아야 한다는 것이다. 이러한 대처의 입장은 과도한 복지를 줄임으로써 정부는 많은 예산을 절약할 수 있을 것이다. 1945년 이후 어떤 정부보다 복지, 보건, 교육, 사회 서비스에 적극적이지 않을 것을 예고하는 것으로 보였다.

(4) 민족주의 강화

1950년대와 1960년대에 우파 보수당원은 대영제국의 종말과 과거 강대국에서 추락한 위상을 쉽게 받아들이려 하지 않았다. 또한 그들은 EEC에 가입하려는 히드 수상의 열정을 인정하지도 않았다. 대처는 자신이 영국의 주권을 보호하고 유럽에서 영국의 권리를 옹호하기 위해 모든 것을 할 준비가 되어 있다는 것을 보여주려 했다. 또 그녀는 외국인에게 휘둘리지 않을 자세가 되어 있다는 점도 강조했다. 그녀는 미국과의 특별한 관계, 특히 또 다른 통화주의자이자 강력한 시장주의자인 레이건 대통령과의 관계를 돈독히 하는 데 우선순위를 두었다.

---

34) *Ibid.*

(5) 기성질서에 대한 도전

대처는 자신이 전통적인 보수당 지도층에서 아웃사이더임을 절감하고 있었다. 그녀는 하층 중간 계급 출신이고 여성이었다. 결국 그녀는 대학, BBC, 국교회를 포함한 영국의 기득권층과 사이가 틀어졌다. 심지어는 영국 국교회 성직자들이 리버풀의 빈곤 문제에 발언을 하자, 언짢아진 대처는 국교회가 사회주의에 물들어 있다고 생각했다. 그녀의 기득권층을 의심하는 정서는 그녀가 누구를 임명할 때 '그가 우리 사람이야?'라고 묻는 이유가 되었다. 또 자신이 믿는 뉴 라이트 조언자들만 주변에 두는 이유가 되었다.

3. 대처의 국가 개입 정책

(1) 통화주의

대처는 빅토리아 시대에 국가에 의해 자유시장이 만들어진 전철을 20세기 말에 다시 밟기 시작했다. 하지만 하이에크가 추구한 '자생적 질서'는 그의 사상을 계승한 첫째 정치인 대처가 추구한 현실 정치에서는 전혀 반영되지 않았다. 오히려 그 정반대의 방향으로 나갔다. 대처는 통화주의, 공기업 민영화, 조세 정책, 주택 정책, 교육 정책, '두 국가' 정책, 인두세Poll Tax[35] 부과 등 국가가 적극적으로 개입하는 정책을 취했던 것이다.

대처가 일관되게 추구한 가장 핵심적인 과제는 경제에 진정한 경쟁의 개념을 도입하여 생산성과 효율성을 촉진하는 것과 사회주의의 진전을 막는 것이었

---

35) community charge로 불리기도 한다. 1989~1990년 기존의 부동산 소유를 기초로 부과된 지방세rates를 선거인 명부에 등재된 사람들 모두에게 부여하는 인두세로 바꾼 것이 바로 poll tax였다. 그러나 가난한 사람이 부유한 사람과 동일한 금액의 세금을 내야 하는 이 새 제도는 국민의 큰 불만을 샀다. 여러 지역에서 이 세금에 반대하는 대대적인 시위가 벌어졌고, 많은 사람이 납세를 거부했다. 이 세금은 1993년 rates와 poll tax 사이의 타협점에서 만들어진 또 다른 지방세 council tax로 대체되었다.

다.36) 이러한 과제를 추구하기 위해서 우선 인플레이션을 잡는 것에서부터 출발했다. 경제 성장이 이루어지지 않는 상태에서 정부가 완전 고용과 복지 정책을 계속 붙들고 있고, 그 결과로 적자 예산을 편성했기 때문에 인플레이션은 갈수록 심해질 수밖에 없다는 것이 대처의 진단이었다.37) 공공 지출은 늘었는데도 실업은 줄지 않고 인플레이션은 심화하는 스태그플레이션 현상이 나타났던 것이다.

인플레이션에 대한 대응으로 대처는 통화주의 정책monetarism을 도입했다. 통화주의는 국가의 부 수준을 상회하는 통화를 발행하지 않음으로써 인플레이션을 해소하여 '건전하고 정직한 화폐가치sound money'를 유지하는 것이다. 인플레이션은 통화 과잉으로 일어나는 현상이기 때문에 화폐를 발행하지 않으면 정부도 개인도 돈을 더 이상 쓸 수 없다는 것이다.

처음 대처는 신중하게 통화주의를 추진할 수밖에 없었다. 그것은 내각에서 오직 세 사람38)만이 그녀의 아이디어를 지지했기 때문이다. 그러나 그녀는 재무상 하우와 더불어 통화주의로 첫 발을 내디뎠다. 1979년 6월 하우의 예산안은 정권이 처음 출발했을 때 10%에 달하던 인플레이션을 잡는 데 목표가 두어졌다. 기본 소득세율은 33%에서 30%로 낮춰졌고, 부가세VAT는 (소득세 수입 감소를 보전하기 위해) 8%에서 15%로 올렸다. 1997년까지 보수당은 소득세를 24%까지 감소시켰다.

공공 지출에 현찰을 사용하는 한도가 정해져 주거·교육·교통에 영향을 미쳤다. 1980년 초에 최소 대출 이자율을 17%로 높게 정해 자금을 필요로 하는 기업과 개인에게 큰 타격을 주었다. 통화주의를 시행한 첫 단계에서 문제가 더 나빠지는 것으로 보였다. 1980년 5월에 연간 인플레율이 22%로

36) 박지향, 『중간은 없다 : 마거릿 대처의 생애와 정치』(서울 : 기파랑, 2007), 140쪽.
37) 같은 책, 141쪽.
38) 제프리 하우Geoffrey Howe, 키스 조지프Keith Joseph, 존 비펜John Biffen.

치솟았다. 그러나 대처와 하우는 1981년 말까지 인플레율이 10%로 떨어질 것이라고 자신했다. 그들의 예측은 크게 잘못되지 않았다. 실제로 1983년 인플레율이 4.5%로 떨어졌다. 대처 정권은 그 첫 목표를 달성한 것이다.

그러는 사이 정부는 자유시장을 활성화시키기 위한 모든 장려책을 실시했다. 순수하게 금융 측면에서만 계산했을 때 그 결과는 극적인 것이었다. 1987년까지 FT-SE(Financial Times-Stock Exchange) 주식 가격 지수는 4년 전, 1983년에 비해 4배로 치솟았다. 그러나 통화주의가 산업을 '꼭 알맞고 군살이 없게fit and lean' 되도록 만들어 줄 것이라는 믿음은 단지 부분적인 성과를 낳았을 뿐이다.

불행히도 통화주의는 영국 경제에 커다란 후유증을 가져다주었다. 영국 경제는 지난 50년래의 최악의 경기 침체를 겪게 되었다. 통화주의는 영국 제조업의 몰락을 초래했다.[39] 그 부분적인 이유는 파운드화의 가치가 너무 높아 수출이 어려웠고, 수입을 자극했기 때문이다. 1983년에는 통화주의의 결과로 200년 만에 최초로 영국은 수출한 것보다 더 많은 공산품을 수입하게 되었다.

또한 세계적으로 경기 침체가 심화되어 영국 경제에 나쁜 영향으로 작용했다. 또 통화주의에 따른 높은 이자율과 엄격하게 통제된 통화 공급 때문에 사람들은 돈을 빌릴 수가 없었고 정부로부터 아무런 도움도 받지 못하게 되었다. 그 결과 1981년 한 해만도 경제 성장률이 2%로 낮아졌고, 1982년 말에 이르면 영국 제조업의 약 25%가 도산했다.[40] 영국의 탈산업화가 빠르게 진행되었던 것이다.[41]

사라진 대부분의 일자리는 제조업 분야의 것이었고, 가장 타격을 심하게 받은 지역은 잉글랜드 북부, 웨일스와 스코틀랜드였다. 실업자는 1981년 가을에

---

39) MacDowall, *Britian in Close-Up*, p. 75.
40) Norman Lowe, *Mastering Modern British History*, p. 571.
41) *Ibid.*

280만 명으로 치솟았고(1979년 보수당 정권이 들어설 때 수치의 거의 두 배),
1년 후에는 330만 명에 이르렀다. 1981년 런던의 브릭스턴Brixton, 리버풀,
맨체스터에서 폭동이 일어났다. 케인스주의가 인플레이션을 통해 실업을 잡는
것이었다면, 대처주의는 그와 정반대로 실업을 통해 인플레이션을 잡는 격이었
다.[42] 대처는 생산성을 향상시키고 인플레이션을 잡으려면 일시적으로 생산이
저하되고 실업이 증가하겠지만, 그것은 과정의 일부로서 치러야 할 대가라고
주장했다.

그러나 화폐의 공급에 기초를 둔 '통화주의'만이 그녀가 추구하는 혁명을
이루어낼 수 있다는 대처의 믿음은 정당한 근거가 없는 것이었다.[43] 실업자의
급속한 증가는 공공 지출을 극적으로 증가시켰다. 1995년까지 모든 실업자에게
소득을 지원하고 그들로부터 걷던 세금이 줄어들면서 실업자 한 사람당 매년
9,000파운드의 예산이 소요되었다. 1985~1995년 사이 10년 동안 55~64세
연령의 1,640,000명의 노동자들이 조기에 일자리를 잃었다. 실업자와 조기
퇴직자의 증가를 감당하기 위한 사회복지 비용이 갑작스럽게 치솟았다.

다행스러운 것은 1960년대 북해에서 유전이 개발되면서 영국은 세계에서
6번째 수준의 산유국이 되었다는 사실이다. 석유로부터 얻어지는 수입이,
1985년까지 연간 120억 파운드의 정점에 이르면서, 1979~1985년의 경기 침체의
충격을 완화시켜 주었다. 석유로부터 얻는 재원의 많은 부분이 실업자를 위한
사회보장 재원으로 쓰였다.

통화주의가 낳은 실업과 경기 침체 때문에 여론 조사에서 대처 정부에
대한 지지도가 크게 추락하고 있었다. 그러나 대처는 자신의 정책을 끈질기게
고수했다. 내각의 몇몇 각료가 그녀의 통화주의를 비판하는 모험을 감행하자,
그들은 즉각 경질되어 대처의 측근으로 교체되었다. 대처는 개인의 문제는

---

42) 박지향, 앞의 책, 145쪽.

43) MacDowall, *Britian in Close-Up*, p. 75.

자신이 책임을 져야한다는 자조self-help에 집착하고 있어서 300만에 달하는 실업자들의 고통에 대해서는 거의 동정심을 보이지 않았다.44)

1979~1986년 사이 영국이 세계 무역에서 차지하는 비중은 15%로 떨어졌고 제조업 분야는 10%로 추락했다. 반면 같은 기간 동안 공산품 수입은 40%까지 올라갔다. 마침내 1985년 상원 특별위원회는 지속적인 탈산업화는 "영국인의 생활수준과 국가의 정치적·경제적 안정에 중대한 위협"45)을 가져올 것이라는 입장을 표명하기에 이르렀다. 1980년대 초 이미 실행 불가능한 것으로 포기될 조짐을 보이기 시작한 통화주의는, 1985년에 이르러 그것이 영국의 경제적 질병을 치유할 수 있는 만병통치약이 아니라는 것이 명백해지면서 조용히 포기되었던 것이다.46)

(2) 노동 탄압 정책

대처주의자가 보기에 국가의 우선적인 과제는 노동 시장을 포함한 자유시장이 자동 조절 역할을 하도록 규칙과 법규의 틀을 제공하는 것이었다. 이러한 관점에서 보면 노동자와 시장 사이에 자립잡고 있는 매개 기관인 노동조합의 역할이 바뀌어 약화되어어야만 했다. 이러한 대처 정부의 생각을 반영하여 영국의 고용 관련 법률이 개정되었다. 당시 대처 정부가 새로운 노동 문화의 주된 모델로 삼은 것은 노동력의 높은 이동성, 임금의 하향 유연성, 고용주가 낮은 비용을 부담하는 미국의 노동 시장이었다.47)

1980년대 중반(1985~1988) 영국의 경제 성장률은 약 3.7% 대를 유지했다. 그러나 그러한 경제적 활기는 두 가지 요인으로 설명되고 있다. 첫째는 높은

---

44) Rowe, *Modern British History*, p. 572.
45) MacDowall, *Britian in Close-Up*, p. 75.
46) *Ibid*.
47) Gray, *False Dawn*, p. 29.

실업률이었다. 1985년 공식 실업자 수가 320만 명으로 발표되었지만, 그 숫자는 적어도 50만 명에서 100만 명 정도를 축소하거나, 또 정확한 통계 숫자를 은폐하는 방법을 취했다.

대처는 이미 1960년대 초 특히 하이에크가 쓴 『자유헌정론』을 읽고 노동운동을 적대시하는 태도를 갖게 되었고, 노동운동에 대해 강경한 태도를 취했다. 하이에크는 노동자들이 노동운동을 하는 행위를 시민의 권리를 행사하는 차원에서가 아니라, 자유 사회의 법 지배 원칙을 파괴한다는 관점에서 파악했다. 그는 이미 1960년대부터 그의 저서와 강연을 통해 노동조합과 노동운동에 대해 노골적으로 적대적인 태도를 보였다. 그는 자유 사회의 전체 토대가 노동조합의 정치·경제력을 어떻게 분쇄하는가에 달려 있다고 보았다.[48]

하이에크는 1991년의 저서에서도 1980년대 이전 영국 노동조합이 획득한 합법적인 권리가 영국의 경제 쇠퇴의 주된 요인이라고 주장했다.

> 노동조합은 노동 계급 전반의 생활수준을 향상시키는 데 가장 큰 장애물 biggest obstacle, …… 최고 임금을 받는 노동자와 최저 임금을 받는 노동자 사이의 불필요하게 큰 차이를 낳는 주된 원인chief cause, …… 실업의 첫째 원인prime source, …… 영국 경제 전반이 쇠퇴한 주된 이유main reason가 되었다.[49]

하이에크는 같은 저서에서 "노동조합의 정책은, 정상적인 조건에서 지속적인 실업 확대의 유일한 원인sole cause이다"[50]라고 하여 앞의 주장보다 훨씬 더 강력한 주장을 했다. 하이에크는 인플레이션이 초래되는 것도 노동조합에

---

48) Hayek, *The Constitution of Liberty*, pp. 265~284.

49) F. A. Hayek, *Economic Freedom* (Oxford : Basil Blackwell, 1991), p. 344 ; Ray Richardson, "Hayek on Trade Unions : Social Philosopher or Propagandist?" Stephen F. Frowen (ed.), *Hayek : Economist and Social Philosopher, A Critical Retrospect* (London : Macmillan, 1997), pp. 259~260.

50) Hayek, *Economic Freedom*, p. 318.

책임이 있다는 주장을 폈다. 그는 "인플레이션 문제, 실업 문제, 노동조합의 과다한 권력 문제는 오늘날 영국에서 불가분의 관계를 갖는다"[51]고 언급했다.

하이에크의 이러한 노동관은 대처의 노동 정책에 중대한 영향을 끼쳤다.[52] 그의 견해는 대처 정권의 노동운동 탄압에 큰 힘을 실어주었고, 보수당 정권이 노사관계법을 적극적으로 개혁하여 노조의 협상력을 축소시키려는 노력을 이론적으로 뒷받침했다.[53]

영국의 노동자는 대처 정권의 노동 탄압 정책과 민영화 정책 및 그에 따른 급격한 구조 조정과 대량 실업의 발생, 복지의 대폭 축소 등으로 유럽 국가의 노동자 가운데 가장 열악한 상태에 처하게 되었다. 대처 정권을 비판하는 사람은 유럽에서 영국의 경제가 더 나아보이는 이유는 영국이 불공정한 이익을 누리고 있었기 때문이라고 주장한다. 즉 대처 정부 때부터 마스트리히트 조약 Maastricht Treaty의 사회 계약을 받아들이지 않음으로써, 유럽 공동체 안에서 가장 저임금에 속하는 국가로 남아 있기 때문이라는 것이다.[54]

대처 정권 초기 통화주의는 높은 이자율을 통해 높은 실업을 초래했다. 실업률은 1979~1984년 사이 평균 10% 이상이었다. 노동조합총회Trade Union Congress는 같은 기간 가입자의 17%를 잃었다. 노동의 교섭력이 현저하게 약화되었다. 이에 대해 당시 대처의 경제 자문관이던 버드Alan Budd는 후에 "경제와 공공 지출을 압박함으로써 인플레이션에 대처한 1980년대 정책은 노동자 타도를 위한 은폐물이었다"고 주장했다.[55]

---

51) *Ibid,,* p. 319.

52) Richardson, *Hayek : Economist and Social Philosopher*, p. 260.

53) Stephen F. Frowen, "Introduction," Frowen (ed.), *Hayek : Economist and Social Philosopher*, p. xxvi.

54) Lowe, *Modern British History*, p. 589.

55) David Harvey, *A Brief History of Neoliberalism* (Oxford University Press, 2005), 최병두 옮김, 『신자유주의의 역사』(한울, 2007), 59쪽.

대처는 1984년 마침내 석탄의 과잉 생산과 탄광 폐쇄를 선언함으로써 광부의 파업을 자극했다. 파업은 거의 1년 동안 계속되었고, 상당한 대중적 공감과 지원을 받았음에도 불구하고 결국 실패했다. 한때 25만 명에 달했던 광부의 수는 대처가 광업을 포기한 대가로 1980년대 중반에는 고작 5,000명 정도로 줄어들었다.

이제 영국의 노동자는 어떠한 종류의 법적 보호도 거의 받지 못한 상태에 처해 있다. 노동 시간에 대한 제한이 전혀 없고, 최저 임금도 없으며, 작업장에서 자신의 입장을 대변할 수 있는 어떠한 합법적 권리도 전혀 가지고 있지 못하다. 이것은 빅토리아 시대의 고용 관계로 복귀한 것이나 마찬가지였다. 이제 고용주는 그들의 피고용인에게 공정하게 임금을 지불해야 할 어떠한 의무도 가지지 않게 되었다. 고용주는 노동자를 아무 때고 마음이 내키면 팔아버릴 수 있는 상품과 다른 무엇으로 대접해야 할 아무런 법적 의무도 없어진 것이다.[56]

이런 가운데 영국에서는 더 이상 직업의 기회를 가질 수 없는 항구적인 실업자 계층인 '하위 계급underclass'에 속한 사람의 수가 급속히 불어났다.[57] 그 결과 영국에는 다섯 가구당 한 가구가 아무도 경제 활동을 하는 사람이 없는 극빈 계층이 자리 잡게 되었다. 그러한 반노동적인 대처 정권의 정책은 1997년 선거에서 보수당이 참패한 요인의 하나가 되었다.

(3) 민영화

대처주의 정책은 영국의 사회와 제도에 중대한 변화를 초래했고, 그 가운데 일부는 돌이킬 수 없는 것이었다.[58] 그 가운데 민영화된 국영 기업은 꼭 필요해

---

56) Lowe, *Modern British History*, p. 590.
57) 영국의 하위 계급에 관해서는 박우룡, 「영국의 하위 계급 논쟁—위험한 계급인가, 아니면 희생양인가?」 『서양사론』 78(서울 : 서양사학회, 2003), pp. 261~293 참고. 하위 계급에 대해서는 본 저서의 다른 장에서 자세히 다루기로 한다.
58) Gray, *False Dawn*, p. 27.

서 이루어진 것은 아니었다. 심지어 최초의 민영화는 보수당에 의해 시작된 것도 아니었다. 그것은 노동당에 의해 시행되었는데, 즉 노동당 재무장관 데니스 힐리Denis Healey가 영국석유공사British Petroleum의 소유권에서 국가 지분의 일부를 매각한다고 발표하면서 시작되었다.

실제로 대처주의 초기에 민영화는 그렇게 두드러진 관심사가 아니었다.59) 그것은 1979년의 선거 공약에는 전혀 등장하지 않았으며, 1982년 보수당 내각에서 처음으로 본격적으로 검토되기 시작했던 사안이다. 당시 전자통신 산업을 현대화하는 데 필요한 자금이 부족했던 영국 정부는 그때로서는 혁명적이라고 할 수밖에 없는 조치(주요 공공사업의 민영화)를 고려할 수밖에 없었던 것이다.

이처럼 초기의 민영화는 정치적 신조에 의해서가 아니라 사안별 논리에 따라 추진되었다.60) 자본 조달이 긴급히 필요하지만 재무성이 통제하는 공적 자금의 지원을 받을 수 없는 공기업의 입장에서, 필요한 자금을 얻기 위해 자본 시장으로 가는 것 외에는 다른 선택의 여지가 없을 때 민영화를 고려했던 것이다.

마침내 민영화는 1983년 보수당의 선거 공약에 등장했다. 그리고 "민영화는 사회주의를 무너뜨리려는 대처 투쟁의 핵심"61)으로 선전되기에 이르렀다. 이것은 경제적 효율성을 증대시키고, 고객에 대해 더 많은 관심을 갖도록 고무하고, 일반 국민이나 피고용인이 주식 소유자가 될 수 있다는 근거에서 강력하게 옹호되었다.

또 국영 기업의 매각은 공공 재정을 증대시켰으며, 정부가 손실 기업으로 인한 부담스러운 미래의 의무로부터 벗어날 수 있게 만들어주었다.62) 국영

59) *Ibid.*
60) *Ibid.*
61) 박지향, 앞의 책, 149쪽.
62) Harvey, 같은 책, 83쪽.

기업의 매각으로 1985~1986년의 25억 파운드를 시작으로, 향후 3년 동안 매년 약 47억 파운드가 얻어졌다. 영국은 어떻게 자본의 이윤을 극대화하는 방법으로 민영화를 이룰 수 있는가를 보여주는 선도적인 국가로 알려지게 되었다.[63]

그 후 신자유주의 정책이 추진된 수 년 동안 많은 국영 기업이 민영화되었다. 크고 작은 수많은 국가 기업이 민영화의 거대한 물결 속에서 팔려나가, 1987년 1월까지 무려 14개의 주요 국영 기업이 매각되어 민간 소유로 넘어갔다.[64] 1996년까지 국가 소유 기업의 2/3, 약 50개의 주요 기업이 민영화되었다. 또한 백만 명을 훨씬 넘는 공공 주택 임차인이 자신의 집을 소유하게 되었다. 1990년까지 성년 인구의 20%가 주식 소유자가 되었고, 그 숫자는 어떤 다른 유럽 선진국보다 높은 비율이었다.

그러나 대처는 민영화를 강행하기 위해 여러 가지 무리수를 두었다. 민간 자본이 국영 기업 매입에 적극적으로 나서도록 상당한 유인책을 썼다. 국영 기업의 자산 가치를 원래 가치보다 낮게 평가했다.[65] 또 어떤 경우에는 교묘한 평가 방식을 통해 국영 기업을 사는 쪽에 보조금을 얹어주었다. 이러한 조치는 노동당의 강력한 공격을 받았고, 상당수 보수당 사람들도 민영화의 속도나 정도가 너무 지나치다고 생각하게 되었다. 그러나 대처는 일단 이러한 변화가 탄력을 받게 되면 민영화는 돌이킬 수 없는 흐름이 될 것으로 확신하고 이를 서둘러 밀고 나갔다.

또 대처는 공공 임대 주택을 세입자에게 광범위하게 판매함으로써 민영화의 정당성을 확보하는 데 성공했다. 대처는 원래 공영 임대 주택 판매에 반대했지

---

63) *Ibid.*

64) 그 가운데는 British Aerospace, British Petroleum, British Telecom, Britoil, The Trustee Savings Bank, British Gas 등이 포함되어 있다.

65) Harvey, 앞의 책, 85쪽.

만, 그것이 사람들로 하여금 사회주의로부터 멀어지게 하는 길이라는 사실을 깨닫자, 이를 자신의 정치적 신념의 상징으로 부각시키며 주택 소유 붐을 일으켰다.[66)

그러나 대처는 공공 주택 매각에도 지나치게 과도한 유인책을 사용했다. 대처는 수요자가 주택 구입을 용이하게 하도록 주택 조합의 여신 조건을 완화해 주었다. 1980년부터 공영 임대 주택에 2년 이상 거주한 사람에게 주택 매입 선택권을 주고, 주택의 보유 기간에 따라 주택 가격을 낮춰주는 방식을 적용해 원래의 가격에서 최대 60%까지 할인한 가격을 보장해 주었다. 각료들은 대출 이자에 대한 세금 공제 혜택을 폐지하자고 주장했지만, 대처는 말을 듣지 않았다. 대처는 자유시장주의를 표방하면서도 정치가 경제를 압도하고, 사회 정책이 시장의 힘을 압도하는 인위적인 개입 정책을 실행했던 것이다.

그 결과 주택 담보 대출이 1980년부터 10년간 무려 다섯 배나 급증했다.[67] 이는 10년 동안 주택 소유자가 급속히 증가하는 결과를 초래했다. 그러한 조치는 노동자 계급에게 자기 집을 소유하는 꿈을 실현시켜 주었고, 주택 시장에 새롭고, 때로는 투기적인 활기를 불어넣었다.[68] 그러한 정책은 재산 가치가 늘어난 중간 계급의 큰 지지를 받았다.

그러나 1988년부터 거세게 불기 시작한 경기 침체는 부동산 시장에 영향을 끼쳐 주택 가격 폭락으로 이어졌다. 주택 구입을 위해 모기지 형식으로 많은 돈을 빌린 많은 사람들은 매달 내야 할 대출상환금을 더 이상 계속 낼 수 없게 되면서 은행이 집을 압류했다. 부동산 붐을 부추긴 은행들은 부동산을 담보로 대출해 준 200억 파운드를 회수불능으로 포기해야만 했다.[69]

---

66) 박지향, 앞의 책, 151쪽.
67) 같은 책, 151쪽.
68) Harvey, 앞의 책, 84쪽.
69) 같은 책, 76쪽.

(4) 교육 개혁

1980년대 대처 정권이 추구한 교육 개혁은 기업 문화와 대중 자본주의를 장려하려는 대처 정권의 장기적인 목적을 달성하려는 데서 국가가 의도적으로 개입한 또 다른 사례다.[70] 그것이 당시 영국의 교육 현실과 동떨어진 시장 원리에 입각한 것이었다는 데 문제가 있다.

1980년대 대처 정권의 교육 정책은 뉴 라이트의 '급진 우파 연구 집단'[71]이 제시한 시장주의 노선에 의해 수행되었다. 이들 뉴 라이트 이론가들은 영국의 기존 교육 제도가 가르치고 배우는 것보다는 평균적인 사회를 지향하려는 '사회 개조social engineering'에 우선순위를 둠으로써 학생의 학업 수준을 높이고 규율을 제대로 가르치는 데 실패했다고 주장했다. 또한 그들은 1945년 이후 사회 민주적 제도에 의해 조장되어온 반기업적 가치관은 영국의 경제적 쇠퇴를 극복하는 데 큰 걸림돌이 되었다고 주장했다.[72]

그러므로 이들 뉴 라이트 이론가들은 영국의 교육이 발전하기 위해서는 평등주의적 교육관을 가진 사람의 영향력이 축소되어야 하며, 그 반면 교육에 있어서 교육의 수준을 높이는 데 가장 큰 이해관계를 가진 학부모와 고용주의 영향력이 증대되어야 한다고 주장했다. 그들은 이러한 목표는 교육이 학부모와 기업 등 시장의 힘에 보다 적극적으로 대응함으로써 가장 잘 이루어질 수 있다고 보았다. 부모의 영향은 학교 선택의 개방, 학교에 관한 더 많은 정보의 확보, 개별 학교 운영에 있어서 역할의 증대를 통해 더욱 커져야 한다는

---

70) 대처 정권의 교육 정책에 대해서는 박우룡, 「1980년대 영국 경제 쇠퇴의 '교육 책임론'에 관한 재검토—'위너 테제'에 대한 반론을 중심으로」『역사학보』198(서울 : 역사학회, 2008), pp. 317~350 참고.

71) Bill Coxall, Lynton Robins & Robert Leach, *Contemporary British Politics,* 4th edition(Hampshire and New York : Palgrave Macmillan, 2003), p. 374 ; Edgar Wilson, *A Very British Miracle : The Failure of Thatcherism* (London & Concord, Mass. : Pluto Press, 1992), p. 147.

72) Andrew Gamble, *The Free Economy and the Strong State : The Politics of Thatcherism* (London and Houndmills : Macmillan Education Ltd, 1988, 1990), p. 137.

것이다. 이 제도에서 아동의 교육은 학생의 능력과 노력보다 부모의 부와 선택에 의존하게 된다.[73]

대처 정권은 교육을 보다 중앙 통제적인 방향으로 끌고 가려는 시도로 교육부 장관에게 175가지 이상의 새로운 권한을 부여했다. 또 국가는 모든 학생이 따라야 하는 전국적인 교과과정을 도입했다. 학생은 7, 11, 14, 그리고 16세에 국가시험을 치러야 했다. 학부모에게는 아이를 보내고 싶은 특정 지역의 학교를 선택할 권리가 주어졌다. 이러한 조치를 통해 대처 정권의 교육 정책은 중앙의 통제를 강화했다.

이러한 입장이 반영된 대처 정부의 교육 개혁은 세 가지 핵심 목표를 설정했다. 첫째, 교육의 전반적인 구조를 지방 교육 기관이 통제하는 기존의 시스템으로부터 일정 수준 개인의 선택을 존중하는 방향으로 전환시키는 것이었다.[74] 둘째, 국가가 통일된 교과과정을 부여하고, 시험과 평가 제도를 도입함으로써 교육을 보다 중앙 통제적인 방향으로 끌고 가려는 시도였다.[75] 셋째, 교육을 통해 산업계에 필요한 인재를 적극적으로 양성하려는 것이었다.[76]

---

73) 필립 브라운Phillip Brown은 영국 교육이 그 역사적 발전 단계에서 '부모 주도의 교육제도 parentocracy'라는 '제3의 물결'의 단계로 접어들고 있다고 지적했다. 즉 '제1의 물결'은 사회 하층민 자녀의 초등 교육 실시라고 보았고, '제2의 물결'은 출신 성분에 의해 결정되는 교육에서 '연령과 능력에 기초한 교육, 개인의 교육과 직업의 결정 요소가 개인의 장점과 학업 성과인 교육으로의 전환이라고 보았다. Phillip Brown, "Education," Phillip Brown and Richard Sparks (eds.), *Beyond Thatcherism : Social Policy, Politics and Society* (Open University Press, 1989), pp. 39, 41~42 ; Brian Simon, *Bending the Rules : The Baker 'Reform' of Education* (London : Lawrence and Wishart, 1988), p. 48.

74) Brown, "Education," p. 40.

75) 대처 정권의 새로운 교육법은 교육부 장관에게 175가지 이상의 새로운 권한을 부여했다. 국가는 모든 학생이 따라야 하는 전국적인 교과과정을 도입했고, 학생들은 7, 11, 14, 그리고 16세에 국가시험을 치러야 했다. 학부모에게는 특정 지역의 학교를 선택할 권리가 주어졌다. 그리고 학교 예산의 운영권은 지역 자치 단체로부터 빼앗아 각 학교의 교장에게 주었다. 또 다수 학부모가 원할 경우, 그 학교는 지방 정부의 권한에서 벗어나서 '정부 보조로 운영되는 grant-maintained' 학교가 될 기회가 부여되었다. 그 학교는 정부로부터 직접 재정 지원을 받고, 지방 자치체의 간섭을 배제하고, 운영위원들에 의해 운영되었다.

그러나 국가가 지정한 커리큘럼은 학교 교육 시간의 70% 이상을 차지하므로 보다 폭넓은 중요한 학습의 영역을 줄여야 하는 문제가 생겼다. 그러나 대다수 보수당 각료가 자신의 자녀를 보내는, 수업료를 내는 사립학교는 국가가 정한 교과과정에 따라 가르치는 것이 면제되었다. 많은 사람들은 왜 이 학교들이 국가의 목표에 따르지 않아도 되는지 문제를 제기했다.

소비자 선택이 우선이라는 자유시장의 철학과 보조를 맞추기 위해, 정부는 부모에게 자신의 아이를 보낼 학교를 선택할 권리를 부여했다. 그러나 각급 학교의 시험 결과 공개로 학부모에게 학교의 점수와 석차는 알려졌지만 그 밖의 정보는 주어지지 않았다. 그 결과 학부모들은 자신의 아이를 위해 가장 적합한 학교를 고르는 데 혼란스러워 하는 사태가 벌어지게 되었다. 점차 학부모들은 시험 결과만을 기초로 근처의 가장 성공적인 학교를 찾기 시작했다. 그러나 현재도 다수 부모들은 그들의 선택권을 제대로 행사하지 못하고 학교 선택에 좌절하고 있다.[77]

1996년에도 20%의 부모는 그들의 첫 학교 선택에 실패했다. 런던에서는 그 수준이 40%에 이르러 '부모 선택'이라는 정책 자체가 문제시되고 있다. 또 가난한 도시 지역에 있는 학교들은 입학 인원이 줄어들고 그에 따라 예산이 축소되는 어려운 상황에 처하게 되었다. 대처의 교육 정책으로 '하위' 40%의 학생은 이전 보다 더 악화된 교육 환경에서 공부할 수밖에 없는 현실에 처하게 되었다. 도시의 소외 지역의 학교들은 '망하는sink' 학교라는 세평을 받았다.[78]

1988년 학교에게 만약 학부모 다수가 원한다면 지방 교육위원회의 관할에서 탈퇴할 권리가 주어졌다. 당시 대처 정권은 많은 학교가 이 새로운 '정부 보조grant-maintained' 학교의 지위를 택해서 지방 교육위원회의 역할이 크게

---

76) Coxall et al, *Contemporary British Politics*, p. 374.
77) David McDowall, *Britain in Close-Up*, p. 150.
78) *Ibid*.

줄어들 것으로 기대했다. 그러나 실제로는 정부나 일반 국민의 기대보다 훨씬 적은 수의 학교가 '정부 보조' 학교의 지위를 선택했다. 1997년까지 중앙 정부가 운영비를 제공하는 쪽을 선택한 학교는 잉글랜드 전체 중등학교 가운데 고작 18%에 불과했고, 웨일스는 5% 밖에 되지 않았다. 대부분의 학교는 지역 교육 당국의 지도와 지원을 더 높게 평가했던 것이다.[79]

중등학교와 더 많은 초등학교에 그들 자신의 예산을 운영할 책임이 역시 주어졌다. 부모들과 지역 교육 당국이 지명한 사람들로 구성된 각 학교 운영위원회에 크게 강화된 책임이 주어졌다. 거기에는 교사의 고용과 해고에 관한 권한도 포함되어 있었다. 또 다시, 높은 수준의 교육을 받은 부모들로부터 지원을 받은 학교는 낙후된 지역의 학교보다 운영이 더 잘 되었다.

그러나 기존 교장들이 수행하던 직무에 더 과중한 업무 부담이 추가되었고, 한편으로 교장들은 학교 교사에 대한 운영위원회의 완전한 집행 권한을 받아들이지 않았다. 1996년까지 교장들이 스트레스를 받아 기록적인 수로 사직하고 있었다. 런던 중심부 학교가 더 심해서 1995년 이 지역 교장의 40%가 그만두었다.[80]

대처 정권의 교육 개혁은 영국의 낙후된 교육 현실을 개선하는 데 불충분했다. 너무 많은 학생이 기초 기식을 제대로 익히지 못한 채 졸업했다. 특히 읽고 쓰기, 계산, 과학과 기술 분야가 특히 취약했다. 국제적으로 A레벨의 고학력 영재들도 있지만, 그들은 소수에 불과했다. 영국 초등학생의 과학 실력은 국제 수준과 비교하면 당황스러울 만한 수준에 머무르고 있다.[81] 그 한 원인은 영국의 아동은, 미국의 아동도 그렇지만, 텔레비전을 보거나 컴퓨터 게임을 하면서 너무 많은 시간을 보낸다는 것이다. 이러한 습관은 과학과

79) *Ibid.*, p. 151.
80) *Ibid.*, p. 150
81) *Ibid.*, p. 151.

수학 과목을 성취하는 데 부정적인 영향을 미친다는 것이 이미 확인된 사실이다.

교사진은 낮은 사기, 양성 과정의 문제, 낮은 급여, 부족한 훈련, 교육 개혁으로 초래된 과중한 업무로 어려움을 겪었다. 많은 교사들이 조기 퇴직을 하거나 다른 직장을 찾아가고 있다. 교사 이직률이 너무 높아 1989년에는 학교에서 가르치는 교사와 퇴직한 교사의 수가 같은 수준에 이를 정도였다.[82] 낮은 급여는 주거비가 비싼 지역, 특히 남동부 지역에서 교사의 이직을 초래했다. 그래서 1990년대 런던 초등학교에서 교사 부족은 전국 평균의 2배였다. 가장 최악의 상황은 국가적으로 가장 중요하다고 여겨지는 수학과 과학 과목의 교사가 부족하다는 사실이다.

그러나 그러한 사실은 학생 1인당 공공 재정이 1987~1997년 사이 25%가 감축되었다는 사실을 고려하면 그렇게 놀랄 만한 일은 아니다. 영국은 여타 선진국보다도, 아직도 국민총생산GDP에서 교육에 쓰이는 몫이 훨씬 적고, 가장 높은 학생/교사 비율을 가진 나라 가운데 하나이고, 유아 교육이 가장 낙후된 나라 가운데 하나이다.

또 제3차 교육tertiary education(중등학교 교육에 이어지는 직업 및 비직업 과정의 전일 교육의 총칭)을 받는 젊은이의 비율이 가장 낮은 나라 가운데 하나이다. 1996년 의무교육 과정이 끝나고 3차 교육과정에 등록하는 수가 급감한 것이 그 점을 잘 말해준다. 16세의 71%, 17세의 59%, 18세의 고작 40%만이 정규 교육을 받고 있다. 따라서 영국은 유럽 경쟁국들보다 훨씬 더 강한 반反교육적 문화로 어려움을 겪고 있는 것이 사실일 가능성이 높다.[83]

결국 대처 정권의 교육 개혁은 영국의 교육에서 가장 중요하고 심각한 문제점은 차별화된 교육 제도에 있다는 점을 제대로 이해하지 못하고 인정하지도 않으려 했다. 그 출발부터 한계를 가지고 있었다고 할 수 있다. 부유층

---

82) *Ibid.*
83) *Ibid.*

대부분이 자녀를 보내는 사립학교는 재정이 풍부하고 시설이 매우 훌륭한 반면, 국가가 운영하는 학교는 재정 형편이 좋지 않고, 교사 부족, 과밀 학급, 많은 경우 부실한 시설과 노후한 건물에서 교육이 이루어지고 있었던 것이다. 그래서 1987년 교육법을 비판하는 사람들은 이러한 변화가 대부분 불필요한 것이며, 시종일관 잘못된 현실 인식의 산물이라고 보았다.[84]

(5) 인위적인 경제 성장 정책

1980년대 경제 호황은 특징적인 정책, 즉 금융에서 공적 규제를 해제한 정책의 대가였다.[85] 이 규제 해제의 실질적인 효과는 모기지mortgages(주택이나 건물을 담보로 금융권에서 대출을 받는 제도)의 형태로 건설업에 대규모의 대출을 촉진했다. 그리고 이 대출은 왕왕 일상적인 소비를 위한 융자로 전환되었다. 그 결과 부동산 가격이 급속히 오르면서 거품이 끼기 시작했다. 그밖에도 1980년대에 크레디트 카드 사용의 대규모 확대, 은행의 초과 대출, 그리고 할부 구입이 크게 늘었다.

그 결과 개인 가구의 부채는 1980년의 160억 파운드에서 1989년에는 470억 파운드로, 주택 담보 대출은 같은 기간 430억 파운드에서 2,350억 파운드로, 각각 3배와 5배 이상이 크게 증가했다. 1980년의 부채는 국가 수입의 29%였던 데 반해, 1989년에는 62% 이상으로 치솟았다. 따라서 대처 정권이 내세우는 1980년대의 경제 기적은 소비 수요를 부추겨 인공적으로 높여진 부채에 주로 의존한 것이었다.[86] 이 소비 가운데 많은 부분이 수입 상품 구입으로 사라져서, 1988~1989년에 이르면 150억 파운드의 유례없는 무역 역조가 발생했다.

---

84) Rowe, *Mastering Modern British History*, p. 578.

85) Martin Pugh, *State and Society : British Politics & Social History 1870~1992* (London and New York : Eduard Arnold, 1994), p. 306.

86) *Ibid.*

그 사이 제조업은 높은 이자율을 힘들게 견뎌내고 있었다. 거품이 가라앉는 것은 시간문제였다.[87] 대처 정권은 1988년 세금 감면 조처를 시행함으로써 사태를 악화시켰다. 1990년에 이르면 부동산 시장의 거품이 꺼지고 경기 침체 (스태그플레이션)가 찾아와 실업률이 높아져 다수 국민이 집을 잃고 거리로 내몰리게 되었다. 무리한 저리 융자와 인위적인 주택 경기 활성화는 머지않아 주택 시장의 난국을 초래하게 되었다. 그러한 상황에 대처하기 위해 대처 정권은 이자율을 년 13%로 높게 책정함으로써 산업을 심각하게 마비시켰다.

(6) 금융 산업 육성 정책

대처의 금융 정책은 런던의 시티City of London와 은행 시스템에 가해진 규제의 자유화에 초점을 맞추었다. 이 정책 역시 심각한 부작용을 가져왔다.[88] 많은 외국 은행이 런던에서 영업할 기회를 잡았다. 그 결과 1991년까지 런던의 은행 가운데 절반가량을 외국계 은행이 차지하게 되었다. 경제 전문 언론인 윌 허튼Will Hutton은 다음과 같이 당시 시티 금융계의 난맥상을 지적하고 있다.

런던의 시티는 투기, 비능률, 사기의 조롱거리가 되고 있다. 그들 자신의 문제를 규제할 권한이 주어진 시티의 금융 시장과 기관들은 공적인 문제나 혹은 그들 자신의 문제를 처리하는 데 있어서 어떤 합리적인 정직성의 기준을 충족시키는 데 실패한 모습을 두드러지게 보여준다.[89]

특히 사기 거래의 많은 사례가 잇달아 발생했다. 정보에 접근할 수 있는

---

87) *Ibid.*
88) Rowe, *Modern British History*, p. 583.
89) Will Hutton, *The State We're In* (Vintage, 1996) ; Rowe, *Modern British History*, p. 583.

특권을 가진 내부 사람이 사적인 이익을 위해 주식거래소The Stock Exchange의 주가를 조작하는 것은 아주 흔한 일이 되었다.[90] 사기와 협잡이 발로우--클로즈The Barlow-Clowes 금융 제국의 몰락을 초래했다. 1991년 BCCI(The Bank of Credit and Commerce International)가 대규모 사기 사건이 발각된 뒤 문을 닫을 수밖에 없게 되었다. 당국의 조사 결과 잉글랜드 은행은 그러한 몰락을 예방할 수 있는 조치를 일찍 취할 수 있었는데도 그렇게 하지 않았다. 그에 대한 여론의 비난이 쏟아졌다. 1990년 이후 2년 반이 지나면서 시티에서 10만 개나 되는 일자리가 사라졌다.

시티의 또 다른 실패는 '단기 거래short-termism'에 중점을 둔 금융 기관이 더 혜택을 보는 방향으로 가고 있었다는 데 있다. 이것은 시티가 연구 개발R & D에 충분한 자금을 쓰는 기업보다, 주식 소유자들에게 높은 배당을 주고 다른 기업의 합병과 인수M & A에 몰두하는 기업에 관심을 쏟았다는 것을 말한다. 다른 한편 R & D에 이익의 많은 부분을 제대로 투자하는 기업은 주식 시장에서 저평가된다. 그것은 기업에 대한 투자가 꼭 필요한 수준보다 훨씬 못한 수준에서 이루어졌기 때문이다.[91]

허튼이 제시하는 자료에 따르면, 1994년 영국은 R & D에 투자하는 세계 상위 200개 기업 가운데 고작 13개 기업만이 포함되었고, 그나마 4개는 제약회사였다. 1980년대 영국 산업에서 투자는 연간 고작 2%가 증가하고, 이윤은 6%로 상승했다. 한편 주식 배당률은 12%로 뛰어올랐다.[92] 세계 톱 200개 기업은 주식 배당보다 R & D에 3배 이상을 쓰고 있다. 그러나 영국에서는 심지어 상위권에 있는 기업마저도 주식 배당에 지불하는 금액의 고작 2/3만을 연구 개발비에 배정하고 있는 실정이다.[93]

---

90) *Ibid.*, p. 584.

91) *Ibid.*

92) *Ibid.*

보다 건전하지 못한 경향은 영국이 새로운 산업과 역량을 개발하는 데 외국 투자에 더 의존하게 되었다는 사실이다. 1995년까지 영국 제조업의 25% 이상을 외국인이 소유하게 되었다. 그리고 그 기업들은 영국 노동자의 16%를 고용하고 있다. 그래서 영국의 양식 있는 사람들은, 영국 정부가 유럽 공동체에서 ‘정치적’ 지배권을 외국인에게 빼앗길까봐 매우 민감한 태도를 보이면서도, 영국이 자국의 핵심 산업체에 대한 ‘경제적’ 지배권을 급속히 상실하는 데 대해서는 거의 우려를 하지 않는 데 대해 이상하게 여기고 있다.[94]

4. 대처 정책의 부정적 결과

(1) 경제의 후퇴

1980년대 중반의 짧은 호경기 후, 영국은 1988년 또 다시 침체기로 빠져들었다. 이자율 상승, 인플레이션, 수지 균형의 위기가 찾아왔다. 1990년 영국의 경기 침체는 1930년 이후 최악의 침체였다. 그리고 그 침체는 유럽 연합의 다른 국가가 겪은 것보다 더 장기적이고 심각한 것으로 입증되었다.[95] 인플레이션은 10% 이상 올랐고 오직 높은 대출 이자율로 더 이상 오르는 것이 억제되었다. 그리고 높은 이자율은 경제 성장을 저해하는 부작용을 초래했다.

1990년까지 제조업은 1980년대 초의 큰 침체를 벗어나 가까스로 회복했다. 살아남은 기업들은 보다 경쟁력 있는 제품을 지니게 되었지만, 그 사이 공산품에서 영국이 세계 무역에서 차지하는 비중은 1979년의 8%에서 6.5%로 줄어들었다. 수지 균형 역시 건전하지 못했다. 1985년 35억 파운드의 흑자를 기록했지만, 1990년에는 204억 파운드의 적자로 바뀌었다. 경제적 어려움은 기업들이 살아

93) *Ibid.*
94) *Ibid.*
95) Pugh, *State and Society*, p. 326.

남기 위해 직원을 해고함으로써 광범위한 '인력 감축downsizing'으로 이어졌다. 보수당의 핵심 지역, 이번에는 특히 남동부 잉글랜드가 큰 타격을 받았다.

1980년대 영국에 다국적 기업이 크게 증가했다. 1987년의 조사는 영국이 유럽에서 외국의 투자를 가장 많이 받아들인 나라가 되었음을 보여주었다. 일본이 서유럽에 투자한 액수의 30%와 미국이 유럽 공동체에 투자한 액수의 36%가 영국에 집중되었다. 1989년까지 영국 노동력의 10%가 영국에 있는 1,000개의 외국 소유 기업에 고용되었다.

일자리 감소의 폭이 커지면서 소기업의 수가 급속히 증가했다. 1980년의 240만 개에서 1997년에는 370만 개로 늘어났다. 그러나 많은 소기업은 살아남지 못했다. 어떤 기업은 서투른 경영의 결과로 그렇게 되었지만, 많은 기업은 자금 압박으로 망했는데, 영국은 대다수 유럽 연합 국가보다 금융 지원을 받기 어려운 나라였기 때문이다. 그러나 여전히 소기업은 영국 경제에서 중요한 위치를 차지하고 있다. 그것은 대기업이 소기업에서 성장하니까 그렇고, 또 영국에서 새 일자리의 절반 이상이 100인 이하의 직원을 고용하는 회사에 의해 창출되기 때문이다. 21세기 초 현재 700만 명의 사람이 50인 이하의 회사에서 일하고 있다.

대처의 급진적인 경제 전략은 결국 1979~1990년 사이 연평균 1.75%의 경제 성장률이라는 초라한 성적표를 얻었다. 그것은 1960년대와 1970년대의 노동당 정권(2.4%)이나 1997년 이후 노동당 정권(1997~2006, 2.6%) 때보다 훨씬 빈약한 결과였다.[96] 12년간 권력을 잡았던 대처는 그녀가 처음 권좌에 올라섰을 때보다 경제를 크게 취약하게 만든 상태에서 물러났던 것이다.[97] 대처가 물러난 후, 보수당은 일종의 케인즈적 경제로 조용히 되돌아갔다.[98]

---

96) *Ibid.,* p. 326.
97) McDowall, *Britain in Close-Up*, p. 76.
98) *Ibid*, p. 76.

세금은 다시 올랐다. 1979년부터 1996년까지 개인당 평균 세금 부담률은 18%가 상승하여 소득의 31.1%에서 37.2%까지 상승했다. 그러나 영국의 경기 침체와 파운드화에 대한 신뢰도 하락은 자본 시장에서 영국 화폐의 대량 매각으로 이어졌다. 그것은 결국 1992년 유럽 환율 기구The European Exchange Rate Mechanism(ERM)로부터 영국의 퇴출이라는 치욕스러운 결과를 초래했다. 이러한 재난 이후 영국은 수년간 엄격한 금융 정책을 도입하여 인플레율을 4% 이하로 유지하는 강력한 의지를 보였다. 실업과 이자율이 서서히 떨어지고 경제 성장이 되살아났다.

그러나 보수당 정권의 경제 성적표는 여전히 나쁘다. 1959~1979년의 연평균 성장률은 2.75%인데 반해 1974~1994년 사이 그 수치는 고작 2%밖에 되지 않았다. 특히 보수당의 성적이 나쁜 것은 대처 정권의 연 평균 성장률이 1.75%에 그친 것이 결정적인 원인이었다고 할 것이다. 영국이 국제 무역에서 차지하는 비중도 역시 심각하게 악화되었다. 1997년까지 영국의 순위는 15개의 EU 국가 가운데 고작 11위에 그치고 있다.[99] 세계 교역에서 차지하는 비율도 6%로 낮아졌다.

이처럼 낮은 경제적 성과를 얻은 것은 자유시장 질서를 만든다는 명분으로 국가가 개입하여 무리한 정책을 강행한 데서 비롯된 결과라고 할 수 있다. 앞에서 본 것처럼 대처주의의 대표적 성공 사례로 알려져 있는 통화주의와 인플레이션의 억제, 민영화와 주택 공급의 확대, 노동 억제 정책, 금융 산업의 활성화 등은 극단적인 무리수를 둔 정책으로 성공보다는 실패의 결과를 낳은 경우가 허다했음을 알 수 있다. 경제 구조를 첨단 산업, 금융업, 서비스업을 주력 업종으로 재편함으로써 잉글랜드 남동부 지역을 제외하고 중부와 북부의 기존 제조업 지역은 크게 침체되었다. 대처의 개입 정책은 영국의 경제·사회·문

---

99) *Ibid.*

화 전반에 심각한 부작용과 후유증을 남겼음을 알 수 있다.

(2) 빈곤의 심화

노동운동에 대한 강경 진압과 고용 관련 법률의 개정을 통해서 노동조합 세력이 크게 약화되었다. 대처 정부가 새롭게 추구한 노동 시장의 모델은 미국의 노동 시장이었다. 미국 노동 시장의 특징은 높은 수준의 노동력 이동과 임금의 유연성 그리고 낮은 고용 비용이었다. 고용 계약에도 자유시장의 논리가 작용했다. 이러한 정책의 결과 파트타임과 계약직 고용이 폭발적으로 증가했다. 많은 미숙련 노동자는 가족을 부양하는 데 필요한 최소한의 생계비에도 못 미치는 임금을 받았다.

사회적으로 '두 국민two nations' 정책은 지리적·경제적으로 남북을 분단했다. 첨단 산업체는 주로 남부에 집중되어 남부에 부와 인력이 크게 증가한 반면, 전통 제조업을 기반으로 하는 북부는 낙후 지역이 되어 침체에 빠져들었다. 사회적으로는 조합에 가입하지 않은 '주변부' 노동자와 '중심부'의 직장 노조원을 분리시키려 했다. 이 정책은 특히 소수 인종에게 큰 고통을 가져다줬으며, '도시 중심부'와 외곽 지역 주민의 생활수준 차이를 크게 심화시켰다.

퓨Martin Pugh의 지적대로 1980년대는 영국 사회사에서 중요한 분수령이 되었다.[100] 에드워드 시대 자유당 정부의 개혁 조치 이후, 국가는 누진 과세와 사회 복지 정책을 통해 공동체의 더 부유한 사람으로부터 더 가난한 사람에게, 많지는 않지만 꾸준히 소득 재분배를 실행해 왔다. 그러나 1979년 이후 이러한 흐름은 거꾸로 역전되었다.[101] 1980년대는 빈곤의 심화가 두드러지게 눈에 띄는 시절이었고, 빈부 격차가 더 커진 때였다. 1979년에 상위 20%의 임금 소득자가 세금 공제 후 모든 소득의 37%를 가져간 반면, 1988년에는 44%를

---

100) Pugh, *State and Society*, p. 312.
101) *Ibid.*

차지했다. 반대로 가장 가난한 20%는 1979년 9.5%를 받았지만, 1988년에는 단지 6.9%를 차지하는 데 그쳤다.

부유한 계층으로 소득을 이전시키는 첫 번째 방법은 보다 퇴행적인 조세 제도의 채택이었다.102) 정부는 표준 소득세율을 30%로 삭감하고, 다시 25%로 줄였다. 최상위 소득에 대한 세율은 60%로, 그리고 다시 40%로 낮췄다. 이러한 변화는 소수의 고소득 계층을 더 부유하게 만드는 효과를 가져왔다. 하지만 다수 국민의 세금 부담은 늘었다. 빈곤층 혹은 평균 소득자들이 지불하는 다른 형태의 조세 때문이었다. 예컨대 국민 보험National Insurance의 보험료가 올라서 소득세의 3/4을 내야 했다. 더구나 소비재에 지불하는 부가세가 2.5%에서 무려 17.5%나 되는 수준으로 상승했다.

정부는 빈민에게 들어가는 복지 지출은 비판하면서도, 중간 계급에 보조금을 주는 데는 복지 국가의 개념을 확대하는 데 주저하지 않았다.103) 이러한 보조금 가운데 정부 부담이 가장 큰 것은 모기지 대금에 대한 소득세 경감이었다. 이 시기에 주택 담보 대출(모기지)은 걷잡을 수 없게 늘어나기 시작했다.

1979년에 10억 파운드였던 모기지 세금 경감액은 1990년에 70억 파운드로 급속히 팽창해, 정부의 부담이 크게 늘어났다. 재무부는 또한 주택 매매에 대한 자본 이득세capital gains tax를 부과하는 데 실패함으로써, 70억 파운드에 달하는 손실을 입었다. 그 밖에도 정부는 연금 기금pension funds에 대한 세금 보조금으로 매년 100억 파운드를 지불했다. 개인 연금에도 8억 파운드의 새 보조금을 도입했다. 그리고 주식 구입을 돕는 1억 파운드의 새로운 세금 보조금도 도입했다.

문제는 상대적으로 부유한 계층으로 이전되는 이 모든 자원은, 비교적 가난한 계층에 의해 지불되는 특별 소비세에 의해, 그리고 노동 계급에 혜택을

---

102) *Ibid.*, p. 313.
103) *Ibid.*

주던 복지비용의 축소로 재원이 조달되었다는 점이다.[104] 1988년 사회 보장 제도는 국민생활 보조금National Assistance에 의존하던 사람이 사회 기금Social Fund에서 대부를 받을 수 있도록 개편되었다. 그러나 대부금을 갚을 능력이 없다고 여겨지는 사람에게는 이 혜택이 주어지지 않았다. 이 시기에 약 30만 명의 아동이 학교 무료 급식권을 잃었다. 노인들은 두 가지로 어려움을 겪었다. 약 70만 명이 주택 연금을 잃었고, 양로 연금과 국가 보조금의 연결이 끊겼다. 16세에서 18세 사이의 청년은 실업 수당 청구권을 잃었고, 학생들에 대한 주거 보조금 지급이 철회되었다.

복지와 세금 정책이 초래한 결과는 극적인 것으로 판명되었다.[105] 1980년대에 많은 영국 도시에 걸인들이 다시 등장했고, 한 데서 자는 사람들의 수가 점점 늘어났다. 그 광경은 빅토리아·에드워드 시대를 연상시키는 것이었다. 1989년에 20만 명이 1824년의 부랑자 법The Vagrancy Act으로 처벌되었다. 1979년에는 무주택 가구 수가 56,000가구였다. 그러나 1980년대 대처 정부의 공영 주택 매각 정책으로 공공 임대 주택의 수가 60만 채나 줄었다. 그 결과 장기 실업이 증가하고 많은 가정이 파탄이 나면서 무주택 가구가 크게 늘어났다. 1989년까지 128,000세대가 공식적인 홈리스homeless로 분류되었다. 유럽 경제 공동체EEC가 제시한 통계에 따르면 영국의 빈곤층은 1980년 500만 명에서 1989년에는 660만 명으로 30% 이상 증가했다.[106]

대처주의 정책은 경제적 불평등을 심화시키는 역할을 했다. 권위 있는 『소득과 부에 관한 라운트리 보고서Rowntree Report』에 따르면, 1977년에서 1990년까지 영국의 불평등은 한 국가를 제외하고 다른 어떤 국가보다 더욱 빨리 증가했다. 1979년 이후에는 가장 낮은 소득 집단이 경제 성장의 혜택을 받을

---

104) *Ibid.*
105) *Ibid.*, pp. 313~314.
106) *Ibid.*, p. 314.

수 없게 되었다. 1977년 이래 전체 평균 소득의 절반에 못 미치는 인구 비율이 3배 이상 증가했다. 1984~1985년 가장 부유한 20%가 차지하는 과세 후 소득 점유율은 43%로 전후戰後 어떤 시기보다 더욱 높았다.

많은 선진국에서 여러 가지 불평등 지표가 증가하긴 했지만, 영국의 경제적 불평등 속도와 크기는 다른 국가에 비해 훨씬 악화되었다. 영국보다 경제적 불평등이 더욱 빠른 속도로 진행된 국가는, 뚜렷한 평등주의적 유산을 물려받은 상황에서 다른 국가보다 훨씬 더 급진적인 신자유주의 정책을 추진한 뉴질랜드 뿐이었다.

빈곤과 실업이 더 악화된 징후는 높은 이혼율, 자살률, 정신병의 형태로 나타났다. 무엇보다도 범죄율이 대처 정권에서 79%나 증가했다. 사회의 주류로 부터 소외된 대규모 '하위 계급underclass'의 출현은 침체된 도시 지역에서 빈번한 폭동으로 나타났다. 가장 가난한 사람도 새 인두세poll tax를 부담하도록 한 정부의 정책은 다수의 세금 불복종 운동을 촉발시켰다. 뿐만 아니라 1백만 명 정도의 사람이 의회 선거의 투표자로 등록하지 못하는 결과를 초래했다. 따라서 수많은 극빈층 사람들이 그들의 정치적 영향력을 상실했다. 1980년대 말에 영국 사회는 경제적 침체와 1980년대의 반동적인 사회 정책의 압력으로 붕괴하기 시작한 것이 분명하다.[107]

(3) 국가 권력의 중앙 집중

대처 치하의 영국에서 국가가 차지하는 비중은 여전히 축소되지 않았다. 경제적으로 국가 개입을 최소화하는 자유시장 질서를 추구하면서도 정치적 측면에서는 그와 반대로 중앙 정부의 권력이 강화되었던 것이다. '영국의 국영화Nationalization of Britain'로 불리는 이러한 '신보수주의적 권위주의' 정책

---

107) *Ibid.*

은 노동 시장의 변화 못지않은 커다란 파장을 불러왔다. 대처 정부는 1970년대 못지않게 국가 재정의 지출 규모가 방대했으며, 그에 따라 대처 정권 말기 대부분의 가구에 대한 조세 수준은 초기에 비해 높아졌다.

국가 자산의 민영화와 병행해 지방 정부 및 중간적인 기관에 대한 포괄적인 국영화 조치가 실시되었다. 국민 의료 서비스National Health Service, 각급 학교, 종합 기술 전문학교poly technics 및 대학, 교도소 시설, 재판소, 경찰 관련 부처 등 모든 기관의 재편이 이루어졌다. 이들 기관은 민주적으로 선출된 지방 정부의 관할에서 벗어나, 중앙 정부에 대해서만 책임을 지는 독립 정부 기관 및 각종 정부 기구의 통제 아래 두어졌다. 1995년에 들어서는 이러한 독립 정부 기관이 지방 정부보다 더 많은 인원을 공급하고 더 많은 자금을 지출했다. 결국 시장 메커니즘(강제적이고 경쟁적인 가격 결정, 성과와 이윤에 기초한 임금 결정 및 그에 상응하는 제반 장치)이 모든 공공 서비스 부분에 도입되었다.

영국에서 오랫동안 분권화를 유지해온 다양한 행정 기관들은 평시平時로서는 유례가 없을 정도로 대대적인 중앙 집권화를 겪었다. 또한 시장 메커니즘 혹은 시장 원리에 입각한 운영 방식이 이들 모든 기관에 강요되었다. 대처 시대에 실시된 '영국의 국영화'는 노동 시장에 강요된 변화만큼이나 커다란 파장을 불러왔다. 노동조합 세력을 약화시키고 보다 개인주의적인 노동 시장을 조성하는 것이 제1기 대처 정부의 아주 분명한 목표 가운데 하나였다. 노동 시장의 변화는 어떠한 사회적·경제적 대가를 치르더라도 달성하려 한 물가 안정에 대한 통화주의 신념과 함께, 영국의 전후 합의가 파기되었음을 확인해주는 분기점이었다.

신우파 정부는 1970년대만큼이나 국가의 경제적 자원을 지배했다. 지배 정도는 노동당 정부가 1945년에 행한 수준보다도 훨씬 강력했다. 대처 정권

말기 대다수 가구에 대한 세금 수준은 집권 초기에 비해 현저하게 높은 수준이
되었다. 대처주의 정책은 현실의 어려운 경제 형편 때문에 노조 세력의 축소와
같은 일부 영역에서는 그 목표를 달성했지만, 그 전반적인 결과는 정치적
패배의 조건으로 자리를 잡았다.

 헌정 개혁constitutional reform에 대한 대처의 완강한 적대적 태도에도 불구하
고, 대처주의 정책이 초래한 의도하지 않은 부작용에 의한 커다란 변화를
영국의 제도는 피해갈 수 없었다. 가장 중요한 변화는 권력의 광범위한 중앙
집중이었다.108) 디시A. V. Dicey가 19세기의 첫 자유방임주의 실험에 대해 지적
한 바와 같이 "자유방임주의의 충실한 신봉자들은 자신의 목표를 성취하기
위해 정부 기구의 개선과 강화가 절대적으로 필요하다는 사실을 인식했다."109)

 이것은 영국만의 특별한 탈선이 아니었다.110) 그것은 보편적인 역설의 국지
적인 표현이었다. 정상적인 상황에서는 시장은 사회생활에 내재된다. 시장은
조정하는 제도에 의해 그 작동이 제한되고, 사회적인 관습과 암묵적인 이해에
의해서도 제약을 받는다. 이러한 조정 제도 가운데 노동조합과 직종별 협회가
오랫동안 각 개인과 시장의 중간에 서 중심적인 역할을 해왔다. 그러나 자유시장
의 건설은 이들 사회 제도가 약화되거나 혹은 폐지될 것을 요구한다.111) 즉
이들 사회 제도는 보편적인 소비자의 이익을 침해하고 특정 생산자의 이익
관계를 대변하므로 없어져야 하는 것이었다. 결국 중앙 집권적인 국가만이
강력한 중간 제도에 맞서 싸울 수 있게 되는 것이다. 그러므로 대처주의
시기 영국의 중앙 집권화는 피하려면 피할 수도 있었던 정책적 실수가 아니었다.
그것은 자유시장을 작동시키기 위한 필수 불가결한 요소였다.112)

---

108) Gray, *False Dawn*, p. 26.
109) A. V. Dicey, *Lectures on Relationship between Law and Public Opinion in England during the Nineteenth Century* (London, 1905), p. 306 ; Gray, *False Dawn*, p. 26.
110) Gray, *False Dawn*, p. 26.
111) *Ibid*.

(4) 가정의 붕괴와 복지 의존의 심화

자유시장의 가장 큰 내적인 모순은 그 스스로가 과거에 의존했던 전통적인 사회 제도를 약화시키는 역할을 한다는 점으로, 가족이 핵심적인 사례이다. 전통적인 가족의 약화와 쇠퇴는 대처주의 전반에 걸쳐 심화되었다.[113] 18세에서 49세에 이르는 여성 가운데 결혼한 사람의 비율은 1979년의 74%에서 1992년에는 61%로 떨어진 반면, 같은 기간 동안 동거 비율을 11%에서 22%로 증가했다. 혼외 출산은 1980년대에 2배 이상 증가했다. 편부모만 있는 가족의 비율은 1979년의 12%에서 1992년에는 21%로 증가했다. 편부모 증가의 가장 큰 요인은 미혼모의 급증에 있었다.

1991년 영국에서는 두 쌍 가운데 한 쌍 꼴로 이혼이 발생했는데, 이는 유럽 연합에서 가장 높은 이혼율이며, 오직 미국과 비교될 수 있는 수준이다.[114] 대처주의 정책이 노동 시장의 탈규제를 통해 성공적으로 실업률을 낮추었다는 영국의 여러 도시에서 이혼율과 가족 해체율 또한 그에 상응하여 높아졌다.

더 두드러져 보이는 것은 하위 계급underclass의 증가였다.[115] 영국에서 아무도 일자리를 갖지 못한 가족의 비율은 1975년의 6.5%에서 1985년에는 16.4%, 그리고 1994년에는 19.1%로 증가했다(연금 생활자 제외). 이러한 증가는 존 메이저 정부에서도 지속되거나 오히려 가속화되었다. 그러므로 오늘날 영국에는 대략 다섯 가구 당 한 가구는 가족 가운데 일자리를 갖고 있는 사람이 한 명도 없는 가구이다. 이것은 미국에서는 오랫동안 익숙한 일이지만 다른 유럽 국가에서는 찾아볼 수 없는 사회적 배척 현상을 나타낸다. 이러한 하위 계급의 극적 증가는 신자유주의 복지 개혁의 직접적인 결과로, 특히 주택

---

112) *Ibid.*

113) *Ibid.,* p. 29.

114) Ruth Lister, "The Family and Women," D. Kavanagh and A. Seldon, *The Major Effect* (London : Macmillan, 1994).

115) Gray, *False Dawn*, p. 30.

공급에 영향을 끼침으로써 발생했다. 지방 자치 단체 보유 주택을 임차인에게 매각한 정책은 종종 대처주의의 성공 사례로 칭송을 받았다. 확실히 그것은 1980년대 대처주의에 대한 지지의 원천으로 선거에서 보수당이 승리하는 데 중요한 기여를 했다. 그러나 1990년대에 와서는 그것이 오히려 보수당에 부정적으로 작용한 것으로 보인다.

사회적·경제적 측면에서 지자체 임대 주택을 고갈시킨 조치는 신자유주의적 의존 문화를 출현하게 만든 주된 요인 가운데 하나였다.[116] 1996~1997년 주택 보조금에 대한 지출은 110억 파운드를 넘어선 것으로 추정되었다. 이것은 영국 GDP의 1.5%에 해당되며, 1979~1980년에 주택 보조금으로 지출한 총액의 10배를 넘는 금액이었다.[117] 기존의 공영 임대 주택에 들어가던 공공 지출은 그보다 몇 배나 많은 임차료 환급금과 주택 구입 할부금 지원 등의 비용으로 전환되었다. 결국 영국의 공영 주택 민영화는 복지에 대한 의존이 크게 증가하는 결과를 초래했다.[118]

(5) 범죄의 급증

범죄도 크게 늘어났다. 범죄 발생 빈도가 극단적으로 늘어나서 1970년에 잉글랜드와 웨일즈의 경찰이 파악한 중범죄는 160만 건이었는데, 1981년에는 280만 건으로 늘어났다. 1990년 말, 그 수치는 430만 건으로 폭증했으며, 1992년에는 560만 건에 이르렀다. 더욱이 1992년 『영국의 범죄조사 보고서*British Crime Survey*』는 실제 범죄 발생 수치가 공식적으로 발표되는 것보다 3배에 가깝다는 사실을 암시했다. 그에 따라 영국 범죄인의 투옥률은 (아직 미국보다는 훨씬 낮지만) 다른 유럽 연합 국가에 비해 훨씬 높으며 빠른 속도로 증가하고

---

116) *Ibid.*
117) *Financial Times*, Editorial, 27 August 1996 ; Gray, *False Dawn*, p. 30.
118) *Ibid.*

있다. 1992년부터 1995년에 이르는 동안 영국의 수감자 수는 거의 1/3 가까이 (50,000명 이상) 증가했다.

이 때문에 영국에서 법 집행에 소요되는 국가 지출은 끊임없이 증가했다. 1978/79년과 1982/83년의 두 기간 동안 경찰력 유지에 소요된 지출은 실질 금액으로 거의 1/4이나 증가했다. 대처가 집권한 제1기에 경찰관 수가 거의 1만 명이 증가하여 12만 명을 넘어섰다. 대처주의 시기 전반에 걸쳐 범죄와 관련한 국가의 지출이 증가했으며, 이러한 추세는 신자유주의 실험을 하고 있는 뉴질랜드와 로널드 레이건 시대의 미국과 비슷했다.

5. 대처 선거 승리의 실상

이처럼 대처는 취임 초부터 통화주의를 비롯한 여러 정책에서 실패했지만 잇따른 선거에서 승리를 거뒀다. 그 동안 많은 사람들은 대처의 장기 집권은 그녀의 정책에 대한 국민적인 지지가 확고했기 때문인 것으로 알고 있었다. 그러나 그녀의 재집권에는 한두 가지 정책에 대한 지지가 일부 도움이 되었을 뿐, 다른 여러 변수가 작용한 이유 때문이었다. 그 실상은 다음과 같다.

1983년 총선은 대처 정부가 경제 정책에서 큰 실패를 했음에도 불구하고 예상과는 달리 보수당에 승리를 가져다주었다. 대처 정부는 정권 초 통화주의를 도입하여 제조업을 크게 쇠퇴시키고 대량 실업을 야기해 국민의 지지율이 크게 떨어졌다. 그러나 아르헨티나와 포클랜드 제도를 둘러싼 전쟁은 영국 국민에게 제국주의 시절의 향수를 자극했고 민족주의 정서에 불을 붙였다. 전쟁의 승리로 대처 정권은 최악의 국면을 벗어날 수 있었다. 또 선거 전에 공영 임대주택을 세든 입주자에게 아주 싼 가격에 공급할 것이라는 공약을 제시해 서민층의 큰 지지를 얻었다. 여기에 야당 세력의 분열이 대처의 재집권을 도왔다.

그러나 실제 선거 결과는 보수당이나 언론의 선전과는 오히려 다른 내용이었다. 보수당의 득표수는 1979년 보다 떨어졌다(1,369만 표에서 1,301만 표로 감소). 그것은 유권자가 대처에 대해 크게 열광해서가 아니라, 오히려 유권자들이 노동당 정부를 거부하겠다는 의지가 확고했기 때문이다(노동당의 득표수는 1,153만 표에서 845만 표로 격감).[119] 기존 노동당 지지자와 대처 정부에 실망한 보수당 지지자 가운데 많은 수가 자유 민주당에 투표했다.

그 때 자유민주당이 얻었던 780만 표는 그 선거에서 가장 두드러지는 특징 가운데 하나였다. 이 선거 결과는 영국 선거 제도의 불공정함을 과거 어느 때보다도 분명하게 드러낸 것이었다. 영국은 비례 대표를 인정하지 않는 선거 제도를 운영해오고 있다. 노동당이 전체 투표수에서 얻은 27.6%의 지지는 209석의 의석을 확보한 반면, 자유 민주당은 25.4%의 지지를 받았지만 얻은 의석수는 고작 23석이었다. 보수당은 40%가 조금 넘는 지지를 받았지만, 397석(총 650석)이라는 압도적인 의석을 확보했다.

1987년 선거에서도 사정은 마찬가지였다. 그때도 보수당이 승리하여 380석을 얻었다. 노동당은 220석, 자유 민주당은 22석을 얻었다. 민영화와 주택 소유자의 증가가 노동 계급의 지지를 얻는 데 중요한 역할을 했다. 지방자치체의 공영 임대주택의 매각은 선거 승리의 결정적인 요인이었을 것으로 여겨졌다.[120] 1980년에 도입된 공영 주택 매각으로 1987년 선거 때까지 백만 채 이상의 공영 주택이 개인 소유로 넘어갔다. 노동당은 여전히 이념적 경직성에서 탈피하지 못하고 있어서 유권자의 지지를 잃어가고 있었다.

무엇보다도 1987년 선거에서 주목할 점은 보수당이 스코틀랜드에서 참패했다는 것이다. 스코틀랜드의 72석 가운데 고작 12석을 얻는 데 그쳤다. 그

---

119) Roman Lowe, *Mastering British Modern History*, p. 574.
120) *Ibid.*, p. 577.

후 남·북 분리가 더 가속화되었다. 주목할 점은 다섯 명의 유권자 가운데 거의 세 명은 보수당에 반대표를 던졌다는 사실이다. 보수당은 총 투표수의 42.2%를 얻었고, 노동당은 30.8%, 그리고 자유민주당은 22.6%를 득표했다.

6. 신자유주의의 세계화

대처주의 정책이 영국 사회에 불러온 경제 구조 조정의 파장은 실로 엄청난 것이었다. 영국을 경제 불황의 늪에서 회복시키지 못했을 뿐만 아니라, 전자 통신 및 오락 산업과 같은 한두 개 부문을 제외하면 대처주의 이론가들이 자신 있게 공언한 '기업 문화'를 발전시키지도 못했다. 하지만 어떠한 정부도 이제 민영화 정책을 되돌릴 수 없고, 또 경제적 불평등을 치유하기 위한 세제 개혁도 감행할 수 있는 상황이 아니다.

정치적 프로젝트로서 대처주의는 결국은 자기 파괴적인 결과만을 초래한 셈이다. 전통 산업의 기틀이 흔들리고 이웃 사이의 인간적인 유대감이 상실되면서, 유권자는 과거의 지지 정당에 회의적인 태도를 보이게 되었다. 1997년 5월의 총선거에서 보수당이 얻은 득표율은 1832년의 제1차 선거법개정Great Reform Act 이래 가장 저조했다. 보수당은 대처주의 혁명에 의해 난파당한 꼴이 되었다.

하지만 대처가 무너지게 될 시점에 이르러서는 조악한 신우파의 이데올로기가 대처 정권 사람들의 생각 속에 널리 퍼져 있었다. 그들의 이데올로기의 미숙함은 인두세poll tax와 같은 치명적인 정책적 오류에서 분명하게 드러났다. 대처와 그 자문 그룹 주변을 어리석고 오만한 집단이 에워싸고 있었던 것이다. 대처는 그 집단에 둘러싸여 자신의 정책(주민세뿐만 아니라 더욱 중요한 영국과 유럽 연합의 관계까지)이 실질적 필요성보다는 이데올로기에 휘둘리고 있다는 대중과 기업의 경고로부터 차단되어 있었다.

대처는 자신의 권력이 흔들리는 시점에 이르러서 자신이 실행했던 정책을 전세계적인 정치·경제 개혁 프로그램의 모델로 삼으려는 생각을 하기 시작했다.[121] 대처는 1980년대 말을 향하는 시점에서야 신자유주의자가 되었지만, 영국에서 신자유주의 시대의 출발은 1970년대의 경제 위기였다. 대처는 영국에서 전후 합의(복지 국가 건설과 완전 고용의 실현)가 더 이상 존속할 수 없는 시기에 보수당의 지도자가 되었다. 그녀의 중심 과제는 그 합의를 없애고 영국 경제의 새로운 체제를 세우는 것이었다. 노동당 정권들은 이것을 하려고 시도했지만 실패했다. 대처는 성공했다. 그것은 대처가 냉혹한 태도와 신중한 자세를 가지고 그 일에 성공하려고 노력했기 때문이다. 그러나 그 결과는 영국인의 삶에 광범위한 변화를 가져와서 대처가 꿈꾸었던 혹은 소망했던 것과 다른 사회를 낳게 되었다.[122]

정책들은 왕왕 기대했던 것과 다른 결과를 낳는다는 것은 정치학의 자명한 이치이다. 대처의 경우 그러한 어긋남은 이례적인 경우였다. 그녀는 영국의 사회주의를 파괴하는 데 열중했다. 그러나 대처는 대신 보수당을 몰락의 고비로 몰아갔고 영국에서 정치적 프로젝트로서의 보수주의를 파괴했다. 그녀가 '국가의 경계를 후퇴시키려는' 목적으로 영국인의 삶의 모든 구석에 시장의 힘을 밀어 넣었지만, 국가는 더 강해졌다. 빅토리아 초기 잉글랜드에서 자유시장의 건설이 대규모 국가 권력의 행사를 요구했던 것과 마찬가지로, 20세기 말 대처의 프로그램도 고도로 집중화된 권력이 필요했던 것이다. 자유시장을 재발명하려는 시도가 초래한 피할 수 없는 결과는 매우 간섭적인 국가의 출현이었다.[123]

---

121) John Gray, *Black Mass : Apocalyptic Religion and the Death of Utopia* (New York : Farrar, Straus and Giroux, 2007), p. 76.

122) *Ibid.*

대처의 성공의 대가는 많은 측면에서 그녀가 원했던 반대의 사회였다. 자유시장을 부동의 것으로 만들려는 그녀의 목표는 성취할 수 있는 것이고, 상당한 정도로 그것은 실현되었다. 그러나 국가의 힘을 축소시키면서 시장을 자유롭게 할 수 있다는 그녀의 믿음은 하나의 유토피아적 사고방식에 불과한 것이었다.124)

대처는 처음에는 공산주의의 몰락이 평화의 시대의 도래를 보장하리라는 믿음을 가져본 적이 없고, 프랜시스 후쿠야마Francis Fukuyama의 역사의 종말이라는 선언을 비웃었다.125) 그러나 1989년에 그녀는 한 종류의 정부가 모든 다른 것들의 모델이 될 것이라는 후쿠야마의 견해를 받아들였다. 현재의 미국이 과거 영국이 가졌던 미덕을 구현하고 있다고 믿으면서, 대처는 미국이 20세기 말에 영국이 19세기 후반에 그랬던 것처럼 전세계에 걸친 마지막 진보를 이끌어줄 것임을 확신했다.126) 후쿠야마가 그렇게 생각한 것처럼 대처는 미국적 '민주적 자본주의'가 모든 나라에 복제될 수 있다고 믿었다. 마찬가지로 대처도 특별히 영국적인 질병에 대한 치료제로 그녀가 실행했던 정책의 혼합, 즉 신자유주의를 모든 용도에 다 쓰이는 만병통치약으로 보기 시작했다.127)

그레이John Gray는 1980년대 말에 대처가 받아들인 신자유주의적 세계관은 마르크스주의를 계승하는 이데올로기였다고 지적했다.128) 이데올로기적 사고는 한 가지에 모든 것을 맞추는one-size-fits-all 사회관을 채택하는 경향이 있다. 그것은 1980년대 말에도 해당되는 말이다. 그때는 냉전의 종식으로 신자유주의적 사상이 극단적으로 떠받들어졌던 시절이었다. 대처에 이끌린 서방의 정부들

---

123) *Ibid.*, p. 77.
124) *Ibid.*
125) *Ibid.*, p. 82.
126) *Ibid.*, pp. 82~83.
127) *Ibid.*, p. 83.
128) *Ibid.*

은 이전 소련 진영의 국가들에게 만약 그들이 번영을 원한다면 자유시장을
수입해야만 한다고 충고했다.

하비는 대처의 신자유주의가 전파된 방식을 다음과 같이 설명했다.

강력한 이데올로기적 영향이 기업, 대중 매체, 그리고 시민 사회를 구성하는
여러 제도(대학, 학교, 교회, 그리고 전문가 단체 등)를 통해 유포되었다. 하이에
크가 1947년에 이미 예견한 이러한 제도를 통한 신자유주의적 사고의 '긴 행군,'
(기업 후원과 기금에 의한) 싱크탱크의 조직, 대중 매체의 일정 부분 장악, 그리고
많은 지식인의 신자유주의적 사고방식으로의 전향 등은 자유의 유일한 보증자로
서 신자유주의를 지지하는 여론을 형성했다. 이러한 운동은 그 이후 정당, 그리
고 궁극적으로 국가 권력을 장악하면서 공고해졌다.[129]

동일한 정책이 처한 상황이 크게 다른 국가들에게 똑같은 이로운 결과를
가져올 것이라는 생각은 각 나라의 현실을 고려하면 터무니없는 것이었다.
그러나 국제 통화 기금은 소련 해체 이후 생긴 국가들, 인도네시아, 나이지리아,
페루와 같이 형편이 크게 다른 나라들에게 동일한 정책을 밀어부쳤다. 그
나라들이 아무리 다른 환경을 가지고 있더라도, 신자유주의적 이데올로그들은
같은 모델을 적용하려고 시도했다. 그러나 그러한 무리한 정책은 많은 나라에
경제적 파국을 심화시키는 결과를 가져왔다.

신자유주의적 경제 질서는 심각한 빈부의 양극화를 초래했다. 2차 대전
이후 거의 모든 국가에서 관찰되는 체제 안정의 조건은, 상위 계급의 경제적
힘이 제약되면서 경제적 파이의 더 많은 몫을 노동자들이 갖는 것이었다.
그 결과 미국에서는 국민 가운데 상위 1%가 갖는 소득의 몫이 전쟁 전 17%에서
전쟁 직후에는 8% 이하로 떨어졌으며, 이후 거의 30년 동안 이 수준에 머물러

---

129) Harvey, *Neoliberalism*, p. 40.

있었다.[130) 그러나 미국이 1970년대 후반부터 신자유주의 정책을 채택한 이후, 미국에서 소득 상위 1%가 국가 전체 소득에서 차지하는 몫은 급상승해 20세기 말 무렵에는 이차 대전 이전의 수준에 가까운 15%에 달하게 되었다.[131) 이러한 현상은 미국에만 한정된 것이 아니다. 영국에서도 상위 1%의 소득은 1982년 6.5%에서 13%로 배가 늘어났다. 영·미권 밖으로 시야를 넓혀 봐도 이러한 사정은 마찬가지다. 신자유주의 정책을 실행한 거의 모든 국가에서 부와 권력의 비정상적인 집중 현상이 벌어지고 있음을 확인할 수 있다. 동유럽과 독립 국가 연합CIS에 속하는 국가들의 사회적 불평등도 크게 증가했다.

국가들의 빈부 격차도 급속히 벌어지고 있다. 가장 부유한 국가들에 살고 있는 세계 인구의 5분의 1과 최빈국들에 살고 있는 5분의 1 사이의 소득 격차는 1960년대 30대 1에서, 1990년대 60대 1, 그리고 1997년에는 74대 1에 달하게 되었다. 이러한 수치는 신자유주의 세계 질서로의 전환이 상당 정도 국제 경제 엘리트의 권력 회복 또는 그들에게 경제력이 재집중되는 것과 관련이 있다는 것을 강하게 보여주는 것이라고 할 수 있다.[132)

---

130) *Ibid.*, p. 31.
131) *Ibid.*, pp. 33~34.
132) *Ibid.*, p. 36.

제2장 하이에크의 뉴 라이트 사상

1. 뉴 라이트의 등장

뉴 라이트는 애덤 스미스와 리카도의 고전 경제학을 부활시켰다. 고전 경제학을 부활시킨 현대의 대표적인 경제학자는 바로 하이에크와 프리드먼 Milton Friedman(1912~2006)이다. 하이에크와 프리드먼은 '관리되는' 혹은 '계획된' 경제라는 개념 그 자체에 도전했다.[1] 프리드먼이 『자본주의와 자유*Capitalism and Freedom*』(1962)에서 자유시장의 미덕을 제시했을 당시, 자유시장이나 자본주의라는 용어는 모두 영국에서 폭넓게 받아들여지지 않았다. 심지어 보수주의자도 마찬가지 태도를 보였다.[2]

1870년대부터 그 한계를 보인 고전적 자유시장 자유주의는 영국 자유당에서 보다 간섭주의적인 신자유주의New Liberalism에 이념적 주도권을 내주었고,

---

1) Andrew Heywood, *Political Ideologies : An Introduction*, 4th edn. (London and New York : Palgrave Macmillan, 2007), pp. 88~92.

2) R. Leach, *Political Ideology in Britain* (Basingstoke : Palgrave Macmillan, 2002), p. 192.

이러한 개혁주의적 이념들 역시 20세기 보수당과 노동당에 뿌리를 내렸다. 20세기의 양차 대전, 대공황과 새로운 국가 중심적인 이데올로기의 대두로 말미암아 옛 자유시장의 정통 교리는 주변적인 이론이 되고 말았다.[3] 그러다가 1970년대에 서구 선진국 정부가 경제적 안정과 지속적인 발전을 이룩하는 데 점차 어려움을 겪으면서 자유시장의 이념은 다시 주목을 받게 되었다.

하이에크는 1970년대 서구 사회에 보수주의의 물결이 밀어닥치면서 다시 주목받기 시작한 대표적 자유주의자이다. 그는 케인즈의 '설계적 합리주의' 정치 질서를 비판하고 '자생적 질서'를 주장하면서 자유시장 이데올로기의 이론적 기초를 제공했다. 사회주의와 계획 경제를 통렬하게 비판한 그의 저서 『예종의 길The Road to Serfdom』(1944)은 뉴 라이트 출발의 핵심 지침서가 되었다.

하이에크는 『예종의 길』에서 개인의 자유를 정치적 자유와 동일시하고, 정치적 자유를 시민의 법치주의적 평등에 근거한 경제적 시장 자유와 동일시했다.[4] 『예종의 길』은 서방 세계 대중의 관심을 끌었을 뿐만 아니라, 2차 대전 종전 이후부터 1989년 혁명에 이르는 기간에 동유럽 지식인 사이에서도 암암리에 광범위하게 유포되었다. 중앙 통제의 계획 경제에 대한 하이에크의 비판은 다양한 사회주의자에게 시장의 중요성을 확고하게 인식시키는 계기를 제공했다.[5]

그는 평상시에 사상을 위한 전쟁이 핵심이며, 마르크스주의뿐만 아니라 사회주의, 국가계획, 그리고 케인즈적 국가 개입에 대항하는 전쟁에 승리하기 위해서는 적어도 한 세대가 걸릴 것이라고 주장했다.[6] 그러한 투쟁을 위해

---

3) *Ibid,* p. 193.

4) Hayek, *The Road to Serfdom*, pp. 54~75, E. H. H. Green, *Ideologies of Conservatism : Conservative Political Ideas in the Twentieth Century* (Oxford : Oxford University Press, 2004), p. 258.

5) Chandran Kukathas, "Hayek and liberalism," Feser (ed.), *The Cambridge Companion to Hayek,* (Cambridge and New York : Cambridge University Press, 2006), p. 182.

6) David Harvey, *A Brief History of Neoliberalism* (New York and Oxford : Oxford University Press,

그는 자신과 뜻을 같이 하는 소수이지만 배타적이고 열정적인 인사들, 주로
학계의 경제학자·역사학자·철학자들과 함께 1947년 '몽펠레랑 협회Mont
Pelerin Society'를 창립했다.[7]

이처럼 하이에크는 자유주의 사상을 연구하고 전파할 모임을 적극적으로
결성하고, 정치 지도자와 활동가에게도 그의 저술과 대중 연설, 사적인 서신
교환을 통해 보다 직접적으로 영향을 끼쳤다. 그러므로 세기 전환기에 전지구적
자본주의Global Capitalism가 뚜렷한 승리를 얻게 된 데는 하이에크의 공이
매우 크다고 할 것이다. 그 때문에 하이에크는 20세기 말 사회과학이나 공공
정책에 큰 영향을 끼친 중요한 지식인이요, 20세기 주류 정치적 우파에 가장
큰 영향을 끼친 사상가로 평가받고 있다.[8]

그럼에도 불구하고, 하이에크는 대다수 정치 이론가에 의해 20세기에 자유주
의 사상 혹은 정치사상에 기여한 인물로 인정받지 못하고 있다.[9] 그는 자신은
보수주의자가 아니라고 분명히 밝혔는데,[10] 다수 사람들은 그를 신자유주의의

2005, 2007), p. 21.

7) *Ibid.*, pp. 19~20. 이때 참여한 주요 학자는 미제스Ludvig von Mises, 경제학자 프리드먼, 철학자
포퍼Karl Popper 등이었다.

8) Edward Feser (ed.), *The Cambridge Companion to Hayek*, p. 1. 이미 1990년대 초에 하이에크에
관한 비판적 평가가 다양한 측면에서 이루어졌다. John Cunningham Wood and Ronald N.
Woods (eds.), *Friedrich A. Hayek : Critical Assessments* vol. 1-5 (London and New York : Routledge,
1991)이 대표적이다. 그러나 이 책이 출간된 이후 많은 시간이 지났으므로, 최근에 보다 중요한
측면만을 선별하여 다루고 있는 위의 2006년 판을 주로 참고하기로 하겠다.

9) Chandran Kukathas, "Hayek and liberalism," *Cambridge Companion to Hayek,* p. 183.

10) 하이에크는 대표적 저서 가운데 하나인 『자유헌정론*The Constitution of Liberty*』(1960)의 "내가
보수주의자가 아닌 이유(Why I Am Not a Conservative)"에서 "보수주의에 반대하는 결정적인
이유는 보수주의의 본질 바로 그 자체에서 보수주의는 우리가 움직이고 있는 방향에 대한
대안을 제공할 수 없기 때문이다"라고 언명하고 "보수주의자는 일반적으로 이 시대의 편견에
대해 …… 같은 입장을 취하고 있는 반면, 오늘날의 자유주의자는 대부분의 보수주의자가
사회주의자와 공유하고 있는 근본적인 관념을 보다 적극적으로 반대해야 한다"고 주장했다.
Hayek, *The Constitution of Liberty*, p. 398 ; Roger Scruton, "Hayek and Conservatism," *Cambridge
Companion to Hayek,* p. 208. 그러나 가장 최근에 발간된 현대의 대표적 정치 이데올로기를
소개한 서적에서도 뉴 라이트와 하이에크의 사상을 여전히 보수주의의 범주에 넣고 있다.

대표적 이데올로그로 인정한다. 20세기 후반의 대표적 자유주의 이론가인 롤즈John Rawls는 『정치적 자유주의Political Liberalism』(1993)를 포함한 그의 저술에서 하이에크를 자유주의자로 언급하고 있지 않다. 또한 하이에크의 사상과 관심사는 지난 30년간 출현한 자유주의에 관한 주요 비평 가운데 어느 곳에서도 언급되지 않았다. 혹자는 대학의 강의에서 하이에크의 정치사상을 다루는 것조차도 꺼린다. 한 마디로 현대 주류 정치 학계에서 하이에크는 '주변인 marginal figure'이다.[11]

신자유주의의 이데올로그인 하이에크에 대해 이처럼 평가가 크게 엇갈리고 있는 역설은 어디에서 비롯되었는가를 염두에 두고 그의 뉴 라이트 사상을 살펴보기로 한다.

2. 자생적 질서론

(1) 설계주의적 합리주의 비판[12]

하이에크가 주장하고자 하는 요지는 국가 개입의 설계자들이 경제생활을 효율적으로 조직화하는 데 필요한 지식을 결코 가질 수 없을 것이라는 데 있다.[13] 그는 사회를 이성적으로 통제하고 설계하려는 모든 시도를 이성을

Heywood, *Political Ideologies*, pp. 88~92.

11) Kukathas, *op. cit.*, p. 183.

12) 하이에크의 이론은 다음 세 권의 저서에 집대성되어 있다고 해도 과언이 아니다. 본 장에서 다루는 그의 이론과 주장도 주로 이 저서의 내용을 기초로 하고 있다. Friedrich A. Hayek, *Law, Legislation, and Liberty : A New Statement of the Liberal Principles of Justice and Political Economy*(University of Chicago Press).

   Vol. 1. *Rules and Order*. 1973. (LLL-1로 약함)

   Vol. 2. *The Mirage of Social Justice*, 1976. (LLL-2)

   Vol. 3. *The Political Order of a Free People*. 1979. (LLL-3)

13) John Gray, *Black Mass : Apocalyptic Religion and the Death of Utopia* (New York : Farrar, Straus and Giroux, 2007), p. 90.

남용하는 인간의 가장 위험한 오만이라고 비난한다.[14] 하이에크의 '설계주의적 합리주의constructivist rationalism'에 대한 비판은 인간 인식(이성)이 불완전하다는 심리학적 인식에서 출발한다.

하이에크의 지식 이론은 그가 경제학과 사회과학의 두 분야에 가장 두드러진 영향을 끼친 것이라는 지적도 있다.[15] 그의 이론은 사회 활동가나 사회 이론가로서 우리가 "치유할 수 없는 무지"[16]의 상태에 있다는 데서 출발한다. 그는 현대인이 가지고 있는 지식은 서로 연관된 몇 가지 이유 때문에 결코 완전한 것이 될 수 없다고 주장한다. 그 첫째 이유는 현대 사회의 지식은 수많은 개개인에게 파편화되고 분산되어 있어서 그 모든 내용을 알기가 불가능하다는 것이다. 둘째는 인간 이성의 한계 때문에 개개의 사회 구성원은 많은 것을 잘 이해하지 못하는 무지 상태에 있다는 것이다. 셋째로 인간 행동은 의도하지 않은 결과를 낳는 경우가 많고, 또 개인이 가지고 있는 수많은 지식은 그 의미가 뚜렷하지 않은 암묵적인 성질을 가지고 있어서, 정상적인 과학적 방법들로 설명할 수 없는 극도로 복잡한 현상이라는 것이다. 한 순간에 파악할 수 없는 지식은, 시간을 통해 진화하는 유기체와 같은 것이기 때문이다.[17]

따라서 하이에크는 "지식의 분산"[18]이 이루어진 현대 사회에서 인간 이성의 힘으로 완전한 정보를 이용해서 사회 구조를 바꿀 수 있을 것이라고 믿는 '설계적 합리주의'는 근본적으로 잘못된 가정이라고 비판했다. 인간의 이성과 지식이 불완전하므로 이를 이용하여 만든 인위적인 질서는 원래 의도했던

---

14) Richard Bellamy, *Liberalism and Modern Society* (Cambridge : Polity Press, 1992), p. 222.

15) Andrew Gamble, "Hayek on knowledge, economics, and society," *Cambridge Companion to Hayek*, p. 111.

16) LLL-1, p. 13.

17) Andrew Gamble, "Hayek on knowledge, economics, and society," *Cambridge Companion to Hayek*, p. 111.

18) LLL-1, p. 14.

목적을 실현시킬 수 없다는 것이 하이에크의 기본 생각이다.[19] 따라서 그는 '설계적 합리주의'의 산물이라고 여기는 20세기의 사회주의와 복지국가, 케인즈적 국가 개입주의 등과 같은 제도들을 부정적인 시각에서 비판했다. 즉 이 제도들은 인간 사회의 개선이 아니라, 오히려 국가 권력의 남용을 통해 개인의 자유를 위축시키고, 시장 경제의 효율성을 저하시켜, 결과적으로 사회 전체를 퇴보시켰다는 것이다.[20]

(2) 자생적 질서와 자유시장

설계적 사회 질서를 비판하는 하이에크는 이성적 계획에 의해서 만들어진 질서taxis(organization) 대신 진화를 통해서 생성된 '자생적 질서spontaneous order (cosmos)'를 바람직한 사회 질서로 제시한다. 그는 이러한 질서의 특징을 밝히는 것은 "자유인의 사회를 위한 첫째 성찰"[21]이라고 강조했다. 이 질서는 누가 목적을 가지고 따로 만든 것도 아니고 서서히 저절로 형성된다.[22] 그는 자생적 질서의 대표적인 사례로 시장 경제, 윤리, 언어, 유기체, 영국의 불문법 같은 것들을 들었다.[23] 하이에크에 의하면 근대 사회는 추상적인 규칙과 비인격적인 신호에 의해 움직이는 거대한 사회, 자유 사회, 공동의 목표가 없는 다원주의적인 열린 사회이다. 그는 이러한 열린 사회 속에서 각자가 공통의 구체적인 목적에 동의할 필요 없이 추상적인 행위 규칙을 준수함으로써 서로에게 이익을 주면서 평화롭게 살아갈 수 있는 가능성을 발견한 것은 인류가 지금까지 이루어낸 발견 가운데 가장 위대한 것이라고 보았다.[24]

---

19) 이근식, 『자유주의 사회경제 사상』(한길사, 1999), p. 515.
20) 같은 책, p. 511.
21) LLL-1, p. 2.
22) Hayek, *Road to Serfdom*, pp. 36~37.
23) *Ibid.*, pp. 52~54.
24) LLL-2, p. 136.

하이에크의 자생적 시장 이론에서 무엇보다 주목해야 할 것은, 그가 자생적 시장 질서는 조직으로는 해결할 수 없는 지식의 한계를 해결한다고 보고 있는 점이다. 하이에크는 인간의 지식을 법칙적 또는 과학적 지식과, 시간과 장소의 특수 사정에 관한 비법칙적인 실제적 지식의 두 가지로 구분한다.[25] 법칙적 지식은 어느 정도까지는 어느 한 정신에 의해 한 곳에 조직화시킬 수 있다. 그러나 실제적 지식은 무수히 많은 사람 사이에 분산된 불완전한 단편들로서 존재하며, 주관적이고 심지어는 언어화가 불가능한 암묵적 지식이다. 그 때문에 실제적 지식은 어느 한 정신에 의해 조직화될 수 없다.

시장 질서가 계획보다 우월한 이유는 가격이라는 익명의 신호를 통해 정보를 수집·공급·발견함으로써 계획이 결코 달성할 수 없는 지식의 문제를 해결한다는 데 있다.[26] 하이에크는 정보의 수집, 확산과 새로운 혁신의 창조를 가능케 하는 학습 과정으로서 경쟁의 결정적 역할에 주목하면서, 이를 경쟁이 없으면 알려지지 않거나 사용되지 않게 될 사실 등의 발견을 위한 절차로 파악했다.[27] 시장 질서에서 공동 목적의 부재 속에 개인들 사이의 평화적인 협동을 가능케 하는 것은 경제의 중핵을 이루는 교환의 작용이다. 경제 질서 속에서 거래자들은 목적에 대해 서로 합의할 필요가 없으며, 오히려 거래자들은 목적과 욕구가 다를수록 그들의 교환에서 더 큰 이득을 얻는다. 거래자들은 자신의 목표를 성취하기 위해 노력하는 과정에서 다른 사람의 목표 실현을 돕는다.[28]

하이에크는 시장 질서에서는 교환을 통하여 서로 다른 목표를 추구하는 개인이 서로에게 유익한 존재가 될 수 있다고 주장한다. 즉 시장 질서는

25) Hayek, *Individualism and Economic Order* (Chicago : University of Chicago Press, 1948), pp. 79~80.
26) 이병천, 「진화론적 자유주의와 자생적 시장사회의 유토피아」 『자유주의 비판』(풀빛, 1996), p. 50.
27) LLL-3, p. 71.
28) LLL-2, p. 109.

개인이 이기적이든 아니든 상관없이 개인 사이에 서로 다른 지식과 목적이 화합하도록 하여, 대부분 알지 못하는 다른 사람의 목표가 더 발전할 수 있도록 한다는 것이다.29) 그러므로 자신이 살고 있는 복잡한 세계에 대해 구조적으로 무지한 개인들은 시장 질서 속에서 시장의 행위 준칙에 따라 자유롭게 행동하면서 자신의 기호와 목적을 충족시킬 수 있는 경제적 수단을 확보할 수 있다. 즉 시장이 제공하는 수단을 통해서 개인은 자신만의 고유한 목적을 추구할 수 있으며, 사회 전체로는 각기 다른 목적을 추구하는 개인의 다양한 삶이 평화롭게 공존하는 것이 가능하게 된다.30)

시장 질서는 대부분 개인들의 목표에 필요불가결한 수단인 재화를 풍부하게 산출할 뿐만 아니라, 자원 배분의 효율성을 크게 높이기 때문이다. 하이에크는 자원 배분의 효율성을 뒷받침하는 데 정보 전달망으로서의 시장market as an information network이라는 개념과 발견 과정으로서의 경쟁competition as a discovery procedure이라는 상호 연관되는 개념을 사용한다. 시장 질서에는 관련된 모든 정보를 종합하여 집약적으로 알려주는 정보 전달망인 시장 가격 메커니즘 market price mechanism이 있다. 하이에크는 인간의 구조적 무지의 문제에 대한 대응이 가격 메커니즘이라고 보았다. 즉 가격을 통해 우리는 어느 누구에게도 완전하게 얻어질 수 없는 널리 분산된 지식을 이용하는 것이 가능하게 된다.

가격에는 수요와 공급에 관한 모든 정보가 종합적으로 집약되어 나타난다. 이 가격을 보고 경제 주체들은 합리적으로 행동할 수 있다. 가격의 상승은 공급자에게 공급을 증가시키라는 신호이며, 소비자에게는 수요를 줄이라는 신호이다. 기업들은 생산 요소들의 가격을 보고 가장 저렴한 비용으로 생산하는 방법을 택할 수 있다. 이처럼 시장 질서는 수많은 관련 정보를 가격으로

---

29) LLL-2, p. 110.
30) LLL-2, p. 112.

집약하여 모든 경제 주체에게 알려주는 하나의 정보 전달망 역할을 하며 이를 통하여 필요한 재화들이 낮은 비용으로 공급되게 한다.[31]

그런데 이러한 가격의 성립은 경쟁을 통해 이루어진다. 가격에 반영된 정보들은 전적으로 경쟁의 산물이거나, 아니면 적어도 해당 재화의 수요와 공급에 관한 유익한 정보를 갖고 있는 사람에게 시장이 개방됨으로써 얻어진 결과이다.[32] 정보가 신호화되어 다른 사람에게 전달되기 때문에 경쟁은 널리 분산된 지식의 활용을 실현시켜서 사람들로 하여금 생존을 위해 합리적으로 행동하도록 만든다. 그러한 과정을 거치면서 경쟁은 소비자가 원하는 상품이 가장 싼 가격으로 생산하는 기업에 의해 생산되어 현실적으로 가장 싼 가격으로 판매될 수 있도록 한다.[33]

(3) 자생적 질서론의 문제점

그러나 하이에크의 자생적 질서 이론은 여러 가지 측면에서 문제가 있는 이론이라고 할 수 있다. 우선 인간의 무지만을 지나치게 강조함으로써 인간의 이성이 역사 발전의 원동력이었다는 사실을 무시하고 있다. 그의 견해에 의하면 인간의 의도적인 노력이 인간 사회를 개선시킨 경우보다는 퇴보시키는 경우가 많았다는 것으로 해석할 수 있으나, 이는 검증하기 힘든 주장이라고 할 것이다.[34]

또한 하이에크의 이론은 자생적 질서가 만들어내는 행위 준칙이 구체적으로 무엇인가를 명시하지 못하고 있다는 사실이다. 또 자생적 질서의 끝은 어디인가를 알 수 없다는 문제가 있다. 이 질서 자체는 맹목적인 진화의 과정상에

---

31) LLL-2, pp. 115-116.
32) LLL-2, p. 117.
33) LLL-3, p. 129.
34) 이근식, 앞 책, p. 563.

놓여 있다. 자생적 질서가 어느 방향으로 어떻게 진화되어 가는지는 아무도 알 수 없기 때문에, 이 질서 속의 인간은 자신이 속한 질서 자체를 인지할 수도, 의도적으로 영향을 끼칠 수도 없다.[35) 결국 하이에크의 자생적 질서 이론은 이러한 세계 자체의 맹목성, 그리고 준칙 추종적 인간이라는 미약하고 수동적인 인간관을 드러내게 되는 것이다.

또한 인간 사회의 발전은 항상 진화를 통해서만 이루어지는 것은 아니며 그래서도 안 될 것이다. 인간 사회의 발전 과정은 진화에 의한 것도 많으나 동시에 인간의 의도적인 노력에 의한 것도 무수히 많다. 이성을 이용한 인간의 의식적인 노력은 인간이 지닌 가장 큰 힘일 것이다.[36) 누가 보아도 꼭 필요하며 효과가 확실한 제도 개선이 필요한 것도 사실이고 또 심각한 불황이 장기간 지속되어 정부의 개입이 확실히 필요한 경우도 있을 것이다.[37)

무엇보다도 하이에크의 자생적 질서론은 그의 자유주의론과 심각하게 부조화한 모습을 보여준다. 하이에크의 자유주의론이 추구하는 사회는 전통적 자유주의가 상정하는 사회와 대체로 일치한다. 전통적 자유주의는 근대의 산물이다. 반면 자생적 질서론은 근대적 합리주의를 벗어나려는 지적 경향과 무관하지 않다. 즉 그는 근대적 합리주의의 산물인 전통적 자유주의를, 근대적 합리주의의 부정을 함의하는 자생적 질서론에 기대어 지지하고 있는 것이다.[38) 또한 하이에크는 자생적 질서를 주장하면서도 『자유헌정론』을 통한 민주적 제도의 제안이나 정부의 화폐 발행권의 독점 철폐와 같은 의도적인 제도 개혁을 주장함으로써 자생적 질서에 대한 자신의 이론과 모순되는 모습을 보이고 있다.

---

35) 김균, 「하이에크와 신자유주의」, 김균 외 지음 『자유주의 비판』(풀빛, 1996), p. 39.
36) 이근식, 앞 책, p. 561.
37) 같은 책, p. 562.
38) 김균, 앞 논문, p. 21.

또 경쟁을 통해 모든 것이 이루어져야 한다는 것은 결국 인류가 19세기의 사회 다윈주의Social Darwinism의 질서로 다시 회귀하는 것을 의미한다. 그러나 사회 다윈주의적 사회 질서는 매우 반동적인 질서라는 것이 이미 역사를 통해 입증되었다. 19세기 말에 사회 진화론은 적자생존의 원리와 인종주의를 통해 사회적 강자가 약자를 착취하고 강대국이 약소국을 지배하는 명분으로 작용했다.[39]

3. 하이에크의 신자유주의적 사회·경제관

(1) 사회 정의의 부정과 독점의 긍정

하이에크가 모든 사회 입법을 비판한 것은 아니었다. 그는 사회 입법을 세 가지 관점에서 이해하고 있는데, 첫째는 과거의 봉건적인 신분 차별을 철폐하기 위한 입법이며, 둘째는 생활 무능력자에 대한 정부의 지원을 위한 것이며, 셋째는 사회 정의를 실현하기 위한 것이다.[40] 하이에크는 이 가운데 신분 차별 철폐와 생활 무능력자 지원을 위한 입법은 인정했다. 그러나 사회 정의 실현을 목표로 한 사회 입법은 잘못된 것이라고 비판했다. 왜냐하면 하이에크가 이해하는 사회 정의는 "본질적으로 분배 정의라는 표현이 의미하는 것과 같기"[41] 때문이다.

그러나 시장 경제에서 국가가 개입하여 사회 정의를 실현하는 역할을 하는 것을 하이에크는 단호하게 부정한다. 하이에크는 시장 경제에서 사회 정의라는 개념 자체가 성립하지 않고, 사회 정의를 실현하기 위해서 정부가 정한 특정한

---

39) Marvin Perry, *An Intellectual History of Modern Europe* (Boston, Toronto : Houghton Mifflin Company, 1993), p. 357.

40) LLL-1, pp. 141~142.

41) LLL-1, p. 63.

분배 방식이 시장 경제와 양립할 수 없다고 주장한다.[42] 그는 시장 경제에서
이루어지는 분배에 대해 정의라는 개념을 적용할 수 없다고 본다. 정의나
불의라는 개념은 의지가 작용하는 인간(개인이나 개인들의 집단)의 행동에
대해서만 적용 가능한 개념이기 때문이라는 것이다. 또 정의의 판단 대상은
결과가 아니라 과정이다. 과정에는 인간의 의지가 작용하지만, 결과는 인간의
의지와 상관없이 주어진 환경에 따라 좌우되기 때문이다. 자생적 질서인 시장에
서 부나 지위는 불평등하다.

하이에크는 이러한 차이가 누구의 의도에 의한 것이 아니고 개인의 능력이나
운의 결과라고 본다.[43] 시장 질서에서는 선의를 가지고 훌륭한 일을 했다고
많은 몫을 받는 것도 아니며, 필요에 의해 분배가 이루어지는 것도 아니다.
시장 질서에서 분배는 동기나 필요와는 상관없이 다른 사람에게 얼마나 이익을
주었느냐에 따라서 결정된다.[44] 그러므로 시장이라는 자생적 질서에서 나타나
는 모든 경제적 현상은 정의의 판단 대상이 될 수 없다.

하이에크는 사회 정의는 오직 개인의 자유를 무시하는 전체주의 국가에
의해서만 달성될 수 있다고 보았다.[45] 그것은 사회 정의를 실현하기 위하여
정부가 정한 특정한 분배 방식은 자생적 질서인 시장 경제와 양립할 수 없다고
보기 때문이다. 하이에크에게 있어 사회 정의를 추구하는 것은 국가가 정한
기준에 따라 사람이 사회에 끼친 공로나 자격 혹은 필요의 정도를 측정하여
물질적 보상을 하는 것을 의미한다. 이럴 경우, 개인과 집단의 임무는 중앙
계획 당국이 결정하며, 개인의 올바른 행동의 기준도 국가가 설정하므로,
개인은 결국 당국의 지시에 복종할 수밖에 없게 된다는 것이다.[46] 또한 사회

---

42) LLL-2, pp. 31~38.
43) LLL-2, p. 70.
44) LLL-2, p. 72.
45) LLL-2, p. 83.
46) LLL-2, p. 87.

정의는 국가가 이미 정해 놓은 특정 계층의 이익을 증대하기 위해 잘못된 정책을 호도하려는 명분에 불과하다는 것이다.[47] 그러므로 어떠한 방식으로라도 강제로 사회 정의를 실현시키려는 시도는 필연적으로 모든 도덕의 기초가 되는 개인의 결정의 자유를 파괴하게 될 것이며, 자생적 시장 질서를 무너뜨리는 전체주의 국가로 갈 수밖에 없다는 것이다.

이러한 이유에서 하이에크는 자생적 시장 질서 외에 분배 문제에 정부가 개입하는 데 대해 적극적으로 비판한다. 그는 불행한 집단이 발생하는 것은 시장 경제에서 불가피하며, 시장 경제에서 발생하는 모든 불로 소득을 소멸시키려는 것은 문명의 대부분의 이익을 없애려는 것과 같다고 주장했다.[48] 그는 국가 사회주의와 복지국가 자본주의를 설계주의적 합리주의라는 하나의 동일한 잣대로 비판하고, 뿐만 아니라 사회 경제적 권리를 주장하고 있다고 해서 유엔의 인권선언마저 거부한다.

아담 스미스 등 자유주의 경제학자들과 비교할 때 하이에크의 가장 두드러진 특징은 현실의 독점을 상당한 범위에서 긍정하는 것이다. 독점에 관한 논의에서 일관되게 나타나는 그의 특징은 가상적인 완전한 경쟁 상태와 비교하지 않고 현실적으로 선택 가능한 다른 상태와 비교하여 독점을 평가하고 있다. 즉 하이에크는 독점에 대해서 다분히 긍정적이다.[49] 하이에크는 현실적으로 어떤 독점 기업이 그 어느 누구보다도 낮은 비용으로 생산하여 싼 가격으로 공급한다면, 이는 우리가 원하는 최상의 상태이므로 독점 기업을 인정할 뿐만 아니라 독점 기업이 독점적 지위를 활용하도록 허락하는 것이 바람직하다고 보았다.[50] 하이에크는 독점이 특정한 기술과 생산 요소의 독점적 소유로부터 발생하는

---

47) LLL-2, p. 96.
48) LLL-2, p. 94.
49) 이근식, 앞 책, p. 531.
50) LLL-3, p. 128.

한, 독점 기업이 생산을 증대시켰을 때 가격을 낮추어서 평균 이윤만 얻고 독점 이윤을 얻지 않으리라 기대하는 것은 무리라고 지적할 만큼 독점 기업의 특권을 인정한다. 기업이 새로운 생산 기술을 경쟁적으로 개발하는 것은 개발 이후 일정 기간 갖게 되는 독점적 이윤을 얻기 위해서이며, 이러한 독점 이윤으로부터 다음 기술 개발에 필요한 자본을 거의 대부분 조달한다고 주장했다.51) 따라서 독점 이윤은 기술 개발을 위해서도 필요하다는 것이 하이에크의 생각이다.

하이에크는 독점을 사유 재산권의 행사라는 측면에서도 옹호하고 있다. 기업이 자기만 갖고 있는 독특한 기술이나 물건을 자신의 이익을 위해서 사용하는 것은 사유 재산권의 당연한 행사이기 때문이다. 즉 희귀한 생산 요소의 소유자가 자신의 이익이 극대화되도록 가격과 생산량을 결정하는 것은 사유 재산권의 인정으로부터 초래되는 당연한 결과이며, 사유 재산권을 철폐하지 않고는 이를 없앨 수가 없다는 것이다.52)

따라서 하이에크는 해로운 것은 독점이 아니라 경쟁의 방해라고 지적한다. 탁월한 효율성이나 독점적 생산 요소 때문에 발생하는 독점 그 자체가 아니라, 독점 기업이 원래 가졌던 우월성의 근거가 사라진 다음에도 자신의 독점적 위치를 이용하여 다른 경쟁자가 진입하지 못하도록 하려는 경쟁의 방해 행위다. 하이에크는 방해 행위에 주로 해당하는 것이 구매자에 따라 가격을 차별화하여 여러 방법으로 시장에서 다른 기업의 행동에 영향을 미침으로써 잠재적인 경쟁 기업을 좌절시키거나 다른 영향을 미치는 것이라고 보았다.53)

---

51) LLL-3, p. 126.
52) LLL-3, p. 127.
53) LLL-3, p. 143.

(2) 비합리적 노동관

하이에크는 각별히 노동조합과 노동운동에 대해 증거의 뒷받침 없이 여러 차례 부정적인 입장을 표명했다. 독점에 대한 미온적 태도와는 대조적으로 노동조합에 대한 그의 태도는 아주 단호하다.54) 그는 노동자들이 노동운동을 하는 행위를 시민의 권리를 행사하는 차원에서가 아니라, 자유 사회의 법 지배의 원칙을 파괴한다는 관점에서 파악한다. 그는 이미 1960년대부터 그의 저서와 강연을 통해 노동조합과 노동운동에 대해 노골적으로 적대적인 태도를 보였다. 그는 자유 사회의 전체 토대가 노동 쪽의 정치·경제력을 어떻게 분쇄하는가에 달려 있다고 보았다.55)

하이에크는 1991년의 저서에서, 1980년대 이전 영국 노동조합이 획득한 합법적인 권리가 경제 쇠퇴의 주된 요인인 것처럼 주장했다. 또 "노동조합의 정책은, 정상적인 조건 하에서, 지속적인 실업 확대의 유일한 원인sole cause이다"56)라고 하여 보다 극단적인 주장도 폈다. 나아가 인플레이션이 초래되는 것도 노동조합에 책임이 있다는 주장을 했다. "인플레이션의 문제, 실업의 문제, 노동조합의 과다한 권력 문제는 오늘날 영국에서 불가분의 관계를 갖는다."57)

하이에크의 이러한 노동관은 대처의 노동 정책에 중요한 영향을 끼쳤다.58) 대처는 이미 1960년대 초 특히 하이에크가 쓴 『자유헌정론』을 읽고 노동운동을 적대시하는 태도를 갖게 되었고, 노동운동에 강경한 태도를 취했다. 그의 견해는 대처 정권의 노동운동 탄압에 큰 힘을 실어주었고, 노사 관계법을 적극적으로 개혁해 노조의 협상력을 축소시키려던 정책을 이론적으로 뒷받침

---

54) 이병천, 앞 논문, 54쪽.

55) Hayek, *The Constitution of Liberty*, pp. 265~284.

56) Richardson, *Hayek : Economist and Social Philosopher*, p. 318.

57) *Ibid*, p. 319.

58) *Ibid.*, p. 260.

했다.59) 영국의 노동자들은 대처 정권의 노동 탄압 정책과 민영화 정책, 그에 따른 급격한 구조 조정과 대량 실업의 발생, 복지의 대폭 축소 등으로 유럽 국가의 노동자 가운데 가장 열악한 상태에 처하게 되었다. 그러한 반노동적인 대처 정권의 정책은 1997년 선거에서 보수당이 참패한 요인의 하나가 되었다.

이러한 사실들을 고려할 때, 하이에크의 노동운동과 노동조합에 대한 비판은 이론적으로나 현실적으로 받아들이기 어려운 부분이 있다. 우선 이론적으로 "얼핏 보기에도 이러한 주장들은 극단적으로 보인다."60) 또한 그의 주장은 논리적이지 못하다. 무엇보다도 하이에크는 어떤 증거를 제시하여 자신의 주장을 입증하지 않았다는 점이다.61)

노동조합이 정말로 광범위하게 지속되고 있는 실업의 유일한 원인인가 아닌가를 판단하기 위해서는, 다른 법 제도 혹은 다른 노조의 수준을 가지고 있는 국가와 실업률을 비교해 볼 수 있을 것이다. 그래서 노동조합이 하이에크가 그토록 위험하다고 여긴 합법적으로 보장된 권리를 갖지 않은 나라에서 지속적이고 광범위한 실업이 없다는 것을 주장할 수 있어야 한다. 그러나 유럽의 실상은 그렇지 않았다. 그 한 사례로 프랑스를 들 수 있다. 그곳의 노조원 수는 극단적으로 낮지만, 실업률은 상당 기간 동안 분명히 높은 상태를 유지했다.62)

또한 1993년 현재 영국의 실업률은 거의 기록적인 수준에 육박하고 있었지만, 현재는 하이에크가 반대했던 노조의 영향력이 거의 없어진 상태이다. 그래서 노조원의 숫자도 10~15년 전 보다 거의 삼분의 일 수준 아래로 떨어졌다.63)

---

59) Stephen F. Frowen, "Introduction," Frowen (ed.), *Hayek : Economist and Social Philosopher*, p. xxvi.

60) Richardson, *Hayek : Economist and Social Philosopher*, p. 260.

61) *Ibid.*, p. 269.

62) *Ibid.*

63) *Ibid.*

이제 영국의 노동자는 어떠한 종류의 법적 보호도 거의 받지 못한 상태에 처해 있다. 노동 시간에 대한 제한이 전혀 없고, 최저 임금도 없으며, 작업장에서 자신의 입장을 대변할 수 있는 어떠한 합법적 권리도 전혀 가지고 있지 못하다. 그 결과 영국은 다섯 가구당 한 가구가 아무도 경제 활동을 하는 사람이 없는 극빈 계층이 자리 잡게 되었다. 이런 가운데 영국에서는 더 이상 직업을 가질 기회가 없는 항구적인 실업자 계층인 '하위 계급underclass'의 수가 급속히 불어났다.[64] 이러한 사실들을 고려할 때, 하이에크가 노동조합이 광범위하고 장기적인 실업의 '유일한' 원인이라고 말하는 것은 상식에 어긋나는 주장이라고 할 것이다.

(3) 반反환경주의

하이에크는 대부분의 환경주의적 주장을 국가가 시장 질서에 개입하기 위해 내세우는 새로운 구실로 보았다.[65] 그는 부유한 국가가 가난한 나라에 지구를 구하기 위해 인구나 경제 성장을 제한해야 한다고 말하는 것은 도덕적으로 부당한 일이라고 주장했다.[66] 그는 대부분의 경우 환경 문제는 해당 국가의 생태계가 적응하고 견뎌내는 능력에 맡기는 것이 가장 바람직하다고 했다. 그는 국가가 인구의 성장이나 천연 자원의 사용을 제한하는 것은 좋은 점보다는 나쁜 점이 더 많을 것이라고 보았다.[67]

하이에크의 이러한 태도를 반영한 대처 정권의 정책은 환경 문제에 있어서

---

64) 영국의 하위 계급에 관해서는 박우룡, 「영국의 하위계급 논쟁 — 위험한 계급인가, 아니면 희생양인가?」 『서양사론』 78(서울 : 한국서양사학회, 2003), pp. 261~293 참고.

65) Gamble, "Hayek on knowledge, economics, and society," Feser (ed.), *Companion to Hayek*, p. 130.

66) F. A. Hayek, *The Fatal Conceit : The Errors of Socialism* (Chicago : University of Chicago Press, 1988), pp. 125~126.

67) F. A. Hayek, *The Constitution of Liberty* (Chicago : Chicago University Press, 1960), pp. 369~370. Gamble, "Hayek on knowledge, economics, and society," p. 130.

시대의 흐름에 역행하는 것이었다. 기존의 정당들이 다양한 차원에서 '녹색 Green' 정책을 채택하고 있었지만, 그러한 움직임은 대처의 보수주의와 근본적으로 대립되는 것이었다.[68] 환경 문제에 대한 효과적인 대응이라는 공공의 이익을 위해, 시장의 힘이 자유롭게 작동하는 것을 국가가 제한하기 때문이었다. 그러나 대처는 일반 국민의 편의를 위해 꼭 필요한 철도 보수 예산을 삭감하는 반면, 자동차 생산을 늘리는 데 필요한 자동차 도로 건설 계획은 자유시장의 논리로 계속 추진했다. 그 결과 새 도로를 건설하는 데 필요한 토지를 싼 값에 확보하려는 목적에서 훌륭한 자연 경관, 인류학적 유적지들, 심지어 공식적으로 금지된 지역마저도 파괴하도록 허용했다.

이처럼 하이에크의 영향을 반영한 대처 정권의 환경 정책은 시대의 흐름에 역행하는 것이었다. 대처 정권은 상업 활동이 환경과 국민의 건강에 끼치는 위험이 뚜렷하게 드러남에도 불구하고, 기득권층의 이해관계에 도전하는 데 소극적이었다.[69] 그 실례로 대처 정권은 담배 광고의 금지를 거부했고, 오히려 목초지를 농지로 이용하고 고지대의 침엽수림을 훼손하여 농장으로 전환하는 것을 지원했다. 또 식품에 관한 일련의 심각한 문제들, 예를 들면 낙농 제품의 리스테리아(세균성 질병), 달걀과 닭의 살모넬라균, 광우병BSE에 직면해서도 정부는 오랫동안 수수방관하는 태도를 취했다. 그러한 사실이 알려진 후에도 농업인들을 자극할 것을 꺼려하면서 효과적인 대응 조치를 취하지 않았다.[70] 그러한 과정에서 영국의 환경 운동은 본격적으로 시작되었다.[71]

---

68) Martin Pugh, *State and Society : British Political & Social History 1870~1992* (London and New York : Edward Arnold, 1994), p. 319.

69) *Ibid.*, p. 320.

70) *Ibid.*

71) *Ibid.*, p. 321.

(4) 화폐 발행의 탈국영화

하이에크의 자유주의 사상이 "가장 극단적으로 표출된 것"[72]은 화폐 발행의 국가 독점권을 철폐하고 민간 은행에 화폐 발행을 허용하자는 화폐 발행의 탈국영화denationalization of money 주장이다. 그는 정부의 화폐 발행 독점권은 경제를 해치고 개인의 자유를 침해할 뿐만 아니라, 재정 팽창을 초래하는 주요한 원인이라고 보았다.[73] 정부가 화폐를 발행한 이후, 군주는 화폐에 자기 모습을 새겨 넣어 자신의 권력을 지지 강화하는 방편으로 삼거나, 화폐 발행에 따른 이익을 획득하는 데에만 관심이 있었다는 것이다.[74]

하이에크는 금본위 화폐 제도에서는 정부의 화폐 발행이 일정 한도 이내로 자동적으로 규제되었기 때문에 피해가 덜했으나, 현대의 관리 통화 제도에서는 정부가 국민을 기만하는 수단으로 사용되는 것을 막을 길이 없다는 것이다. 정부가 화폐를 남발하여 국민을 기만하는 경우가 바로 인플레이다. 하이에크는 이것을 해결하는 유일한 방법은 민간 은행에게 화폐 발행을 허용하여 이들 사이에 경쟁을 조성하는 것이라고 보았다. 그렇게 하면, 남발되어 가치가 떨어지는 화폐는 통용되지 않고 신뢰할 수 있는 화폐만 통용될 것이라고 보았다.[75]

금융 위기가 닥친 오늘날의 현실에 비추어 볼 때 하이에크의 주장 가운데 가장 실현 가능성이 없고 위험한 것은 민간 금융 기관에 화폐 발행을 허용하자는 화폐 발행의 탈국영화 주장이다. 이는 아직 어느 나라에서도 받아들이고 있지 않는 주장이다. 정부가 화폐 발행권을 포기하기 힘든 가장 큰 문제는 신용 공황과 같은 갑작스럽고 심각한 경제 파탄이 일어났을 때, 이를 막을 길이

---

72) 이근식, 앞의 책, p. 537.
73) LLL3, pp. 104~107.
74) *Ibid.*, p. 58.
75) *Ibid.*, p. 105.

없다는 데 있다. 1929년에 발생한 세계적인 대공황이 주가 폭락에서 시작되었으나 그것이 모든 산업의 대공황으로 연결된 것은 신용 공황, 즉 은행의 전반적인 지급 불능 및 도산으로 인하여 금융 부문이 마비되었기 때문이다. 2008년 세계적인 금융 위기도 같은 경우라고 할 것이다.

따라서 이러한 신용 공황을 막을 수 있는 유일한 길은 정부가 화폐 발행권을 발동하여 자금 부족에 빠진 은행에 긴급 융자를 해주는 것이다. 비단 신용 공황이 아니더라도 자본주의 경제에 심각한 위기가 발생할 경우에 이것을 치유할 수 있는 가장 강력한 수단이 화폐 발행이다. 그런데 하이에크가 정부의 이러한 권한을 포기하라고 주장한 것은 결국, 자본주의 경제에 심각한 파탄이 발생하지 않을 것이라고 확신한 데서 비롯되었을 것이다.

그러나 1929년의 '대공황' 이전에도 몇 번의 공황이 발생했고, 2008년의 위기까지를 고려한다면, 하이에크의 주장은 너무 낙관적이고 무책임한 것이라고 할 것이다. 화폐 발행권이 모든 금융 기관에 주어졌을 때 초래될 금융의 무정부 상태는 논외로 하더라도, 이번 2008년의 위기처럼 정부에 화폐 발행권이 없는 상태에서 신용 공황과 같은 심각한 파탄이 일어날 때, 정부는 이에 대처할 마지막 수단을 갖지 못한 속수무책의 상황에 놓이게 될 것이기 때문이다.

4. 자유시장이라는 유토피아

하이에크는 국가 개입에 대항하는 전쟁을 시작한 이후, 한 세대 이상 줄기차게 자유시장의 전도사 역할을 해왔다. 그러나 하이에크는 시장 경제의 중요성을 주장하는 과정에서 인류에게 잘못된 사고방식을 갖도록 만들었다. 그는 중앙 계획 경제의 비합리성을 주장하면서도, 그 반대의 경우 즉 자유시장의 문제는 많은 사람들이 간과하도록 만들었다.[76] 하이에크는 계획 경제라는 이상이 하나의 유토피아라는 것을 보여준 데는 성공했지만, 자기 규제적인 시장이 제대로 잘 작동할 것으로 믿는 것도 마찬가지로 유토피아적 꿈이라는 것을 스스로가 인정하지 못했던 것이다. 그러나 유토피아적 꿈은 그것이 현실의 장에서 인위적으로 무리하게 추구될 때, 인류에게 커다란 재앙이 닥쳐왔다는 것을 역사는 반복적으로 보여주고 있다. 가까운 20세기의 역사에서도 그러한 극단적인 사례를 여러 차례 경험했다.

   이러한 점들을 고려할 때, 하이에크의 뉴 라이트 이론은 현실 적용에 있어서 그 한계와 문제점을 극명하게 보여주고 있음을 알 수 있다. 그의 주장은 전체주의를 비판하는 이념적 기제로서 효과를 기대할 수 있을지는 몰라도, 현실적으로는 그 실현이 거의 불가능한 이데올로기이다. 대처의 권위주의 노선과 정책의 실패에 따른 오늘날의 영국 현실이, 또 세계적인 경제 위기가 그것을 잘 말해주고 있다.

---

76) Gray, *Black Mass*, p. 90.

제3부
대처주의와 영국 문화의 위기

제1장 가정의 위기

1. 전통적 가정의 쇠퇴

1950년대 이후 영국은 급속한 사회적·문화적 변화를 겪고 있다. 이러한 변화를 일으킨 가장 큰 원인은 여성의 변화였다.[1] 여성의 노동 시장 진입과 독립적 경향은 여성의 사회적 지위 및 남성과의 관계에 근본적인 변화를 가져왔다. 여성의 변화와 더불어 1990년대 영국 가정의 모습도 과거와 크게 달라졌다. 전통적 가정의 해체는 비단 영국에 국한된 현상은 아니겠지만, 영국은 그 정도가 다른 나라에 비해 매우 심각하다.

현대 영국인이 갖는 가정에 대한 애착은 다른 나라에 비해 약한 편이며, 특히 잉글랜드가 그렇다. 오늘날 영국에서 가족은 당연히 핵가족을 의미한다. 대가족 제도를 유지하는 것은 몇몇 소수 인종을 제외하고는 거의 없다. 이러한 현실은 가정의 규모와 구성에 반영된다. 20세기 초에는 네 명의 아동을 포함해서

---

1) David Christopher, *British Culture : An Introduction* (London and New York : Routledge, 2006), p. 1.

평균 가족 수가 6명이었다.2) 이제는 한 가정 당 출산율도 1.8명으로 낮아졌으며, 평균 가족 수는 2.5명으로 다른 유럽 국가보다 적다. 결혼, 출생과 장례식과 같은 가정의 중요 행사에도 많은 사람이 모이지 않는다. 가족 전체의 모임이 이루어지는 경우도 드물고, 대부분의 경우 그러한 모임은 크리스마스 기간에만 이루어진다.

핵가족, 아마 2명의 아이를 가진 결혼한 부부는 여전히 이상적인 사회적 단위이고 대부분의 젊은이도 그들 자신의 미래의 모습으로 그러한 가정을 꿈꾸고 있다. 그러나 대부분의 영국인이 살고 있는 방식을 보면, 그러한 가정은 점차 비현실적인 것이 되고 있다.3) 오늘날 영국인의 40%만이 핵가족 가정을 이루고 살고 있고, 그나마 이 그룹 안에서도 상당수 부모는 이전 결혼으로 얻은 자녀와 함께 두 번째 결혼 생활을 하고 있다.

가정의 형태도 급격하게 변하고 있다. 혼자 사는 사람의 수도 크게 증가해서, 1951년의 10%에서 1990년대로 오면 전체 인구의 4분의 1 이상이 되었다. 그리고 이러한 비율은 21세기 초에는 영국인 3명당 1명이 혼자 살게 될 것이라고 예상되고 있다. 같은 기간 동안 5명 혹은 그 이상의 가족이 함께 사는 가구는 절반으로 줄어들어, 10가구당 한 가구에도 못 미치는 수준으로 떨어지게 될 것이다. 영국은 분명하게 그들의 살아가는 모습에서 보다 외로운 국가가 되어가고 있다.4)

대신 혼전 동거를 하는 남녀의 비율이 증가하고 있다. 예컨대 1961년에는 초혼 부부 가운데 고작 1%만이 결혼 전에 함께 살았던 데 비해, 1976년에는 25%가 되었고, 그 가운데서도 30~40세의 혼인한 부부는 그 비율이 50%가

---

2) David Coleman, "Population and Family," Susan McRae (ed.), *Changing Britain : Families and Households in the 1990s* (Oxford and New York : Oxford University Press, 1999), p. 85.

3) David McDowall, *Britain in Close-Up : An In-Depth Study of Contemporary Britain* (London : Longman, 2001), p. 90.

4) *Ibid.*, p. 91.

넘었다. 2000년까지는 아마도 대부분의 부부가 결혼 전에 함께 살 것으로 예상된다.[5] 현재 함께 사는 네 커플 가운데 한 커플만이 결혼한 적이 없는 커플이다. 1979~1991년 사이, 18~49세 여성 가운데 혼자 사는 비율 즉 독신이거나, 미망인이 되었거나, 이혼하거나 혹은 별거하는 여성의 비율은 11%에서 23%로 증가했다.

1990년까지 결혼은 가장 일반적인 형태라고 주장하는 것이 가능했다. 그러나 근래 들어 결혼하는 빈도가 급속히 줄어들었다. 1980년대에는 일 년 평균 400,000건의 결혼식이 있었지만, 1996년에는 고작 279,000건밖에 되지 않아 최저치로 떨어졌다. 1961년에는 모든 혼인의 85%가 초혼이었지만, 21세기 초에는 최소 한쪽이 재혼인 경우가 38%가 된다. 영국은 유럽에서 가장 높은 이혼율을 가지고 있다.[6] 결혼의 38%가 이혼으로 끝나고, 첫 결혼의 4분의 1이 첫 5년 안에 파경을 맞는다. 이혼율은 저소득층과 아주 어려서 결혼한 경우, 특히 24세 이하에 결혼한 경우가 가장 높다. 1995년에 결혼한 사람의 평균 연령(남성 28세, 여성26세)은 1985년에 결혼한 사람의 평균연령(남성 25세 여성 23세)보다 평균 3년이 더 높아졌다.

그런데 결혼하지 않는 사람들은 왜 결혼을 하지 않는 것일까? 매년 결혼하는 사람들의 숫자가 줄어드는 것 외에도, 결혼하지 않고 함께 사는 것을 택한 커플의 수가 증가하고 있고, 또 나이를 먹어서 결혼을 하는 여성의 수도 늘고 있다. 1979년에는 25~29세 사이의 여성 가운데 아직 싱글인 사람은 7명 가운데 1명에 불과했지만, 1990년대 중반에 와서는 3명 가운데 1명 이상으로 늘어났다.

독립을 원하는 여성은 결혼을 하면 혼자만의 생활을 잃을까봐 혼자 살거나 동거를 선택한다. 또한 개인의 발전은 이혼율 증가를 부분적으로 설명하는

5) *Ibid.*
6) *Ibid.*

이유임에 틀림없다.7) 1950년대와 1960년대보다 오늘날 이혼에 대해 보다 관대한 사회적 분위기가 생겨나는 것과 함께, 여성들은 결혼생활에서 여성의 역할에 대한 전통적인 기대에 대해 점차 불만을 느끼고 있다. 여성들은 직장을 가질 권리를 일반적으로 원하고 있다. 그러한 새로운 상황에 적응하는 데 있어 남편이 겪는 어려움은 결혼 생활에 긴장을 불러일으키고 있다.

이혼율이 상승하면서 생겨나는 불가피한 결과는 편부모 가정이 늘어나는 현실이다. 편부모 가정은 1972년 모든 가정 가운데 8%에서 1995년 22%로 늘어났다. 오늘날은 다섯 가정 가운데 한 가정 이상이 편부모 가정인 셈이다. 편부모 가운데 절대 다수가 여성이 아이들을 기르는 가정이다. 5세 이하의 어린이 가운데 3명 가운데 1명은 이혼한 부모를 가지고 있다. 이러한 가정은 흔히 고립과 빈곤을 겪는다. 아동의 40%는 18세의 연령 이전에 부모의 이혼을 경험한다.8)

혼인하지 않은 상태에서 출생하는 아이의 수가 늘어나고 있다. 이러한 현상은 그런 아동의 비율이 늘어나는 것을 가리킬 뿐만 아니라, 과거에는 '사생아illegitimate'라고 불리던 아이들이 오늘날은 공식적으로 '혼외 아동 non-marital'이라 부를 정도로 사회적 태도가 바뀌는 것을 말한다. 1961년에는 출생한 아이의 단지 6%만이 혼외 출생한 아동이었지만, 그 비율은 1983~1995년 사이에 16%에서 33%로 가파르게 상승하고 있다. 이 또한 유럽에서 가장 높은 수준이다.

이러한 급속한 증가는 동거가 크게 늘고 있는 것을 반영한 것이고, 동거에서 출생한 아이들의 비율이 혼외 출생 아동의 48%를 차지하고 있는 현실을 설명해 준다. 그러나 불행하게도 아동에게 장기간의 안정된 성장 환경을 제공하지 못하는 것이 사실이다. 통계에 의하면 동거 부모는 결혼한 부모보다 결별할

7) *Ibid.*, p. 192.
8) *Ibid.*

가능성이 3배가 높다는 것을 보여주기 때문이다.9) 이혼 후 혼외 아동은 편모에게 남겨지기 쉬우며, 실업률이 높고 빈곤한 지역이 그렇게 될 비율도 가장 높다. 또한 인종적 측면에서 보면, 카리브계 가정의 40% 이상이 편모 가정이다.

이제는 부모와 아이들로 이루어진 전형적인 핵가족의 질서가 크게 무너졌다. 이에 따라 영국의 가정은 1인 가정, 동거 가정, 자녀가 있는 가정과 자녀가 없는 가정, 복합 가족 가정stepfamilies(이혼·재혼 등으로 혈연이 없는 가족이 포함되는 가정), 독신 부모(이혼을 했거나 결혼한 적이 없는), 게이와 레즈비언 커플 가정, 연금 생활자 가정 등 복잡한 모습을 보이고 있다. 영국은 이혼율이 아주 높다. 덴마크를 제외한 유럽 어느 나라보다 높다. 혼자 사는 노인의 비율도 높은 편이다. 평균 수명 85세가 눈앞에 다가오고 있는 현실에서 65세 이상의 독거 노인 비율은 65%를 차지하고 있다.

이러한 변화를 가져온 주요한 원인 가운데 하나로 상당수 사람들은 여성의 지위 향상과 직업 여성의 증가를 꼽는다. 1960년대 중반 이후 전체 일자리에서 여성의 비율이 꾸준하게 증가하고 있다. 이러한 추세는 중산층 기혼 여성의 직업 참여가 늘고, 출산과 육아 때문에 직업을 갖지 못하는 여성의 비율이 크게 줄었기 때문이다.10) 그 결과 2차 대전 이후, 최근까지 여성의 직업 참여도는 전쟁 전에 비해 대략 2배 정도 증가했다. 또 경제 구조의 변화, 특히 남성에게 불리하게 전개되는 경제적 상황이 가정의 변화에 영향을 끼쳤다. 1980년대와 1990년대 초반에 걸쳐, 영국은 높은 물가와 실업, 성장기와 침체기의 반복, 요동치는 고용 시장의 변화를 수반하는, 큰 경제적 어려움을 겪었다. 특히 1980년대 노동 시장의 유동성labour market flexibility이 커지고, 이 때문에 노동과

---

9) *Ibid.*

10) J. Martin and C. Roberts, *Women and Employment : A Lifetime Perspective* (London : Office of Population and Census Surveys, 1984) ; Susan McRae, *Maternity Rights in Britain : The Experience of Women and Employers* (London : Policy Studies Institute, 1991).

직업 시장 전반에 걸쳐서 경쟁이 고조되었다. 이러한 경제 현실을 그대로 반영하는 것으로, 지난 20년 동안에 영국은 살기에 더 불평등한 곳이 되었다는 사실을 들 수 있다.[11] 1990년대 후반으로 오면서 실업률과 인플레이션이 크게 하락했음에도 불구하고, 가정들 사이의 불평등은 여전히 지속되고 있다.

오늘날 남성과 여성이 직업을 갖는 비율은 거의 같지만, 여성의 경우 거의 절반은 파트타임 직장에 다닌다. 사실상 12세 이하의 아이를 양육하는 여성의 대다수는 직업이 없거나, 혹은 아이가 학교에 가 있는 시간에만 일을 한다. 영국의 남편들은 과거와 달리, 가사 노동을 분담하려는 적극적인 태도를 보이는 사람이 늘고 있다. 그러나 1950년대와 1980년대의 어린이 양육 관행을 비교할 때, 어린아이의 기저귀를 한 번도 갈아 본 적이 없는 남성의 비율(40%)은 예나 지금이나 비슷하다.[12] 남성과 여성의 역할을 구별하고, 남성 우위의 태도를 보이는 경우는 주로 하층 계급과 상류 계급 사람들에게서 두드러진다. 그에 비해 중간 계급은 이러한 경향이 훨씬 덜한 편이다.

2. 여성의 취업

영국 경제의 큰 변화 가운데 하나는 여성 노동 인구가 크게 늘었다는 사실이다. 20세기 초 여성은 남성보다 경제적으로 덜 활동적이었으며, 직업을 가진 사람 가운데 소수에 불과했다. 1911년에는 여성의 3분의 1 정도(35%)만이 직업을 가졌는데, 1998년에 이 비율은 전체 여성의 과반수 이상(54%)으로 증가했다.[13] 또한 1931년에 여성이 전체 노동 인구에서 차지하는 비율이 29.8%

---

11) Susan McRae (ed.), *Changing Britain*, p. 4.

12) James O'Driscoll, *Britain : The Country and Its People* (Oxford : Oxford University Press, 2001), p. 51.

13) A. H. Halsey with Josephine Webb (eds.), *Twentieth-Century British Social Trends* (London and New York : Macmillan, St Martin's Press, 2000), p. 291.

였던 데 비해, 1998년에는 46.4%로 늘어났다. 노동 시장에서 여성이 차지하는 비율의 증가는 기혼 여성의 활동 변화를 말한다. 20세기에 독신 여성의 직업 참여도는 꾸준히 높은 수준을 유지했다. 1911년에 의무 교육 연령을 넘긴 독신 여성의 69%가 경제 활동을 했으나, 1991년에는 64%로 약간 떨어졌다.

반면 기혼 여성의 직업 참여 비율은 놀라울 정도로 크게 증가했다. 전쟁 기간 동안 여성의 직업 참여 기회가 늘고, 또 결혼에 구애받지 않으면서, 여성의 직업 참여도는 꾸준히 상승했다. 1951년 기혼 여성의 4분의 1 정도가 직업을 가졌던 데 비해, 1991년에는 기혼 여성의 절반이 경제 활동을 했다. 그러한 변화는 특히 35~54세의 기혼 여성에서 두드러졌다. 예를 들면, 1911년에 35~44세의 기혼 여성 가운데 고작 10%가 경제 활동을 했던 반면, 그 비율은 1991년에 72%로 치솟았다.[14]

그러나 아직도 여성의 평균 주급은 남성 평균 임금의 79%에 불과하다. 여성 노동자의 대다수는 임금 수준이 낮고, 시간제로 근무하며, 노동조합이나 법에 의해 보호받지 못하는 경우가 흔하다. 비록 여성이 전체 인구의 52%를 차지하며, 고등 교육을 받는 숫자가 늘어나면서, 전문직과 사무직 종사자 수도 늘어나고 있지만, 진급하는 데 어려움을 겪고 있다. 1960년대 이래로 여성은 취업 기회와 임금 수준에 있어서 남성과 평등한 대우를 요구하는 캠페인을 벌여오고 있다.

1970년대부터 현재까지 이런 불균형을 완화하기 위한 법률이 제정되고 있다. 동일 임금법Equal Pay Acts은 동일한 혹은 유사한 종류의 일을 하는 남성과 여성은 동일한 임금을 받아야 한다고 규정하고 있다. 또 성차별 금지법 Sex Discrimination Act은 일반 직장에서 사람을 고용할 때 고용주가 남녀를 차별하는 것을 불법으로 규정하고 있다. 기회 균등 위원회Equal Opportunities

---

14) *Ibid.,* p. 292.

Commission는 이러한 법률의 위반 여부를 감시하고, 위반 사례가 있을 때 사실을 알리고, 보고서와 건의문을 중재한다. 그러나 의회가 법률을 제정했음에도 불구하고, 수많은 직종 특히 제조업과 서비스 분야에서, 남성은 여전히 여성보다 더 많은 임금을 받는다.

최근 출생률 감소와 숙련 노동력의 부족을 보충하기 위해 여성이 모든 분야에 진출해야 할 사회적 필요성이 커지고 있다. 그러기 위해서는 보다 유연한 고용 조건뿐만 아니라, 여성이 직장에서 일을 할 수 있도록 경제적·사회적 대우가 개선되고, 육아 수당이 주어져야 한다. 어쨌든 영국은 최소한 20년 전의 과거보다, 여성 문제에 있어서 훨씬 더 평등한 방향을 모색하고 있는 것은 사실이다.

3. 이혼율 증가

오늘날 영국에서는 결혼에 관한 기존의 인식이 크게 바뀌고 있다. 결혼 제도는 퇴조하고 있고, 동거, 독신 생활, 편부모 가정, 동성 관계 등이 늘어나는 추세다. 1999년 정부의 통계는, 1801년 결혼 통계가 시작된 후 처음으로, 머지않아 결혼하지 않는 커플의 수가 정식 결혼한 부부의 수를 능가할 것이라고 밝히고 있다. 이들은 독신으로 살거나, 결혼하지 않은 채 이성 관계를 유지할 생각이다.

이러한 경향 때문에 현재 성인 남녀 가운데 55%를 차지하는 결혼한 사람의 비율은 2011년에 가서는 48%로, 2021년에는 45%로 줄어들 것으로 예상된다. 결혼하지 않은 남성의 비율은 2011년까지 39%로, 2021년에는 41%로 증가할 것이고, 여성은 31%와 33%로 늘어날 것으로 본다. 따라서 젊은 남녀 그룹에서는 (결혼할 생각이 전혀 없는 사람 수가 증가하고) 오히려 이혼율이 낮아질 전망이고, 45세 이상의 부부에서는 높아질 것이다.

앞에서 본 것처럼, 결혼하지 않고 동거하는 사람의 수가 급속히 증가하고 있으며, 앞으로도 늘어날 전망이다. 또한 결혼하는 비율도 지속적으로 낮아질 것이지만, 일정 기간이 지나면 안정될 것이다. 따라서 이러한 경향에서 예상할 수 있는 것은, 미래에는 많은 성인이 홀로 살 것이라는 사실이다.[15]

오늘날 영국 가정의 특징 가운데 하나는 높은 이혼율로, 스웨덴, 덴마크와 이혼율 수위를 다투고 있다. 30년 전에는 1,000쌍의 부부 가운데 2쌍 정도가 이혼했지만, 1970년대에 법적 제약이 완화되면서 그 수가 급증했다. 1980년대 중반까지 1,000쌍 당 약 13쌍이 이혼했다. 이러한 높은 이혼율은 1990년대 내내 유지되었다. 그러나 1970년대와 1980년대 초보다는 오히려 비율이 낮아지고 있다. 그 이유는 결혼 후 이혼할 가능성이 큰 사람들이, 처음부터 결혼을 안 하는 추세가 늘어났기 때문이다.[16] 그럼에도 불구하고 부부의 40%가 이혼을 하는 실정이다.

또 결혼 초기에 이혼하는 경향이 높다. 1981년에는 10쌍의 부부 가운데 한 쌍이 결혼한 지 4.5년 이내에 헤어졌다. 이 기간은 1951년의 25년이나 1981년의 6년에 비하면 크게 짧아진 것이다. 결혼을 일찍 하거나, 일찍 부모가 되는 것도 이혼과 밀접한 관련이 있다.[17] 1971년과 1996년 사이에 25세 이하 부부의 이혼율이 크게 증가했다. 남자는 다섯 배, 여자는 네 배의 증가율을 보였다.[18] 특히 10대의 결혼이 파경을 맞을 가능성은 아주 크다. 젊은 나이에 이혼하는 사례가 늘면서 어린아이들이 아버지와 헤어져 사는 경우가 많다.

---

15) John Oakland, *Contemporary Britain, A Survey with Text* (London and New York : Routledge, 2001), p. 224.

16) Mike Murphy and Duolao Wang, "Forcasting British families into the twenty-first century," McRae (ed.), *Changing Britain*, pp. 100~137.

17) Kathleen Kiernan and Ganka Mueller, "Who divorces?" McRae, *Changing Britain*, pp. 377~403.

18) J. Pullinger, *Social Trends 28* (London : ONS, 1998).

1995년의 경우를 보면, 부모의 이혼을 경험한 아이들의 거의 30%가 5살 아래였고, 70% 이상이 10세 이하였다. 이혼을 하더라도 아버지와 아이가 함께 산 시간이 길수록 이혼 후에도 관계를 계속하는 것으로 밝혀졌다.

이혼을 하는 이유 가운데 경제적 어려움이 큰 비중을 차지한다. 가난한 사람들은 이혼할 가능성이 더 클 뿐만 아니라, 이혼 그 자체가 빈곤을 심화시킬 수 있다. 실업, 복지 수당에 의존하는 생활, 무능력이 오늘날 이혼한 사람들의 주요 특징이고, 경제적으로 어려운 사람들, 특히 실업자나 수당을 받는 사람이 이혼할 가능성이 높다.[19] 또한 이혼한 남성/여성 모두가 결혼 생활을 유지하는 남성/여성보다 취업할 가능성도 더 낮다.

4. 10대 미혼모

10대 미혼모 문제는 영국의 가정생활에서 가장 심각한 문제 가운데 하나이다. 1996년에 15~19세의 여성에게서 태어난 아기는 44,700명이었다. 영국은 현재 유럽에서 가장 높은 10대 임신율을 기록하고 있는데, 18세 이하의 여성 1,000명 당 46.5명이, 18~19세는 90명이 임신을 한 것으로 드러났다.[20] 오늘날 10대들은 이른 나이에 성 관계를 시작하고 있으며, 혼전이나 부모가 되기 이전에 성 관계를 갖는 기간은 더욱 늘어나고 있다. 이것은 10대의 성뿐만 아니라 동거나 혼외 출산 등을 포용하는 사회적 분위기의 변화를 반영하고 있다. 오늘날 영국에서 혼전 관계를 반대하는 사람은 많지 않다. 1950년대 초의 조사에 따르면 남성의 52%와 여성의 63%가 혼전 관계를 반대했던 것에 비해,[21]

19) Kiernan and Mueller, "Who divorces?" pp. 377~403.

20) Oakland, *Contemporary Britain*, p. 217.

21) R. McKibbin, *Class and Cultures : England 1918~1951* (Oxford : Oxford University Press, 1998), p. 296.

1994년의 자료에 의하면 그 수치가 남녀 모두 20%에 훨씬 못 미치고 있다.[22] 오히려 여성이 남성보다 조금 더 낮다.

10대의 남녀가 첫 관계를 하는 나이는 평균 17세이다. 대부분의 서유럽 국가에서 10대들의 성 행위가 보편화될수록 10대 미혼모의 비율이 떨어지는데 반해, 영국의 10대들은 그렇지 않다. 인구학적으로 영국은 동유럽과 더 유사한 경우다. 동유럽에서는 조혼이 일반적인 전통이기 때문에, 10대 출산율이 높다. 그러나 동유럽 10대 산모의 출산이 거의 대부분 결혼 상태에서 이루어지는데 반해서, 서유럽 10대 산모의 출산은 거의 모두가 혼외 출산이라고 볼 수 있다.

미국과 영국에서 10대 산모는 다음 세대의 자녀에게 영향을 준다. 10대 산모에게서 태어난 아이들 역시, 10대에 출산할 가능성이 보통의 부모 밑에서 자란 아이들보다 크다는 것이다.[23] 또한 불우한 가정환경에서 성장하는 것과 10대 임신은 보다 밀접한 관계가 있다. 또 학교에서 정상적인 교육을 받지 못할 경우에 어린 나이에 임신을 할 가능성이 높다.[24] 일찍 아이를 가진 10대들은 제대로 된 인생을 살아갈 기회를 놓치는 경우가 많다. 학교에서 공부를 계속할 수 없고, 일찍 가출할 가능성이 크며, 집을 떠나서 육체노동을 하거나, 일자리가 없어서 복지 혜택에 의존하는 빈곤한 삶을 꾸려가게 되는 것이다.

영국에서 10대 출산은 모든 혼외 출산의 1/5 이상을 차지하고 있고, 10대

---

22) 스웨덴과 독일은 그보다 훨씬 낮아서 10%에 크게 못 미친다. 반면 미국의 남성은 약 32%, 여성은 45% 이상이 찬성하지 않고 있다. 영국 바로 옆에 있는 아일랜드는 남녀 모두 40% 이상이 반대하고 있다. McRae, *Changing Britain*, p. 8.

23) K. Kiernan, "Becoming a Young Parent : A Longitudinal Study of Associated Factors," *British Journal of Sociology 48* (1997), pp. 406~428 ; K. Wellings et al, *Teenage Sexuality, Fertility and Life Chances* (London : London School of Hygiene and Tropical Medicine, 1997) ; McRae, *Changing Britain*, p. 10.

24) K. Wellings and J. Wadsworth, "Family influences on teenage fertility," McRae, *Changing Britain*, pp. 319~333.

출산의 80~90%가 합법적인 결혼을 하지 않은 상태에서 이루어진다. 그러나 혼외로 출생하는 아이들의 약 3/4이 부모에 의해 호적에 올려지고, 그 아이들의 절반 이상이 출생할 당시 부모가 함께 사는 상태에서 태어난다. 하지만 10대 미혼모 때문에 영국에서는 새로운 가정 형태인 편부모 가정이 늘고 있다. 이들 대부분은 처음부터 홀로 아이를 키우려고 했던 것은 아니다. 조사에 따르면 이들 대부분은 사정이 허락하면 아이가 태어나기 전에 결혼하려는 생각을 가지고 있다.[25] 그러나 사정이 그렇지 못해 혼자 아이를 키울 수밖에 없다는 것이다. 아이의 아버지는 가정을 꾸려나갈 경제적 능력이 없는 경우가 많고, 또한 대부분 우발적인 실수로 생겨난 아이에 대해 책임을 지지 않으려는 태도를 보인다는 것이다. 아버지들 가운데 절반이 아이를 낳은 지 1년 이내에 떠나고 만다.[26]

1970년대 이후 영국에서는 편부모 가정이 3배 이상 증가했다. 이 때문에 영국은 EU 국가 가운데, 편부모 가정에서 양육되는 아이의 비율이 가장 높은 나라이다.[27] 1990년대 말 160만 가구(5가구 당 1가구를 넘는)가 거의 편부모 부양 가정이고, 이러한 가정에서 자라나는 아이들이 전체 아동의 15%를 차지한다. 이혼으로 인한 편부모 가정의 비율이 1960년대에 이미 배우자 사망에 의한 비율을 넘었으며, 1970년대부터 1980년대 초반까지 급격히 증가한 이혼율과 재혼율의 하락은 편부모 가정을 더욱 확대시켰다.

그러나 1980년대 중반부터 편부모 가정이 확산된 가장 큰 요인은 미혼모이다. 미혼 편모 가정의 수는 1990년대에 2배 이상으로 급속히 불어났다. 어린이를

---

25) Isobel Allen and Shirley Bourke Dowling, "Teenage mothers : decisions and outcomes," McRae (ed.), *Changing Britain*, pp. 334~353 ; Richard Berthoud et al, "Becoming a single mother," McRae, *Changing Britain*, pp. 354~373.

26) Allen and Dowling, "Teenage mothers," p. 336.

27) David Coleman and Tarani Chandola, "Britain's place in Europe's population," McRae (ed.), *Changing Britain*, pp. 37~67.

가진 열두 가정 가운데 한 가정이 미혼 편모 가정이고, 10대나 20대 초반의
편부모 가정의 80% 이상이 미혼 편모 가정이다.[28]

---

28) *Ibid.*

제2장 실업 문제와 하위 계급

1. 세계화가 낳은 하위 계급

역사의 시침은 빈곤이 다시 현재형임을 알려준다. 자본주의가 크게 기지개를 켤 때마다 수많은 사람이 빈곤의 나락으로 떨어지는 역사의 순환이 다시 시작되었다. 1980년대에 신자유주의의 이름으로 다시 일어선 자본주의는 1990년대에는 세계화를 발판으로 도약하기 시작했다. 그러나 시장 경제, 경제적 효율성, 노동의 유연성, 탈규제, 무역 장벽의 철폐 등의 구호를 내세운 이 새로운 경제 질서에 대한 기대를 접는 데는 그리 오랜 시간이 걸리지 않았다. 인류에게 '진정한 새벽'을 가져다 줄 것이라던, 이 자본주의의 새판짜기 역시 수많은 나라를 경제 위기에 빠뜨렸고 헤아릴 수 없이 많은 노동자를 일자리에서 쫓아내 빈곤 속으로 몰아넣었기 때문이다. 그리고 인류를 적자생존의 경쟁 논리로 몰아가면서 공동체적 가치관과 사회적 유대감을 깨뜨리고 수많은 가정을 해체시켰다.

그러나 신자유주의의 실험은 후진국뿐만 아니라 정작 이 실험을 주도한 미국과 영국에게도 부메랑이 되어 큰 상처를 남겼다. 두 나라는 최근 선진국 가운데 소득의 불평등이 가장 크게 증가한 나라이다.[1] 사회 안전망을 통해 대부분의 선진국에서는 시장 소득의 감소만큼 빈곤이 증가하지 않았다. 그러나 미국과 영국만 예외로 1979~1991년 사이에 각각 2.4%와 5.4% 빈곤이 증가했다.[2] 영국도 대처리즘Thatcherism의 신자유주의 실험 이후 실업자가 대량으로 늘어나게 되었다. 이러한 빈곤의 증가는 미국과 영국에서 '하위 계급underclass'이 크게 확산되는 결과를 초래했다. 이들은 기존 사회의 가장 밑바닥을 차지하는 새로운 사회 계급으로 떠오르면서 심각한 사회 문제가 되었다.

1960년대 말 미국 도심의 흑인 빈민가에 대한 우려와 관심에서 출발한 하위 계급에 대한 학문적 연구가 진행되면서, 이 계급의 빈곤과 일탈 행위를 보는 시각이 둘로 나눠지게 되었다. 하나는 그것이 개인의 태도와 가치관에서 연유한다고 보는 입장이고, 그 반대는 경제 구조와 제도의 변화에서 원인을 찾는 시각이다. 보통 전자의 입장을 취하는 사람을 '문화 결정론자'로 부르고, 후자는 '구조주의자'로 부른다. 이 논쟁은 1980년대 이후 미국에서 빈민이 크게 늘면서 뜨겁게 달아올랐고, 1990년대로 들어오면서 영국으로 그 전선이 확대되었다. 특히 이 논쟁은 두 나라 구조주의자의 견해가 미국과 영국을 넘나들며 문화 결정론을 대변하는 찰스 머레이Charles Murray의 보수적 시각과 충돌하면서 활발하게 전개되었다.

---

1) Jeff Faux and Larry Michel, "The Inequality Problem on Income in World Capitalist System," Anthoney Giddens & Will Hutton (eds.), *On the Edge : Living with Global Capitalism* (London : Random House, 2000). 박찬욱 외 옮김, 『기로에 선 자본주의』(생각의 나무, 2000), p. 205.
2) 물론 1980년 이후 세계 경제는 전반적으로 소득의 분포가 악화되고 있다. 특히 미국·영국·호주·스웨덴·일본·네덜란드가 그랬다. 그러나 이들 나라에서 시장에 기반을 둔 소득(자본 소득과 노동 소득)의 불평등은 세금과 '소득 이전 시스템Transfer system'을 통해 상쇄되었다(Faux and Michel, "Inequality Problem," p. 207).

2. 영국 빈민의 역사적 형성 과정

자본주의는 그 발전 과정에서 빈민과 실업자를 양산했다. 멀리는 16세기의 인클로저 운동에서 가깝게는 1980년대 이후 신자유주의와 세계화에 이르기까지 중요 단계마다 수많은 사람이 자신의 농지, 작업장, 직장을 잃고 새로운 경제 질서의 희생양이 되었다. 그러나 그때마다 지배 계급과 자본가는 희생된 사람을 주로 자신의 도덕적 결함 때문에 빈민이 되고 불행한 상태에 빠지는 것으로 상황을 호도하면서 자신의 책임을 모면해 왔다. 불행을 '희생된 사람의 탓으로 돌리는blaming the victim' 수법은 체계적이고 교묘하게, 그리고 비정하면서도 끈질기게 이어져 오고 있다. 그래서 그 시대의 빈민은 경제적 강자가 정해 놓은 그럴듯한 도덕적 기준과 모범적인 행동 양식, 경제 논리와 과학적 이론의 덫에 걸려 자신이 희생양이라는 생각을 하지 못하고 오히려 열등감과 죄의식에 사로 잡혀 살아갔던 것이다. 이러한 사례의 전형을 자본주의를 선도한 영국에서 찾아볼 수 있다.

중세의 기사에서 자본가적 지주로 변신하여 농업 자본주의를 선도한 젠트리는 땅에 대한 탐욕으로 인클로저를 통해 수많은 농민의 땅을 빼앗았다. 자신의 땅에서 추방된 농민은 마땅한 일자리를 구하지 못해서 떠돌아다니는 신세로 전락한 경우가 많았다.3) 그러나 당시 튜더 정부는 이들을 포함해서 일자리를 찾아서 돌아다니는 사람까지도 부랑자라는 이유로 가혹하게 처벌했다.4) 16세

---

3) 토마스 모어Thomas More는 『유토피아*The Utopia*』(1516)에서 인클로저로 인해 농지를 잃어버린 당시 농민들의 처지를 다음과 같이 묘사하고 있다. "이리저리 방황하면서 마지막 한 푼까지 다 써버렸을 때 그들이 도둑질을 하거나, 그리하여 안타깝게도 법에 의해 교수형에 처해지는 것 외에, 혹은 구걸에 나서는 것 외에 다른 무엇을 할 수 있겠는가. 또한 그들은 방랑 생활을 하고 일을 하지 않는다고 해서 부랑자로 감옥에 수감된다. 그러나 그들에게는 이 세상에 누구도 일자리를 주려 하지 않는다."

4) 1563년 장인법이나 1572년 빈민법의 규정은 토지나 점포 등의 독립적 생계 수단 또는 일정 규모 이상의 소득 또는 재산을 갖지 못한 신체 건강자 그 누구라도 당국이 지시한 노동에

기 영국의 빈민법은 일부 국가 온정주의state paternalism의 측면을 고려하더라도, 그 본질은 부랑빈민을 없애고 그들의 노동력을 확보하려는 지배층의 의도가 짙게 깔려 있었다고 볼 수 있다. 이때부터 빈민을 '노동 능력이 있는 빈민the deserving poor'과 '노동 능력이 없는 빈민the undeserving poor'으로 나누는 관행이 생겼다.

초기 자본가의 빈민에 대한 태도는 19세기 영국의 지배 계층, 특히 산업 자본가에게 계승되었다. 고전 경제학 및 자조와 근로 윤리의 사회 철학을 내세운 자본가는 1834년의 신빈민법을 통해서 노동자와 빈민에 대한 두 기준을 마련했다. 그 하나는 빈곤은 근본적으로 개인의 도덕적 결함 때문에 생겨난다는 생각을 사회 통념으로 삼으려는 것이었다. 이렇게 빈민에게 빈곤의 책임을 돌리는 가운데 자본가의 노동 착취와 저임금 등의 경제적 요인은 빈곤의 원인에서 저만치 물러서게 되는 것이다. 그리고 자본가는 빈곤의 해결에 아무런 도움을 주지 않아도 되었다.

또 다른 하나는 빈민을 구제를 받을 자격이 있는 빈민과 그렇지 못한 빈민으로 분리하는 것이었다. 그래서 자립 의지와 노동 능력을 가진 빈민은 국가가 돕고, 그럴 가능성이 없는 빈민은 '인간 쓰레기residuum'로 취급하여 철저히 사회로부터 분리시키려고 했다. 그렇게 해서 작업장에 빈민을 분리해서 수용하는 '옥내屋內 구제'가 실행되었다. 거기에 빈민pauper으로 낙인찍혀 수용된 사람은 인간 이하의 대접을 받으면서 최악의 상황에서 노동을 했다. 그래서 이러한 구제 조치를 기피하는 빈민이 많았다. 이들 빈민은 사회적으로 아무런

종사할 것을 거부하면 처벌받을 수 있었다. 허구생, 『빈곤의 역사, 복지의 역사』(한울아카데미, 2002), pp. 226~227. 헨리 8세 치하(1509~1547)에서 부랑자는 처음 붙잡히면 태형을 받고 감옥을 살았다. 두 번째는 앞의 형벌 외에 한 쪽 귀를 잘렸다. 세 번째는 교수형에 처해졌다. 헨리 8세 때 부랑을 하다가 교수형에 처해진 사람의 수가 72,000명에 달했다는 기록이 있다. Michel Beaud, *Histoire du capitalisme : 1500~1980*(1981), 김윤자 역, 『자본주의의 역사』(창작사, 1987), p. 20.

도움도 받지 못하고 철저히 고립된 상황에서 비참하고 고통스런 삶을 영위해 갔던 것이다. 더욱이 19세기 중반에 등장한 적자생존의 사회 질서를 정당화하는 사회 다윈주의Social darwinism의 영향으로 최하층 빈민에 대한 사회적 냉대와 분리 정책은 당연한 것으로 여겨지게 되었다. 이렇듯 19세기 영국의 자본주의는 노동자에 대한 자본가의 일방적 우세 속에서 전성기를 구가했다.

빈민에 대한 부정적 태도는 비단 자본가 계급에만 국한된 것이 아니었다. 정치적 좌파조차도 같은 입장을 취하는 경우가 많았다. 마르크스주의자가 표현하는 '룸펜프롤레타리아lumpenproletariat'라는 말에서도 이런 태도가 단적으로 드러나고 있다. 자본주의의 폐단을 시정하겠다는 미국 혁신주의 시대의 개혁가도 빈민에 대한 인식에서 과거 자본가 계급과 달라진 것이 별로 없었다. 그들 역시 똑같은 이분법적 기준으로 빈민을 바라보고 있었다.[5] 자유주의를 수정하여 건전한 자본주의 질서를 수립하려 했던 19세기 말 영국의 개혁주의자마저도 이러한 사고를 답습하고 있었다는 지적이 있다.

1890년대 풍요로움의 상징처럼 보인 대영제국에서 국민의 30%가 빈곤에 허덕이고 있다는 사실이 폭로되면서 사회 개혁에 대한 열망은 시대적 조류로 자리잡았다. 그러나 당시 영국의 사회 개혁가와 정치인이 사회 개혁을 서두른 이유 가운데 하나는 '자력 구제가 가능한 빈민'이 이런 상황에서 '극빈층'에 휩쓸릴 것을 우려했기 때문이라는 견해도 있다.[6] 이들은 빈민이 도덕적·육체적

5) Michael B. Katz "The Urban Underclass as a Metaphor of Social Transformation," Katz (ed.), *The "Underclass" Debate : Views from History*(Princeton NJ : Princeton University Press, 1993), pp. 6~7.
6) J. R. Hay, *The Origins of the Liberal Welfare Reforms 1906~1914*(Macmillan, 1975, rev. ed., 1983, 1987), p. 34. 해리스J. E. Harris 역시 체임벌린Joseph Chamberlain의 1886년 회람과 1905년 '실업노동자법'에도 똑같은 의도가 반영되었다고 지적한다. 심지어는 '노령연금'조차도 같은 맥락에서 시도되었다고 보려고 했다. Harris, *Unemployment and Politics, 1886~1914* (Oxford University Press, 1972, 1976). 이러한 조치들은 자력 구제가 가능한 빈민에게 혜택을 주어서 체제 안으로 흡수해 들이고 사회주의적 요구에 대한 저항력을 강화시켜 주려는 목적에서 이루어진 것으로 받아들였다. 즉 "사회 입법social legislation은 사회주의 입법socialist legislation과

으로 돌이킬 수 없을 정도로 타락하거나, 최악의 경우 사회주의 운동에 동참하게
될 때 초래될 무질서와 국가적 위기를 크게 염려했다는 것이다. 1886, 1887,
1889년에 런던을 비롯한 여러 지역에서 일어난 폭동은 이러한 우려를 더
크게 했다. 이러한 상황에서 많은 사람은 국가가 자립이 가능한 빈민에게
일정한 생활의 방편과 사회적 동기를 부여함으로써 아예 가망이 없는 극빈자와
구분하는 조치를 취할 것을 주장했다. 그러므로 빅토리아 시대 후기와 에드워드
시대의 사회 입법은 구제 가능한 빈민과 극빈층을 분리시키려는 의도가 강하게
반영되었다.

현대판 빈민 즉 하위 계급은 미국에서 시작되었다고 볼 수 있다. 1980년
'공급 측면 경제'를 내세운 레이건의 경제정책Reaganomics으로 미국은 1980년대
에 다소 경제의 활기를 되찾았음에도 불구하고 소득의 불평등과 그에 따른
빈부 격차가 커졌다. 또 천문학적 수준의 재정 적자를 기록하면서 국가 경제가
위기에 처하게 되었다. 이러한 상황에서 1960년대 말부터 탈공업화가 진행되면
서 점점 위축되던 노동 시장이 급속히 침체되면서 수많은 사람이 실업자
대열에 합류하게 되었다. 또한 1990년대 들어와서 세계화의 물결이 거세지면서
수많은 생산 공장이 멕시코 등 임금이 싼 국가로 빠져나가는 통에 노동자의
처지는 더욱 어렵게 되었다. 특히 미숙련 노동에 종사하고 있던 흑인과 히스패닉
계의 유색 인종의 실업이 크게 늘어났다. 이에 따라 도심의 '하위 계급underclass'
인구가 급속히 팽창하게 되었다.

대처는 영국의 산업 구조를 첨단 산업과 금융업 등 서비스 산업으로 급속히
전환시키고 수많은 공기업을 민영화함으로써 대량 실업과 대규모 해고 사태를
초래했다. 특히 북부와 중부 공업 지대 노동자의 실업이 큰 폭으로 증가했다.

구분될 뿐만 아니라 사회주의 입법의 정반대의 것이자 가장 효과적인 해독제antidote이다"는
견해는 로이드 조지David Lloyd George와 처칠Winston Churchill에게도 영향을 주었다는 지적
도 있다. D. Fraser, *The Evolution of the British Welfare State* (Macmillan, 1978, 1986) p. 129.

더욱이 노동조합의 활동을 크게 위축시키고, 사회 복지를 대폭 축소함으로써 저소득층의 생활을 더욱 어렵게 만들었다. 또한 대처의 '두 국가' 정책으로 남부에 비해 중·북부와 스코틀랜드, 웨일스, 북아일랜드 지역의 경제가 낙후되면서 그 지역 주민의 생활수준이 전반적으로 하락했다. 이러한 상황에서 영국에서 다섯 가구 당 한 가구의 비율로 가족 모두가 실업자인 가구가 증가하면서 빈민층이 급속히 불어났다. 영국에서는 이들 실업자를 '하위 계급'으로 부른다.[7]

신자유주의와 세계화, 그리고 신경제를 앞세운 새로운 자본주의 시대가 전개되고 있는 시점에 벌어지고 있는 하위 계급 논쟁에서 다시 과거 자본주의 도약기에 겪었던 농민·수공업자·노동자의 희생을 상기하게 된다. 이 논쟁에서도 보수주의자 혹은 문화 결정론자는 이들 계급을 일탈적 행동을 일삼는 도덕적으로 타락한 존재로, 근로 의욕이 없이 복지에 의존해 살아가는 인간으로 간주한다.

이처럼 자본주의가 발전하면서 많은 사람이 성장의 그늘 속에서 저임금, 주기적 불황, 열악한 작업 환경, 무차별 해고, 노동운동 탄압 등으로 빈곤과 질병에 시달리면서 희생되었다. 그리고 지배 계급은 이 과정에서 노약자나, 산업 재해를 입은 사람, 과도한 노동으로 건강이 나빠진 사람, 질병을 앓는 사람, 자식을 혼자 떠맡게 된 과부, 미혼모 등 헤아릴 수 없이 많은 사람을 '자격이 없는 빈민'으로 몰아서 외면해 버렸다. 많은 자본가는 노동 빈민을 저임금으로 이들의 체력이 소진되고 병들 때까지 실컷 부려먹고 나서 버리는 일을 반복했던 것이다.

---

7) John Gray, *False Dawn : The Delusions of Global Capitalism* (London : Granta Books, 1998), p. 30 ; John Oakland, *Contemporary Britain* (London and New York : Routledge, 2001), p. 32 ; Nicholas Abercrombie and Alan Warde et al, *Contemporary British Society*, 3rd edn(Cambridge : Polity Press, 2000), pp. 126~127, p. 557 ; Abercrombie and Warde (eds.), *Contemporary British Society : Reader* (Cambridge : Polity Press, 2001), pp. 3~4, pp. 89~98, p. 108, p. 112, p. 115.

이 과정에서 빈민에 대한 인식은 사회로부터 소외되는 경제적 약자라는 동정적 시각은 점차로 부정적 이미지로 바뀌게 되었다. 빈민은 게으르고 무기력하며 스스로 삶을 개선하려는 의지가 없는 의타심 많은 인간이라는 생각이 사회적 통념으로 자리잡게 되었고, 이들은 빈곤과 무절제 때문에 언제 절도와 강도를 저지를지 모르는 위험한 사람으로 인식되기에 이르렀던 것이다. 많은 사람은 역사적으로 빈민에게 덧칠된 이런 부정적 이미지를 아무 비판 없이 수용해 왔던 것이다. 그리고 빈민이 과거에 겪었던 불행이나, 현재 겪고 있는 불행은 자신과는 아무 상관이 없는 일이라는 착각에 빠져 있는 것이다.

3. 하위 계급 논쟁의 시작

(1) 미국에서 하위 계급의 출현

현대의 하위 계급에 관한 논의는 미국에서 처음 시작했다.[8] '하위 계급'이란 용어는 1963년 뮈르달Gunnar Myrdal의 저서 『풍요의 도전The Challenge of Affluence』에서 처음 사용되었다. 그는 이 말을 탈공업화로 인해 노동 시장에서 내몰린 노동자 집단을 가리키는 데 사용했다. 역시 1969년에 리 레인워터Lee Rainwater는 하위 계급의 출현을 미국 자본주의가 빚어낸 빈곤의 심화와 연결시켰다. 초기에 이 용어는 지속적으로 심각한 빈곤을 겪고 있는 사람을 표현하는 데 사용되었다.

하위 계급에 관한 관심이 세인의 주목을 받은 것은 1977년 주간 잡지 「타임 Time」에서 이 문제를 특집으로 다루면서부터였다. 이 잡지는 하위 계급을 미국의 도심에 자리잡고 있는, 대부분이 흑인으로 구성된 위험한 집단으로

---

8) 하위 계급 개념에 대한 내용은 이정우, 「美國의 下位階級(Underclass) 論爭」, 『경제논집』(서울대학교 경제연구소, 1999년), vol. 38, no. 1, pp. 28~32 ; Morris, *Dangerous Classes*(1994), Chap. 4 ; Michael B. Katz (ed.), *The "Underclass" Debate : Views from History*(1993)에 의존했다. Underclass에 대한 우리말 표현은 여러 가지를 생각해 볼 수 있겠으나, 이 교수의 표현이 적절한 것 같아 필자도 같은 표현을 쓰기로 하겠다.

묘사했다.

무너져 내리는 담장 너머에 사회로부터 철저히 외면당하면서, 마음속에 깊은 적개심을 키우면서 살아가는, 정말로 다루기 힘든 거대한 집단이 자리잡고 있다. …… 황폐한 환경에서 살아가는 이들의 생각 속에는 다수의 미국인(심지어는 다수 빈민)의 가치관과 공존하기 힘든 이질적인 가치관이 자라고 있다. 이들 가운데 청소년 범죄자, 학교 중퇴자, 약물 중독자, 생활보호 수당으로 아이를 양육하는 여성이 다수를 차지하고 있으며, 이들 집단은 수많은 성인 범죄, 가정의 붕괴, 도시의 쇠퇴, 사회적 비용 등 많은 문제를 일으키는 온상이 되고 있다.9)

1970년대 말에 오면서 이 용어는 다양한 의미로 사용되었다. 더글라스 글래스고Douglas Glasgow는 『흑인 하위 계급The Black Underclass』(1980)에서 이 계급을 "누가 이용하지도 않고, 원하지도 않는, 여러 지역에 몰려 있으면서 영원히 가난의 올가미에서 벗어나지 못하는 사람"10)으로 불렀다. 그 뒤 올레타 Ken Auletta의 『하위 계급The Underclass』(1982)은 미국에서 이 계급에 대한 관심을 대중에게 확산시키는 데 크게 기여했다. 그는 이 용어를 "미국 사회의 주류에 동화되지 않는 900만 명으로 추산되는 미국인"11)을 대상으로 사용했다. 그는 이들을 네 부류로 나눴다. 첫째 오랫동안 복지 혜택을 받으면서 사는 수동적인 빈민(편모 등), 둘째 거리의 범죄자와 사회 낙오자, 마약 중독자, 셋째 지하 경제에 의존하면서 사는 도박꾼, 넷째 마음에 상처를 안고 사는 알코올 중독자, 떠돌이, 정신질환자이다. 올레타는 이들이 사회의 주류로부터 벗어나 격리되는 이유는 단순히 가난 때문만은 아니고, 그들의 일탈적·반사회적 행동과 나쁜

---

9) "The American Underclass," *Time*, August 29, 1977, pp. 14~15 ; Katz, "Underclass as Metaphor," p. 4.

10) Douglas G. Glasgow, *The Black Underclass : Unemployment and Entrapment of Ghetto Youth*(New York : Random House, 1980) ; Katz "Underclass as a Metaphor," p. 17.

11) Ken Auletta, *The Underclass* (New York : Random House, 1982), xvi.

습관 때문이라고 지적했다.[12]

「타임」과 올레타의 저서로 하위 계급에 대한 논의는 빈곤층을 말하던 처음의 순수한 경제적 의미에 인종과 행동 방식이 추가되었다. 인종적 요소란 하위 계급 대부분이 흑인이거나 남미계Hispanics인 사실을 말한다. 또 이들의 행동 방식을 범죄, 폭력, 마약 같은 반사회적 일탈 행위와 연관시켰다. 이 계급의 일탈 행위가 강조되면서 이들을 '도움 받을 자격이 없는 빈민'으로 분류하는 경향이 생겨났다. 이는 1960년대의 빈민이 대부분 '도움 받을 자격이 있는 빈민'으로 받아들여졌던 것과는 큰 차이를 보인다. 그 뒤 하위 계급에 대한 정의는 빈민가에 사는 가난한 흑인에 대한 미국 대중의 경계심과 적대감을 반영하는 것으로 나타났다. 찰스 브레이스Charles Brace는 이들을 "빈민가에 사는 위험한 계급dangerous class"[13]으로 규정함으로써 그러한 백인의 정서를 대변했다.

(2) 문화 결정론 대 구조주의

1980년대 이후의 하위 계급 연구 상황은 문화 결정론과 구조주의가 주류를 이루었다. 문화 결정론은 주로 보수 우파 성향의 학자가 주장하는 이론으로 이 문제를 문화적으로 접근하면서 미국인이 전통적으로 유지해온 노동 윤리에 충실하지 않은 흑인 빈민이 하위 계급이라고 주장한다. 문화 결정론자는 하위 계급의 문제를 그들의 잘못된 태도와 가치관에서 찾고, 궁극적으로는 잘못된 선택으로 인해 스스로 빈민이 된다고 주장한다. 이러한 문화적 해석은 1960년대에 나온 루이스의 '빈곤 문화culture of poverty론'에서 영향을 받았다.[14] 그는

---

12) Lydia Morris, *Dangerous Classes : The Underclass and Social Citizenship* (London and New York : Routledge, 1994), p. 81.

13) 이정우, 「미국의 하위 계급 논쟁」, p. 29.

14) 인류학자였던 루이스는 남미의 빈곤을 설명하기 위해 직접 현장에 뛰어들어 생활하면서 얻은 관찰을 토대로 빈곤 문화라는 개념을 발전시켰다. Morris, *Dangerous Classes*, pp. 81~82.

빈곤 문화를 "자본주의 사회에서 빈민이 처한 한계 상황에 대한 적응이자 반응"으로 보았다. 그는 빈곤은 가난을 겪으면서 제한된 자원으로 생존하고 적응하는 과정에서 몸에 밴 특징적인 태도와 행동 방식을 갖도록 만든다고 설명한다. 그런데 이런 빈곤 문화가 일단 형성되고 나면 그것은 어린이에게 미치는 영향을 통해서 세대로 이전되어 영속화하는 경향이 생긴다는 것이다.[15]

이들 보수적 학자는 하위 계급 문제의 근원을 미국의 주요 사회 제도(가족, 학교, 종교)가 붕괴한 데서 찾고 있다. 루리G. Loury는 대도시의 도심에 사는 사람의 행동과 가치관이 장기적으로 의존적인 태도를 낳는 원인이라고 주장한다. 1970년대 이후 하위 계급에 관한 이미지는 도시 중심부에 몰려 있는 흑인 빈민으로, 가정의 절반이 흑인 편모 가정이며, 그들 가운데 많은 수는 '부양 아동이 있는 세대에 지급되는 보조금AFDC(Aid to Families with Dependent Children'에 의존하는 모습으로 떠올랐다. 일부 미국인은 게으름과 사생아 출산이 조장되는 것은 바로 복지 혜택 때문이라고 추측했다. 그래서 AFDC가 과중한 세금과 수혜자의 도덕적 타락에 관한 염려의 초점이 되었다.[16] 또한 1990년에 모든 주가 실업자 가장을 가진 가정에 AFDC를 주도록 함으로써 잠재적으로 가정의 안정에 부정적인 영향을 끼칠 것을 우려하는 목소리가 높아지게 되었다.

어쨌든 하위 계급은 주로 흑인 문제인 것으로 파악하는 것이 이들 문화 결정론자의 일반적인 경향이다. 또 이들은 미국의 복지 제도가 하위 계급을 계속 유지시키는 주된 요인이라고 보고 있다. 따라서 이들에 의하면 하위 계급 문제의 치유책 역시 아주 단순하다. 즉 복지 제도를 개혁해서 하위

---

15) 빈민가의 어린이가 6~7세 무렵이 되면 벌써 빈곤 문화의 기본적 가치관과 태도를 흡수하므로 이 아이가 커서 나중에 주위 조건이 변하거나 기회가 생기더라도 이를 충분히 이용할 만한 심리적 태도를 갖지 못하게 된다는 것이다. Oscar Lewis, *A Study of Slum Culture* (New York : Random House, 1968), p. 6 ; Morris, *Dangerous Classes*, p. 82.

16) Morris, *Dangerous Classes*, pp. 68~69.

계급이 더 이상 복지에 의존하는 것을 막는 것이다.

이들 문화론자의 대표는 찰스 머레이Charles Murray다. 그는 미국 정부가 1960년대에 빈곤을 퇴치하기 위해 시작한 '위대한 사회The Great Society' 프로그램에 포함되어 있는 여러 가지 복지 정책으로 남성은 일하지 않고 복지에 의존하여 나태한 생활을 하고 있고, 여성은 쉽사리 아이를 낳지만 결혼은 하지 않고 독신으로 살거나 그냥 동거 생활을 하고 있다고 보았다. 이처럼 머레이는 결혼한 적이 없는 흑인 독신 부모의 수가 증가하는 것과 흑인 젊은이가 노동 시장 참여를 멀리하는 것이 하위 계급을 양산하는 주원인이 된다고 보았다. 그 결과 부모를 모두 가진 흑인 가정의 비율이 1968년의 72%에서 1980년에는 59%로 하락했다고 인용했다. 그는 편부모 가정에서 최악의 빈곤을 경험하는 확률이 높다고 주장했다.

문화 결정론자가 개인의 생활 스타일을 강조하는 데 반해 구조주의자는 잘못된 경제 구조가 가족 구조의 붕괴, 그릇된 태도, 복지 의존 등을 낳는다고 본다. 구조주의자는 문화 결정론자와 달리 미국의 복지 제도가 가족 구조나 노동 의욕에 뚜렷한 부정적 효과를 미치는 것은 아니며, 또 복지 지출이 반드시 복지 의존 현상을 낳는 것은 아니라고 주장한다. 하위 계급을 이해하기 위해서 구조주의자는 '새로운 산업 질서'(제조업에서 서비스업으로의 이동)를 지적한다. 이들은 빈곤 문제는 결국 일자리 부족에 있다는 데 의견이 일치한다.

하위 계급을 진보적 관점에서 조명한 사람은 사회학자 윌슨이었다. 그는 『진정으로 불이익을 겪는 사람The Truly Disadvantaged』(1987)을 통해 학계가 본격적으로 하위 계급이라는 개념을 주목하도록 만든 학자이다.[17] 윌슨은 미국에서 하위 계급이 급증한 원인을 최근 일어난 '경제 구조의 변화'에서 찾는 새로운 주장을 내놓았다. 그는 자신의 저서에서 흑인 하위 계급에 초점을

---

17) *Ibid.*, p. 31.

맞추면서 최근 미국에서 진행된 노동 시장의 구조 변화와 지역 집중 및 흑인 공동체의 고립 현상을 주목했다.[18] 그는 이 계급의 범위를, 훈련 및 숙련이 결여된 개인, 그리고 장기적 실업을 경험해서 아예 노동자로 복귀할 수 없는 개인, 거리의 범죄나 일탈적 행동을 일삼는 개인, 장기적으로 빈곤 상태에 빠져 있거나 복지에 의존하고 있는 가정 등으로 폭넓게 설정했다.[19]

윌슨의 주장처럼 미국은 1960년대 후반 이후 경제 구조에 변화가 생겼고 그 여파는 특히 대도시에 미치게 되었다. 전체 고정직 일자리에서 제조업이 차지하는 비율은 1969년의 26%에서 1984년에는 19%로 하락했다. 반대로 모든 종류의 서비스 분야에서 일자리가 크게 늘어났다. 새로 늘어난 직종은 보다 높은 교육 수준을 요구했으며, 금융, 보험, 부동산 소개업의 서비스 직종의 고용이 차지하는 비율이 13%에서 28%로 상승했다. 또한 저임금 서비스 직종의 고용 인원이 늘어났다. 주로 판매업이나 호텔 종사자가 늘어났는데 이 가운데 많은 자리를 불법 이민이 차지했다. 또 변화하고 있는 직업 구조에 새로운 인종적·공간적 차원이 더해졌다. 고소득 직종은 교외에 위치하는 경향이 있었고 도시 중심부에 사는 백인과 교육 수준이 높은 흑인을 도시 외곽으로 옮겨오도록 유인하고 있었다. 따라서 도시의 흑인은 높은 실업률 속에서 낮은 임금의 일자리를 경험하면서, 경제적으로 살아남기 위해서 복지 프로그램, 특히 AFDC에 의지하는 숫자가 크게 늘어났다.[20]

18) 이정우, 「미국의 하위 계급 논쟁」, p. 36.

19) William J. Wilson, *The Truly Disadvantaged : The Inner City, the Underclass, and Public Policy* (Chicago : University of Chicago Press, 1987), p. 7.

20) T. Skocpol, "The limits of the New Deal System and the roots of contemporary welfare dilemmas," M. Weir, A. S. Orloff and T. Skocpol (eds.), *The Politics of Social Policy in the United States* (Princeton, NJ : Princeton University Press, 1988), p. 304.

4. 영국의 하위 계급 논쟁

(1) 하위 계급에 관한 초기의 관심

1990년대로 들어오면서 영국은 '하위 계급'이 충격적일 정도로 크게 증가했다.[21] 앞에서도 언급했지만 영국에서는 실업자를 하위 계급으로 부른다. 미국에서 이 계급을 언급할 때 인종이나 일탈 행위 등에 초점을 맞추는 것과는 차이가 있다. 영국에서 최근 가족 가운데 아무도 일자리를 갖지 못한 세대가 크게 증가했다. 즉 가족 구성원 가운데 아무도 경제 활동을 하지 않는 세대의 비율이 1975년 6.5%에서 1985년에는 16.4%, 그리고 1994년에는 19.1%로 크게 증가했다. 대략 다섯 가구 당 한 가구는 가족 모두가 실업자인 셈이다. 이것은 미국에서는 이제 익숙해진 일이지만 다른 유럽 국가에서는 찾아볼 수 없는 기현상이다.

영국은 1980년대에서 1990년대 사이에 가장 급속한 빈곤의 증가를 겪은 나라로 판명되었다.[22] 그래서 오늘날 영국의 실업자가 겪는 빈곤의 정도가 매우 심각한 것으로 드러났다. 덴마크, 독일, 프랑스, 아일랜드, 이탈리아, 네덜란드, 스웨덴과 비교했을 때, 빈곤 상태에서 살고 있는 실업자의 비율이 가장 높은 나라는 영국으로 드러났다.[23] 실업자가 가장 잘 보호된다고 평가를 받는 덴마크는 빈곤 상태에 있는 실업자가 고작 7%인 반면, 영국은 49%에 이르고 있다. 상황이 이렇게까지 악화된 데는 대처리즘의 신자유주의적 최소

---

21) John Gray, *False Dawn : The Delusions of Global Capitalism* (London : Granta Books, 1998), p. 30.

22) Duncan Gallie, "Employment and the Labour Market," Jonathan Hollowell (ed.), *Britain Since 1945*(Blackwell, 2003), p. 415.

23) R. Houser and B. Nolan, "Unemployment and Poverty : Change over Time," D. Gallie and S. Paugam (eds.), *Welfare Regimes and the Experience of Unemployment in Europe* (Oxford University Press, 2000), pp. 25~46.

복지 정책과, 특히 주택 정책 때문이라는 시각이 지배적이다.24)

주식과 주택을 소유하는 국민을 근간으로 하는 이른바 '재산 소유 민주주의'를 지향하는 대처의 이상을 실현하기 위해서 1980년대에 지방자치 단체 소유의 임대 주택을 임차인에게 매입하도록 하는 정책이 시행되었다. 자기 집을 지니게 되고 또 일시적으로 매매가 활발해져서 집값이 오르면서 주택을 구입한 많은 국민은 대처의 정책에 찬사를 보냈다. 그러나 그것도 잠시 뿐 집값은 다시 내리고 거기에 실업자가 되면서 주택 대출을 갚을 능력이 없어진 많은 사람은 속수무책으로 빈민으로 전락하게 되었다. 게다가 이에 따른 이혼이 속출하게 되었다.25) 결국 이들 가운데 상당수가 빈민으로 전락하면서 하위 계급의 수가 급속히 증가한 요인이 되었다.26)

학문적으로 하위 계급이란 개념은 영국에서는 새로운 것이 아니다.27) 이에 관한 관심은 1960년대와 1970년대에 나타난 연구에서도 발견된다. 그리고 이러한 관심 가운데 가장 두드러진 것은 1972년 교육부장관 키스 조지프 경Sir Keith Joseph이 처음 언급한 '빈곤의 순환Cycles of Deprivation' 이론이었다. 그는 "왜 2차 대전 이후 오랫동안의 완전 고용과 상대적 번영 그리고 공공 서비스의 개선에도 불구하고 빈곤과 불균형의 문제가 그렇게 두드러지게

---

24) Gray, *False Dawn*, p. 30.

25) 직장을 잃으면 이혼할 확률이 보통의 2배 이상 높아진다고 한다. 영국은 1990년대 들어와서 덴마크와 더불어 유럽에서 이혼율이 가장 높은 나라이다. 그 두 배 이상이면 그 수준이 어떠한 가를 짐작케 한다. Gallie, "Employment and labour market," pp. 415~416.

26) 또한 사회 경제적 측면에서 볼 때, 자치 단체의 주택을 없애버린 것은 '신자유주의 정책이 초래한 의존 문화(a neo-liberal dependancy culture)'가 출현하게 된 주요 요인 가운데 하나가 되었다. 1996~1997년 한 해만도 월세와 주택 저당금을 보조하느라 지출된 국고는 110억 파운드 이상으로 추산되었다. 이 액수는 영국 한해 GDP의 1.5%에 이르고 1979~1980년의 주거비 보조금으로 지출된 금액의 10배 이상에 달했다. *Financial Times*, Editorial, 27 August 1996.

27) M. Katz, *The Undeserving Poor* (New York : Pantheon, 1989, 1993) ; Lydia Morris, *Dangerous Classes : The Underclass and Social Citizenship* (London : Routledge, 1994).

지속되는가?"[28] 하는 문제를 제기하면서 빈곤에 대한 우려를 표명했다. 이러한 염려는 빈곤의 순환이 존재한다는 가설로 이어졌다.[29]

이러한 현상을 추적해 보려는 경험적인 연구가 실행되면서 관심의 범위가 빈곤deprivation보다는 빈민이 살고 있는 열악한 환경disadvantage으로 확대되었다. 이러한 나쁜 환경이 도시 중심부에 집중되는 경향이 있다는 것이 인정되었다. 그리고 빈곤이 한 세대에서 다음 세대로 어떤 과정을 거쳐 계승되는가를 문제삼기 시작했다. 이후 빈민 문제에 관한 연구가 전반적으로 '빈곤 문화culture of poverty' 연구와 매우 밀접한 관심사를 중심으로 이루어지는 경향이 띄게 되었다.

이 연구는 빈곤의 사회화와 본받을 만한 적절한 역할 모델이 없는 가운데 반복되어 발생하는 하위 계급에 관한 관심으로 이어지게 되었다. 그러나 이 시기 빈곤 문제와 관련하여 가장 큰 관심사는 일자리 문제였다. 실업에서 개인의 태도는 거의 중요성을 갖지 못했다. 일자리를 갖지 못하고 고통을 겪고 있는 경우는 대부분 나이, 기술 부족, 신체적 무능 등 개인적 요인 때문이고, 그리고 소수 인종 집단과 같은 특별한 사회 집단의 위치와 대우 때문이라는 인식이 자리잡게 되었다.

(2) 기든스의 하위 계급 인식

미국에서 하위 계급에 관한 관심이 일기 시작했을 때, 영국에서도 기든스 Giddens가 하위 계급 문제를 언급하고 있었다. 그는 2차 노동 시장의 저임금 직종에 종사하거나, 반半실업, 실업 상태에 있으면서 여성과 소수 인종이

---

28) M. Rutter and N. Madge, *Cycles of Disadvantage* (London : Heinemann, 1976), p. 3 ; Morris, *Dangerous Classes*, pp. 93~94.

29) "아마도 많은 상황에서 뚜렷하게 드러나지만 불완전하게 이해되는 과정이 여기에 작용하고 있다. 이 과정에 의해 문제는 세대에서 세대로 이어지면서 같은 문제를 재생산하고 있다." S. MacGregor, *The Politics of Poverty* (London : Longman, 1981), p. 93.

주류를 이루는 하위 계급이 증가하고 있다는 사실을 지적했다.[30] 그는 소수 인종이 경제와 정치 영역에서 백인 노동자와 동등하게 '시민의 권리'를 행사하는 것이 거부당할 경우에 갈등 특히 인종 갈등이 발생할 것으로 예측했다.[31] 소수 인종 집단의 낮은 취업률, 열악한 주거 환경이 주거 지역의 분리를 초래했다. 1960년대는 흑인과 아시아계 노동자가 주거 환경에서 차별 대우를 받아서 제한된 구역에서 집을 구하거나 세를 얻을 수밖에 없었고, 그 결과 공간적·사회적 분리가 초래되었다. 그래서 영국에서는 '하위 계급'의 개념이 한동안 이러한 상황에 처해 있는 흑인을 언급하는 데 이용되기도 했다.[32]

이처럼 영국의 하위 계급에 관한 초기 논의는 계급의식의 차원에서 출발했다. 렉스와 톰린슨은 버밍엄의 핸즈워스Handsworth에 관한 연구에서 교육, 노동, 주택 거래에서 불이익을 당하고 있는, 주로 흑인으로 구성된 하층 계급이 존재하고 있음을 밝혔다. 이들의 연구 역시 하위 계급 현상을 노동자 이민의 역사와 정치학, 아웃사이더의 두려움, 그리고 그들이 낯선 나라에서 필연적으로 접하게 되는 열등한 지위의 맥락에서 설명하고 있다. 이들은 이민온 소수 유색 인종이 취업과 주거 문제에서 겪은 제도적 불이익과, 이에 따른 사회에 대한 불만, 특히 경찰과의 마찰을 지적했다. 리버풀(Toxteth)과 맨체스터(Moss Side)의 폭동이 인종 갈등과 급진주의가 증가할 것이라는 그들의 예측을 확인해 주었다고 주장한다.[33]

이처럼 영국에서 초기 하위 계급에 관한 논의는 '빈곤의 순환' 연구이건 도시 중심부의 흑인 하위 계급에 관한 연구이건 모두 본질적으로 구조적

---

30) A. Giddens, *The Class Structure of the Advanced Societies* (London : Hutchinson, 1973, 2nd edn, London : Uniwin Hyman, 1980), p. 112.

31) *Ibid.*, p. 218.

32) J. Rex and S. Tomlinson, *Colonial Immigrants in a British City* (London : Routledge and Kegan Paul, 1979), p. 16.

33) J. Rex and S. Tomlinson, *Colonial Immigrants in a British City* (London : Routledge and Kegan Paul, 1979), p. 224.

설명이었다.34) 반면 대부분의 학자는 '빈곤 문화' 이론을 무시했다.

그러나 갈리는 영국에 하위 계급이 존재한다는 주장에 대해 회의적이었다. 그는 소수 인종이 겪고 있는 여러 가지 불이익을 부정하지는 않지만, 소수 인종 사이에 일자리를 얻거나 일자리를 잃게 되는 양상이 매우 다양하기 때문에 집단적인 행동 양식을 갖는 것이 쉽지 않을 것으로 여겼다.35) 또한 대체로, 소수 인종은 노동조합이나 노동당과 같은 노동 계급의 조직으로 통합되어 왔다.36) 그러므로 소수 인종을 경제적·사회적으로 독자 행동을 하는 하위 계급으로 보는 것은 설득력이 떨어진다는 것이다.37) 이렇게 영국에서 하위 계급에 관한 논의는 잠시 시작되다가 잠잠해졌다.

5. 찰스 머레이와의 논쟁

(1) 머레이의 주장

영국에서 하위 계급에 관한 토론은 영국 하위 계급의 출현에 관한 머레이의 주장을 비판하면서 새롭게 활기를 띠게 되었다. 머레이는 지난 1989년에 「선데이 타임즈」의 초청으로 영국의 하위 계급을 진단하기 위해서 영국에 왔다. 그때 그는 영국에 하위 계급이 존재한다고 단언했다. 그는 미국과 영국의 차이는 단지 미국이 하위 계급 현상이 앞서간다는 데 있다는 것이다.

영국에는 하위 계급이 분명히 존재한다. 대부분 눈에 띄지 않고 아직은

---

34) 특히 렉스와 무어는 하위 계급을 사회적·공간적 분리에 관한 측면에서 설명함으로써 미국의 윌슨의 연구를 선도했다고 할 수 있다.

35) D. Gallie, "Employment, unemployment and social stratification," D. Gallie (ed.), *Employment in Britain* (Oxford : Blackwell, 1988), p. 468.

36) T. Jones, *Britain's Ethnic Minorities* (London : PSI, 1993).

37) Fiona Devine, "In Search of a British Underclass," Nicholas Abercrombie and Alan Warde (eds.), *The Contemporary British Society : Reader* (Cambridge : Polity Press, 2001), p. 91.

미국에 비해 그 수가 적지만, 이 계급은 그 수가 급속하게 늘고 있다. 아마도 향후 10년 동안 미국의 하위 계급만큼 그 비율이 커질지 모르며, 심지어 미국을 능가할 수도 있을 것이다.[38]

머레이는 하위 계급 논쟁을 다시 궤도에 올려놓는 데는 상당한 역할을 했지만 이전의 연구와는 거의 관련이 없는 방식을 택했다. 그는 '전염병plague' 과 '질병disease'의 은유를 동원하여 사생아 출산, 폭력 범죄, 실업으로 정의되는 하위 계급이 증가하고 있고, 같은 환경에서 길러진 아동 세대가 존재하기 때문에, 앞으로도 계속 증가할 것이라고 주장했다. 그의 주장은 루이스의 '빈곤 문화' 이론을 그대로 영국에 적용하는 것이었다.

그는 1994년에도 영국인을 "신 빅토리아인The New Victorians"과 "신 하층민 The New Rabble"으로 구분하면서 하위 계급의 숫자가 급속히 증가하고 있다고 주장했다.[39] 그리고 2000년까지 영국 사회가 두 문화로 나뉘어져 상류층과 하류층의 격차가 더 커질 것이라고 예언했다. 그는 다시 한 번 영국에서 하위 계급의 증가를 감소시키는 방법으로 복지의 축소(임신을 택하는 독신 여성에 대한 경제적 제재 조치를 포함하여)를 요구했다.

2001년 가을 머레이는 다시 자신이 영국의 하위 계급을 정의한 기준을 가지고 자신의 주장이 옳았음을 주장했다.[40] 그는 자신이 1989년 제시한 세 지수(젊은 청년의 일자리 이탈, 폭력 범죄, 미혼 여성의 출산)의 큰 증가가 난폭하고 사회화가 안 된 사람에 의해 이루어지고, 만약 그들의 숫자가 충분해진 다면 근본적으로 영국 사회를 타락시킬 계급의 성장과 연결될 것이라고 주장했

---

38) C. Murray, *The Emerging British Underclass* (London : Institute for Economic Affairs, 1990), pp. 3~4.

39) Murray, *The Underclass : The Crisis Deepens* (London : Institute for Economic Affairs. 1994), pp. 21~22.

40) Charles Murray, "The British Underclass : Ten Years Later," *The Public Interest*, Archived Issue, Fall 2001.

음을 상기시키면서, 10년 후 영국은 어디에 서 있는가를 반문했다. 우선 실업 문제에 있어서 1999년에 청년 실업이 극단적으로 높아졌음을 지적했다. 18~24 세 사이의 청년 실업률이 1989년의 20.5%에서 1999년의 31.2%로 50% 이상이 증가했음을 지적했다.

범죄에 있어서도 1989년에는 재산 범죄가 미국보다 높다고 했지만 이제는 낡은 뉴스고 영국에서 1993년 이후 재산 범죄가 하락하고 있음에도 불구하고 미국의 2배에 육박하고 있음을 알렸다. 또 폭력 범죄 발생률도 1996년을 기점으로 미국을 앞질러서 그 이후 미국보다 높은 범죄율을 보이고 있다는 것이다. 재산 범죄이건 폭력 범죄이건 간에 그 발생률에서 영국이 미국보다 높다는 것을 확인해줬다. 다시 머레이는 폭력 범죄의 증가와 하위 계급의 본질을 연결 짓는 것은 직접적이라고 단정했다.[41] 그는 지난 20년 동안 영국 어린이 가운데 자기 억제, 상대방에 대한 배려, 행동의 결과에 책임져야 한다는 규범에 대한 사회화가 제대로 이루어지는 숫자가 점점 더 줄어들고 있다는 것이다. 어린이의 사회화가 잘 이뤄지지 않는 가장 중요한 이유 가운데 하나가 결혼한 성인 부모에 의해 양육되는 아이의 수가 점점 더 줄어드는 데 있다는 것이다.

그리고 하위 계급을 가리키는 가장 마지막이면서 가장 중요한 표시가 미혼모의 출산이라고 못박았다. 그는 1969년 12명의 어린아이 가운데 단지 한 명만 미혼모에게서 태어났는데, 1979년에는 9명 가운데 한 명이, 1989년에는 4명 가운데 한 명이, 그리고 1999년에는 3명 가운데 한 명이 되었고 2.5명 1 가운데 한 명으로 접근하고 있다고 지적했다. 그리고 어떤 가족 구조도 결혼한 두 부모를 가진 가족을 대신할 수 없다고 단언한다. 그리고 의붓아버지가 편부모 문제의 해결책이 결코 될 수 없으며 가장 심한 아동 학대는 편모와 동거하는 남자 친구나 의붓아버지에 의해 자행되는 것으로 드러났다는 것이다.

---

41) Murray, "The British Underclass : Ten Years Later," p. 3.

(2) 미혼모의 사생아 출산

머레이는 영국에 하위 계급이 존재한다는 사실을 분명하게 보여주는 첫 번째 근거는 사생아 출산에 있다고 지적한다. 그는 사생아 출산이 사회 계급과 강한 상관관계를 갖는다고 본다. 5계급(미숙련 육체) 노동자가 밀집해서 살고 있는 지역이 전체 사생아 출산의 약 40%를 차지하고 있고, 1계급의 상류층이 크게 밀집된 곳은 9%에 지나지 않는다는 것이다. 미국의 형편과 달리 영국은 비록 흑인 여성이 다소 높은 48%의 비율을 차지하고 있지만, 사생아 출산은 주로 흑인 여성에게만 국한되지 않는다. 그러나 머레이는 미국과 같이 영국은 이혼한 여성과 반대로 한 번도 결혼해 본 적이 없는 여성의 비율이 매우 높고, 이들이 장기간 복지에 의존하게 된다고 주장한다. 특히 그는 하층 계급에 집중되어 있는 사생아 출생률이 1979년 10.6%에서 1988년에는 25.6%로 상승했음을 지적했다.

또 머레이는 1987년 기준으로 다섯 살 이하의 어린아이를 데리고 사는 편부모의 구매력이 1955년의 22파운드에서 1987년에 36파운드로 상승했고, 그 기간에 그러한 사람에게 찍혀지던 사회적 낙인이 크게 완화되었다고 지적한다. 그는 또 하위 계급이 발생한 주요 원인으로 진보적 사회의 대두(범죄에 대한 과거보다 더 부드러운 처벌과 사생아 출산과 연관된 사회적 낙인의 실종)와 의존 문화를 키워온 연금 제도를 들었다.[42]

머레이의 주장은 격렬한 비판을 불러일으켰다. 비평가들은 하위 계급 개념이 이론적으로 잘못 정의되어 있고 사실적으로도 부정확하다고 주장했다. 예를 들면, 편모에 관한 머레이의 분석은 그 가운데 다수(75%)가 이전에 결혼을 한 적이 있고, 그 가운데 단지 25%만이 결혼한 적이 없는 편모라는 사실을 간과했다는 것이다.[43] 또한 브라운은 장기간 복지에 의존하는 경우는 결코

---

42) *Ibid.*, pp. 34~35.

43) J. C. Brown, "The focus on single mothers," in C. Murray (ed.) *The Emerging British*

결혼해 본 적이 없는 편모보다, 이혼한 편모의 경우가 더 많다는 점을 지적했다. 즉 이혼모의 37%와 미혼모의 27%가 1987년 기준으로 볼 때 5년 혹은 그 이상의 복지 혜택을 입었다는 것이다.

또 18~49세 사이의 여성 동거는 8년 동안 극적으로 증가해서, 1981년 독신 여성의 9%와 이혼이나 별거한 여성의 39%가 동거를 했는데, 1988년에는 각각 20%와 52%로 상승했다. 또한 머레이는 편모가 아이를 돌봐줄 사람이 없기 때문에 정상 가정의 기혼모보다 경제 활동이 덜 활발하다(1990년 편모의 취업률 49% 대 기혼모 66%)는 사실을 무시했다는 것이다.[44] 따라서 "이런 경향을 고려할 때 (이혼하거나 별거한 부인이 아닌) 미혼 편모를 사회에 특별히 위험하다고 손가락질하는 것은 이치에 거의 맞지 않다"[45]는 것이다.

오늘날 영국에서 편모가 증가한 것은 개인의 탓이라기보다는 경제적 변화 탓이라는 견해가 지배적이다. 즉 영국이 추구한 신자유주의가 전통적 제도를 약화시키는 쪽으로 역할을 했다는 것이다.[46] 가정이 그 핵심적인 사례이다. 전통적인 가정의 붕괴는 대처 시대 전반에 걸쳐 점점 더 심화되었다. 18세에서 49세에 이르는 여성 가운데 결혼한 사람의 비율은 1979년의 74%에서 1992년에는 61%로 떨어진 반면, 같은 기간 동거 비율은 11%에서 22%로 늘어났다. 1980년대에 혼외 출산은 2배 이상 증가했다. 편부모 가정의 비율은 1979년의 12%에서 1992년에는 21%로 증가했는데, 가장 크게 증가한 편부모는 한 번도 결혼해 본 적이 없는 미혼모였다. 1992년에서 1997년 사이 실업 상태에 있는 편부모의 비율은 15% 증가했다.[47]

Underclass(London : IEA, 1990), p. 43 ; J. Ermisch, "Divorce : economic antecedents and aftermath," H. Joshi (ed.) *The Changing Population of Britain* (Oxford : Blackwell, 1991).

44) P. Bartholomew et al., "Lone parents and the labour market : Evidence from the Labour Force Survey," *Employment Gazette*, November 1992, pp. 559~579.

45) Brown, "The focus on single mothers," p. 46.

46) *Ibid.*, p. 29.

또 특정 지역에 편모가 집중적으로 느는 이유는 머레이의 시사대로 어떤 '오염시키는' 영향 때문이 아니라 잘못된 주택 정책의 결과라는 지적이 있다. 시급하게 공공 주택에 입주하기를 원하는 사람에게 돌아가는 주택은 누구도 들어가기를 원치 않고 세놓기도 어려운 지역인 경향을 보였다. 이런 인기가 없는 주택은 일반적으로 가난한 사람, 5계급의 노동자와 편부모가 입주하는 사례가 높다는 것이다.

(3) 범죄

머레이는 "습관적인 범죄자는 하위 계급이 그 고정 멤버다"[48]라고 주장한다. 그는 영국은 1988년 기준으로 볼 때 인구 10만 명 당 1,623명의 재산형 범죄자가 발생하여 미국의 1,309명보다 높은 범죄율을 보이고 있다고 지적했다. 이에 대해 조던Jordan 등은 남서부 지방의 저소득 가정에 관한 연구에서 실업자 사이에 범죄가 확산되는 증거가 거의 없다는 사실을 발견했다.[49]

범죄는 하위 계급의 일탈 행위 때문이라기보다는 실업의 급증에 따른 결과라는 지적이 더 설득력을 얻고 있다. 실제로 대처의 신자유주의 정책 이후 많은 범죄자가 생겨났다. 1980년대 이후 영국의 범죄자 수는 다른 유럽 연합 국가에 비해 훨씬 높으며 빠른 속도로 증가했다. 1992년부터 1995년에 이르는 기간 영국의 수감자 수는 거의 3분의 1 가까이(50,000명 이상) 증가했다. 1970년에 잉글랜드와 웨일스의 경찰이 파악한 중범죄는 160만 건에 못 미쳤는데 1981년에는 280만 건에 달했다. 1990년 말 그 수치는 430만 건으로 기록되었으며 1992년에는 560만 건에 이르렀다.[50]

---

47) *Independent*, 23 December 1996.

48) Murray, *The Emerging British Underclass*, p. 13.

49) B. Jordan et al. *Trapped in Poverty : Labour Market Decisions in Low Income Households* (London : Routledge, 1992).

50) Gray, *False Dawn*, pp. 30~31.

전체적으로 보면, 대처주의 시대를 통틀어 모든 종류의 범죄와 법 집행에
관한 국가 지출이 증가하는 추세에 있었으며 이러한 추세는 같은 신자유주의
정책을 추진한 뉴질랜드와 미국의 상황과 비슷하다.[51] 미국의 범죄율이 대다수
유럽 국가보다 항상 높았던 것은 사실이다. 그러나 1980년대 이후 과거와
다른 점은, 시장이 약화시키거나 파괴한 사회 공동체를 통제하기 위한 수단으로
대규모 투옥 정책에 의존하고 있다는 사실이다.[52] 시장 주도의 경제 변화는
사회 공동체 의식과 비공식적인 사회 통제를 약화시키는 결과를 가져왔다.
이러한 결과는 사회 범죄를 급증시켰고 이에 따라 오히려 국가의 규율 기능이
강화될 수밖에 없었다. 따라서 자유시장과 '법질서' 정책 사이의 결합은 동전의
양면의 관계가 될 수밖에 없는 것이었다. 그 결과로 영국에서도 범죄가 급증했다
고 볼 수 있다. 그러므로 하위 계급의 일탈 행위가 범죄의 근본 원인이라는
주장은 설득력이 떨어진다.

(4) 실업

머레이는 "만약 사생아 출생이 하위 계급의 주요 지표이고 폭력 범죄가
하위 계급이 발전해 가는 것을 대신 보여주는 척도라면 하위 계급이 출현했다는
분명한 증거는 젊고, 건강한 저소득 남성 다수가 일자리를 갖지 않으려는
태도"[53]라고 주장한다. 머레이는 노동 연령 사람 가운데 다수가 교외보다는
슬럼가에서 일하지도 않고 일자리를 찾지도 않으면서 빈둥거리는 모습이

---

51) Gray, *False Dawn*, pp. 29~30.
52) 1994년 말 500만 명을 넘는 미국 사람이 일정한 형태의 법적 제재를 받고 있었다. 이 가운데
약 150만 명은 주, 연방 혹은 지방의 감옥에 수감되어 있었다. 이 수치는 193명 중 1명,
혹은 인구 10만 명당 373명의 성인 미국인이 수감되어 있는 죄수라는 사실을 의미한다. 이것
은 미국에서 레이건 대통령이 처음 정권을 잡았을 때, 10만 명당 103명이었던 것과 비교된다.
350만 명은 보호관찰이나 집행유예 상태에 있었다(*The Times*, 11 December 1995, p. 38. Gray,
False Dawn, p. 116).
53) Murray, *Emerging British Underclass*, p. 17.

발견된다고 지적한다.54)

　1980년대를 거쳐서 실업이 가장 집중적으로 일어난 곳은 중공업 분야의 쇠퇴에 가장 큰 영향을 받는 지역이었다. 이 지역은 남성 육체노동(숙련과 미숙련 양쪽에서)에 대한 고용이 두드러진 곳이었다. 이 지역에서 새로운 고용이 창출되는 분야는 서비스 산업에서 파트타임 직종이 주류를 이루는 직종이었다. 또 시간제 일자리는 실업자 남편을 둔 부인의 몫이라기보다는 남성 한 사람의 수입으로 살림을 꾸려나가기가 어려운 가정의 여성이 주로 차지했다. 실업자는 말할 것도 없고, 저소득 미숙련 노동자가 주거를 선택하는 데 있어서도 크게 제약을 받기 때문에 이들은 도시의 특정 지역에 몰려서 다른 취약한 집단, 특히 편부모 집단과 더불어 일자리 없는 사람들의 공동체를 이루며 산다. 이러한 실업자의 지역적 집중 때문에 실업자는 점점 다른 실업자와 접촉하면서 살아갈 가능성이 커진다. 그리고 이러한 생활은 상호부조와 새로운 일자리를 얻을 수 있는 전망에 부정적인 영향을 끼친다.55)

　1990년대에 발표된 여러 연구는 실업자와 하위 계급의 관련에 대한 머레이의 주장을 반박했다. 특히 알랏Allatt 등은 북동부 뉴캐슬의 청년 실업자와 그들의 가정에 관한 연구를 통해, 희소한 일자리 때문에 이 지역 젊은이가 일자리를 얻기 위해 필사적이라 사실을 밝혔다.56) 그리고 영국에서 실업자 수가 늘어난 것은 개인의 노동에 대한 기피가 아니라 일자리가 없기 때문이라고 지적했다.

　실제로 영국에서 실업과 경제적 불평등이 늘어난 가장 중요한 이유 가운데 하나가 제조업에 기반을 둔 경제가 서비스업으로 이동했다는 데 있다. 이 전환 과정은 1979년 훨씬 이전부터 진행되었고 대처 정부에 들어와서 가속화되

---

54) *Ibid.*, p. 18.

55) Lydia D. Morris, "The social segregation of the long term unemployed," *Sociological Review*, 1992, 38, pp. 344~369.

56) P. Allatt and S. Yeandle, *Youth Unemployment and the Family : Voices of Disordered Times* (London : Routledge, 1991), p. 121.

었다. 1979년까지 서비스 분야는 고용의 60%를 차지하게 되었고, 1400만 개의 일자리를 제공했다. 보수당이 집권한 18년 동안 노동 인구의 75%가 1700만 개의 서비스 산업의 일자리를 갖게 되었다. 제조업 분야의 고용 인구는 최근에 고용 인원이 조금씩 늘고 있기는 하지만, 1979년의 700만 개에 비해 고작 약 400만 개의 일자리를 제공하고 있을 뿐이다.[57]

맥롤린McLaughlin 등은 역시 복지 수혜자가 복지 국가에 대한 자신의 의존을 행복하게 받아들이는 수동적인 희생자가 아니고, 자신이 처해 있는 환경에 맞서 싸우는 활기와 기지를 가지고 있음을 발견했다.[58] 켄트와 남부 런던에 사는 사회 보장 수혜자에 대한 연구에서 딘과 테일러 굿비는 "사회 보장 제도가 의존 문화를 조장하는 것이 아니라, 수혜자가 경제 형편상 어쩔 수 없기 때문에 복지 혜택에 의존한다"[59]는 사실을 밝혀냈다.

그러나 영국의 실업자가 겪는 경제적 어려움은 오히려 최소 복지 정책이 큰 영향을 끼쳤다는 데 많은 학자가 동의한다. 1990년대, 영국의 '소득 보전 제도transfer system'(정부가 생활 보조비 형태로 지급하는 소득 재분배 제도)는 특히 실업자를 빈곤에서 보호하는 데 비효과적이었다. 소득 이전 혜택을 받지 못할 경우 빈곤에서 벗어날 수 없는 실업자 가운데 고작 19%만이 이 제도의 혜택을 입었다. 이러한 비율은 독일의 32%, 프랑스·스웨덴·아일랜드의 50% 이상, 덴마크의 89%에 크게 못 미치는 것이다.[60] 그러므로 영국의 복지가 하위 계급 형성에 영향을 끼친다는 것은 설득력이 없다.

장기 실업자의 사회적 격리를 조사하면서 모리스는 취업과 실업의 문제가

---

57) *Economist*, 'Election Briefing,' special issue, 1997, pp. 33~34 ; Susan McRae (ed.), *Changing Britain : Families and Households in the 1990s* (Oxford : Oxford University Ptess, 1999), p. 5.
58) E. McLaughlin et al, *Work and Welfare Benefits* (Aldershot : Avebury, 1991).
59) Dean and P. Taylor-Goodby, *Dependency Culture : The Explosion of a Myth* (Hemel Hempstead : Harvester Wheatsheaf, 1992), p. 123.
60) Gallie, "Employment and the Labour Market," p. 415.

가족, 교우 관계, 이웃과의 연락망 가운데서 집중적으로 이루어진다는 것을 알아냈다.[61] 일자리를 얻는 데 비공식적 수단이 가장 높은 비율을 차지한다면, 장기 실업자는 일자리를 얻는 과정에서 불리한 입장에 있게 된다는 것이다. 영국의 실업자가 장기적인 실업 상태에 있는 것은 일을 기피하는 특별한 문화 때문이 아니라, 일자리를 구할 수 있는 비공식적인 교제의 기회가 거의 없기 때문이라는 것이다. 즉 모리스와 어윈은 모든 실업자가 직업을 구하려고 친척이나 친구와의 비공식으로 접촉한 증거를 발견하고 실업자의 나태라는 문화적 해석이 설득력이 없다는 것을 입증했다.[62]

일을 하고자 하는 태도에 대해서 갈리와 보글러는 실업자가 현재 일하고 있는 사람보다도 일하려는 의욕이 더 강하다는 것을 발견했다.[63] 현재 일자리를 가지고 있거나 자영업을 하는 사람 가운데 비록 경제적 필요가 없다고 하더라도 일을 계속하겠다고 응답한 사람이 66%인 반면, 실업자는 4분의 3이상(77%)이 그런 경우에도 일을 하겠다고 대답했다. 일을 하지 않겠다는 사람은 건강에 문제가 있는 비교적 고령자거나 아이를 돌봐줄 적당한 사람이 없는 보다 젊은 여성의 경우라는 것이 밝혀졌다.[64] 그러므로 실업자에게 일을 하지 않으려는 특별한 문화가 있다는 증거는 전혀 없었다.[65]

또 영국에서 실업 문제는 계급과 관련성이 있다.[66] 계급 서열의 아래로 갈수록 노동자는 실업에 더 취약한 모습을 보이는 경향이 있다. 영국에 실업이

61) L. Morris, "The social segregation of the long-term unemployed in Hartlepool," *Sociological Review*, 38, 1992, pp. 344~369.

62) Morris and Irwin, "Employment and informal support : dependency, exclusion or participation," *Work, Employment and Society* 6 (1992), pp. 185~207.

63) D. Gallie and C. Vogler, "Unemployment and attitudes to work," D. Gallie et al.(eds.) *Social Change and the Experience of Unemployment* (Oxford : Oxford University Press, 1993), pp. 124~126.

64) *Ibid.*, p. 152.

65) *Ibid.*, pp. 152~153.

66) Morris, *Dangerous Classes*, p. 101.

최고조에 달한 1986년에 숙련 육체노동자는 경제 활동을 하는 남성 인구의 38%를 차지했지만, 같은 조건의 남성 실업자는 41%가 되었다. 반숙련 노동자 취업이 13%이고 실업이 27%, 미숙련 노동자는 각각 3%와 11%였다.[67] 여성도 같은 추세였지만, 특히 반숙련 노동자의 경우에 더 두드러졌다. 일을 할 수 있는 여성 가운데 반숙련 노동자가 차지하는 취업률이 22%이고, 실업률은 36%를 기록했다.

따라서 자료를 통해 종합적으로 판단할 때, 실업과 그와 연관된 빈곤으로 고통을 받고 있는 특정 집단의 사람이 있는 것은 분명하다. 또 이들이 실업 상태에서 건강, 주거의 어려움, 심리적 박탈감 등의 여러 가지 어려움을 경험하는 것도 사실이다. 그러나 이들 실업자가 자신이 겪고 있는 어려움을 자초했다는 것을 입증할 증거는 거의 없다. 또 실업자의 태도는 그들이 일자리를 구할 수 없는 이유를 설명하지 않는다. 대부분의 실업 수당을 신청하는 사람은 적극적으로 일자리를 찾고 있고, 일을 할 수만 있다면 어떤 일이라도 마다하지 않을 태도를 가지고 있음이 확인되었다.

갈리와 동료 연구자는 실업자가 다양한 결핍에서 고통을 겪으면서 사회의 밑바닥에서 특징적인 집단을 구성하고 있는 것은 분명한 사실이지만, 그들이 밑바닥에 있는 것은 그들 탓이 아니라는 결론을 내렸다.[68] 많은 연구는 영국의 하위 계급이 가난하고 불리한 여건에서 살고 있기는 하지만, 극심한 어려움에도 불구하고 국가에 의존하려는 문화를 공유하고 있지 않다는 점을 입증하고 있다.[69]

---

67) Lydia Morris, *Social Security Provision for the Unemployed* (London : HMSO, 1991).
68) D. Gallie and C. Marsh, "The experience of unemployment," Gallie, Marsh and C. Vogler (eds.) *Social Change and the Experience of Unemployment* (Oxford : Oxford University Press, 1993), p. 30.
69) Fiona Devine, "In Search of a British Underclass," p. 89.

6. 역사의 희생양

　시대와 사람은 달라도 비슷한 상황에 비슷한 논리가 반복되어 나타나는 역사의 순환을 종종 목격하게 된다. 특히 역사 속에서 강자가 써먹던 '희생자에게 책임을 돌리는blaming victims' 수법은 그리 낯설지 않다. 특히 빈민이 겪는 가난의 고통을 그들의 도덕적 타락 탓으로 돌리고 경멸하는 태도는 앞에서 본 바와 같이 오랜 역사를 가진다. 가난하다는 이유만으로 수많은 사람이 사회적으로 냉대를 받고 고립된 가운데 억울하고 비참하게 살다 갔을 것이다. 그러나 빈민에 대한 이런 무책임한 태도와 무관심, 그리고 편가르기에 길들여져 있는 고정관념은 이제 큰 도전에 직면하게 되었다. 왜냐하면 빈곤 혹은 빈민의 문제는 다시 엄연한 현실로 다가왔기 때문이다.

　1980년대부터 거세게 불기 시작한 신자유주의의 태풍은 아직도 진행 중이지만 짧은 시간에 삶의 많은 것을 할퀴고 지나갔다. 시장이 지배적인 가치로 모든 것 위에 군림하는 현 상황이 과연 인류가 가야 할 올바른 방향인가를 잘 생각해 보아야 할 시점인 것이다. 신자유주의와 세계화는 결국, 홉스봄Eric Hobsbawm의 생각대로 "헤게모니 국가의 일방적인 이기심을 충족하기 위한 방편"에 불과한 것인지도 모르기 때문이다. 오늘날 헤게모니 국가인 미국은 과거 영국이 '자유무역'의 논리를 가지고 세계 경제를 주도했던 것처럼, 이 두 경제 논리를 가지고 세계 경제를 주도하면서 두 가지 극단적인 결과를 보여주었다.

　1994년 세계무역기구WTO가 출범한 이후 세계화는 모든 인류의 지상 과제로 여겨졌다. 그러나 모두 알다시피 역시 두 가지 극단적인 상황이 연출되었다. 그 하나는 1994~1999년에 미국의 경제가 주가 지수로만 보면 수직 상승을 했다는 것이다. 미국의 경제를 한 눈에 알아볼 수 다우존스 평균 주가

DJIA(Dow-Jones Industrial Average, 미국 상위 30개 제조회사 주가 평균)는 20세기 내내 4,000포인트 선까지 오르던 것이 불과 5년 사이에 11,000포인트까지 무서운 기세로 치솟았다. 그 반대의 극단적 현상은 이 기간 수많은 나라가 치명적인 경제 위기를 겪었다는 사실이다.

그러나 미국은 그러한 절정의 순간에 가장 빈부 격차가 심한 나라의 모습을 세계에 보여주었다. 1999년은 그 이전에 빈부 격차가 가장 큰 1977년 이래로 다시 소득 격차가 가장 크게 나타난 해가 되었다. 당시 미국 의회 예산국CBO의 통계 자료는 1980년대와 1990년대 20년 동안 미국인이 올린 소득 증가의 90% 이상이 상위 1% 인구에 집중되었음을 보여주었다.

미국 계층별 소득수준 변화

소득계층	연평균 세후 소득(달러)		증감(%)
	1977년	1999년	
상위 1% 이내	234,700	515,600	+119.7
상위 1~20%	74,000	102,300	+38.2
21~40%	42,600	45,100	+5.9
41~60%	32,400	31,400	−3.1
61~80%	22,100	20,000	−9.5
하위 20%	10,000	8,800	−12.0

(자료 : 미의회 예산실 CBO) *New York Times*와 *Washington Post*(1999년 9월 5일자) 인용

이들 상위 1%는 1977년부터 1995년까지 세전 소득이 93%가 증가했다. 이 기간 미국은 소득의 상향 재분배가 극적으로 이루어졌던 것이다. 물론 이 기간 미국의 조세와 소득 이전 시스템Transfer system은 다른 선진국과는 정반대로 작용했다. 미국은 세계의 부를 독식하는 것 같은 모습을 보이면서도 자기 나라의 분배에서도 역시 최소 인구가 부를 독식하는 극단적인 모습을 보였다.[70]

영국에서 대처의 정책도 역시 극단적인 경제 불평등을 초래했다.[71] 권위를 인정받고 있는 『소득과 부에 관한 라운트리 보고서』(1995)는 1977~1990년에 영국은 뉴질랜드를 제외하고는 부의 불평등이 세계 어떤 나라보다 더 심화되었다고 지적하고 있다.

미국을 포함하여 영국의 예는 두 나라가 하위 계급이 급속히 증가하고 있는 나라이면서, 분배가 크게 왜곡되어 있음을 말하고 있다. 오늘날 영국과 미국의 하위 계급을 말할 때, 그가 빈민으로서 어떤 일탈 행동을 하고 또 왜 빈민이 되었는가를 얘기하는 것은 현실적으로 별로 의미가 없는 일이라는 점을 말하고 있다. 세계 시장의 거센 파고는 힘없는 개인을 다 삼킬 정도로 거세기 때문에 새로운 경제 질서가 안고 있는 문제가 시정되지 않는 한, 개인의 빈곤을 말하는 것은 균형을 잃은 태도이기 때문이다.

신자유주의와 세계화의 경제 질서가 특정 국가와 소수 사람이 부를 독식하기 위해서 건전한 시장 질서를 왜곡하고 또 그러한 목적에서 국가 경쟁력 혹은 경제적 효율성이라는 미명 아래 수많은 사람을 일자리에서 내몰아서 빈민으로 전락시키는 흐름이 크게 달라지지 않는 상태에서 개인의 도덕성 운운하는 것은 현실과 너무 동떨어진 발상이다.

기존 신자유주의 정책 기초가 바뀌지 않는 한 하위 계급은 세계적 현상이 될 가능성이 크다. 물론 영·미식의 신자유주의 정책을 부지런히 뒤따르는 우리나라에도 그러한 희생양이 대규모로 생길 가능성이 높다고 할 것이다.

---

70) 1973년에서 1994년 사이에 미국인 1인당 총국민소득은 3분의 1이 올랐지만 전 노동 인구의 4분의 3에 해당하는 모든 노동자의 평균 총액 임금은 오히려 19%나 떨어져 단지 주당 258달러에 머물러 있다는 지적이 있다. 소득 피라미드의 하위 3분의 1에 해당하는 노동자에게 임금 하락은 더욱 극심하게 일어났다. 수백만에 달하는 미국의 하위 계급은 심지어 20년 전보다 25%나 적은 임금을 받고 있다는 것이다. 한스 마르틴, 하랄트 슈만 지음, 강수돌 옮김, 『세계화의 덫』(영림카디널, 1997), p. 219.

71) Gray, *False Dawn*, p. 32.

그러므로 영·미식의 신자유주의와 자본주의 논리를 무조건 답습하는 태도를
버리고, 우리에게 맞는 정책으로 분배의 왜곡을 시정하고 사회적 안전 장치를
제대로 갖추는 것이 이러한 사태를 미연에 방지하는 길이 될 것이다.

제3장 청년 문화

1. 오늘날 영국 젊은이의 모습

1990년대 이후 영국의 젊은이가 살아가는 모습은 과거와는 많이 다르다. 우선 남성 젊은이가 학교나 일상생활에서 활력을 크게 잃고 있는 것이 목격되고 있다. 우선 과거에 젊은 남녀 사이에 존재했던, 그것이 정상적이든 아니든, 남성 우위의 불평등은 역전되고 있다. 학교에서부터 그런 모습이 보인다. 오늘날 여학생이 남학생보다 학업 성취도가 높다. 중등교육 시험GCSE에서 남학생의 40%만이 상위 3등급을 받는 반면, 여학생은 50%가 그 수준을 받는다. 여학생은 학교에서 남학생보다 더 열심히 공부하는 것뿐만 아니라, 직업을 구하는 일에도 모든 단계마다 신중하게 준비한다. 여학생은 또한 단체로 하는 활동과 숙련도에서, 또 목적을 달성하는 수준에서도 남학생보다 더 나은 능력을 보이는 경우가 점점 늘어나고 있다고 보인다.[1]

---

1) David McDowall, *Britain in Close-Up : An In-Depth Study of Contemporary Britain* (London :

그러한 현상은 남학생이 더 늦게 성장한다는 사실과 연관되는 것은 아니다. 많은 학생은 자신의 아버지가 실업 상태에 놓여 집에서 빈둥대고 있는 것을 지켜보았다. 그것은 그들의 기를 죽이는 역할 모델role model이라고 할 수 있다. 특히 광산업, 철강 제조업, 중공업 등 신체 능력이 중요한 육체노동의 직업이 급속히 쇠퇴했다. 1980년 이후 200만 개 이상의 남성 일자리가 사라졌다. 남학생은 또 과거보다 훨씬 더 자주 마약 밀매자의 표적이 되고 있고, 범죄나 폭력의 희생자가 될 가능성이 여성보다 2배나 더 높다.[2]

혼외 관계에서 아이를 갖는 여성의 비율이 점점 높아지고 있는 사회에서 결혼하지 않은 아버지는 아이에 대해 아무런 권리가 없다. 그러한 요인은 많은 소년에게 자신감의 상실, 스스로가 인정할 수 있는 남성으로서의 역할이 실종된 데 대한 생각을 깊게 하도록 만든다. 또 남성이 없이도 살아갈 수 있다고 느끼는 여성의 숫자가 점점 늘어가고 있다. 그리하여 남성과 여성의 사회적 평등과 더불어 삶에 대한 목적의식이 거의 없는 수많은 젊은이가 생겨날 위험이 자리잡고 있다. 그것은 그 자체로 큰 사회적 문제를 야기할 수 있을 것이다.[3]

모든 젊은이는 직업에 대해 고민하는 경향이 있다. 그래서 요즘은 과거 1960년대와 1970년대의 젊은이보다 훨씬 덜 반항적이라고 할 수 있다. 그래서 그들은 직업을 얻는 일과 관련된 영역 밖의 것에는 관심을 갖는 경우가 과거보다 훨씬 줄어들었다. 1997년 한 단체(The Industrial Society)에 의해 이루어진 조사에 따르면, 젊은이의 40%만이 정치에 관심 같은 것을 갖는다는 것이다. 다수의 젊은이는 정치가 자신과 상관없는 일이라는 생각을 가지고 있다. 그러나 그들은 과거보다 더 잘 훈육이 되어 있다. 젊은이의 78%나 되는 수가 학교와 가정에서

Longman, 2001), p. 97.

2) *Ibid*.

3) *Ibid*.

훈육이 너무 느슨하다고 생각하고 있었다.[4] 또 63%가 학교가 그들을 실망시켰다고 느꼈다고 답했다.

현대 영국의 젊은이가 처한 현실에 대한 이러한 시각을 가지고 그들의 문화와 일상을 몇 가지 코드를 통해 들여다보기로 한다.

2. 도시의 낙서

'틴에이저teenager'라는 표현은 1950년대에 영국이나 북아메리카에서 소비 시장 변화를 위해 인위적으로 만들어진 것이거나, 혹은 당시의 소비 현상을 표현하기 위한 말로 생겨난 것으로 여겨진다. 1950년대 이후 이루어진 영국 청년에 관한 연구는 젊은이가 입는 복장, 듣는 음악, 보는 영화, 그리고 가는 곳을 통해, 그들이 보여주는 특징에 초점을 맞춰왔다. 그러한 젊은이의 특징을 관찰해 쓴 저서(*The Uses of Literacy*, 1957)에서, 호가트Richard Hoggart는 '미국화 Americanization'의 영향에 푹 빠져, '대중문화Mass Culture'에 의해 소비되고 있는 당시 영국의 틴에이저의 이미지를 보여줬다.[5]

최근의 사회 평론가들도 영국의 젊은이가 자신을 가장 힘차고 창조적으로 표현하는 것은 대중문화의 소비자 역할을 통해서라고 주장한다.[6] 젊은이는 자신들이 전통적인 예술 영역에서 배제되었다고 느끼기 때문에, 대중문화에 더 집착한다고 연구자들은 보았다. 그래서 공식적인 '고급 예술'의 영역과 젊은이가 일상생활에서 자기표현과 창조성을 추구하는 방식 사이에는 넓은 간극이 자리잡고 있다는 것이다. 이에 대한 두드러진 한 사례는 젊은이의

---

4) *Ibid.*

5) Jo Croft, "Youth culture and style," Mike Storry and Petrer Childs (eds.), *British Cultural Identities* third edn. (London and New York : Routledge, 2006), pp. 144~145.

6) *Ibid.*, p. 145.

'낙서graffiti' 행위다.

낙서는 영국의 젊은이가 미국 도심의 흑인 하위 문화로부터 처음 가져온 예술 양식이다. 1980년대 중반부터 지속적으로 스프레이 페인트로 제작된 복잡하고, 밝은 색조의 디자인을 한 글씨들이, 많은 도시와 소도시의 기차 철길을 따라서 혹은 자동차길 육교 하단 벽의 빈 공간에 그려져 있는 광경이 널리 목격되고 있다. 이러한 문자들은 분명치 않는 의미를 갖는 단어, 이름, 혹은 구절을 표현하고 있다. 영국의 청년 문화에서 낙서가 주목을 끄는 중요한 요소는 그것을 보는 사람은 그 낙서가 주는 메시지를 읽는 방법을 알아야 한다는 것이다. 특히 무엇보다도 그것을 제작한 사람의 '사인'을 알아야만 한다는 것이다.[7] 많은 젊은이가 벽에 그런 낙서를 하는 이유는 그 예술 양식이 주택가나 쇼핑몰과 같은 일상적인 지루해 보이는 환경을 보다 이국적이고 추상적으로 만들어 '매력 있게 보이게 하는' 힘이 있다고 믿기 때문이다.[8]

3. 드레스 코드

드레스 코드는 영국에서 정체성이 다른 사람을 구분하는 데 결정적인 열쇠를 제공한다.[9] 영국인이 옷을 입는 방식은 정체성의 다양한 국면, 즉 젠더·인종·계급 그리고 연령을 확인하는 (혹은 부정하는) 데 도움을 줄 수 있다. 의복은 지금 살고 있는 시대에 대한 영국인의 생각을 표현하고 있다. 이를테면 20세기 후반부 수십 년 동안 포스트모던에 대한 편향성은 노스텔지어, 혼성 모방 pastiche, 그리고 '퓨전' 혹은 문화적 변종hybridity으로 더 잘 묘사될 수 있는 것들과 연관되어 있다. 현대의 패션은 이러한 문화적 주제를 잘 이용하고

7) *Ibid.*
8) *Ibid.*
9) *Ibid.*, pp. 145~146.

있고, 또 이전 시대의 많은 스타일이 다시 표면으로 솟아나서 현대 영국적인 스타일을 만드는 데 영향을 미치고 있다.

영국 젊은이의 패션에서 하위 문화적 그룹 짓기를 이해하는 한 방법은 계급 정체성의 관점이다. 펑크punks, 히피hippies, 고트goths 같은 하위 문화는 깔끔하고 점잖은 복장을 입는 것이 좋은 태도라는 전통적 가치에 도전해 왔다. 다른 한편으로, 모드mods, 테드teds, 스킨헤드skinheads 등 다른 하위 문화 그룹은 다양성을 추구하면서도 '보다 샤프한sharper' 복장 스타일을 항상 강조했다. 그들이 '산뜻한smart' 옷과 '후줄근한scruffy' 옷에 대해 이렇게 다른 태도를 보이는 것은 계급에 대한 집착과 관련이 있다. '새롭게 보이는' 옷에 더 비중을 두는 것은 노동 계급의 젊은이이고, 반면에 후줄근한 '보헤미안bohemian' 스타일은 중간 계급이 더 즐겨 찾는 것이다.

그러나 왕왕, 하위 문화적인 복장 스타일은 이러한 고정관념에서 벗어나기 쉽다. 그래서 의복을 통해 계급을 판단하는 일은 예상과 다른 결과를 초래할 수 있다. 특히 학생 인구가 크게 늘어나면서 하위 문화적 스타일의 의복은 계급적 설명을 벗어나는 경우가 많아졌다. 노동 계급의 젊은이 가운데 중간 계급의 복장을 입는 수가 늘어난 경우를 예로 들 수 있다.

흑인 하위 문화는 백인 노동 계급의 하위 문화 형성에 중심 요소가 되어왔다.[10] 또 아프리카계 카리브인과 아프리카계 미국인의 영향은 1950년대 이후 영국의 청년 문화를 형성하는 데 결정적인 역할을 해왔다.[11] 그것은 영국의 많은 젊은이가 다인종적, 이異문화적 환경에서 성장하고 있기 때문에 더더욱 그렇다. 1970년대 후반과 1980년대, 아프리카계 카리브인의 래스터패리언 Rastafarian 스타일은 흑백 젊은이 모두의 하위 문화 패션에 영향을 끼쳤다.[12]

---

10) *Ibid.*, p. 46. Dick Hebdige, *Subculture : The Meaning of Style* (London : Routledge, 1979)는 오랫동안 청년 문화와 대안 문화에 관한 영향력 있는 저술로 평가되어 왔다.

11) Croft, *British Cultural Identities*, p. 146.

붉은색, 녹색, 황금빛의 에티오피아 컬러는 티셔츠, 모자, 배지, 재킷에 널리 새겨졌다. 오늘날 흑인 하위 문화 스타일이 영국의 거리 패션을 주도하고 있다. 특히 아프리카계 아메리칸으로부터 온 스타일, 즉 아주 헐렁한 진의 '홈 보이home-boy' 룩, 큰 후드가 달린 재킷, 야구 모자는 10대 소년, 특히 16세 이하의 아이들 사이에 널리 퍼져 있다. '클럽 웨어club wear' 스타일(예를 들어, 타이트한 리크라lycra, 번쩍이는 옷감과 밝은 색조) 역시 흑인의 거리 패션으로부터 강력하게 영향을 받은 것으로 보인다.

아마도 가장 중요한 것은, 영국에 있는 아시아계의 청년 문화가 아프리카계 아메리칸과 아프리카계 카리브인의 하위 문화 스타일(아파치 인디언Apache Indian 음악에서처럼)에서 크게 영향을 받는다는 사실이다.[13] 유럽 클럽 음악도 역시 영국의 스타일에 영향을 끼쳤다. 이러한 변화 속에서 영국의 문화적 정체성을 규정하고, 문화적 일관성을 추구하는 일은 중요한 문제로 떠오르고 있다.

4. 가는 곳

입는 것과 관련해, 그들이 어디에 가는가를 생각할 필요가 있다. 두 가지는 보통 연관되어 있는 법이다. 1994년 영국 성인의 34%는 적어도 일주일에 한번은 펍pub(public house, 선술집)에 들렀다. 그러나 18~24세 연령대의 젊은이에게 그 수치는 64%로 훨씬 더 높았다.[14] 그래서 영국의 펍이 더 노골적으로 젊은 손님 취향으로 영업 방침이 바뀌고 있는 것으로 보인다. 젊은 손님의 수가 늘면서, 특히 체인으로 운영되는 펍에서는 경연, 퀴즈 그리고 게임 공간을

---

12) *Ibid.*
13) *Ibid.*, p. 147.
14) *Ibid.*, p. 148.

도입하고 있다.

그럼에도 불구하고, 펍은 아직도 영국 문화에서 다른 연령대의 사람들이나, 그 정도는 낮지만, 다른 계급의 사람이 서로 교제할 수 있는 장소로서 독특한 위치를 차지하고 있다. 특히 축구 경기 생중계를 보기 위한 대형 스크린을 펍에 도입하고 나서는 더욱 그러하다.

영국의 TV 드라마(특히 'Coronation Street'와 'EastEnders' 같은 장기 방영물)를 보면, 펍은 수많은 다양한 부류의 사람이 만나는 장소로 등장한다. 그래서 연속극이 시청자로 하여금 더 많은 술을 마시게 부추긴다는 불만을 토로하기도 한다. 극중의 주인공들이 '마을의 펍local'에서 술을 마시는 장면이 너무 자주 방영되기 때문이다.

1990년대 이후 펍보다는 클럽이 젊은이에게 인기를 끌고 있다. '떠들썩한 파티 장소 같은 술집'15)이 늘어나면서, 1950년대와 1960년대 초의 '댄스홀'과 1970년대의 디스코텍에서 그랬던 것처럼, 술집에서 춤을 추는 것이 다시 젊은이 놀이의 중심을 차지하게 되었다. 그러나 과거 댄스홀과는 대조적으로, 술은 현대 영국의 댄스 문화에서 주변적인 요소가 되고 있다.16) 대신 레이브에서 엑스터시Ecstasy와 같은 마약을 먹는 경향이 훨씬 더 강해졌다.

몇 시간 동안이나 쉬지 않고 춤을 추는 사람들은 갈증을 해소하고 에너지를 보충하기 위해 음료수를 마신다. 그 때문에 레이브에서는 루코자드Lucozade 음료가 젊은이 사이에 단연 열광적인 인기를 끌고 있다. 이것은 오렌지색을 띤 달콤한 맛의 음료로 스포츠 경기를 하는 사람에게 에너지를 주고 혹은 질병 후에 회복하는 데 도움이 된다고 선전하는 음료이다. 루코자드는 여러 라이프 스타일에 맞춰 다양한 방식으로 제품화되고 있다.17) 전통적인 음료들도

15) 레이브rave라고 불린다. 1980년대의 '애시드하우스Acid House' 즉 마약에 취해 신시사이저 등의 전자 악기를 쓰는 비트가 빠른 환각적인 록음악을 듣는 파티로부터 유래된 술집이다.
16) Croft, *British Cultural Identities*, p. 149.

새로운 세대에게 어필하기 위해 기존 이미지를 벗고 새로운 모습으로 시장에 나오고 있다.

오늘날 레이브는 점점 대형 클럽('Cream'이나 'The Ministry of Sound' 같은)에 밀려나고 있는 실정이다. 그러나 다른 무엇보다도 레이브의 인기가 떨어지고 있는 것은 영국의 청년 문화의 빨리 움직이고, 변화하기 쉬운 성격을 반영하고 있다. 새로운 술집이나 스타일은 경우에 따라 재빨리 '하위 문화subculture'에서 '주류mainstream'로 자리잡거나 혹은 빠른 속도로 젊은이의 관심 밖으로 멀어지게 된다. 이처럼 하위 문화가 쉽게 변화하는 모습에서 현대 젊은이의 문화적 정체성의 경박성을 엿볼 수 있다. 그러나 이것이 영국의 모든 젊은이의 생활방식에 일반적으로 적용되는 패턴은 아니다.

그 한 예로, 비록 클럽과 파티가 1990년대 영국 청년의 주된(그리고 매력적인) 사교 활동을 대변하고 있지만, 그것이 일반적인 경향은 아니다. '밤 나들이night out'를 하는 다른 많은 젊은이는 아직도 펍에 들러 '밤 일정을 시작한다start the proceedings.' 하룻밤에 많은 펍을 들르는 전통적인 '술집 순례pub crawls' 풍습은 영국의 학생들 가운데서, 특히 '사내다운 젊은이laddish young men' 그룹(이를테면 럭비팀 멤버나 혹은 '총각stag' 파티를 하는 신랑과 그 남자 친구들)에서 여전히 지속되고 있다.

펍은 또 젊은이가 '합법적인 첫 번째 술을 마시는 일first legal drink in a pub'을 치루는 중요한 '통과 의식rites of passage' 장소로 영국적 전통이 계속 이어지는 곳이다. 미성년자의 음주에 대한 우려가 커지면서 미성년자가 펍에 출입하지 못하도록 더 주의를 기울여야 한다는 여론이 형성되었고, 그래서 펍을 운영하는 큰 회사들은 ID 카드를 도입했다.

1980년대 이후, 당구대가 있는 펍의 전통적인 모습은 자주 CD 혹은 비디오

---

17) Lucozade Energy, Lucozade Sport, Lucozade Low Calorie, 그리고 Lucozade Solstis.

감상 설비로, MTV나 Sky Sport에 채널이 고정되어 있는 대형 화면의 텔레비전으로 교체되었다. 그러나 요란한 음악이 펍에서 연주되건 안 되건 간에 대부분의 펍은 여전히 같은 방식을 유지한다. 특히 도시처럼 고객 유치 경쟁을 하는 곳이 아닌 지방의 펍은 더욱 그렇다. 펍은 영국의 백인 문화에서 여가를 보내는 첫째 장소를 여전히 차지하고 있지만, 일반적으로 아프리카계 카리브인이나 아시아계인 사이에서는 그 선호도가 훨씬 떨어진다.

대도시 특히 리버풀, 맨체스터, 뉴캐슬 같은 북부 도시에서 금요일과 토요일 저녁에 행하는 '도시 외출going out on the town' 의식이 있다. 펍, 클럽, 와인 바를 둘러싸고 수백 명의 사람이 길게 줄을 잇는다. 젊은 여성은 흔히 가느다란 끈으로 된 등이 보이는 이브닝드레스를 입고, 얇고 투명한 튜닉, 혹은 매우 짧은 스커트를 입는 등 성적 매력을 크게 강조하는 옷차림을 한다. 남성은 보다 캐주얼한(그럼에도 불구하고 매우 깨끗한) 셔츠와 바지를 입는다.

'밤의 도시 외출'이라는 맥락에서 보면, 영국인이 줄서기를 좋아하는 스테레오타입은 또 다른 중요성을 갖는다. 예를 들면, 유명한 클럽은 '줄서기 감시인queue spotters'을 고용해 '특별히 훌륭한 옷차림을 한 여성punters'을 찾아내도록 하는 경우도 있다. 베스트 드레서로 뽑힌 여성은 줄의 맨 앞으로 가도록 허용된다. 반면 '옷을 엉망으로 입은 사람fashion crimes'(예를 들면 흰 양말을 신거나 이상한 종류의 구두를 신은 사람)은 끝내 입장이 허용되지 않을 수도 있다. 이러한 줄서기는 일종의 사교 장소의 기능을 하여, 친구를 사귀거나, 남녀가 서로 눈을 맞추거나, 또래와 경쟁을 하는 장소가 되는 것이다.[18]

금요일 밤이 소녀와 소년의 밤 외출 날이라면, 토요일 저녁은 연인을 위한 밤이다. 이 주말 이벤트의 가장 독특한 모습은 대부분의 젊은이가 날씨에 개의치 않는다는 것이다. 추운 겨울밤에도 재킷이나 코트는 입지 않는 것이

18) Croft, *British Cultural Identities*, p. 150

룰로 되어 있는 것처럼 보인다. 또 가장 주목할 것은 남녀 모두 주말 외출을 할 때 자신의 남자 친구나 여자 친구와 가지 않고, 동성 '친구mates'와 함께 가는 경향이 있다는 점이다. 이 점은 여성에게 있어서는 특별히 옷을 선택하는 데 중요한 요소로 보인다. 즉 젊은 여성이 현란하고 섹시한 차림을 하는 것은, 남성의 관심을 끌기 위해서보다는 오히려 '스스로 즐겁기 위해for fun' 그러는 것이며, 이는 분명 정당화될 수 있는 일이다. 이런 외출에서 여성은 실제로 다른 여성을 위해 '정장dressing up'을 하며, 그러한 태도는 여성 하위 문화의 일부로 확인되고 있다. 또 여성이 사회 집단의 다른 멤버로부터 인정받기 위한 행위라고 잘 알려져 있다.[19)]

5. 섹스와 마약과 로큰롤

전후 영국의 젊은이의 삶은 '섹스와 마약과 로큰롤'의 "불경스러운 삼위일체"[20)]의 토대 위에 자리잡고 있다. 영국의 청년 문화를 보다 깊이 있게 이해하기 위해서는 이 세 가지가 "다른 어떤 것보다 그 문화와 깊은 연관성을 갖는다"[21)]는 전제에서 출발해야 할 것이다.

100년 전 청소년기의 마스터베이션의 사회적 위험성에 관한 우려가 퍼진 적이 있지만, 1970년대 이후 영국의 젊은이를 둘러싼 주된 관심사는 성교육의 역할, 피임약의 이용, 후천성면역결핍증HIV, 10대 임신, 성폭행, 동성애 등이 있다. 다른 한편으로 영국에 점차 세속적인 분위기가 확대되면서 '혼전 관계' 혹은 동거와 같은 문제는 더 이상 뜨거운 쟁점이 아니다. 오늘날 영국 여성의 70%가 혼전 동거를 한다.[22)]

---

19) *Ibid.*, p. 151.
20) *Ibid.*, p. 156.
21) *Ibid.*

영국에서 근래에 아동 성추행 문제가 젊은 세대의 성에 관한 논의에서 핵심 관심사로 떠올랐다. 이를테면 1980년대 이후 '어린이 전화Childline'23)와 '어린이 구출Kidscape'과 같은 영국의 캠페인과 자선 단체의 노력은 아동기의 성적 학대에 관한 국민의 생각을 바꿔놓았다. 오늘날 이러한 문제가 보다 공공연하게 거론된다는 사실은 영국이 근친 성추행으로 얼룩진 국가가 되는 것으로 비쳐질 소지도 있다. 그러나 그러한 생각은 사실과 다르다. 그보다는 영국인이 그러한 문제에 대해 더 이상 침묵하지 않으려는 태도를 보이기 시작했다고 받아들이는 것이 아마 더 정확할 것이다.24) 잡지나 〈그것이 인생이다*That's Life*〉와 같은 텔레비전 프로그램뿐만 아니라 국가의 사회 정책이 그러한 변화를 가져다주었다. 미국의 아동에 대한 성적 학대에 관한 태도 변화는 영국에도 큰 영향을 끼쳤는데, 특히 영국에서 〈오프라 윈프리 쇼〉와 같은 미국의 토크 쇼가 인기가 높아지면서 그런 경향이 생겨났다.25)

1980년대까지, 영국 사람에게 미래의 세대는 섹스에 있어서 아무런 제약도 받지 않고 자유로워질 것이라는 생각이 지배적이었다. 그러나 면역결핍증 바이러스HIV와 에이즈에 관한 걱정 때문에 성 해방에 대한 그러한 생각은 제동이 걸렸고, 클라미디아chlamydia26)와 같이 성관계를 통해 옮겨지는 전염병이 알려지면서 문제가 더 복잡하게 되었다. 특히 클라미디아는 2010년까지 16~24세 사이 여성 다섯 명 가운데 한 명이 감염될 것이고, 만약 제대로 치료를 하지 않으면 임신을 할 수 없는 상태가 되는 전염병이다. 이러한 문제들 때문에 오늘날 많은 젊은이는 그들 부모가 10대에 그랬던 것보다

---

22) *Ibid.*, p. 157.
23) 아동과 청소년이 조언과 도움을 전화로 청할 경우 특별한 전화 상담을 제공하는 자선 단체. 특별히 성인에게 폭력을 당하거나 혹은 성추행을 겪는 어린이를 보호하는 데 목적이 있다.
24) Croft, *British Cultural Identities*, p. 157.
25) *Ibid.*, p. 157.
26) 림프샘에 염증을 일으키는 성병의 하나.

훨씬 제약된 성생활을 하고 있다는 주장까지 제기되었다.[27]

실제로 오늘날 영국에서 10대들은 1970년대와 1980년대 초, 피임약이 전성기를 구가하던 때의 10대들보다 성관계를 갖는 상대방의 수도 더 적고, 성관계의 빈도도 더 떨어진다고 할 수 있다. 확실히 오늘날 섹스에 대한 두려움이 더 커지고 있어서, 이제는 원하지 않은 임신은 성적으로 적극적인 10대들에게 일어날 수 있는 최악의 시나리오가 아니다.[28] 그보다 더 큰 위험을 걱정해야 할 상황이 도래한 것이다. 그래서 1980년대 후반 이후 청소년에게 안전한 섹스에 관해 가르치기 위한 수많은 계획이 생겨났고, 전단지뿐만 아니라 콘돔을 무료로 나눠주는 경우도 흔해졌다.

미디어가 섹스를 그럴듯하게 포장해서 표현하기 시작하면서 오늘날 물질을 성적 이미지fetishistic imagery화 해서 표현하는 경향이 크게 늘어났다. 그래서 오늘날의 마케팅은 흔히 제품과 성애적 실험erotic experimentation을 연결시키는 측면을 추구하고 있다.[29] 이제는 마치 섹스가 위험 때문에 더욱 제약을 받게 되었다는 사실을 보상받기라도 하려는 듯이, 오늘날의 영국의 청년 문화는 상상적인 섹스 행위라는 생각에 더 비중을 두고 있는 것처럼 보인다. 이제 젊은이는 섹스의 '경험'을 성적 쾌락과 곧바로 동일시하지 않는 것 같아 보인다.[30]

오늘날 영국의 젊은이에게 섹스는 이중적이다. 섹스에 관해 말하고, 다른 사람이 섹스에 관해 말하는 것을 듣고, 섹스에 관해 읽고, 심지어 텔레비전이나 비디오를 통해 섹스를 감상하는 것은 점점 더 쉬워졌다. 그러나 실제로 섹스를 하는 것은 더 까다로운 일이 되어버렸고, 특히 10대들에게는 더더욱 그렇게

---

27) *Ibid.*
28) *Ibid.*, p. 158.
29) *Ibid.*
30) *Ibid.*

되었다.

마약은 '세대 차이generation gap'가 크게 드러나 보이는 삶의 또 다른 영역이다. 2차 대전 이후 영국에서 청년 하위 문화는 항상 특정(보통 불법인) 마약과 연관되어 생각되어졌다.[31] 모드mods[32]는 암페타민amphetamine,[33] 히피는 마리화나cannabis(dope, pot, blow)와 엘에스디LSD(LSD25),[34] 생활이 문란한 사람 혹은 동성애자raver나 클럽을 자주 찾는 사람clubber은 엑스터시Ecstacy[35] 등을 즐긴다.

오늘날 마약 이용은 영국의 젊은이 사이에 상당히 널리 퍼져 있다.[36] 영국 젊은이의 50% 이상이 그들이 18세가 될 때까지 최소한 한번 이상은 불법 마약을 이용해본 것으로 추산되고 있다. 또한 모든 학생의 절반 이상이 마리화나를 정기적으로 이용하고 있으며, 잉글랜드의 모든 15세 청소년 가운데 30%가 마약을 시도해본 적이 있다고 한다.[37]

오늘날 영국에서 마약은, 과거 마약 중독자가 소외되고 고립된 좁은 동굴과 같은 곳에서 혼자 몰래 하는 것이 아니라, 오히려 '오락으로 이용recreational drug use' 하는 것으로 인식이 바뀌고 있다.[38] 이러한 현상은 성분이 아주 약한 마약을 합법화해 달라는 요구가 증가하는 추세를 반영하는 태도의 변화이다. 이러한 압력은 2001년 램버스Lambeth에서 경찰이 공개적으로 마약에 대한 의견을 표명하는 실험으로 이어졌고, 그 결과 브릭스턴을 포함한 도시에서 경찰이 마리화나 사용을 묵인하고, 마약을 처벌 대상에서 제외하는 최초의 성과를 얻는 결과를 초래했다.

---

31) *Ibid.*
32) 1960년대의 보헤미안적인 옷차림을 즐기던 틴에이저.
33) 중추 신경을 자극하는 각성제, 젊은이는 보통 'speed'로 부른다.
34) 정신 분열 같은 증상을 일으키는 환각제, 'acid'로도 불린다.
35) 의식을 혼미하게 만들어 황홀경에 빠지게 만드는 환각제.
36) Croft, *British Cultural Identities*, pp. 158~159.
37) 2001년, 영국 통계청 발표.
38) Croft, *British Cultural Identities*, p. 159.

동시에 한 여론조사(ICM poll)는 영국인의 65%가 마리화나 소지자를 기소하는 일은 경찰이 해야 할 업무의 순위에서 가장 마지막이 되어야 할 것으로 생각하고 있음을 보여주었다.[39] 그럼에도 불구하고, 2000년에만 97,000명의 사람들이 마약과 관련해 기소되었다. 마리화나의 유행은 가장 최근 클럽 문화의 최신 유행과 관련이 있다. 최신 유행인 '칠 아웃Chill Out'은 클럽 단골 고객이 그들을 위해 따로 마련된 룸에서 소파나 쿠션 위에 몸을 편히 눕히고 대형 스크린 위에 나타나는 근사한 광경을 보면서 그루브 아르마다Groove Armada나 제로 세븐Zero 7과 같은 밴드가 연주하는 분위기 있는 음악을 듣는 것을 말한다. 이때 마리화나가 필수적으로 이용되는 것이다.

1980년대 영국의 노동 계급 청년 사이에 헤로인heroin(skag)[40] 이용이 특히 도시 지역에서 크게 퍼졌다. 그리고 이 헤로인 문화는 왕왕 선정적인 뉴스거리를 얻으려는 언론의 표적이 되었다. 헤로인은 일부 도시에서는 담배만큼이나 구하기가 쉽다는 다소 과장된 루머가 떠돌았고, 그 때문에 당연히 헤로인을 사기 위한 절도 범죄가 늘어나는 주요 원인이 되었다.[41]

1980년대 이후 헤로인 이용자는 숫자에서 큰 변화가 없었지만, 언론의 관심은 다른 약품으로 옮겨갔다.[42] 1990년대 초 관심은 코카인cocaine(crack)의 유행에 집중되었고, 미국에서 코카인과 관련되어 발생한 많은 사건이 신문과 텔레비전에 실렸다. 그러나 코카인이 영국에서 특히 도시 중심부 지역에서 일반적인 것이 되었을 때, 스포트라이트는 다시 다른 마약으로 옮겨졌다. 1988년 영국 마약계에 처음 등장한 엑스타시는 1990년대 중반 언론에 의해 초래된 수많은 도덕적 공황 상태를 유발했다. 특히 엑스타시를 이용한 청소년의

---

39) *Ibid.*
40) 바보, 못생긴 여자, 지겨운 놈이라는 뜻.
41) Croft, *British Cultural Identities*, p. 160.
42) *Ibid.*

사망을 언론이 광범위하게 보도함으로써 결과적으로 청소년의 모방을 부추겼던 것이다.[43]

영국에서 1988~1996년 사이 엑스타시 이용으로 거의 60명에 달하는 사람이 사망했지만(같은 기간 동안 알코올과 관련하여 사망한 숫자의 1%에 못미친다), 국민의 관심은 지나치게 이 마약에 집중되었다. 대신 청소년의 음주 문제에 관해서는 상대적으로 덜 문제 삼았던 것이다.[44] 청소년의 마약이나 알코올이 문제지만, 그 못지않은 더 큰 문제는 부모들의 무관심이다. 영국 사회에서 가장 일반적으로 표현되는 걱정 가운데 하나는 영국의 부모는 더 이상 "아이들이 무엇을 하고 있는지 알지 못 한다"는 것이다.

대부분 영국 청년의 하위 문화는, 어떤 단계에서, 특정 음악 양식과 연결되어 있다. 그 결과 여러 양식의 팝 음악 사이에 보다 복잡한 음악적 혼합(크로스오버, 퓨전 등)이 이루어지면서, 한 하위 문화를 다른 하위 문화와 구분하는 기준도 역시 어려워졌다. 로큰롤 음악은 더 이상 젊은이의 반항을 상징하는 유일한 음악이 아니다. 음악적 취향이 폭넓은 연대 의식과 뒤엉켜 있는 1960년대와 1970년대의 '동족주의tribalism'는 2000년대에 와서는 사라지고 있는 것 같이 보인다. 그럼에도 불구하고 음악은 아직도 영국의 청년에게 정체성을 형성하는 데 있어서 결정적인 역할을 하고 있다.[45] 그러나 보다 유동적인 방식으로 그렇게 하고 있다.

1970년대 말쯤 영국의 10대는 자신들이 펑크[46]나 모드mods라고 선언하는

---

43) 가장 유명한 사례는 리 베츠Leah Betts가 그의 18번째 생일에 사망한 사건이었다.

44) 2000년에 학교에서 퇴학당한 학생의 20%가 알코올을 마셨기 때문이고, 15~29세 사이에 사망한 젊은이 가운데 4명당 1명은 알코올과 관련된 것이었다.

45) Croft, *British Cultural Identities*, p. 160.

46) punks. 보통 크고 빠르고 난폭하고, 사회에 대한 분노를 표시하는 음악, 즉 펑크나 펑크 록punk rock을 즐기면서, 찢어진 옷, 안전핀, 밝은 색으로 염색된 머리 모습을 하고 다녔던 청소년. 그들이 가장 잘 듣는 대표적인 음악 그룹은 섹스 피스톨스The Sex Pistols와 크래쉬The Clash다.

수단으로 음악적 취향을 이용했을 수 있다. 그러나 같은 또래의 지금의 청소년은 자신들의 하위 문화적 정체성을 부여하는 데 음악을 사용하는 것보다는 아마도 "정글jungle,[47] 하우스house(house music),[48] 테크노techno[49] 혹은 거라즈garage[50]를 조금 좋아한다"고 말할 가능성이 크다. 대중음악의 다양한 양식이 급격히 생겨나는 현상은 음악의 패션이 과거보다도 훨씬 빠르게 변화하고 있다는 것을 의미한다. 1990년대 중반의 브릿팝Britpop 현상은, 오아시스Oasis, 펄프Pulp, 블러Blur와 같은 밴드들이 '모드' 스타일과의 연관성에도 불구하고, 고정된 하위 문화적 정체성과 밀접하게 연관되지 않는 모습에서, 청년 하위 문화의 이러한 역사적 변화의 좋은 사례를 보여주었다.[51]

21세기 대중음악은 훨씬 더 다양한 음악으로 산만한 모습을 보이고 있다. 라디오헤드Radiohead, 콜드플레이Coldplay, 그리고 트레비스Travis가 1970년대 라디오 음악방송 리스트에 오름직한 음악을 그런대로 연주하고 있고, 그것이 아직도 성공하는 경우가 있더라도 말이다. 1세대 록 스타들이 60대가 되어가면서(예컨대 밥 딜런Bob Dylan, 폴 메카트니Paul McCartney 그리고 믹 제거Mick Jagger), 록을 '끝난' 것으로 보거나, 어떤 의미에서는 대중음악 전쟁에서 승리를 거둬 주류 음악의 일부가 되었다고 보는 경향이 늘고 있다.[52] 대중음악계는 전반적으로 다양화된 경향이 등장했고,[53] 그러한 변화는 '퓨전'이라는 말로

---

47) 1990년대 초 런던에서 발전한 댄스 뮤직의 한 스타일이다. 소울 뮤직의 요소를 도입한 하우스 뮤직으로 매우 빠른 전자 드럼 비트와 강력한 베이스 파트를 특징으로 한다.
48) 전자 드럼 사운드를 전형적으로 사용하는 대중적인 댄스 뮤직의 한 스타일이다. 빠른 비트와 여러 차례 짧은 말을 반복한다.
49) 전자 음악과 '샘플samples'(다른 레코드로부터 녹음된 단편적인 음악)의 혼합물인 요란하고 빠른 댄스 음악의 일종이다. 이 음악은 1990년대 영국과 미국에서, 특히 나이트클럽에 가는 젊은이 사이에 크게 유행했다.
50) 소울 뮤직의 요소를 도입한, 강력하고 빠른 리듬으로 이루어진 댄스 음악의 일종으로 1990년대 미국과 영국의 나이트클럽에서 유행했다.
51) Croft, *British Cultural Identities*, p. 161.
52) *Ibid.*, pp. 161~162.

공통적으로 표현되면서, '록'과 같은 옛 범주의 음악들이 빠르게 시대에 뒤떨어지고 있음을 보여주고 있다.

1990년대 이후 영국의 청년 문화는 지난 30년 동안의 저항적인 성격에서 분명한 변화를 보이고 있다. 이 새로운 경향은 테이크 댓Take That, 보이존 Boyzone, 스파이스 걸스Spice Girls 등이 이끌고 있는데, 브릿 팝의 주류가 춤추는 가수들의 댄스 그룹 음악으로 크게 기울어지고 있음을 보여주었다. 에스 클럽 세븐S Club 7과 스텝스Steps에서부터, 2000년에 '팝스타Popstars'로 불린 텔레비전 쇼가 만들어낸 히어세이Hear'Say에 이르기까지, 이들 가수들은 틴에이지 라이프를 매우 경쾌하고, 축복하는 태도로 노래한다. 한 언론인은 댄스 음악이 이처럼 우위를 차지한 것은 '청년 문화의 종말을 알리는 것'이라고 주장했다. 그리고 이들 '댄스 제너레이션dance generation'을 다인종적, 유니섹스적, 그리고 여러 세대를 연결하는 성격을 가졌다고 평가했다.[54]

'댄스 제너레이션'은 미국 작가 더글라스 쿱랜드Douglas Coupland에 의해 'X 세대'로 묘사되었다. 이 세대는 다양성이라는 관념을 받아들이고, 특정 연령 집단의 태도에 집착하지 않는, 포스트모던적, 탈산업적post-industrial 집단이라는 것이다. 'X 세대인Generation Xers'은 자신의 정체성을 드러내는 것으로 복장, 음악, 그리고 어울리는 집단에 대해 보다 자유로운 태도를 보이는 사람들이다.

21세기로 들어오면서 영국 사회에서 세대age라는 개념은, 영국의 문화적 정체성에서 여전히 중요한 것이기는 하지만, 예전보다는 덜 확고한 것으로 보인다. 이것은 영국이 2차 대전 이후 훨씬 더 다양한 문화로 발전했다는 사실을 보여주는 긍정적 측면이라고 할 수 있다. 그러나 그 점은 또한 영국의

---

53) 그러한 급격한 변화를 보여주는 새로운 대중음악의 경향은 alt.rock, trance, ambient, garage, trip hop, the new acoustic movement 등으로 표현된다.

54) Gavin Hills, *The Observer*, February 1996.

대량 실업이 초래한 보다 부정적인 방향으로 문화가 변화한 결과라고도 볼 수 있다.

세대 간의 이동은, 과거에 일을 통해 주어졌던 '성인adult'이라는 사회적 위치가 더 이상 보장되지 않기 때문에, 오늘날에는 과거에 비해 훨씬 안정적이지 못하다. 전체적으로 노동 시장이 과거보다 훨씬 더 안정적이지 못하기 때문에, 영국의 문화적 정체성은 과거처럼 사람들이 하는 일 속에 안정되게 뿌리내리지 못할 가능성이 훨씬 큰 것이다.[55] 영국의 청년 문화는 아직도 '섹스와 마약과 로큰롤' 주변에 기반을 두고 있다고 보는 것이 옳을 것이다. 그러나 '로큰롤 rock'n'roll'은 '실업수당the dole'의 압운 속어rhyming slang[56]라는 사실을 명심할 필요가 있다. 문화는 바로 경제적 현실을 반영하기 때문이다.

오늘날 영국의 젊은이는 결혼을 해서 안정된 가정을 꾸리는 전통적 가치를 갈망하고 있다. 아마도 많은 젊은이는 부모가 이혼한 상처를 가지고 있기 때문에 그러한 기대를 더더욱 가지고 있을 것이라고 추측된다. 그러나 그들 역시 부모들 세대보다도 더 고립되어 있다. 오늘날 영국의 젊은이 다섯 명 가운데 단지 한 사람만이 자신이 공동체의 일원이라는 생각을 가지고 있다.[57] 이러한 모습은 경제적으로 어려운 현실에서 일자리도 얻지 못하고 "극단적으로

55) Croft, *British Cultural Identities*, p. 162.

56) 압운속어押韻俗語(rhyming slang)나 운속韻俗은 특정 단어를 운이 맞는 다른 단어나 구로 대체해서 표현하는 것을 말한다. 이를테면 '빵 덩어리loaf of bread'는 '머리head'를 의미하고 '정육점 갈고리butcher's hook'는 '한번 봄look'을 의미한다. Barnet Fair는 Hair, Plates on meat는 feet, Bees and honey는 money, North and South는 Mouth, Daisy roots는 Boots, Dog and bone은 Telephone, Mince pies는 Eyes 등을 의미한다. 그러나 통상적으로 이러한 표현의 첫 글자만 사용되는 경우가 많다. 즉 'Use your loaf'는 'Use your head…don't be silly!'를 의미하고, 'Let me have a butcher's'는 'Let me have a look'을 의미한다. 이러한 표현은 19세기 동부 런던의 범죄자들이 경찰이 알아듣기 어렵게 하기 위해 특별한 종류의 속어를 개발해서 쓰기 시작했는데, 런던에는 아직도 이 속어가 사용되는 지역이 있고, 어떤 표현은 일상어로 편입되기도 했다. 박우룡, 『영국 : 지역·사회·문화의 이해』(소나무, 2002, 2005), 352, 418쪽.

57) McDowall, *Britain in Close-Up*, p. 97.

원자화되어"[58] 홀로 방황하고 있는 현대 영국 젊은이의 슬픈 현실이자, 영국의 일그러진 자화상이다.

---

58) *Ibid.*

제4장 소수 인종 문제

1. 소수 인종 문제의 현황

영국에서 인종 문제는 20세기의 주요 정치 사회 문제 가운데 하나였다고 할 수 있다. '인종race' 문제는 1919년 리버풀에서 반反유색인종 폭동이 발생하면서 영국 사회의 관심사로 등장한 이후, 1958년 노팅 힐Notting Hill과 노팅엄 Nottingham에서 또 인종 폭동이 발생하면서 "영국 현대사의 뜨거운 이슈burning issue"[1]로 자리를 잡게 되었다. 영국에서 유색 인종에 대한 차별을 철폐하고 평등한 지위를 추구하려는 노력은, 의회의 입법을 통해 그것을 이루려는 개혁적 자유주의 노선과, 거리에서 물리적 시위를 하거나 문화 운동을 통해 그들의 목적을 이루고 정체성을 추구하려는 노선의 두 방향에서 이루어져 왔다고

---

1) Max Farrar, "Social movements and the Struggle over 'Race,'" Malcolm J. Todd and Gray Taylor (eds.), *Democracy and Participation : Popular protest and new social movements* (London : Merlin Press, 2004), p. 218. 1980년대 이전 영국 유색 인종의 시위에 관해서는 P. Fryer, *Staying Power-The History of Black People in Britain* (London : Pluto Press, 1984)를 참고.

할 수 있다. 개혁적 자유주의자의 활동은 1966년부터 2000년에 이르기까지 인종 차별racism을 반대하는 인종 관련 법규Race Relations Acts를 성과로 이끌어 냈다.

반면 의회 외부에서 이루어진 유색 인종의 시위와 그 밑바탕에 깔린 정체성의 추구나 문화 활동에 대한 측면은 별로 주목을 받아오지 못했다. 그것은 1970년대 의 소수 인종 운동에 관한 것도 그렇고, 1980년대에 관한 것도 거의 마찬가지였 다. 그러나 그러한 소수 인종의 운동과 문화 활동이 '인종'에 관한 사회학이나 정치학의 학문 연구에서 대부분 다루어지지 않았지만, 그들의 활발한 시위와 문화 활동은 영국의 정치와 사회생활에 폭넓은 영향을 끼쳤다. 그러므로 1980년 대의 인종 문제와 관련한 사회 운동은 "좌파 지식인에 의해 거의 인정받지 못하고 지나갔다"[2]는 폴 길로이의 지적처럼, 이 부분에 관해 연구는 아직 미답의 상태로 남아 있는 부분이 많다고 할 것이다.

소수 인종의 사회 운동에 관한 최근의 연구 동향도 반인종 차별주의와 소수 인종 공동체 활동을 다루면서도 그 범주의 문제나 이론적인 측면을 다루는 데 머물고 있거나,[3] '권력power'과 관련하여 문제를 다루면서도 그 초점을 개념적인 것에 맞추고 권력을 추구하기 위해 활동한 소수 인종의 운동에 대해서는 다루고 있지 않다.[4] 그리고 인종 차별에 대한 글에서도 '반인종 차별의 실천'이라는 내용도 고작 반나치 동맹The Anti-Nazi League에 대해서만 언급하고 있을 뿐 영국의 다른 소수 인종의 운동에 관해서는 전혀 언급하고 있지 않은 경우도 있다.[5] 또한 '인종'과 영국 정치를 주제로 삼은

2) Paul Gilroy, *There Ain't No Black in the Union Jack* (London : Hutchinson, 1987), p. 134.
3) M. Mac an Ghaill, *Contemporary Racisms and Ethnicities* (Buckingham : Open University Press, 1999).
4) G. Bhattacharyya, J. Gabriel and S. Small, *Race and Power-Global Racism in the Twenty-first Century* (London : Routledge, 2002).
5) A. Bonnett, *Anti-Racism* (London : Routledge, 2000).

저서 가운데 그와 관련된 사회 운동을 언급하는 것은 거의 없다.6) 그러나 드문 경우이기는 하지만 영국과 유럽의 '인종'을 둘러싼 사회 운동에 관한 가치 있는 분석과 경험적 자료를 제시하는 경우도 있다.7) 그러나 1970년대 초부터 시작되어 사회적·인종적 평등을 지지하는 정치 활동에 관여한 새로운 사회 운동으로서 소수 인종 운동을 주목하는 연구가 드물다.

2. 소수 인종이 시위를 하는 이유

제2차 세계대전 이전, 영국으로 이민 온 대부분의 사람들은 캐나다, 오스트레일리아, 뉴질랜드, 그리고 남아공화국과 같은 옛 영연방Old Commonwealth의 백인이었다. 이들 국가의 국민은 모두 자유롭게 영국을 왕래할 수 있었고, 이방인 취급을 받지도 않았다.

그러나 1940년대 후반부터 인도, 파키스탄, 서인도제도의 새 영연방New Commonwealth 국가의 유색인은 영국 경제가 팽창하면서 생겨난 육체노동과 저임금 노동 분야의 부족한 일자리를 채우기 위해서 영국으로 왔다(가끔은 정부 기관의 초청을 받아서 왔다). 서인도제도 사람은 런던, 버밍엄과 여타의 대도시에서 공공 운송, 요식업, 의료 분야와 육체노동을 하는 직종에서 일했다.

---

6) R. Miles and A. Phizacklea (eds), *Racism and Political Action in Britain* (London : Routledge and Kegan Paul, 1979) ; H. Goulbourne (ed.), *Black Politics in Britain* (Aldershot : Avebury, 1990) ; S. Saggar, *Race and Politics in Britain* (London : Harvester Wheatsheaf, 1992) ; J. Solomos and L. Back, *Race, Politics and Social Change* (London : Routlegde, 1995).

7) C. Lloyd, "Anti-racist Mobilization in France and Britain in the 1970s and 1980s," D. Joly (ed.) *Scapegoats and Social Actors---the Exclusion and Integration of Minorities in Western and Eastern Europe* (London : Macmillan, 1998), pp. 155~172 ; "The Changing Face of Anti-racism-Social Movements and Global Civil Society," Paper presented to British Sociological Association 'Race' Forum conference on 'New European Identities,' SOAS, University of London, 14 September 2001 ; "Anti-racism Social Movements and Civil Society," L. Anthias and C. Lloyd (eds) *Rethinking Anti-racisms---From Theory to Practice* (London : Routledge, 2002), pp. 60~77.

뒤에 온 인도인과 파키스탄인은 리즈, 브래드퍼드, 래스터의 섬유와 철강 산업 분야에서 일을 했다. 그리하여 1970년에 이르게 되면 유색 인종은 글래스고, 셰필드, 브리스톨, 맨체스터, 리버풀, 코벤트리, 노팅엄과 같은 다른 도시에서도 흔히 눈에 띄게 된다.[8]

이 이민자들은 곧 자신이 계급과 지위에서 차별의 대상임을 알게 된다.[9] 아프리카-카리브계와 아시아 출신 이민은 일반적으로 가장 임금이 낮은 직업을 갖게 되었고, 가장 나쁜 주거 환경에서 살았으며, 백인 이웃으로부터 적개심에 직면했다. 영국에서 태어난 많은 유색 인종 젊은이는 그러한 인종 차별의 쓰라린 경험을 통해 교육과 고용의 기회와 진급할 기회가 상대적으로 없다는 현실에 큰 절망감을 겪고 있다. 유색 인종 이민이 영국 사회에 잘 동화될 것이라는 처음의 생각이 잘못된 것이라는 사실이 곧장 입증되었다.

1960년대 중반 이후부터 정부는 인종 차별을 폐지하기 위해 세 가지 인종 관련 법안을 도입했다. 그러나 이민을 제한하기 위한 법률 역시 도입했는데

---

8) 1999~2000년에 영국에 거주하고 있는 소수 유색 인종의 수는 아래와 같다. John Oakland, *British Civilization, An Introduction,* fifth edn. (London and New York : Routledge, 2002), p.7의 〈표 2-2〉를 재인용.

인도인Indian	942,000
파키스탄인Pakistani	671,000
카리브 출신 흑인Black Caribbean	504,000
아프리카 출신 흑인Black African	374,000
방글라데시인Bangladeshi	257,000
혼혈 흑인Black mixed	184,000
비혼혈 흑인Black other, non-mixed	124,000
중국인Chinese	133,000
다른 비혼혈 아시아인Other Asian, non-mixed	217,000
기타 인종	427,000
전체 유색 인종 숫자	**3,832,000**

(*Source* : Labour Force Survey/Office for National Statistics, 2001)

9) David McDowall, *Britain in Close-Up, An In-Depth Study of Contemporary Britain,* third impression (Harlow : Longman, 2001), p. 98.

그것은 특히 유색 인종 이민을 축소하려는 데 목적이 있는 것으로 여겨졌다. 1967년을 정점으로 하여 그 이후 이민의 수는 점차 감소해갔다. 널리 알려져 있지는 않지만, 1982년까지 30년 동안 영국에 정착하려고 이민 온 사람보다 영국을 영원히 떠난 사람의 수가 750,000명이나 많았다. 1982년 이후부터 매년 이민 오는 사람의 수가 이민을 가는 사람의 수를 약 7만 명 정도 가볍게 상회하고 있다. 1990년대 초에 정부는 정치적 망명지를 찾는 사람이 영국에 오는 것을 훨씬 어렵게 만들었다. 이민을 오려는 사람이나 정치적 망명을 하려는 사람은 관료의 비효율성에 발목이 잡혀 신청이 받아들여지기까지 수년이 걸릴 수도 있다.

오늘날 영국 전체 인구의 6.7%가 유색 인종이며, 이들 가운데 46%가 영국에서 태어났고, 그들 가운데 49%가 런던에 거주하고 있다. 영국 전역에 걸쳐 이러한 이민자들이 상당 정도 흩어져 살고 있지만, 많은 인구가 공업 도시 지역에 거주하는 경향을 보인다. 오늘날 이러한 유색 인종 공동체는 증가하고 있으며 유색 인종은 광범위한 직업에서 일하고 있다. 일부 유색인, 특히 인도계 아시아인과 아프리카계 흑인은 경제계나 전문직 분야에서도 성공을 거두고 있다. 그러나 다른 유색인은 저임금 직종, 실업, 불리한 교육 여건, 도시 한복판의 열악한 거주 환경, 그리고 인종 차별과 같은 문제에서 어려움을 겪고 있다. 특히 일자리를 얻는데 큰 어려움을 겪고 있다. 연구 자료에 따르면 백인은 일자리 경쟁에서 흑인 경쟁자보다 10배나 더 확률이 높다. 1995년 한 해를 보면 아프리카-카리브계 흑인과 방글라데시인의 실업률은 각각 24%와 27%였으며, 인도 출신의 실업률은 12%였던 데 반해 백인의 실업률은 고작 8%였다. 흑인은 은행으로부터 신용 카드를 발급받거나 주택을 구입하기 위해 대출을 받기가 어려운 경우가 더 많았다.

이민자는 최악의 거주 환경에 사는 경향이 크다. 파키스탄과 방글라데시인의 38%가 한 가지 혹은 그 이상 필수적인 가정생활 용구가 없이 살고 있었고, 반면 같은 상황에 있는 백인은 11%였다. 따라서 파키스탄인과 방글라데시인이 백인 보다 질병에 걸릴 가능성이 50%가 더 높다는 통계도 있다.

소수 인종 아동은 학교에 진학하면서 어려움에 봉착한다. 소수 인종이 다니는 학교는 수준이 더 떨어지는 도심의 낙후된 지역에 있다. 아프리카-카리브계는 교육과 경제 수준의 가장 밑바닥에 있다. 아시아계 아동은 일반적으로 공교육에서 아프리카-카리브계 아동이나 백인 아동보다 더 나은 성적을 보인다. 일부 인도 출신 부모는 자녀의 사교육비를 대는 데 큰 출혈을 감수한다. 그래서인지 인도 출신의 아시아계 영국인이 영국 경제의 주요한 지위에 오르는 경우가 꽤 있다.[10)]

소수 인종 집단은 자신들이 당국으로부터 적대감에 직면하고 있다는 생각을 하고 있다. 어떤 지역에서 흑인 젊은이가 길에서 경찰의 검문을 받을 수 있는 가능성이 평균적인 백인의 경우보다 10배나 높다. 유색인은 그러한 대우에 심적 고통을 느끼고 있다. 특히 영국에서 태어난 유색 인종 청소년의 수가 늘어나면서 그들은 경찰의 주된 표적이 되고 있다. 또한 경찰이 백인보다는 유색 인종을 더 쉽게 체포한다는 뚜렷한 증거가 있다. 1989년의 한 연구는 고작 인구의 6%밖에 되지 않는 유색 인종이 잉글랜드와 웨일스의 감옥에 갇힌 수감자의 20%를 차지하고 있고, 런던 인구의 고작 20%를 차지하는 소수 인종이 런던 수감자의 38%를 차지하고 있다. 유색 인종은 재판 전에 구금될 가능성이 백인의 2배이고, 일단 재판을 받게 되면 석방될 가능성이 2배이다. 아프리카-카리브계나 아시아계인은 빈번하게 언어적 모욕을 당하거나, 괴로움을 겪거나, 심지어 공격의 대상이 되어왔다. 1996년 한 해만도 인종적

---

10) McDowall, *Britain in Close-Up*, p. 99. 취업, 주거, 인종 차별 등 소수 인종이 처한 열악한 환경에 관한 주요 지표는 Nicholas Abercrombie and Alan Warde et al, *Contemporary British Society*, third edn. (Polity Press, 2000), 8장 "Ethnicity and Racism"을 참고.

동기에서 저질러진 범죄가 약 12,000건이나 되는 것으로 보도되었다.11)

인종 차별은 많은 기관에서 분명하게 드러난다. 군대, 경찰, 소방대의 오직 1%만이 소수 인종으로 이루어져 있다. 세 조직에서 저질러진 인종적 학대와 괴롭힘에 대한 소문 때문에 소수 인종 출신은 이 단체에 지원하는 것을 단념하고 있다. 인종 차별은 이러한 남성적인 조직에만 국한되지 않고 있다. 많은 유색 인종 간호사들이 병원에서 일하고 있다. 1995년까지 유색 인종 간호사는 55세 이상 간호사의 8% 이상을 차지하고 있지만, 25세 이하 간호사의 1%에도 못 미치고 있다. 보다 젊은 유색 인종 여성은 자신이 진급할 수 있는 가능성이 없다는 것을 알고 있고, 따라서 다른 직업을 찾고 있다. 그러나 2025년이 되면 소수 인종의 인구가 지금의 2배가 되고, 전체 노동력의 20%를 차지하게 될 것이므로, 유색 인종을 고용하는 태도의 변화와 동등한 대우가 시급하다.12)

영국은 제국의 유산과 인종적 우월주의에 기반을 둔 뿌리 깊은(혹은 제도적인) 인종 차별을 하고 있으며, 그러한 태도가 계속 유지되고 있어 유색인을 영국 사회로 통합시키는 데 장애 요인이 된다는 주장이 있다.13) 역대 정권은 유권자에게 이민 노동력이 영국 노동력이 일하기를 꺼려하는 필수 분야를 채워왔다는 사실을 좀처럼 말하지 않았다. 대신 실상을 제대로 알지 못하는 사람들의 편견, 즉 이민은 영국의 자산asset이라기보다는 오히려 문제problem로 보려는 태도에 치우치는 경향이 있었다.14)

영국 정부나 백인 주류 사회가 소수 인종 집단을 겨냥하여 빈번하게 내뱉는 불평은 그들이 영국 사회에 "통합되는 데 실패"했다는 것이다.15) 정부의 당초

11) Satnam Virdee, "Racial Harassment," Nicholas Abercrombie and Alan Warde (eds.), *The Contemporary British Society Reader* (Polity Press, 2001), pp. 126~134.
12) McDowall, *Britain in Close-Up,* p. 100.
13) Oakland, *British Civilization,* p. 46.
14) McDowall, *Britain in Close-Up*, p. 98.
15) *Ibid.*, p. 99.

의도는 이민을 여러 지역에 골고루 분산시키는 것이었다. 그러나 그러한 정책은 두 가지 이유로 잘 실행되지 않았다. 대부분의 이민자는 가장 빈곤한 지역에 종착점을 찾았고 또 같은 민족이 살고 있는 곳에서 같이 살고자 했다. 또한 백인 가정은 소수 인종이 밀집해 있는 지역에서 이주하는 경향이 컸다. 그 결과 인종의 분리가 계속될 수밖에 없었다.

영연방에서 너무 많은 이민이 영국에 왔다고 판단한 영국 정부는 1962년부터 새롭게 이민 오는 대부분의 사람을 재류 외인aliens으로 취급하고, 이민에 대한 두 가지 법령을 만들었다. 그것은 첫째, 영국으로 들어오는 이민의 수를 제한하는 이민법Immigration Acts과 둘째, 이미 영국에 정착한 이민자의 권리를 보호하기 위한 인종 관계법Race Relations Acts으로 이루어져 있다.

인종 관계법은 종족, 인종, 출신 국적을 근거로 교육, 주택, 고용, 공공 분야 및 서비스와 광고와 같은 분야에서 차별을 불법으로 규정하고 있다. 차별을 받았다고 생각하는 사람은 인종 관계 심판소Race Relations Tribunals에 호소할 수 있다. 또 인종 차별에 대응하는 기구가 설립되었으며, 1976년 인종 평등 위원회The Commission for Racial Equality의 설립이 그 절정을 이루었다. 이 기구는 인종 차별을 철폐하고 기회의 균등을 촉진하기 위해 활동하는 기관이다.

그러나 여전히 이민법과 인종 관계 기구에 대한 비판이 존재하고 있다. 어떤 사람은 인종 차별에 대한 법률이 만족할 만한 것이 못된다고 보고 있으며, 또 다른 부류의 사람은 소수 인종에 대한 보다 엄격한 통제를 요구하고 있다. 소수 인종에 대한 일부 백인의 우려는 인종주의자의 발언, 민족 전선The National Front과 영국 국민당British National Party과 같은 극우 민족주의 정당의 성장, 그리고 인종 문제로 발생하는 폭력 사태로 그 도가 심해지고 있다. 한편 유색 인종 시민들은 어떤 문제가 발생하더라도 너무 불공정하게 희생양이 되고 있다고 느끼고 있다. 일부 유색인은 영국 사회로부터 완전히 소외되어 경찰, 법원, 정치 조직과 같은 제도를 부정하기도 한다.

3. 시위의 형태

(1) 1970년대 영국 소수 인종의 시위

여성, 환경, 장애자 운동과 더불어 1970년대 영국에서 크게 발전한 또 다른 운동은 반인종주의와 반파시즘 운동이었다. 1970년대 초 지역의 반인종주의 및 풀뿌리 정치 단체에서 새로이 발전한 것은 소수 인종 의식의 대두였다.[16] 미국에서는 1960년대 남부 교회를 중심으로 시작된 비폭력 민권 운동이 북부의 내륙 도시에 활동 근거지를 가진 전투적인 흑인 운동Black Power으로 확산되었다. 이들은 이슬람 민족 분리주의, 블랙 팬더당의 혁명적 마르크스주의, 그리고 흑인 게토에서 사업을 하는 흑인 자본가를 포함하는 다양한 운동 세력이 되었다. 그러나 이러한 급진적 정치 이상과 그와 관련된 조직을 영국으로 받아들이려는 시도는 대부분 성공하지 못했다.

영국에 결성된 최초의 유색 운동 단체는 1967년에 만들어진 연합 유색인 협회The United Coloured People's Association이다. 거기에서 흑인 운동The Black Power Movement와 흑인 단결과 자유당The Black Unity and Freedom Party이 탄생했다. 또한 영국의 블랙 팬더The Black Panther in Britain와 인종 행동 협회The Racial Adjustment Action Society와 같은 단체가 잇달아 생겨났다. 그러나 이러한 단체들은 모두 제한된 지지로 단명했으며, 미국에 있는 유사한 조직들처럼 인기를 누리거나 두각을 나타내지 못했다.[17]

---

16) Adam Lent, *British Social Movements since 1945 : Sex, Colour, Peace and Power* (London : Palgrave, 2001), p. 110.

17) *Ibid.* 영국 소수 인종 운동을 다룬 저서로는 B. Bryan, *The Heart of the Race* (London : Virago,

그러나 유색 인종의 힘은 문화적인 면(소수 인종 의식)에서 영국에 성공적으로 이식되었다.[18] 소수 인종의 문화 활동은 여러 다른 활동의 매우 느슨하고 광범위한 묶음을 말하는 것으로, 그것이 하나의 운동으로 불릴 수 있는가는 큰 논쟁거리가 될 수 있을 것이다. 그럼에도 불구하고, 그것은 분명히 영국 흑인의 자의식의 변화를 말하는 것이었다. 그러한 의식의 변화는 영국의 소수 인종 문제에 커다란 영향을 끼쳤다. 흑인 의식의 중심 가치는 백인 제국주의자가 부여한 문화와는 반대되는 것으로, 흑인에게 독특한 소생reviving, 축복celebrating, 발전developing의 발견이었다. 어떤 경우에 이것은 아프리카적 뿌리와 문화로의 회귀를 의미했으며, 다른 경우에는 카리브적인 모든 것(독특한 음식, 음악, 일상의 사적인 상호 관계의 언어와 스타일)에 관한 찬양이었다.

1970년대 영국의 아프리카-카리브계 젊은이 가운데 래스터패리언주의 Rastafarianism의 인기가 커진 것은 흑인 문화에 대한 자부심의 증가와 백인이 부과한 가치관에 대한 거부를 보여준 특별하고 솔직한 본보기였다.[19] 래스터패리언주의는 자마이카에서 황태자 라스 타파리Ras Tafari에 대한 숭배에서 발전했다. 그는 1916년 에티오피아의 왕좌에 올랐고, 마침내 하일레 셀라시에Haile Selassie라는 이름으로 스스로 황제임을 선언했다. 시간이 흐르면서 래스터패리언주의는 신약에 대한 깊은 연구와 서구적 생활방식, 인종주의와 제국주의에 대한 거침없는 거부에 기초한 하나의 독특한 종교와 문화로 발전해 갔다. 래스터패리언들은 인종주의와 제국주의를 성서의 바빌론과 동일시했다.

영국의 많은 흑인이 그 종교의 복합적 가치관과 세계관을 지지하는 진지한 래스터패리언이 되어가는 동안, 젊은 흑인 남녀에게 강력한 영향력을 끼친

1985) ; J. Green, *Days in the Life : Voices from the English Underground, 1961~1971* (London : Pimlico, 1998) ; K. Shukra, *The Changing Pattern of Black Politics in Britain* (London : Pluto Press, 1998).

18) Lent, *British Social Movements since 1945,* p. 111.

19) *Ibid.*

것은 독특한 헤어스타일dreadlocks,[20] 레게reggae,[21] 마리화나cannabis, 래스터패
리언의 표현법들, 적색, 황금색 그리고 녹색의 칼라와 같은 종교 운동과 연관된
문화적 형식들이었다. 이러한 움직임은 단지 패션 그 이상의 것이었다.[22]
이러한 상징들은 흑인의 차이점에 대한 자부심과 타협이 없는 반인종주의와
밀접하게 연관되어 있었다. 그들의 가치관은 다양한 레게 음악의 가사 속에
찬양되었다. 레게 음악은 1970년대에 영국에서 크게 유행했고 그 대표적인
가수인 봅 말리Bob Marley[23]를 우상과 성인의 반열에 오르게 했다. 레게가
아프리카-카리브 공동체의 가장 대중적인 음악으로 이전의 덜 정치적인 스타
일의 음악을 대체했다는 사실은 세대의 이동뿐만 아니라 새로운 비타협적
정치의식의 발로를 말하는 것이다.[24]

그러나 이러한 음악에 반영된 정치의식의 변화가 전국적인 반인종주의
운동으로 발전하지는 않았다. 그 대신 지역 공동체 단위의 행동과 특정 목적을
달성하기 위한 캠페인을 불러일으켰다. 이러한 캠페인은 대개 흑인 공동체에
공격적인 경찰에 의해 체포되거나 폭행당한 소수 인종을 보호하려는 문제에서
출발하는 경우가 많았다.[25]

그 대표적인 사례가 바로 맹그로브 나인The Mangrove Nine으로 알려진
소수 인종의 시위 사건이다. 1970년 8월 런던 노팅힐에 있는 맹그로브 레스토랑
주인(Frank Critchlow)을 경찰이 괴롭히자, 이에 항의하는 시위가 일어났다.

---

20) 머리털을 여러 갈래로 가늘게 따서 곱슬곱슬하게 길게 늘어뜨린 모습.
21) 자메이카에서 시작된 록 풍의 음악.
22) Lent, *British Social Movements since 1945*, p. 111.
23) 자메이카의 레게 가수, 인종 문제의 정치적 주제를 다룬 그의 노래는 1970년대에 레게 음악을
세계적으로 유행시켰다. 가장 크게 히트한 곡 가운데 하나는 "No Woman No Cry"이고, 그의
대표적인 앨범들로는 *Natty Dread* (1975)와 *Exodus* (1977)가 있다.
24) Lent, *British Social Movements since 1945*, p. 111. 음악과 정치의식의 변화를 다룬 저서로는
K. Pryce, *Endless Pressure* (London : Penguin, 1979)가 있다.
25) Lent, *British Social Movements since 1945*, p. 112.

사람들은 데모, 점거, 연좌데모 등 다른 사회 운동 때 쓰는 일반적인 방식에 따라 집회를 열었다. 시위대는 경찰이나 시위 반대자의 물리적 제압에 자신을 내맡기는 방식을 택했다. 즐겁고 와자지껄한 비폭력 시위를 하면서, 시위에 참여한 많은 사람들은 아드레날린이 솟구치는 것을 몸으로 경험했다.[26] 경찰의 탄압으로 가슴 속에 쌓였던 불만이 씻겨나가는 쾌감을 느꼈던 것이다.

영국 흑인 표범당The British Panthers 당원들이 그 시위를 돕기 위해 시위 현장에 도착했다. 경찰은 이미 1년 전부터 감시하고 있던 급진주의자들을 체포할 기회를 얻게 되었다. 경찰은 급진주의자에게 폭력을 가하고 그들을 체포했다. 죄목은 폭력 선동, 경찰관 살해 시도와 경찰관 폭행을 포함하고 있었다. 재판에서 백인 일색인 배심원들은 9명 모두에게 유죄를 인정했다.[27]

그 판결이 있은 후 매우 장기간에 걸쳐 유사한 캠페인이 잇따라 벌어졌다. '오벌 포The Oval Four,' '스톡웰 텐The Stockwell Ten,' '루이스햄 트웬티포The Lewisham Twenty-Four'를 지지하는 캠페인이 대표적이었다.[28] 그러는 가운데 흑인 서점, 커뮤니티와 조언 센터, 저널, 신문과 문화 단체가 생겨나서 1970년대 영국 흑인 공동체 생활의 핵심적 특징으로 급속히 자리잡게 되었다.[29] 더 나아가 소규모 캠페인 집단은 교육, 주택, 고용을 둘러싸고 적극적으로 문제를 제기하고 로비를 하게 되었다.

이후 영국의 소수 인종은 오랜 투쟁을 거쳐 자신들에게 가해지는 차별을 철폐하려고 노력하고 있다. 그러나 아직도 영국에서 소수 인종에 가해지는 박해와 폭력은 교묘하고 끈질기게 이어져 오고 있다. 그런 악순환이 결국 지난 2005년 런던 폭탄 테러가 발생한 원인의 일부를 제공하였을 것이다.

26) Farrar, "Social Movements and the Struggle over 'Race,'" p. 224.
27) Fryer, Staying Power, p. 394.
28) 이 시기의 캠페인에 관해서는 R. Moore, Racism and Black Resistance in Britain (London : Pluto Press, 1975) ; Shukra, The Changing Pattern of Black Politics in Britain을 참고.
29) Lent, British Social Movements since 1945, p. 112.

비록 영국에서 소수 인종은 열악한 상황에 처해 있지만, 그들이 20세기 후반 영국의 문학·음악·영화 등 문화 예술에 끼친 영향은 지대하다. 앞에서 본 것처럼 소수 인종은 음악 분야에서 선도적인 역할을 했을 뿐만 아니라, 문학에서도 벤 오크리Ben Okri, 나이폴V. S. Naipaul, 데렉 월코트Derek Walcott, 나딘 고디머Nadin Gordimer, 그리고 살만 루시디 Salman Rushdie 등 몇 사람은 노벨 문학상을 수상하였거나 국제적인 명성을 얻는 수준에 올랐다. 영화에서도 1980년대 중반 이후 '흑인 영화 르네상스Black Film Renaissance'를 이루어냈다. 영국이 다문화 사회의 역동성을 보이고 있는 것은 이들 소수 인종의 역할이 크다고 할 것이다.

제4부

영국의 개혁주의 정치 문화

제1장 영국 기독교의 개혁주의 전통

1. 현대 영국의 종교

현대 영국에서 종교는 하나의 패러독스다.[1] 기독교는 급격히 쇠퇴하는 양상을 보이고 있다. 규칙적으로 예배에 참석하는 사람도 많지 않고, 주요 종교 단체 구성원의 숫자도 대폭 줄어들고 있는 추세다. 1975년에는 교회에 적극적으로 출석하는 성년 인구의 비율이 19.5%였는데, 해가 갈수록 줄어들어서 1994년 13.9%, 2000년 12.8%, 2005년에는 12.2%로 줄어들 전망이다.[2] 일상 언어에서도 종교적인 내용이 많이 사라졌다. 이런 점에서 많은 영국인이 종교와 멀어져가고 있다고 짐작할 수 있다.

그러나 이러한 현상만 가지고 영국인이 이제 종교에 더 이상 관심을 갖지 않는다고 속단할 수는 없다. 다른 조사에 의하면 영국인 가운데 3/4 가량이

---

1) Nicholas Abercrombie and Alan Warde et al, *Contemporary British Society*, 3rd edn(Cambridge : Polity Press, 2000), p. 321.

2) *Ibid.*, p. 322.

아직도 신의 존재를 믿고 있고, 다수 국민이 천당과 지옥과 같은 사후 세계에 대한 관념도 믿고 있는 것으로 나타났다.[3] 비록 그 수가 줄어들긴 했지만 아직도 상당 수준의 종교적 활동이 이루어지고 있다. 더욱이 제도권 종교를 믿지 않는다 하더라도, 여전히 개인적으로 종교적 믿음을 가지고 있는 경우가 많다.

곧 종교가 양적인 면에서 크게 침체된 것은 사실이지만, 여전히 국민의 일상생활과 사고방식, 그리고 문화에 중요한 요소로 작용하고 있는 것이다.[4] 이러한 영국인의 종교적 성향은 잉글랜드보다는 웨일스, 스코틀랜드 그리고 특별히 북아일랜드가 더 강한 경향이 있다.

종교와 신앙의 자유는 오늘날 영국에서는 당연한 것으로 받아들여진다. 현재 영국에는 어떠한 종교 정당도 없다. 이슬람교 신자를 제외하고 특정 종교적 이념에 기초한 그럴듯한 정치적 압력 단체 또한 전혀 없다. 그러나 과거의 종교적 갈등과, 종교와 정치의 긴밀했던 역사는 몇 가지 유산을 남겨 놓았다. 군주는 가톨릭 신자가 될 수 없다는 것이 법으로 정해져 있으며, 국교회의 26명의 고위 성직자가 상원 의원이 되고, 궁극적으로 의회의 권위가 교회에 우선한다는 제도적 유산이 그것이다. 오늘날 종교적 관용과 정교 분리의 원칙에도 불구하고 법적으로 국가의 공식 종교로 규정된, 유럽의 마지막 두 교파가 바로 잉글랜드 국교회와 스코틀랜드 국교회이다. 군주는 두 교회의 공식 수장이 되고, 잉글랜드 국교회의 지도자인 캔터베리 대주교는 정부에 의해 지명된다.

이러한 종교적 유산에도 불구하고, 오늘날 영국인의 의식 속에서 정치와 종교는 별개의 영역이다. 오히려 교회가 사회 현실과 정부의 정책에 대해 비판적인 태도를 취하는 경우가 많다. 1980년대와 1990년대 초 캔터베리 대주교

---

3) O'Driscoll, *Britain*, p. 121.
4) Oakland, *British Civilization*, p. 294.

를 비롯한 성공회 성직자는 영국 사회의 빈부 격차를 공공연하게 비난했다. 이들은 빈부의 차가 커지는 것은 보수당 정부에 책임이 있다고 공격했다. 캔터베리 대주교는 1982년 포클랜드 전쟁 때도 영국의 승리에 대해 신에 감사 예배를 드리지 않음으로써, 보수당의 국교도를 분노하게 만들었다. 대신 그는 양쪽의 전쟁 희생자를 위해 기도했다. 1994년 영국의 가톨릭교회는 보수당 정부를 비난하는 보고서를 발표했다. 오늘날 영국의 전통적인 기독교 교파들의 일반적인 태도는 항상 반反보수당의 성향이므로 정치적으로는 광범위하게 중도 좌파의 입장을 견지하고 있다.[5]

(1) 국교회

국교회는 외견상으로 잉글랜드에서 가장 많은 신자를 가지고 있다. 또 어떤 나라에서는 소수 종파이지만 많은 신도를 가지고 있다. 하지만 실제로는 그렇지 못하다. 자신을 국교도라고 말할 수 있는 사람 가운데 5%에도 못 미치는 사람만이 규칙적으로 예배에 참석한다. 많은 신자도 국교회의 의식 속에서 세례를 받고, 결혼을 하고, 장례식을 치르지만 이런 경우를 제외하고는 교회에 가는 일은 거의 드물다. 많은 국교도에게 규칙적인 예배 출석은 어느 정도 사회적 활동으로 인식되어 왔으며, 주로 중상류 계층 사람을 위한 활동으로 여겨졌다. 국교회는 항상 종교적 믿음과 관행에 있어서 다양성을 기꺼이 수용하려는 이른바 '넓은 교회broad church'를 지향했다. 즉 예배는 신부의 성향이나 지역적 성향과 전통에 따라서 아주 다양하게 이루어진다.

오늘날 국교회 신자는 세 부류로 나뉜다.[6] 그 하나는 '복음주의적evangelical' 혹은 '낮은 교회low church'의 경향을 추구하는 신자이다. 이들은 성서의 내용을 매우 강조하고, 가장 의식적으로 가톨릭에 반대한다. 따라서 이 교파는 교황에

---

5) O'Driscoll, *Britain*, p. 123.

6) *Ibid.*, p. 124.

대한 교리를 부정하는 39개조Thirty Nine Articles(모든 국교회 성직자가 엄수해야 하는 교리)에 집착하면서, 국교회의 계서 조직에 대해 의구심을 표명한다. 이들은 최소 의식에 따르는 소박한 예배를 선호한다.

그와 반대로 '영국적 가톨릭Anglo-Catholic' 혹은 '높은 교회high church'의 신앙을 추구하는 국교회 신자가 있다. 이들의 종교적 관행은, 교황을 궁극적 권위로 받아들이지 않는 것만을 제외하고는 가톨릭과 실제로 동일하다. 웅장한 오르간 음악의 연주 속에 화려하게 장식된 의복을 입은 신부에 의해 진행되는 것을 보면 가톨릭의 미사와 다를 바 없다. 이 두 교파가 전통적인 입장을 취하는 데 비해, '자유주의 교파liberal wing'는 전통적인 신앙에 적극적인 의문을 제시한다. 또한 성경을 단순한 역사적 문서로 인식하는 태도를 보이고, 동성애에 대해 보다 관용적이면서, 여성에게 성직을 허용하는 운동을 처음으로 지지했던 파이다.

(2) 가톨릭

영국에서 개신교가 체제의 종교가 된 이후, 가톨릭은 일정 기간 불법적인 종교였고, 종교적 관용에서 제외된 종교였다. 1850년이 되어서야 영국의 가톨릭 교구가 다시 세워졌으며 20세기에 들어와서야 가톨릭은 여타의 종교와 마찬가지로 드러내 놓고 활동을 하게 되었다. 오늘날 가톨릭은 사회의 모든 계층과 모든 분야에 신자가 있지만, 비교적 최근까지도 상층부에서는 여전히 가톨릭 신자가 외면당하고 있다. 예컨대 가톨릭 신자가 인구의 10% 이상을 차지하고 있지만, 하원의원의 5%정도만 차지할 뿐이다.

영국의 많은 가톨릭 신자는 가족의 뿌리가 이탈리아, 아일랜드 등 유럽의 다른 지역 출신이다. 주변적이고 불안한 지위로 인한 생존의 절실함 때문에, 국교회보다 훨씬 강한 응집력과 통일성을 유지해 왔다. 최근에 교파 내부에서 대립되는 조짐을 보이고는 있지만, 신앙의 관행에 대해 보다 중앙 통제적인 경향이 있다. 강력한 사회적 지위를 가지고 있지는 못하지만, 교리와 의식은 가톨릭이 주도적인 국가에서 행해지는 것보다 더욱더 진지한 태도를 보인다.

(3) 비국교회 계열 교회들

많은 측면에서, 영국 국교회는 개신교와 가톨릭 사이의 타협을 보여준다. 교황의 권위를 거부하는 교리상의 표현에 있어서는 프로테스탄트적이지만, 계서적 조직과 예배의 방식에서 드러나는 신앙의 형식에서는 오히려 가톨릭적이다. 영국에 개신교가 처음 뿌리를 내렸을 때, 가톨릭 교리뿐만 아니라 로마적 방식을 거부하는 많은 사람이 있었다. 이들은 새롭게 자리잡은 영국 국교회에 참여하지 않았다. 그들은 성직자에게 주어진 권위와 전통적 의식을 지속하는 것은 진정한 신앙으로 나아가는 데 방해물이 된다고 생각했다. 대신 그들은 성서의 말씀 속에서 스스로 진리를 찾고, 근면과 자기희생의 엄격한 삶을 영위하는 데 큰 중요성을 두었다. 그들은 쾌락의 추구를 인정하지 않았다. 따라서 연극, 음주, 도박, 그리고 성적인 생활을 긍정하는 모든 것에 대해서 부정적인 태도를 취했다. 이것이 영국 퓨리턴적 칼뱅주의의 기원이 되었다.

이러한 전통 안에 있는 최초의 교회가 장로교Presbyterian Church였다. 스코틀랜드에서는 장로교의 세력이 매우 강했기 때문에 국교가 되었다. 스코틀랜드 국교회Church of Scotland는 영국 국교회와 다른 조직 체계를 가지고 있다. 이 교회는 주교가 없다. 이 교회의 지도자 혹은 의장Moderator은 총회에서 선출된다. 장로교는 스코틀랜드에서 가장 큰 종파이며, 교회와 동일시되는 '커크Kirk'(스코틀랜드 말로 church)로 흔히 불린다. 또한 잉글랜드와 북아일랜드에도 많은 수의 장로교 신자가 있다.

잉글랜드에서 영국 국교회의 권위를 받아들이지 않는 개신교도는 비국교도

(처음에는 Dissenters로, 뒤에 종교적 관용이 확대되어 가면서 19세기 중반에 Nonconformists로 쓰여지게 되었다)로 불렸다. 국교회에 대한 거부가 허용되지 않은 시기였기 때문에 그들은 단순히 '자유로운 교파의 사람'으로 불렸다. 수 세기에 걸쳐서 이들은 집단을 구성해왔다. 이들의 조직, 예배 방식, 강조하는 교리는 다양한 차이를 보인다. 그러한 차이에도 불구하고 이들 집단은 모두 정교하고 공개적인 의식보다, 소박함과 개인의 기도를 더 중요하게 생각하는 공통점을 지니고 있다. 또한 성직자와 세속 신자 사이의 구별이 비교적 적고, 초기의 퓨리턴보다는 그 정도가 약하지만 자기 극기를 미덕으로 삼았다.

장로교파 다음으로 영국에서 가장 크고 전통적인 비국교도 집단은 감리교 Methodist Society이다. 감리교 신도는 존 웨슬리John Wesley의 가르침을 따른다. 웨슬리는 영국 국교회의 성직자로 출발한 18세기의 설교가이다. 감리교는 국교회와 교리상의 큰 이견을 보이지 않는다. 그러나 웨슬리와 그의 추종자는 국교회가 일반인의 요구에 관해서 충분히 고려하지 않을 뿐 아니라, 교회의 성직자가 그리스도의 가르침에 관해서도 진지하지 않다고 생각했다. 구세군은 웨슬리의 감리교 운동에서 시작되었다.

또 다른 오랜 역사를 가진 두 비국교도 교파는 침례교Baptists와 퀘이커Quakers 이다. 전자는 성서 해석에서 엄격했을 뿐 아니라 세속적 쾌락에 대해서도 엄격한 절제를 요구했다. 후자는 프랜드 교회Society of Friends로 알려져 있으며 두드러진 특징은 성직자가 전혀 없고 평화주의를 지향하는 매우 작은 교파이다. 그들은 어떠한 전쟁도 거부한다.

정통 기독교의 교인 숫자가 20세기 후반에 느리기는 하지만 꾸준히 감소하는 반면, 기독교의 다른 분파와 교회들은 성장하고 있다. 새로운 추종자를 끌어들 이려는 욕구와 활발한 활동 때문에 '복음주의적evangelical'이라는 말로 특징지 어진다. 그들 대부분은 엄격한 의식을 거부하고, 성경의 중요성을 크게 강조한다는 점에서 전통적인 비국교도 종교 단체들과 유사하다. 미국에서 생겨난 모르몬교Mormons, 여호와의 증인Jehovah's Witnesses, 제7일 안식일 재림파 Seventh Day Adventists가 그 예들이다. 이 종교 집단은 그들의 추종자에게 역시 세밀하고 엄격한 행동 규약을 강요한다.

그러나 빠르게 교세를 확장하는 복음주의적 기독교의 유형을 보면 독단적 교리나, 신도에게 행동 규약을 부여하는 데는 크게 중점을 두지 않는다. 대신 영적인 측면과 기적, 즉 계시에 더 중요성을 둔다. 회합은 주로 즐거운 노래를 부르면서 진행되며 병든 자를 영적으로 치유할 수 있다는 믿음을 보여준다. 영국에서 이러한 종류의 가장 오래된 교회는 오순절 교회Pentecostal이며, 이 명칭은 이러한 집단을 부르는 데 이용되기도 한다.

성령 강림 운동Pentecostalism은 오랫동안 소규모의 노동자 계급이 주도했다. 최근에는 이 운동이 중간 계급 안에서도 교세를 확장하고 있다. 많은 집회가 신자의 거실에서 이루어지기 때문에 최소한의 격식만을 차린다. 이러한 기독교 분파들은 '카리스마파charismatic'(병 치료 등 성령의 초자연력을 강조하는 교파) 로 불리기도 하는데, 이러한 표현은 기적에 대한 그들의 열광과 기적을 중시하는 태도를 반영하고 있다. 이러한 집단의 확장은 오늘날 많은 영국인이 물질적 풍요나 전통적인 종교로부터 삶의 공허감을 메울 수 없다는 것을 보여주는 것이다.[7]

(4) 비기독교 종교 운동

영국은 특정 종교를 믿도록 강요하는 압력이 비교적 약한 다문화 국가이기 때문에 상상 가능한 거의 모든 종교와 모든 교파를 추종하는 사람들의 본거지이 다. '뉴 에이지New Age'라는 말은 기독교, 동양의 종교, 고대의 이교 신앙의

---

7) O'Driscoll, *Britain*, p. 128.

요소들이 함께 뒤섞인 내용을 포함하는 매우 광범위한 신앙을 표현하는 데 사용되고 있다. 이러한 종류의 신앙에 대한 관심과 믿음은 영국에서는 이미 익숙한 것이다. 접신론接神論(Theosophy), 드루이드교Druidism,[8] 불교, 크리스찬 사이언스교Christian Scientism[9]와 수많은 종파들은 1백년 이상 영국에서 추종자를 거느렸다. 1960년대까지 이러한 추종자는 주로 중간 계급 상층부 일부에서만 존재했다. 그러나 1960년대 이후 뉴 에이지 신앙은 사회의 하층부로 스며들었다. 뉴 에이지 신앙의 공통된 특징은 첫째는, 개인의 발전(흔히 영적 발전으로 보여지는)을 중요시하며, 둘째는 자연 환경을 존중한다는 데 있다.[10]

영국의 또 다른 종교 집단은 소수 인종과 관련된 것이다. 이 집단 가운데 체계가 가장 잘 잡혀 있는 것은 유대교도이다. 반유대주의Anti-Semitism가 여전히 존재하고 있지만, 유럽의 다른 나라보다 덜한 편이다. 영국에서 유대주의의 교세는 의회에서 유대인이 차지하는 비율이 상당수가 된다는 사실과, 유대교 내부에서 정통적/보수적 입장과 진보적/급진적 시각 사이의 마찰이 마치 국교회와 가톨릭 사이의 갈등과 마찬가지로 아주 공공연하게 보여지고 있다는 점에서 확인할 수 있다.

그리스 정교, 시크교, 힌두교, 이슬람교의 신자 수는 계속 늘고 있다. 그 이유는 주로 그 종교를 믿는 가정의 출산율이 높기 때문이다. 지금까지는 이슬람교가 가장 높다. 이슬람교 신자 수의 지속적인 증가에는 또 다른 원인이 있다. 상대적 빈곤, 인종 차별, 당국에 대한 마찰 등이 다른 어떤 종교 집단보다 이슬람교 신자의 정치의식을 키워주고 있기 때문이다. 그 결과 젊은 이슬람교 신자는 다른 종교의 젊은이보다 자신의 종교를 고수하려는 경향이 강하다.

---

8) 기독교로 개종 전의 갈리아, 영국 지방의 고대 켈트족 성직자, 예언자, 재판관, 시인, 마술사 등이 믿었던 전통 종교.
9) 정신을 통해 육체를 다스리는 신앙 요법을 통해 질병을 치유할 수 있다고 믿는 기독교의 한 분파.
10) O'Driscoll, *Britain*, p. 128.

그러한 갈등의 한 사례가 살만 루시디Salman Rushdie 사건이다. 또 하나는 이슬람교 학교 사건이다. 영국에는 가톨릭과 유대교의 공립학교가 있다. 이제 이슬람교 신자도 같은 기회를 요구하고 있다.

영국에는 이른바 '사이비 종교 집단cults'도 있다. 이들의 믿음이 하도 다양해서 그 집단의 성격을 일반화하는 것은 불가능하다. 그러나 공통적인 것은, 지도자에게 무조건적으로 복종하는 태도이다. 특히 컬트는 심리 조작mind control 수법 때문에 사회적으로 나쁜 평을 받고 있다. 가장 극단적인 경향은 다른 사람에게 해를 가할 수도 있다. 그러나 영국에는 500내지 700개의 사이비 종교 집단이 있고, 이들을 모두 합하면 거의 50만 명의 추종자가 있다.

2. 근대 영국의 복음주의 운동

(1) 격변기 체제 안정의 종교적 요인

18~19세기 영국은 산업혁명의 활기 속에서 비약적인 자본주의 발전이 이루어지는 가운데 자본가 계급과 노동자 계급이 등장하는 역동적인 사회 변화를 겪는다. 그러나 영국은 격변하는 사회에서 흔히 볼 수 있는 혼란이나 혁명과 같은 무질서를 경험하지 않는다. 우리는 영국의 체제 안정의 원인을 자연스럽게 의회 민주주의의 정치적 전통과 눈부신 경제 성장에서 찾는 데 익숙해져 있다. 그러나 정치·경제적 원인을 보다 주의 깊게 들여다 볼 때, 실상 이 시기에 의회 민주주의는 소수의 정치 참여만을 허용하면서 휘그파의 토지 귀족화에 크게 이바지했으며, 경제 발전도 분배 정의의 실패로 수많은 빈민을 양산하고, 소수 부르주아만을 새로운 배타적 지배 집단으로 만드는 데 기여한 문제점을 발견하게 된다. 또 같은 시기에 등장한 자유주의, 휘그주의, 공리주의, 그리고 고전 경제학 같은 이념 역시 기득권층의 지배 논리였다는

푸코Michael Foucault 식의 비판에서 그리 자유롭지 못할 것이다. 이러한 점을 감안할 때, 정치·경제적 요인만으로는 대중의 불만을 잠재우고 체제 안정을 유지한 배경으로 설명하기에 충분치 못하다는 느낌을 갖게 된다.

그러면 당시 영국이 격동기를 평화롭게 보낼 수 있었던 다른 요인은 무엇이었을까? 우리는 이러한 의문에 대한 하나의 해답을 영국의 종교에서 찾을 수 있다. 영국의 그리스도교는 그러한 안정을 가져다 준 요인으로서 아직까지 덜 주목받아 왔다. 18~19세기 영국의 그리스도교는 유럽 그리스도교의 전반적인 침체에도 불구하고 전성기를 누렸다. 그리고 그리스도교는 비단 종교적 차원에서 놀라운 성공을 거두었을 뿐만 아니라, 영국 사회의 발전에도 큰 역할을 했다. 즉 대중에게 종교적 열정을 통해 산업혁명의 충격을 완화시켜주고, 사회 각 계층에게 건전한 가치관을 심어주면서, 영국 사회에 개혁주의적 사고와 문화를 확산시키는 데 큰 기여를 했던 것이다.

영국의 그리스도교가 그러한 역할을 할 수 있었던 가장 큰 요인은 복음주의 운동에서 찾을 수 있다. 이 운동은 전통 프로테스탄티즘의 새로운 부흥 운동으로서 영국뿐만 아니라, 프로테스탄트 세계 전반에 걸쳐 큰 영향을 끼쳤던 운동이다. 영국에서 이 운동은 처음 국교회 안에서 시작되었지만 국교도, 비국교도 할 것 없이 큰 영향을 끼쳤다. 이 운동은 국교회가 기존의 구태를 벗어나는 계기가 되었으며, 오늘날까지도 국교회 신자에게 지속적인 영향력을 발휘하고 있다. 감리교 운동은 국교회 내부의 복음주의 운동을 통해 성장했지만, 새로운 교파로 독립해 나갔다. 이 교파는 곧 옛 비국교도와 스코틀랜드 개신교의 주도적인 세력으로 떠오르면서 국교회의 가장 큰 경쟁 세력이 되었다. 19세기에 접어들면서 시작된 영국의 국교회 내부의 또 다른 복음주의 운동은 영국인에게 건전한 생활 윤리와 사회 개혁의 가치관을 심어주는 데 큰 역할을 했다.

그러므로 18~19세기 대부분의 영국인에게 종교는 복음주의 운동의 다양한 양상을 의미한다. 이 운동은 종교적인 영역을 뛰어넘어 정치·사회·문화 등 광범한 영역에까지 깊게 영향을 미쳤다. 이러한 측면을 고려할 때, 영국의 그리스도교는 근대 영국의 역사 발전과 체제 안정을 설명하는 또 다른 '하나의 중요한 열쇠'[11]를 제공해 준다.

(2) 국교회의 종교적 한계[12]

18세기의 영국 국교회The Church of England는 체제 순응의 종교였다. 18세기 중반에 이르러 국교회는 경쟁하는 교회 세력이 거의 없는 가운데 국가와의 긴밀한 관계와 일체성을 유지하고 있었다. 국가는 국교회를 보호하고 중요한 특권을 부여했다. 군주는 왕위 계승법에 의해 대관식에서 국교회의 일원으로서 국교회를 수호하고 그 특권적 지위를 존중할 것을 선서한다. 당시 국민도 국교회를 믿는 일은 비단 종교적 의무일 뿐만 아니라, 시민으로서의 의무를 이행하는 것이었다. 국교회 성직자는 소득원으로 십일조를 받을 권리를 가지고 있었고, 비국교도에 대한 관직 취임 금지 조치는 중앙 정부와 지방의 관직에서, 육·해군의 장교직에서, 대학 등에서 국교도의 독점권을 사실상 보장해 주는 것이었다.

'국교'로서 국교회는 국가의 보호를 받는 대신, 당연히 국가의 통제도 받았다. 교회는 국가에 이바지하고 그 권위를 떠받들어야만 했다. 왕실은 주교들(상원의 원을 겸함)과 교구 목사의 1/10을 임명한다. 국교회의 교리와 운영에 대한

---

11) James Obelkevich, "Religion" in F.M.L. Thompson ed., *The Cambridge Social History of Britain 1750~1950*(Cambridge University Press, 1990), p. 311. 이 저서 외에 사실 관계를 주로 인용한 참고 문헌은 Owen Chadwick, "Great Britain and Europe," John McManners ed., *The Oxford Illustrated History of Christianity*(Oxford, New York : Oxford University Press, 1990) ; C.P. Hill, *British Economic and Social History 1700~1982*, Fifth edn. (Edward Arnold, 1986) ; Edward Royle, *Modern Britain, A Social History 1750~1985*(Edward Arnold, 1989) 등이다.

12) 이 부분의 내용 일부는 박우룡, 「근대 영국의 기독교와 개혁주의 정치문화」(『역사문화연구』 제8집, 1998. 2)를 기초로 수정·보완하여 작성되었다.

최종 발언권은 의회에 있었다. 모든 교구에 배치된 교육받은 성직자는 종교적인 의무만이 아니라, 교인들을 교육하고 개화시켜서 사회 질서에 순응하고 국가에 충성하도록 만드는 역할을 함께 수행해야만 했다.

국교회 성직자는 사실상 교회의 일보다는 바깥일에 더 많은 관심을 쏟았다. 주교들은 런던에서 활동하면서 신분 상승의 기회를 엿보면서 보내는 시간이 많았다. 또 상원에서 정치 참여에 보내는 시간이 교구에서 보내는 시간 못지않았다. 또 귀족 계급이 주도하는 후원 제도는 교회의 내부 개혁을 어렵게 만드는 요인이었다. 특히 성직자의 지나친 소득 불균형이 큰 문제였다.[13] 이러한 여건 때문에 국교회는 부재 성직자가 허다했으며, 그러한 상황 아래에서 성직 겸임과 출세 제일주의가 성직자의 일반적 경향이 되었다. 그 결과 1830년대의 국교회는 성직자가 주재한 교구가 전체 교구의 40%에 지나지 않을 정도로 취약한 상태였고, 그것이 큰 사회 문제로 대두되기에 이르렀다.

이러한 문제들은 성직자의 소득과 지위가 향상되면서 점차 해소되었다. 경제적으로 여유 있는 사람의 성직 지망율이 높아지고, 의회 인클로저를 통해 교구의 소득이 증대하고, 새로운 후견 제도가 생겨나면서, 과거 궁핍한 성직자 상은 넉넉한 유한 엘리트의 모습으로 급속하게 변모했다. 국교회 성직자의 신분 상승은 프랑스 혁명의 영향으로 영국의 교회와 국가가 더욱 강력하게 결속을 다진 1790~1830년 사이에 절정에 달한다.

그러나 성직자의 종교 활동은 신분 상승과 반비례한 것이었다. 배부른 성직자의 종교적 열정이 사라진 설교는 공허했으며, 대중의 물질적 궁핍도, 영혼의 목마름도 채워주지 못했다.[14] 그나마 국교회는 대중의 마음을 끌만한

---

13) 성직자의 소득 격차는 더럼Durham의 주교가 연간 6,000파운드의 수입을 올린 반면, 브리스톨 Bristol의 주교는 450파운드 소득에 지나지 않은 것에서 알 수 있듯이 매우 컸다. 1810년경 교구 성직자의 거의 1/4이 연간 100파운드 이하의 저소득층이었다.

14) Obelkevich, *op. cit.*, p. 313.

신비성이나 정서적 요소마저도 없었다. 국교회 조직도 역시 종교적 현상 유지와 정치적 안정을 유지하는 데 더 비중을 둠으로써 중세적 구태를 면하지 못하고 있었다. 더욱이 성직자가 필요한 신흥 도시에 성직자를 재배치할 만한 여력도 없었다. 이러한 복합적 요인으로 국교회 교회는 민중의 기대와는 거리가 먼 종교가 되어갔으며, 당연히 도시나 시골이나 할 것 없이 많은 신자가 이 교회를 외면하기 시작했다.

그렇다고 비국교 교회가 국교회의 종교적 역할을 대신할 수 있는 형편도 아니었다. 기존 비국교 교파(독립교회파Independents, 침례파Baptists, 장로파 Presbyterians, 퀘이커교Quakers 등)은 17세기의 전성기를 지나서 18세기 중엽에 이르게 되면서 그 세력이 점차 약화되는 실정이었다.[15] 비국교도의 신도수는 영국과 웨일스 전체 인구의 약 6%에 불과한 미미한 것이었다.

(3) 감리교 운동, 신앙의 대중화

감리교 운동Methodist Movement은 국교회가 채워주지 못한 수많은 일반 신도의 '영적 공허감'[16]을 메우기 위해 등장한 운동이다. 당시의 종교적 실상은 교회의 부패와 성직자의 나태, 중산층이나 상류층 할 것 없는 방탕한 생활 태도와 허울뿐인 신앙, 그리고 노동 빈민의 미신적 태도가 확산되는 암울한 상황이었다. 감리교 운동은 민중에게 복음주의를 통해서 새로운 종교적 열정을 심어줌으로써 올바른 신앙을 되찾으려는 노력이었다.

이 운동은 처음 국교회 내부에서 싹트기 시작했다. 그 출발점은 바로 웨슬리 John Wesley(1703~1791)의 감리교 운동이었다. 국교회의 교구 목사의 아들로 태어난 웨슬리는 옥스퍼드 대학에 진학하면서 기도 모임과 성경 공부 등에 적극적으로 참여하면서 신학적 기초를 닦았다. 그러나 대학을 졸업하고 난

---

15) M.R. Watts, *The Dissentes*, vol. 1(Oxford, 1978), p. 270.
16) Christopher Hill, *British Economic and Social History*, p. 214.

뒤, 그는 성직자 생활과 미국 조지아에서 선교사 활동을 하는 과정에서 목사로서 자신의 역할과 능력에 한계를 느꼈다. 1738년 실의에 빠져서 미국에서 돌아온 직후, 그의 삶에 중대한 전환점이 찾아온다. 그 해 5월, 그는 새로운 영적 체험을 통해 그리스도에 대한 굳은 믿음과 구원에 대한 확신을 가지게 되었다. 그 체험 이후, 그는 남은 생애를 인간에게 '믿음에 의한 개인의 구원'이라는 복음을 설교하고 전파하는 데 바쳤다. 1739년부터 그의 오랜 여정이 시작되었다. 미국에서 옥외屋外 설교의 방법을 도입한 화이트필드George Whitefield와 그의 동생 찰스 웨슬리가 그의 운동에 합류했다. 그들은 영국 전역을 순회하며 전도하기 시작했다. 웨슬리는 50년 동안 4만 번의 설교를 통해 수없이 많은 청중을 열광시키면서 그들을 깊은 신앙으로 이끌어 주었다.

그의 설교의 핵심은 청중을 새로운 영적 변화인 '큰 변화Big Change'를 경험하도록 인도하는 것이었다. 집회는 갑작스럽게 이루어지고, 설교자는 강력한 호소력을 지닌 설교를 통해 청중이 극적인 영적 체험을 하도록 인도해 간다. 설교자의 즉흥적인 설교에 스스로 참여한 청중은 이러한 과정에서 자신의 '변화conversion'를 체험하게 되는 것이다. 여기저기서 자신의 죄를 씻기 위해 영적 투쟁을 하는 사람에서 고통스러운 비명이 터져 나오고, 또 한편에서는 영적 '자유를 찾은' 사람에게서 감격과 찬양의 소리가 울려 퍼진다. 보수적인 국교도는 이러한 감리교의 집회가 종교 집회라고 볼 수 없는, 질서와 예절을 벗어나 '단순한 동물적 격정'만을 부채질 하는 수치스러운 행위라고 비난했다. 그러나 감리교도는 자신의 그러한 '열정적 태도'는 국교회의 형식주의가 억누르고 무시해온, 진정한 신앙을 갈구하는 종교적 영혼의 폭발이라고 믿었다.

설교자가 제시하는 참다운 신앙에 이르는 해결책은 간단한 것이었다. 그들은 의식儀式이 아닌 신과 인간의 관계에 초점을 맞췄다. 감리교 설교사는 하느님과 인간 사이에는 누구도 개입할 수 없으며, 교회의 의식儀式과 성찬聖餐보다는 교리가 훨씬 더 중요하다고 강조했다. 그들이 전하는, 믿음에 의한 구원, 예정설의 부정, 즉각적인 구원의 확신, 정화淨化를 강조하는 메시지는 강력하면서도 민주적인 것이었다. 대중을 감리교 운동으로 이끄는 가장 강력한 요인은 누구에게나 공통된 죽음과 저주에 대한 두려움이었다. 이 두려움은 감리교와 복음주의 운동 전반에 걸쳐서 가장 일관된 주제였다.[17] 감리교는 이전의 예정설을 부정하고, 선택받은 자만이 아닌 모든 죄인에게도 장래의 구원을 약속함으로써 그러한 두려움에서 벗어날 수 있는 가능성을 열어주었던 것이다.

감리교도 가운데 가장 열정적으로 복음주의를 추구한 집단은 원래 웨슬리파에 속했던 '원시 감리교도Primitive Methodists'였다. 이 운동은 초기에 광부와 농장 노동자 사이에서 적극적인 호응을 받으면서, 산업 발전의 초기 단계에서 그 수가 늘고 있던 소농, 기술자, 소상인, 소상점주 등의 계층으로 급속히 전파되었다. 초기 감리교 운동은 특히 여성에게서 크게 지지를 얻었다. 기혼 여성은 자신의 가정이 빈곤으로 고통 받는 것을 면하고, 가족의 안전과 가정의 평화를 바라는 마음에서 감리교에 크게 의지했다. 여성이 감리교 운동을 환영하는 또 다른 이유는 국교회와 달리 여성에게 적극적인 역할을 부여하는 이 운동의 방식 때문이었다. 그리하여 당시 농촌에서는 여성이 자주 주도하는 비공식 예배와 신앙 부흥 집회인 '오두막 집회cottage religion'가 자주 열렸고, 그것이 감리교 확산의 또 다른 기반이 되었다. 혼기를 놓친 독신 남성도 열렬한 신자가 되었다. 이러한 지지 기반의 확대로 감리교 운동은 구세군 Salvation Army 이전에 가장 대중적 지지도가 높은 종교 운동이 되었다.

감리교는 위로는 목사의 권위와, 아래로는 속인의 적극적 참여와 열정이 어우러진 독특한 방식의 종교 운동이었다.[18] 그들은 성서의 원칙을 철저히

---

17) A. D. Gilbert, *Religion and Society in Industrial England : Church, Chapel and Social Change, 1740~1914* (Longman, 1976), pp. 59~68.

18) Obelkevich, *op. cit.*, p. 324.

추종하려는 태도를 보였다. 그들에게는 기성 교단과 같은 체계적인 조직도 없었고, 어떤 종류의 계급 서열도 없었다. 각 지역의 신자는 자치적인 신앙 공동체를 중심으로 모였다. 이러한 특성상 감리교 운동에서는 '속인 목회자lay agency'의 역할이 두드러졌다. 즉 남녀 평신도가 교회 조직과 설교와 목회 활동에서 큰 역할을 했던 것이다. 또 감리교의 순회 설교사는 설교 대상을 기존 교회의 신자만으로 한정시키지 않고, 벽지의 작은 부락이나 시골 마을 사람까지도 그 범위를 확대하여 새로운 교인을 만들어 냈다. 그러는 과정에서 당시 거의 고립되어 있던 여러 오지를 문명화시키는 부수적인 효과도 거두었다. 일단 개종된 감리교 신자는 정상적인 예배 참석만이 아니라, 각종 '모임class'에 참여하여 신자 사이의 우의를 돈독히 하고, 상호부조의 정신을 길렀다.

초창기에 감리교도는 큰 탄압을 받았다. 고용주에게 감리교 운동은 노동자에게 근로 규칙을 준수하지 말도록 강요하는 것으로 여겨졌다. 젊은 청년에게는 여자 친구의 애정을 송두리째 빼앗길 위험성이 다분했으며, 남편에게는 아내에 대한 통제 상실을, 이웃에게는 공동체의 분열과 붕괴를 뜻하는 것이기도 했다. 1780년경부터 감리교를 배척하는 문서가 600편 이상이나 쏟아져 나왔다. 그들의 우려와 의구심은 감리교도에 대한 가혹한 조직적 탄압으로 이어졌다. 설교자는 수많은 사람에게 돌팔매질을 당하고, 두들겨 맞고, 강에 던져지기도 했다. 또 감리교 신자는 군대에 강제 징집되었고, 고용주로부터 해고당했으며, 숙박업자에게서 숙박을 거부당하기도 했다.

그러나 감리교 운동은 그러한 희생을 감수하면서도 영국 그리스도교에 새로운 활력을 불어 넣었고, 영국인에게 새로운 가치관을 제공하는 데도 깊은 영향을 끼쳤다. 이 운동이 성공한 이유는 우선 '믿음을 통한 영원한 구원'이라는 메시지를 통해서 격변기에 방황하는 대중에게 정신적 평화와 미래에 대한 새로운 희망을 주었다는 데서 찾을 수 있다. 또 스스로를 사회로부터 버림받았다고 소외감을 느끼는 사람에게도 그들의 영혼도 고귀한 것이라는 사실을 일깨워 줌으로써 자기 존중심을 갖게 해주었다. 또 이 운동은 신자에게 엄격한 도덕적 규율을 부과함으로써 그들을 거칠고 천한 생활 방식에서 벗어나서 근면하고 검소하며 신중한 사람으로 변화시켰다. 더 나아가 보통 사람이 지방 유지나 교구 목사로부터 독립을 선언하고, 종교적 열정, 도덕성과 자기 존중의 문제에 관해서는 어떤 신사와도 동등하거나 우월하다는 신념을 갖도록 만들어 주었다.

이 운동은 빈곤한 노동 계층에게 근로 윤리를 심어줌으로써 산업 발전에도 적지 않은 기여를 했다. 18세기 후반에 이르면 고용주도 이 운동을 반대하지 않게 되었고, 오히려 다른 노동자보다도 감리교 신자를 더 선호하기도 했다. 감리교 운동은 대중에게 종교적 희망과 새로운 가치관을 심어준 것 못지않게 산업화의 충격을 완화시키는 데도 크게 기여했다. 이 운동은 새롭게 성장하는 산업 지역에서, 특히 1800년을 전후한 사회 격동기에, 대중의 불만을 잠재우고 혁명의 발발을 예방하는 데 큰 역할을 했던 것이다. 이러한 감리교의 역할은, 20세기 초 프랑스 역사가 아레비Elie Halevy가 "혁명적 프랑스와 안정된 영국을 갈라 놓는 중요한 차이점의 하나는 복음주의적 종교의 존재 유무에 달려 있다"[19]고 말한 데서도 확인할 수 있다.

이러한 성공의 결과, 감리교 신자의 숫자는 1770년에 고작 25,000명에 불과하던 것이 1800년에는 94,000명으로, 그리고 1830년에는 286,000명으로 불어났다.

---

19) Edward Royle, *Modern Britain, A Social History 1750~1985*(Edward Arnold, 1989), p. 299. 최근에 톰슨Edward P. Thompson은 복음주의가 급진주의 운동이 탄압받고 좌절되는 과정에서 성장했다고 주장한다. 즉 1790년에서 1830년까지 감리교도가 대규모로 증가한 것은 절망에 빠진 인간에게 천년왕국적 기대감이 확산된 결과라는 것이다. Thompson, *The Making of English Working Class* (Vintage Books, 1966), Ch. 11. 그러나 1800년 이전에는 그러한 주장을 뒷받침할 만한 수의 감리교도가 존재하지 않았기 때문에, 감리교 운동 때문에 영국에 혁명이 발발하지 않을 수 있었다는 주장은 설득력이 약하다는 반론도 있다. Obelkevich, *op. cit.*, p. 325. 18세기 영국의 종교와 급진주의의 관계에 관한 해석은 James E. Bradley, *Religion, Revolution, and English Radicalism : Nonconformity in Eighteenth-Century Politics and Society* (Cambridge University Press, 1990), Ch. 1 참고.

물론 등록을 하지 않고도 정기적으로 교회에 출석하는 수많은 추종자는 이 숫자에서 제외된다. 웨슬리 생전에 주로 도시 설교에 집중된 감리교 운동은 그 후 서부와 북부의 농촌과 도시 주변 지역까지 그 전도 영역을 확산시켜 나갔다. 그 지역은 국교회 교회나 옛 비국교도 교회의 세력이 미약한 곳이었다. 웨슬리 자신이 살아 있는 동안 식민지에도 많은 교인을 만들었다. 반면 감리교는 런던과 남부 혹은 남동부에서는 활동이 미약했다.

웨슬리 자신은 새로운 교파나 종파를 만들려는 의도가 없었고 살아 있는 동안 계속 국교도로 남아 있었다. 그는 원래 정치적으로 보수적 기질을 가졌으며, 영국 국교회의 기득권을 인정했다. 그는 국교회 테두리 안에서 자신의 운동을 지속해 나가려고 했던 것이다. 그러한 웨슬리의 노선을 추종하는 주류 세력의 태도는 영국의 체제 안정에 도움이 되었다. 그러나 웨슬리의 보수 노선을 지지하지 않는 감리교도는, 그의 사후인 1791년에 웨슬리파를 이탈하여 독립된 교파로 감리교를 설립했다.[20]

감리교 운동은 웨슬리의 사후에 가장 큰 발전을 이루었다. 1830년까지 비국교도와 감리교의 연합 세력은 국교회의 다수 신도 속으로 깊게 침투해 들어가고 있었다. 출발은 국교회에서 했지만 감리교 운동은 결국 그 테두리를 벗어나서 국교회에 가장 큰 경쟁 종파가 되었다. 국교회의 복음주의가 중상류층에게서만 지지를 받은 반면, 감리교 운동은 대중의 전례 없는 호응을 받은 새로운 종교 운동이었다. 그리고 이 종파는 곧 옛 비국교도와 스코틀랜드의 개신교에서 지배적인 위치를 차지했다. 물론 오늘날까지도 복음주의는 국교회의 소수파에게도 여전히 영적 활력을 불어넣고 있다. 감리교 운동 이후 영국에서 기독교는 대부분의 사람에게 다양한 복음주의적 기독교를 의미하게 되었다.

---

20) 이 점에서 복음주의를 정치적 보수주의와 바로 동일시하는 견해를 받아들이기 어렵다는 지적도 있다(G.I.T. Machin, *Politics and the Churches in Great Britain 1832 to 1868*, Oxford : Clarendon Press, 1977 p. 14).

(4) 국교회 복음주의 운동, 빅토리아적 가치관의 기초

영국의 그리스도교가 전성기를 누리면서, 근대 서유럽 그리스도교 발전에 가장 긍정적인 공헌을 한 것은 바로 19세기의 복음주의 운동The Evangelical Movement(혹은 Evangelical Revival)을 통해서였다.[21] 18세기 말에 시작된 이 운동은 영국 국교회의 종교적 무력감과 인간의 현실적 삶에 대한 냉담한 태도를 극복하려는 동기에서 일어났다. 이 운동에 참여한 인물들은 성서를 중심으로 청교도적 삶을 지향하면서 그리스도의 복음과 사랑을 전파하고 실천하는 데 적극적인 모습을 보였다. 1800년까지 '국교회 복음주의Anglican evangelicalism'는 속인과 성직자 양측에서 지지를 받는 전국적인 운동으로 확산되었다.[22] 이 운동은 1800~1830, 1840년대에 가장 활발했다. 19세기에 아프리카·인도·중국에서 성공적인 선교 활동이 있었는데, 그 주역은 영국·독일·네덜란드·스위스 어느 나라 출신이건 복음주의를 지향하는 선교사들이었다.[23] 또한 비슷한 시기에 복음주의적 선교 활동은 스페인·포르투갈·이탈리아 등지에서 그 규모는 작았지만 일시적으로 놀랄 만한 성공을 거두었다. 복음주의는 영국의 정치 문화와 생활 방식에도 큰 영향을 끼쳤다.

이 운동은 여러 측면에서 빅토리아 시대 영국의 이념을 대변하면서 19세기 영국의 중·상류층의 가치관 형성에 큰 영향을 미쳤다. 이 운동은 초기 복음주의 운동을 주도하다가 독립해 나간 감리교 운동에서 많은 영향을 받았으며, 두 운동 사이에 상당한 공통점을 발견할 수 있다. 그러나 두 운동은 공통점

---

21) 복음주의 운동Evangelicalism(Evangelical Movement)은 18세기 감리교 운동에서 촉발되어, 19세기의 전성기를 거쳐 오늘에 이르는, 그리스도교 운동의 광범위한 한 흐름이다. 그러므로 19세기의 복음주의의 한 운동을 바로 '복음주의 운동'으로 부르는 것은 혼동을 일으킬 여지가 있다. 19세기가 복음주의 운동Evangelical Revival의 전성기였기 때문에 그러한 명칭으로 부른다고 하더라도, 그것은 복음주의 운동의 일부라는 사실을 유념해야 할 것이다.

22) Obelkevich, *op. cit.*, p. 323.

23) *Ibid.*, p. 342.

못지않게 차이점도 컸다. 큰 차이점은 감리교 운동의 대상이 일반 민중이었던 데 반해, 복음주의 운동은 중·상류층과 국교도 성직자를 대상으로 한 데서 찾을 수 있다. 또 전도 방식도 감리교 운동처럼 대중 집회를 통하지 않고, 일종의 점진적 침투의 방법을 택했다.

본래의 '복음주의자' 곧 감리교의 이탈 이후에 영국 국교회에 잔류한 신자는 보수주의 노선을 추구하면서 점차 지지 세력을 넓혀 갔다. 이 운동은 프랑스 혁명의 영향으로 급속하게 확산되었다. 혁명의 충격은 복음주의자에게 영국 사회에 보수주의 기풍을 더 강화해야 할 필요성을 일깨워 주었다. 그들은 평등의 요구와 폭력적 분위기가 확산되는 것을 막기 위해서, 아울러 그러한 시기에 상류층의 쾌락주의를 억제하기 위해서 새로운 종교적 가치관을 제시했다. 이 가치관은 이른바 '새로운 도덕 경제학new moral economy'이었다. 즉 진지함sobriety, 자기 억제self-control, 성적 절제sexual restraint와 품격respectability 의 가치관을 기반으로 하는 새로운 생활 방식을 추구하자는 것이었다. 이것은 바로 빅토리아적 가치관Victorianism의 정신적 기반의 하나로 자리잡게 되었다.

프랑스에서 가톨릭 군주정의 몰락은 가톨릭교회 그 자체가 몰락할 날이 멀지 않았다는 종말론적 희망을 부추겼다. 성서의 예언서에서 단서를 찾으면서 복음주의자는 가까운 미래에 훨씬 강력한 사건들(이교도의 개종, 예수의 재림, 천년 동안 예수의 지배, 새로운 하늘과 새로운 땅이 일어날 것으로 예견했다. 1790년대에 복음주의자(국교도 뿐만 아니라 비국교도)가 새로운 선교 운동을 본격적으로 시작한 것은 그러한 분위기를 반영한 것이었다.

복음주의 운동은 처음에는 귀족 계급 안에서 동조자가 생겨났지만, 점차 중간 계급으로 그 지지 기반이 확대되었다. 프랑스 혁명으로 사회 불안이 고조되는 시기에, 복음주의자는 부富는 신의 '축복blessing'이며, 기존의 사회 질서는 신이 부여한 것이라고 말함으로써, 중간 계급의 불안감을 덜어주는

데 큰 역할을 했다. 또한 복음주의에서 추구하는 미덕과 중간 계급의 가치관은
"놀랄 정도로 닮았다."[24] 복음주의자가 요구하는 자기 수양, 근면과 도덕적
정직성, 시간의 올바른 이용에 대한 집착, 조기 기상에 대한 지나친 예찬,
깨어나 있는 모든 순간을 하느님에게 설명해야 하는 엄격한 의무, 게으름과
천박함에 대한 비난, 이 모든 것은 중간 계급에게서 적극적인 반응을 일으켰다.
복음주의자가 선교 사업과 박애 운동에 도입한 '도덕적 기업가 정신'은 반
곡물법 동맹Anti-Corn Law League과 같은 중간 계급의 압력 단체에서 되살아났다.
중간 계급의 가정은, 가장이 가족과 하인을 거실에 모아놓고 예배를 인도하면서
복음주의를 전파하는, 이른바 '가족 신앙parlour religion'의 실천 장이 되었다.

복음주의자는 참된 그리스도인이 되는 길은 끊임없이 기도하고 성경을
읽는 가운데 적극적인 선행을 실천하는 일이라고 주장했다. 선행은 개인이
구원을 받는 데 도움을 얻기 위한 것이라기보다는, 신이 요구하고, 다른 사람을
신에게 인도할 수 있도록 하기 위해서 필요하다는 것이었다. 그리스도인은
악과 끊임없는 투쟁 속에서 선을 실천해 가면서, 그들의 모든 행위는 도덕적
검증을 거쳐야 한다는 것이다. 그들이 특히 노예 제도를 반대한 것은 그
제도가 악한 것일 뿐만 아니라, 자유로운 인간만이 더 쉽게 새로운 영적
체험과 개종을 할 수 있다고 믿었기 때문이다. 복음주의자는 그들의 조직과
정기 간행물을 통해 그들의 대의명분을 소개하고 적극적으로 실천해 나갔으며,
또 교회 내부와 교회 외부의 적과도 싸웠다.[25] 그러한 노력은 성직자 가운데
상당수(적어도 전체의 1/10 이상)를 복음주의자로 만들었으며, 상류 계급과
중간 계급의 가치관과 생활방식을 크게 변화시켰다.[26]

복음주의는 사회 지도층에게 깊은 영향을 끼쳐서 그들이 가난하고 고통받는

---

24) *Ibid.*, p. 322.
25) *Ibid.*, p. 324.
26) Hill, *British Economic and Social History*, p. 216.

사람의 삶을 개선하는 데 헌신하도록 만들었다. 그들 중 대표적 인물은 윌리엄 월버포스William Wilberforce(1759~1883)와 셰프스베리 경Lord Shafesbury이었다. 윌버포스는 클래팜파The Clapham Sect의 지도적 인물이면서 반노예제 운동의 중심인물로, 의회에서 노예제 폐지 운동과 사회 개혁 운동을 대변했다.

셰프스베리 경은 지주 출신의 뛰어난 재능을 가진 인물로 복음주의 신앙의 세례를 받고 나서 사회 개혁 활동에 온 생애를 바친 인물이다. 그는 공장 개혁 운동의 지도자가 되어 오랫동안 투쟁했으며, 여성과 아동의 광산 고용을 금지시켰다. 또 빈곤층 아동을 위한 빈민 학교도 설립했다. 이러한 노력을 통해 그는 수백만 명의 인간에게 삶의 고통을 덜어줬다.

빅토리아 여왕도 복음주의의 실천에 앞장섰다. 그녀는 모든 의식주의를 배격하고 내면의 신앙을 중시하는 철저한 '저교회Low Church' 파였다. 그녀는 도덕주의자였으며 주일을 엄수하고 무엇보다도 지도자로서 강한 의무감을 보여주었다. 그러한 여왕의 태도는 상류 계급과 중간 계급의 많은 사람에게 강한 영향을 끼쳤으며, 다수가 그러한 태도를 본받게 되었다.

상류층이 만든 복음주의 단체 가운데 대표적인 것은 클래팜파였다. 그들 대부분은 런던 교외의 클래팜에 거주하는 은행가나 대지주를 포함한 부유층이나 정계 인사로 그 가운데 상당수가 복음주의의 속인 지도자가 되었다. 윌버포스와 같이 의회 의원이었던 인사들은 뜻을 같이 하는 의원끼리 의회 안에 '성자The Saints'라는 소그룹을 결성했다. 또 그들의 가치관을 국교회에 본격적으로 확산시키기 위해서 국교도의 거주지를 매입하여 복음주의파 성직자를 그 곳에 거주시키기도 했다.

복음주의 활동이 본격적으로 시작된 시기는 윌버포스가 노예무역 반대 운동을 대대적으로 일으킨 1795~1808년 사이였다. 당시 그들은 노예 문제뿐 아니라, 해외 선교단과 성서 협회의 창설, 주일 엄수의 실천, 결투 금지, 짐승을 싸움시키는 오락 금지, 감옥의 개선 등에 앞장섰다. 그들의 목적은 사회 개혁을 통해 영국에 새로운 영적 변화를 일으키고, 가톨릭 교회를 영국에서 몰아내서, 궁극적으로는 지상의 모든 국가에 그들의 새로운 그리스도교를 전파하려는 데 있었다.[27] 1867년 동부 런던에 집 없는 수많은 아이를 위한 고아원Barnardo's Homes을 건립한 사실이나, 1878년 구세군Salvation Army을 창설한 사실이 두드러진다. 동부 런던에서 복음주의 선교사로 30년간 봉사했던 윌리엄 부드William Booth가 시작한 구세군 운동은 빈민구호 활동과 직업교육 센터 운영으로까지 확대되었다. 그리하여 영국 역사상 빈곤과 고통에 신음하는 소외 계층을 돕는 가장 대표적인 운동으로 발전했다.

(5) 옥스퍼드 운동, 복음주의에 대한 반발

옥스퍼드 운동Oxford Movement은 복음주의의 특정 양상에 대한 일종의 반발로 시작했다. 빅토리아 시대의 종교적 주류에는 복음주의가 자리잡고 있었지만, 19세기 중반에 이르러서 또 다른 중요한 종교 운동이 발생한다. 그 가운데 가장 널리 알려진 것은 1833년 늦여름에 성 매리 교구의 목사들의 주도로 시작된 옥스퍼드 운동이다. 이러한 명칭이 붙은 것은 그 운동의 대표적 지도자가 모두 옥스퍼드 대학에서 교육자로 활동한 사람들이었기 때문이다. 특히 오리엘 칼리지Oriel College의 뉴먼Henry Newman, 케블John Keble, 푸지 Edward Pusey가 두드러진 활동을 했다. 이 운동은 국교회 안에 전통 의식을 고양시키고, 영국 국교회가 가톨릭 보편 교회의 일부로 존속하고 있다는 사실을 역설하고, 국가 권력에서 교회의 독립[28]을 강조했다.[29]

빅토리아 시대 초기 영국 국교회 안에는 대표적인 세 노선이 존재했다.

27) Obelkevich, *op. cit.*, p. 322.
28) Hill, *op. cit.*, p. 218.
29) Royle, *op. cit.*, pp. 303~304.

첫째는 복음주의로서 윌버포스 세대 이후 애쉴리 경Lord Ashley이 주도하고 있었다. 두 번째는 광교회파廣敎會派(Latitudinarians 혹은 Broad Church)로 럭비의 토마스 아놀드Thomas Arnold와 그 제자가 이끌었다. 세 번째는 옥스퍼드 운동이었다. 세 파는 교회, 신학, 정치에 대해서 각각 다른 입장을 보였다. 복음주의자는 정치에서 보수 경향을 보이면서, 로마 가톨릭을 지지하는 것으로 여겨지는 어떤 종파도 불신하는 경향이 있었다. 그들은 교회의 외적인 모습에는 큰 비중을 두지 않았지만, 하느님의 가르침을 전파하기 위해서 비국교 안의 복음주의자와 기꺼이 협력하려는 태도를 보였다. 신학에 있어서 그들은 자유주의적 칼뱅주의자이면서, 그 외곽에 천년왕국이라는 근본주의 신앙을 추구하는 일부 세력을 포함하고 있었다. 광교회파는 정치와 신학에 있어서 자유주의를 지향하는 경향이 있었으며, 그 이름이 의미하는 바와 같이, 잉글랜드와 웨일스에 민족 교회를 재건하기 위해서 전통적인 국교회의 입장을 포기하고서라도 비국교도와의 관계를 개선하려는 입장을 취했다.

세 번째로 옥스퍼드 운동은 의식주의儀式主義(ritualism)를 지향했다. 이 노선은 1833년 뉴먼이 소책자 「시대사조Tracts for the Times」를 통해 입장을 밝힌 이래, 지속적으로 간행된 책자가 일관되게 표방했다. 그들은 영국 국교회를 영국에서 가톨릭교회의 진정한 대변자로 간주했다. 그리고 그들은 종교적 영감을 종교개혁이 아닌, 중세 교회에서 찾았다. 그들은 영적인 문제에 국가가 개입하는 데 분개했으며, 심지어 그들 가운데 일부는 자유로운 영국 국교회를 세우기 위해서 기존 국교회를 이탈하는 문제를 심사숙고하기까지 했다. 이 운동은 내면의 신앙에 중점을 둔 '저교회Low Church' 복음주의에 불만을 느끼고 있는 성직자 사이에서도 추종자를 얻게 되었다. 뉴먼의 뛰어난 인간적 매력과 장점도 크게 작용하여 옥스퍼드의 수많은 학생이 그를 추종하면서 그 운동은 초기부터 신속하게 퍼져 나갔다. 그 결과 '영국형 가톨릭Anglo-Catholicism'의 성장과 국교회 내부에서 '고교회High Church'파의 성장을 초래했다. 고교회파는 눈에 보이는 교회의 권위, 즉 성사와 전승tradition을 강조하는 파였다.

그러나 옥스퍼드 운동은 한편으로 거센 반발을 불러 일으켰다. 19세기의 복음주의 개신교도에게 그 운동이 중시하는 의식주의는 로마 가톨릭의 색채가 짙은 것이었다. 그들에게 옥스퍼드 운동가는 사실상 로마 가톨릭 신자나 다름없었고, 내부로부터 국교회를 좀먹는 무리로 여겨졌다. 특히 39개조 가운데 어떤 것도 전통 가톨릭 교리와 대립되는 것이 없다는 점을 입증하려고 시도한 뉴먼의 논문(Tract XC, 1841)은 뜨거운 논쟁을 일으키면서 개신교도를 격분시켰다. 그러한 의구심은 옥스퍼드 운동의 지도자가 1840년대 로마로 갔을 때 최악의 현실로 입증되었다. 가장 대표적인 인물인 뉴먼은 1845년 로마 가톨릭으로 전향했고, 결국 그는 1879년에 로마 가톨릭의 추기경 자리에까지 올랐다. 그의 이탈은 옥스퍼드 운동에 일대 타격이었다.

결국 이 운동은 영국 국교회에 큰 분열을 가져왔다. 비록 영국식 가톨릭을 추구하는 성직자의 수가 늘어나는 추세라고는 하지만, 평신도의 대다수는 아직도 확고한 복음주의자였다. 이 운동의 지도자도 대부분 복음주의 가정 출신이며, 그들의 경건함이 비록 가톨릭의 언어로 표현되고는 있지만, 그 근본 뿌리는 복음주의였다.30) 의식주의자와 과격한 국교도 사이의 대립은 영국 국교회를 분열의 위험으로 몰고갔다. 많은 국교도는 의식주의자에 대한 사법적 처벌을 원하는 빅토리아 여왕의 입장에 동조하고 있었다. 마침내 1874년에 의회는 공중 예배법Public Worship Act을 통과시켰다. 그 법은 기도서가 규정하는 범위를 이탈해서 예배를 인도하는 국교회 성직자를 국가가 처벌하도록 규정했다. 그 법의 적용으로 많은 성직자가 기소되었으며, 어떤 이는 실제로 감옥에 갇히기도 했다. 스코틀랜드에서도 복음주의 운동은 국교회를 분열시켰

30) Chadwick, *op. cit.*, pp. 342~343.

으며(1843), 20세기에 와서야 재결합이 이루어졌다(1929).

옥스퍼드 운동에 대한 개신교도의 분노는 로마 가톨릭의 활동이 눈에 띠게 활발해지면서 점점 고조되었다. 18세기에 영국의 가톨릭 공동체는 몇몇 귀족 가문이 이끌고 있었을 뿐, 스코틀랜드의 한두 군데 고지대 지역과 랭커셔와 스테포드셔Staffordshire의 일부 지역을 제외하고는 극소수에 불과했다. 19세기 초에 아일랜드 노동자가 글래스고우, 리버풀, 그리고 여타 도시로 이주해 오면서 가톨릭교도의 숫자가 늘기 시작했다. 그러나 1840년대에 영국(아일랜드 를 제외한)의 가톨릭 신자의 수는 아직 25만 명 정도에 지나지 않았다. 영국의 가톨릭은 비록 수적 열세를 면치 못하는 가운데 침묵할 수밖에 없는 처지였지만, 신자의 가슴 속에서 신앙의 불길은 뜨겁게 타오르고 있었다.[31]

그러나 아직도 영국에서 반가톨릭 정서는 1780년의 고든 폭동Gordon Riots에 서 목격된 바와 같이 걷잡을 수 없는 것이었다. 1850년에 교황 피우스 9세가 잉글랜드에 로마 가톨릭의 대주교구와 주교구를 다시 설립하려는 계획을 발표했을 때도 폭동이 일어났다. 교황은 영국 국교회와 유사한 주교구 제도를 만들려고 시도했던 것이다. 그러나 휘그파 수상인 러셀 경Lord John Russell은 국교회 주교 대부분이 지지하는 가운데 그에 대한 반대의 입장을 강력하게 표명했다. 1851년에 제정된 교회법An Ecclesiastical Titles Act은 이미 국교회 성직자가 사용하고 있는 성직명을 어떤 다른 성직자도 보유할 수 없도록 선언했다. 그러나 20년 후 그 법은 많은 사람이 공감하는 가운데 폐지되었다.

반가톨릭적 사회 분위기에도 불구하고 옥스퍼드 운동은 종교계와 사회에 지속적인 영향을 끼쳤다. 이 운동은 성직자에게 높은 수준의 학식을 요구함으로 써 성직자의 자질과 수준을 높이는 데 기여했다. 또한 종교적 헌신의 정신을 전파하여, 19세기 후반에 많은 성직자가 대도시의 빈민굴에서 솔선하여 봉사하

---

31) Hill., *op. cit.*, p. 219.

는 모습을 흔히 볼 수 있도록 만들었다.

(6) 윤리주의 운동

교회가 직접 나서서 보다 적극적이고 꾸준한 사회활동을 통해 큰 효과를 얻은 것은 윤리주의 운동Ethical Movement이었다. 이 운동은 빅토리아 시대 과학주의의 확산에 따른 신앙심의 상실을 우려한 대응책의 하나였다. 이 운동은 1880년대를 지나서 1890년대에 들어오면서 대중이 성서를 더 이상 적극적으로 받아들이지 않는 상황에서 그리스도교의 도덕적 교훈을 지키기 위한 시도로 출발한 것이었다.[32] 그러나 이 운동의 더 중요한 목적은 인간의 '정신적 변화'를 통한 계급 갈등의 해소와 온건 개혁에 대한 공감대를 형성하는 데 그리스도교계가 적극적인 역할을 함으로써 산업 사회의 폐단을 해소하고 건전한 사회 질서를 추구하려는 데 있었다.

이 운동을 주도한 대표적인 단체는 '런던 윤리협회London Ethical Society,' '사우스 플레이스 윤리협회South Place Ethical Society,' '서西런던 윤리협회West London Ethical Society' 등이었다. 이 단체들은 교회가 운영하는 주일학교에서 중간 계급과 노동 계급의 교육을 통해 세속적·인도주의적 도덕 교육을 실시하고, 나아가 진보 이념의 발상지 역할도 했다. 이 운동은 여러 방면의 사회 문제에 관여하면서 산업 사회가 몰고온 여러 폐단에 대한 해결책을 모색했다. 이 점에서 가장 대표적인 그리스도교 사회 활동의 하나라고 할 것이다.

이 협회는 매주 일요일 집회를 가지며 이 단체가 추구하는 목표를 확산시켰다. 이 집회에서는 종교 토론에서부터 각계각층의 노동자가 자신이 속한 산업 현장의 문제점에 관한 토론에 이르기까지, 사회 개혁을 위한 다양한 논의가 활발하게 이루어졌다. 윤리협회의 활동 영역은 개인의 도덕 행위의 기초를

---

32) Peter Weiler, *The New Liberalism, Liberal Social Theory in Great Britain 1889~1914*(Garland, 1982), p. 79.

마련하는 데 머무르지 않고, 정치·사회 영역으로까지 확대시켜 나갔다. 그리하여 윤리 운동가는 "당대의 사회적 중대 현안에 대한 자신의 태도를 밝히고 국민의 경제적 무능을 해소하고 빈민굴과 '노동 착취'를 폐지하고 그 밖의 것을 위해 노력해야 한다"[33]고 주장했다. 1898년에 결성된 '윤리 선전자 협회'는 "산업 사회의 삶이 …… 정당한 대가가 적절한 휴식과 인간적인 요구의 충족과 함께 주어지는 노동의 기초 위에 정의롭고 인도적으로 자리잡아야 한다는 요구에 대한 강한 공감대"[34]를 요구했다.

그러나 노동운동을 지지하면서도 급진적 윤리 단체는 '사회주의'를 지지하지는 않았다. 윤리 운동가는 "생산 수단의 사회화와 같은 어떤 외부적인 작용에 의해서 영국의 사회적 병폐를 치유하려는 시도에 관한 뿌리 깊은 의구심을 가지고 있었다."[35] 그들이 희망한 것은 사회와 산업의 개혁에 대한 노동자의 요구를 도덕적 개인주의와 조화시키기를 원했던 것이다. 이 운동은 노동 계급과 중간 계급의 계급적 이질감을 해소하고 계급적 조화를 이루는 데 하나의 중요한 가교架橋 역할을 했다. 이러한 그리스도교계의 노력은 영국의 노동운동이 '비국교도적 인도주의Nonconformist humanitarianism'를 지향하는 데 정신적 기반을 제공했다.[36] 이 운동에 참여한 인사들은 훗날 정치 무대에서 중간 계급과 노동자가 제휴하는 데 하나의 연결고리가 되었으며, 사회주의 정당이 아닌 진보 정당으로 노동당이 탄생하는 하나의 정신적 원천이 되기도 했다.

---

33) *Ibid.*, pp. 79~80. 이 내용은 *Manifesto of the First Congress of the International Ethical Union*(1896), p. 2에도 반복되고 있다.

34) Society of Ethical Propagandists, "Open Statement from All Members," *Ethical World,* I(June 25, 1898), p. 408.

35) J. H. Muirhead, "Sketch for the Volume," in G. Spiller, *The Ethical Movement in Great Britain, A Documentary History* (London, 1934), p. 1.

36) George L. Bernstein, *Liberalism and Liberal Politics in Edwardian England*(Boston, London, Sydney : Allen & Unwin, 1986), pp. 65, 77.

(7) 비국교도의 개혁 정치

19세기 전반기에 비국교도의 정치 활동은 큰 진전을 이루었다. 그들의 정치적 역할과 위상은 19세기의 대표적 정치가 글래드스턴William E. Gladstone 의 말처럼 '영국 자유주의의 중추'였다. 그들은 자유당과 긴밀하게 연합해 적극적인 정치 활동을 전개했다. 이것은 무엇보다도 '새로운 비국교도New Dissenters,' 특히 감리교도The Methodists, 조합교회주의자Congregationalists, 침례교도Baptists라는 세 분파의 세력 신장 때문이었다. 비국교도의 신장은 당시 국교도의 숫자와 거의 맞먹는 것이었다.[37] 지역적으로 비국교도의 증가는 북부, 중부의 신흥 산업 도시와 웨일스, 잉글랜드 서부와 이스트 앵글리아의 농촌에 집중되고 있었다. 사회적으로는 중간 계급과 숙련공이 다수를 점하고 있었고, 반면 산업 프롤레타리아나 극빈층은 거의 포함되지 않았다.[38] 그들은 여러 분파로 갈라져 있었지만, 가문과 토지 소유의 기득권을 사회적 지위를 결정하는 기준으로 삼는 가치관과 사회 질서에 반발하는 점에서는 일치된 태도를 보였다.

비국교도 신자의 세력이 급속히 커가면서 당연히 그들의 사회 참여의 기회와 활동의 폭도 넓어지게 되었다. 이들은 1820년대에 최초의 정치 운동을 통해서 그들의 결집된 힘을 성공적으로 과시했다. 오랫동안 비국교도의 사회활동에 장애가 되어왔던 심사령을 그들의 힘으로 마침내 폐지시켰던 것이다(1828). 이를 계기로 비국교도는 '새로운 적극적 자신감'을 갖게 되었다. 1832년 선거법 개정은 그들의 정치의식을 보다 성숙시키는 계기가 되었다. 이후 비국교도가 정치 세력으로 크게 성장한 곳은 중앙의 의회보다는 지방의 정치 무대였다.

---

37) 1851년의 종교 센서스에 따르면 비국교도(그들은 Dissenters라는 호칭을 1840년대부터 Nonconformists로 스스로 바꿔 부르기 시작했다)의 숫자가 거의 5백만 명에 달했다. 당시 인구는 2000~2100만 명이었다. 그 수는 당시 인구가 1000만 가량이던 18세기 말의 2백만 명에 비하면 대단한 성장이었다.

38) K. S. Inglis, *Church and the Working Class in Victorian England* (London : Routledge, 1963, 2006).

1835년에 통과된 지방자치법Municipal Corporation Act으로 그들은 수많은 도시와 읍의 지방의회에 성공적으로 진출할 수 있었다. 특히 맨체스터, 리버풀, 리세스터, 버밍엄, 콜세스터는 막강한 힘을 가진 비국교도 상업 엘리트가 도시의 정치 주도권을 장악하게 되면서 '비국교도의 대도시'가 되었다.39)

마침내 비국교도는 심사령 폐지를 계기로 법조문에 불과했던 종교적 평등을 실질적 평등으로 만들려고 시도하기 시작했다. 그들에게 가장 큰 장애물로 여겨져 온 종교적·교육적 불평등을 본격적으로 해소하려고 들었다. 그들은 교회세, 출생·결혼·사망 등의 문제에 관한 국교회의 통제, 옥스퍼드와 케임브리지 대학의 국교도 독점 등을 문제 삼았다. 그러나 그들의 요구는 초기에는 현실 정치에 거의 반영되지 못했다.

이때 런던의 하층 중간 계급 출신인 미알Edward Miall40)이 그들의 강력한 대변자로 등장했다. 그는 앞장서서 운동의 기금 마련과 신문 발간을 위해 전국적 운동을 전개했다. 그러한 노력은 급기야 국교제 폐지 운동을 촉발했고, 정치적 평등의 문제로 비화되어 선거권 확대와 의회 개혁 운동으로까지 확산되었다. 미알은 노동 계급과도 연대를 모색했다. 그는 차티스트와의 협력을 통해 비국교도가 유산 계급화 되는 상황에서 중간 계급과 노동 계급 사이의 정치적·종교적 장벽을 무너뜨려야 한다고 주장했다.

1840년대의 국교제 폐지 운동이 구호에 그치고 말자, 비국교도는 사실 그보다 더 시급한 현안인 교육 문제에 매달렸다. 국교회 계열의 학교에만 국가가 지원을 하는 현실에서 비국교도는 국가의 통제를 벗어난, 종교적 색체가 배제된 무상 교육을 원했다. 결정적으로 교육 개혁에 대한 입장 차이로 글래드스턴과 결별한 그들은 1869년 챔벌린을 앞세워 전국 교육 동맹National Education League을 결성했다. 그러나 1870년에 통과된 교육 법안은 그들이 원하는 교육

---

39) Asa Briggs, *Victorian Cities*(Pelican, 1968).
40) 대학강사, 작가, 언론인, 1852~1857, 1869~1874 하원의원.

개혁의 이상인 전국적 실시, 종교적 영향력 배제, 무상無償 교육과는 거리가
먼 것이었다.

1853년에 국교회 폐지와 국가 지원 금지라는 단일 목적을 표방하는 거대
압력 단체인 자유협회The Liberation Society가 조직되었다. 이 단체는 1850년대와
1860년대에 비국교도 운동의 구심점이 되었으며 비국교도의 정치적 영향력
확대에 지속적으로 기여했다.[41] 1867년의 제2차 선거법 개정으로 비국교도의
정치적 영향력은 더욱 커졌다. 마침내 비국교도와 오랫동안 제휴 관계를 유지해
온 글래드스턴이 교회세 폐지 법안을 보수당 정부에서 통과시켰다. 그것은
비국교도의 정치적 승리이자, 사회 개혁을 추구한 그들의 이상이 거둔 승리였
다.[42]

1867년 이후 영국의 의회 안에는 개혁주의 성향의 비국교도 의원이 대폭
늘어났다. 1870년 이전까지 종교와 정치의 결합은 대부분의 비국교도에게는
대체로 국교회의 해악을 의미하는 것이었다.[43] 그러나 19세기 후반이 되면서
비국교도는 자신을 국가의 정책을 수립할 정치적 힘을 가진 대체 세력으로
생각할 만큼 자신감과 수적인 여유를 생각하게 되었다. 글래드스턴의 자유당은
비국교도의 정치 참여를 위한 자연스러운 기반이 되었다. 그리고 비국교도는
음주, 개인의 도덕성, 평화, 그리고 무엇보다도 교육과 같은 문제에 영향력을
행사하려고 노력했다. 그러한 적극적 정치 참여의 결과 1874~1880, 1880~1885
기간의 의회 의원 가운데 비국교도가 70%를 점했으며, 특히 '비국교도-자본
가'[44] 출신이 많은 비중을 차지했다. 바로 이 시기가 비국교도가 영국 정치의

---

41) 그 밖에도 그리스도교가 정치적 영향력을 행사한 대표적 단체는 금주운동단체인 United
   Kingdom Alliance와 Education League였다.
42) Paul Adelman, *Victorian Radicalism, The middle-class experience, 1830~1914*(Longman, 1986),
   p. 77.
43) Royle, *op. cit.*, p. 321.
44) John Vincent, *The Formation of the Liberal Party, 1857~68*(London : Penguin Books, 1966,

중추 세력으로 절정기를 누렸던 시대이다.[45] 심지어 1906년 선거에서 자유당의 승리를 많은 비국교도는 그들 자신의 대의가 성공한 것으로 여겼다.[46]

그러나 비국교도 출신의 정치 엘리트는 19세기 노동자의 빈곤과 실업이라는 산업 문제를 의회에서 해결하는 데 한계를 드러냈다. 이들 자본가 비국교도가 주도하는 의회와 국가 정책은 국민 대다수를 차지하는 하층 노동자의 권익 향상과 삶의 질을 높이는 데는 등한했다. 이들 부유한 비국교도가 추구한 자유주의의 한계는 영국에 새로운 자유주의의 필요성을 제기하는 것이었다.

빅토리아 시대의 영국은 종교가 국민의 정서 속에 깊게 자리잡고 있었다. 대다수 국민은 일주일에 최소한 한 번 혹은 두 번 이상 습관적으로 교회나 성당에 갔다. 그러한 모습은 런던이나 일부 팽창하고 있는 대도시의 경우를 제외하고는 전국적인 현상이었다. 또한 빅토리아 시대인은 어느 교파를 막론하고 그리스도교 복음의 진리에 대해 전혀 의구심을 갖지 않았다. 성경은 모든 계급의 사람에게 폭넓게 자주 읽혔으며, 중상류 계층의 가정에서 가족 기도회를 통해 일과를 시작하는 것은 정상적인 관행이었다. 주일은 엄격하게 준수되었다. 주일에는 노동과 즐거운 놀이가 금지되었고, 오직 교회와 주일학교Sunday Schools를 가고 독서와 진지한 사색을 하는 날로 정해져 있었다. 그 시대에 그리스도교는 수많은 인간에게 자기만족과 자신감, 정력적이고 근면한 태도, 그리고 매우 강한 의무감을 주었다.

그러나 빅토리아시대 말에 이르면 그리스도교가 영국 국민의 삶에 미치는 영향력은 줄어들게 된다. 그러한 변화를 일으킨 데는 여러 가지 요인이 함께 작용하고 있지만, 무엇보다도 1890년대에 이르면 교회는 과거와 같은 유능한 인재를 성직자로 끌어들일 수 없게 되었기 때문이다. 과거보다 대학 졸업생이

1972), pp. 28~30.

45) T. W. Heyck, *The Dimensions of British Radicalism*(University of Illinois Press, 1974), p. 8.

46) Royle., *op. cit.*, p. 321.

직업을 선택할 수 있는 범위가 넓어졌으며, 동시에 농업의 침체는 성직자의 소득을 감소시켜 성직에 대한 매력을 감소시켰다. 비국교도 교회의 경우는 노동조합 운동의 성장과 노동당의 출현으로 말미암아 이전 같으면 비국교회의 설교사로 진출했을 유능한 노동 계급 출신의 젊은 인재가 그곳으로 몰리게 되었다.

신앙을 약화시킨 또 다른 두 주요 요소는 과학적 의구심의 확대와 쾌락의 추구였다.[47] 1859년 찰스 다윈은 『종의 기원*The Origin of Species*』에서 인간은 자연에 적응하는 가운데 자연 도태의 과정을 통해 다른 종과 마찬가지로 진화한다고 주장했다. 그 저서는 성서의 내용을 명백하게 부정하는 것이었기 때문에 오랫동안 논쟁거리가 되었다. 몇몇 과학자는 다윈의 이론은 그리스도교가 허위라는 것을 입증했다고 주장하는 데까지 나아갔다. 그들 가운데 가장 큰 영향을 미친 인물은 헉슬리Thomas Henry Huxley(1825~1895)였다. 중요한 점은 '다윈주의Darwinism'의 등장은 빅토리아 종교의 확실성과 신뢰성을 무너뜨렸다는 점이다. 거의 비슷한 시기에 사람들이 점차 세속적인 즐거움에 몰두하는 경향이 커지고 종교에 무관심하게 되면서 종교는 점차로 인간의 관심사에서 밀려나게 되었다. 이러한 모습은 여러 관행에 영향을 미치게 되는데, 특히 교회 출석과 주일 준수의 습관에 영향을 미쳤다. 일요일의 기차 여행, 주말 장거리 여행, 일요일의 박물관과 미술관의 관람(1896년 이래로) 등은 이러한 변화의 모습이었으며, 그러한 변화는 농촌보다 도시에서 먼저 찾아왔다.

그러나 그러한 변화는 천천히 찾아왔으며, 복음주의는 1914년 1차 대전 발발 직전까지 그리고 그 후에도 여전히 큰 영향을 끼치고 있었다. 그러므로 종교적 차원에서 그리스도교의 퇴조를 인정한다고 하더라도, 근대 영국의 그리스도교가 체제 안정, 건전한 가치관과 생활방식, 개혁주의적 가치관을

47) Hill, *op. cit.*, p. 220.

만들어가는 과정에서 수행한 역할과 영향력은 지대한 것이었다고 할 것이다.

3. 산업 사회에서 종교의 역할

19세기 이후 기독교는 종교적 관용이 확대되면서 교세가 침체하는 모순된 상황에 빠지게 되었다. 18세기부터 기독교계는 종교적 관용이 널리 확대되고, 선교사가 해외로 진출하여 원주민을 개종시키면서 많은 교회를 개척하게 되었다. 영국의 감리교 운동, 독일의 경건주의 운동에서 시작하여 미국의 '신앙 대각성 운동'으로 이어지는 복음주의 운동은 기독교에 새로운 활기를 불어넣었고, 세계로 기독교를 전파하는 데 크게 기여했다. 그러나 이 시기부터 기독교계는 전반적인 침체와 위기를 겪기 시작한다.

우선 지적 차원에서 기독교에 대한 비판이 광범하게 이루어지기 시작했다. '다원주의'와 성서 고등비평과 같은 과학적 사고가 확산되면서 성서에 대한 불신이 커져가고 성서의 권위에 대한 도전이 시작되었다. 또한 철학자와 사회학자는 기독교가 초래하는 인간의 소외에 관해서 비판하고, 역사학자와 인류학자는 기독교의 기원에 대해 새로운 시각을 제기했다. 정치·경제적 측면에서도 민주주의 운동이 전개되면서 반反교회주의 운동이 확산되었고, 또 사회주의자는 기독교를 자본주의 체제의 수호자로 보는 비판적 태도를 보였다. 교회에 대한 압박은 20세기의 공산주의와 파시즘의 전체주의 질서 하에서 더욱 본격적이고 가혹하게 전개되었다.

산업화와 도시화로 농촌에서 도시로, 도시에서 도시로 인구의 이동이 늘어나면서 교회에 대한 사람의 소속감이 약해졌다. 교통수단의 발달로 교외에 거주하는 인구가 늘고, 원거리 여행이 가능해지고, 오락과 스포츠 관람의 즐거움을 알게 되면서, 종교에 대한 사람의 열정과 관심은 급속히 냉각되었다. 또한 이 세기에 본격적으로 등장하게 된 민족주의에 대한 열광적 정서가 과거의 종교에 대한 열정을 대신하기 시작했다. 무엇보다도 산업 사회에서 대중이 겪는 빈곤과 실업, 질병 등의 사회 문제가 심각해질 때 교회가 적절한 해결책을 제시하지 못하는 무기력한 모습을 보이면서 교회에 의지해온 사람들을 실망시켰다. 또 대부분의 교회와 성직자가 노동운동에 대해서 냉담한 반응을 보이거나 부정적인 태도를 취한 것도 대중이 교회로부터 등을 돌리게 된 원인이었다.

이러한 지적 도전과 산업 문제와 대중문화의 확산에 직면한 기독교계는 교세의 급속한 약화에 위기의식을 느끼게 되었다. 이러한 상황에서 많은 성직자와 교회는 기존의 교리를 오히려 더 강조하면서 교회의 권위를 유지하려고 노력했다. 그러나 상당수 성직자나 속인 기독교도는 새로운 시대 상황을 적극적으로 수용하여 성경의 의미를 재해석하는 등 진보적인 태도를 보이기 시작했다. 또 개인의 신앙과 구원 문제에만 치중해온 기존의 종교적 태도를 수정하여, 사회 문제에도 적극적인 관심을 가졌다. 즉 빈곤을 퇴치하고 산업 사회에서 낙오한 불행한 사람을 돕는 봉사 활동에 적극 나섰으며 사회 개혁에도 앞장서는 태도를 보이기 시작했다.

이러한 상황이 계속되면서 19세기 말에 이르러 기독교의 종교적 의미와 사회적 역할에 대한 기존의 인식이 크게 달라지면서, 결국 기독교의 종교적 통일성은 무너지게 되었다. 교회와 성직자는 교리와 성서에 대한 비판과 도전에 직면해 기존의 전통적 입장을 고수하려는 근본주의자와, 그러한 변화를 수용하여 교리의 변화를 모색하려는 자유주의자나 모더니스트로 갈라서게 되었다. 또한 산업 문제에 대한 대응 방식에 있어서도 기존 자유방임의 경제 질서와 개인주의 전통을 고수하려는 보수 경향의 종교인과, 산업 사회가 초래한 빈곤, 질병, 소외, 계급 갈등 등 여러 사회 문제를 교회가 적극 나서서 해결해야 한다고 주장하는 개혁적 종교인으로 나눠지게 되었다.

이 두 흐름 가운데 영국의 개혁주의 기독교인이 추구한 '사회적 기독교' 운동을 살펴보자. 이 운동은 기독교 성직자와 신자의 사회봉사 활동, 개혁 이념의 계발, 공동체 의식의 확산, 노동운동에 대한 지원 등을 통해서 산업 사회에서 종교의 적극적이고 능동적인 역할에 대한 모델을 제시한 바 있다. 이러한 활동을 통하여 영국의 기독교 사회주의Christian Socialism 운동은 개혁주의 전통과 복지 국가의 기반을 제공했다.

4. 영국의 '기독교 사회주의' 운동

19세기 말부터 2차 세계대전에 이르는 기간에 산업 사회의 사회 문제에 관한 전반적인 관심이 영국과 북아메리카의 개신교 성직자와 일부 신자 사이에 고조되었다. 1차 대전 직전 일부 지역에서 절정에 달한 기독교계의 이러한 경향은 사회적 기독교Social Christianity[48]로 불렸다. 물론 그 이전에도 인간의 고통에 대한 인식은 성직자에 의해 다양한 관심으로 표출되었다. 더구나 인구 폭발 및 공장과 도시가 급증하는 산업 시대가 도래하면서, 유사한 근심이 일부 개신교 성직자와 로마 가톨릭교회의 영향력 있는 성직자 가운데서 싹텄다. 그러나 영국과 북미의 프로테스탄트 성직자의 사상과 활동은 매우 두드러지고

---

48) 사회적 기독교인The Social Christians은 반드시 한 특정 조직과 관련을 맺고 있는 기독교인은 아니었다. 그러나 구체적인 조직은 분명히 존재했다. 영국에서 기독교 사회주의의 부흥 Christian Socialist Revival의 시기에 최초로 등장한 단체가 1877년에 결성된 Guild of St. Matthew였다. 그 다음에 생겨난 단체는 앞에 생긴 단체보다 훨씬 영향력이 큰 Christian Social Union(CSU, 1889~1919)이었다. 두 단체의 구성원은 거의 국교도Anglicans로 제한되었다. 주류 단체로서 CSU를 계승한 것은 1920년에 만들어진 Industrial Christian Fellowship이었다. 구성원 자격은 국교도로 제한되지 않았다. 그밖에도 주로 비국교도Nonconformists가 주류를 이룬 Christian Socialist League(1894~98)와 같은 이들보다 규모가 작은 많은 단체가 있었다. 19세기에 가장 초교파적 정신을 가진 조직은 Christian Socialist Society로서 모든 교회의 구성 원에게 봉사하려고 만들어진 단체였지만, 1886~1892년 사이에 존재한 단명한 단체였다. Socialist Quaker Society와 같이 처음부터 강력한 정치적 입장을 표명한 단체도 있었다.

광범위하고 강력한 모습을 보이는 점에서 이전의 경향과 확연히 구별된다.[49]

19세기 중반에 등장한 영국의 기독교 사회주의 운동Christian Socialism[50]은 처음에는 공리주의와 자유방임의 철학에 대한 대응으로 국교회The Anglian Church 성직자를 중심으로 발전했다. 모리스Frederick Denison Maurice, 루드로 John Malcom Ludrow, 킹슬리Charles Kingsley를 중심으로 한 기독교인은 1848년 차티스트운동이 실패한 직후 잉글랜드에서 이 운동을 주도했다.[51] 그들이 추구한 공통된 목적은 기독교 왕국이 산업과 교역의 영역에 대해 진정한 권위를 갖고, 사회주의가 위대한 기독교 혁명으로서 그 진정한 성격을 가지도록 이론적 토대를 만드는 것이었다.

이 운동의 신학적·이론적 토대를 제공한 인물은 모리스(1805~1872)였다. 그는 차티스트운동을 지켜보면서 사회 문제에 크게 관심을 가지게 되었다. 그의 종교관의 핵심은 이성을 중시하고, 초자연주의를 배격하는 데 있었다.[52] 그는 영국 국교회가 '이성적 신앙'의 종교로 거듭나기를 원했다. 모리스는 종교를 편협한 도덕주의, 즉 단순한 개인의 도덕적 행위와 구원에 대한 갈망의 차원으로 한정시키는 것에 대해 반대했다. 그는 '경쟁을 인간관계를 지배하는 철학'으로 보는 빅토리아적 가치를, 윌리엄 모리스William Morris의 표현처럼, '하나의 허위'라고 보았다.

신의 왕국에서 신은 피조물 모두를 감싸 안으므로, 종교는 모든 인류의

---

49) Paul T. Phillips, *A Kingdom on Earth : Anglo-American Social Christianity, 1880~1940*(University Park, Pennsylvania : The Pennsylvania State University Press, 1996), xiii.

50) 영국에서는 Social Christianity라는 명칭 대신에 Christian Socialism이라는 말을 가장 지속적으 로 사용했다(Phillips, *A Kingdom on Earth*, xiv).

51) 영국의 기독교 사회주의 운동을 이끈 초기 인물에 대해서는 Edward R. Norman, *The Victorian Christian Socialists*(Cambridge, 1987) ; Torben Christensen, *Origin and History of Christian Socialism, 1848~1854*(Aarhus, 1962) ; P. R. Allen, "F. D. Maurice and J. M. Ludlow," *Victorian Studies* 11, no. 4(1968), pp. 461~482 참고.

52) Jones, *Christian Socialist Revival*, p. 11.

운명과, 인간에게 무자비하게 강요되는 현실 세계의 상황에 대해 깊은 관심을 가져야 한다는 것이다. 모리스가 궁극적으로 추구한 것은 사회 불화가 아닌 사회 조화를 창출해내는 것이었다.[53] 그 방법은 보다 광범위하게 사회의 여러 관계에 기독교 원리를 적용하는 것이었다. 이러한 이유로 그는 국교회 광교회廣敎會파의 지도자로 받아들여졌다. 모리스의 종교관을 담은 저서 가운데 『시론과 비평*Essays and Reviews*』(1860)은 19세기 국교회 역사에서 가장 영향력 있는 저서 가운데 하나로 손꼽힌다. 또 모리스는 기독교 사회주의의 사상을 담은 소설 『유스타스 콘웨이*Eustace Conway*』(1834)을 통해 산업 사회의 현실을 고발하고 대중이 개혁에 관심을 갖도록 유도했다. 그는 소설 속에서 기독교가 사회의 스승이 되어야 하며, 인류에 대한 진정한 봉사의 길을 제시해야 한다고 주장했다.[54]

기독교 사회주의 운동의 후계자에게 모리스의 영향은 절대적인 것이었다. 기독교 사회주의 종교관이 지속되고, 훗날 부활하여 19세기 말에 가서 보다 적극적인 운동으로 발전하게 된 것도 모리스의 사상적 유산 때문이다. 모리스의 사상은 닐E. V. Neale에 의해서 협동조합 운동으로, 그리고 토마스 휴즈Thomas Hughes와 럭비의 토마스 아놀드Thomas Arnold의 다른 제자에 의해서 광교회파로 확산되었다. 또한 북아메리카의 초기 사회적 기독교 운동도 모리스의 영향과 연관되어 있다.[55]

모리스의 사상은 루드로J. M. Ludlow와 찰스 킹슬리Charles Kingsley에 계승되었다. 특히 루드로는 이 운동의 초기 개척자로서 모리스에 버금가는 중요한 역할을 한 인물이다. 그는 경제적 측면에서 기독교 사회주의의 이념적 기초를

---

53) 이러한 측면으로 모리스의 사회관을 해석하는 내용은 Norman, *The Victorian Christian Socialists*, 2장 참고.

54) Phillips, *A Kingdom on Earth*, p. 123.

55) C. G. Brown, "Frederick Denison Maurice in the United States, 1860~1900," *Journal of Religious History* 10, no. 1(1978), pp. 50~69.

놓은 사람으로, 1850년대 기독교 사회주의 운동의 진정한 창시자라는 평을 들기도 한다.56) 기독교 사회주의 신학이 모리스의 사상에서 나왔고 특히 영국적인 특징을 갖는 것이라면, 그 경제학은 프랑스로부터 왔다고 할 수 있다. 부쉐P. J. B. Buchez, 블랑Louis Blanc, 라므네Lamennais와 같은 1830년대와 1840년대의 프랑스 사회주의 이론가의 영향은 루드로를 통해서 직접 전달되었다.

프랑스에서 자라고 교육을 받은 루드로는 1838년에 영국으로 왔다. 그는 빈민의 어려움에 깊은 관심을 보이는 '신기독교new christianity'를 옹호한 생시몽Henri-de Saint-Simon의 제자인 부쉐의 저술에 깊은 감명을 받았다. 또, 프랑스에서 출현한 협동조합 운동에 영향을 받고 산업 조직에 기독교 원리를 적용시키려 했다. 빈민이 겪는 고통과 공장과 작업장의 열악한 작업 환경에 분노한 루드로와 그를 따르는 이들은 산업 질서 안에서 사회 문제에 보수적인 태도를 취하는 교회와 자유방임적 태도에 대해 격렬하게 비난했다. 그들은 협동이 경쟁을 대체해야 한다고 주장하면서, 협동조합 운동에 가담했다. 또 산업 현장의 동반자 관계와 이윤 공유를 지지하는 몇몇 소규모 협동조합에 자금을 지원하기도 했다.

소설가 찰스 킹슬리는 빅토리아 시대 초기의 산업주의가 낳은 비참한 삶의 조건에 경악하면서, 시대 문제에 제 역할을 하지 못하는 기독교를 강력하게 비판했다. 그는 성서가 "무거운 짐을 지고 있는 동안에 짐을 진 병자를 짐승과 같은 상태로 방치하기 위해서 악용되는 마약"으로, "가난한 사람을 질서 속에 가두어놓기 위한 단순한 책"에 불과하다고 주장했다.57) 그는 모리스처럼 소설을 통해 기독교 사회주의 정신을 전파하려고 했다. 그의 최고의 작품 『앨턴

56) Peter d'A. Jones, *The Christian Socialist Revival 1877~1914*(Princeton University Press, 1968), p. 14. 루드로에 대한 본격적인 소개서는 N. C. Masterman, *J. M. Ludlow : Builder of Christian Socialism*(Cambridge University Press, 1963).
57) Charles Kingsley, *Politics for the People*(1848).

로크 *Alton Locke*』(1850)는 차티스트운동을 한 시인 토머스 쿠퍼Thomas Cooper의 생애에 기반을 둔 것이었다. 킹슬리는 작품을 통해서 사회 문제를 고발하고, 어려운 사람을 도울 수 있는 데 무관심한 태도를 보이는 힘 있는 사람을 비난했다. 그의 소설은 기독교 사회주의 계열의 사회 참여 소설에서 중요한 위치를 차지한다.

1850년대 영국의 기독교 사회주의자는 루드로와 킹슬리를 통해 운동을 좀 더 진전시키기 위해 프랑스 사상가의 원리를 적극적으로 흡수했다. 비록 각자의 이해관계가 달랐지만 모든 운동가는 한때 생산자 협동조합을 조직하려는 운동에 동참했다. 에드워드 니일Edward V. Neale은 협동조합 운동에 매력을 느꼈으며, 이 운동은 1844년 로치데일 파이어니어Rochdale Pioneers에 의해 소비조합의 형태로 시작했다. 1850년대 사회 변화의 계획을 실현하기 위해서 기독교 사회주의자는 노동 계급을 위한 교육 기회의 확대, 노동조합에 대한 지지, 협동조합법의 통과를 요구했다.[58] 이들은 노동자 연대 촉진 협회The Council for Promoting Working Men's Associations를 만들었고, 1854년에는 런던에 노동자 대학The Working Men's College을 설립했다.

그러나 기독교 사회주의자는 결코 정치적으로 민주주의자는 아니었다.[59] 그들은 분명히 1852년 기술자 노조를 지원했지만, 특히 모리스는 영국의 노동자가 정치적으로 민주주의에 적합하지 않다고 느꼈다. 노동자에게 더 많은 교육과 의식 수준의 향상이 필요하다고 보았다. 심지어는 루드로조차도 니일과 토마스 휴즈Thomas Hughes가 노동조합과 노동자 단체와 긴밀한 관계를 맺기를 요구했을 때 모리스 편을 들어 거절했다. 그들은 사회 구조의 근본적인 변화를

---

58) Charles H. Lippy, "Social Christianity," Charles H. Lippy and Peter W. Williams (eds.), *Encyclopedia of the American Religious Experiences, Studies of Traditions and Movement*(New York, Charles Scribner's Sons, 1988), vol. II, p. 918.

59) Jones, *Christian Socialist Revival*, p. 23.

추구하는 것이 아니라, 사회 여러 계층의 사람이 자신의 수준에서 각자 사회 개혁에 참여하는 "계서적階序的인 사회적 온정주의"[60]를 통해 사회 환경을 개선하려고 했다.

이상적인 조정자와 중재자로서 모든 계급 위에 존재하는 '개혁된 민족 교회'의 건설을 꿈꾼 모리스는 계급투쟁에 반대했다. 모리스는 상류 계급과 중간 계급 엘리트에 의한 사회적 리더십을 공개적으로 지지하기도 했다.[61] 모리스는 대다수 중간 계급과 상류 계급 사람의 생각처럼 노동자는 스스로 책임을 갖기 이전에 교육을 받을 필요가 있다고 생각했다. 모리스는 실제로 '기독교 사회주의Christian Socialism'라는 말은 받아들이려 하지 않았다. 그가 보는 사회주의는 기독교적인 것을 강조하는 의미에서만 통용될 수 있는 이념이었다.[62]

기독교 사회주의 운동은 1850년대 말 경제 성장과 더불어 침체 상태에 빠졌다. 그러나 이 운동의 상당수 구성원은 그대로 남아서 협동조합 운동에 참여했다. 기독교 사회주의 소설도 대중에게 계속 읽히면서 19세기 후반 영국에 '애타주의 문화culture of altruism'가 자리잡는 데 기여했다.[63]

5. 기독교 사회주의 운동의 부활

(1) 성 마태 협회

1870년 대불황기가 도래하면서 기독교 사회주의 운동은 다시 본격화된다.

---

60) Ronald H. Preston, "Christian Socialism," Alister E. McGrath(ed.), *The Blackwell Encyclopedia of Modern Christian Thought*(Blackwell, 1996), p. 78.

61) *Ibid*, p. 24.

62) Phillips, *A Kingdom on Earth*, xvii.

63) Stefan Collini, *Public Moralists : Political Thought and Intellectual Life in Britain*(Oxford University Press, 1991), chap. 2.

모리스의 사상이 1880년대에 국교회의 고교회파High Church에 의해 계승됨으로써 다시 활기를 되찾게 되었다. 기독교 사회주의를 선택한 고교회파의 주요 인물은 스튜어트 헤들램Stewart Headlam, 헨리 홀랜드Henry Scott Holland였다. 헤들램Stewart Headlam은 1877년에 성 마태 협회GSM(Guild of St. Matthew, 1877~1914)를 창설하면서 기독교 사회운동의 부활을 선도했다. 이 단체의 신학적 기반은 보상에 대한 복음주의적 강조보다는 구체적 행동을 중시했으며, 옥스퍼드 운동 초기의 경건주의보다는 성체성사Eucharist의 사회적 중요성, 당대의 진화적 낙관론과 조화를 이루어 지상에서 신의 왕국을 건설하는 일이었다.[64]

사회적 전략에서 헤들램은 모리스와 매우 달랐다. 케임브리지대학에서 모리스의 학생이었던 그는 기독교인은 지옥을 믿을 필요가 없다는 것을 모리스에게서 배웠다. 그는 런던의 빈민굴에서 상당 기간 일하기도 했다. 그는 특히 『진보와 빈곤Progress and Poverty』(1880)에서 사회 문제의 원인을 토지의 독점으로 규정함으로써, 영국의 개혁가에게 지대한 영향을 끼친 미국의 헨리 조지Henry George에게서 큰 영향을 받았다. 그는 1884년 헨리 조지를 위한 송별회 석상에서 헤드램은 토지에 대한 사적 소유는 십계명, 그리고 예수 그리스도의 가르침과 생애 양쪽 모두에 배치되는 것이라고 선언했다.

당시에 페이비언협회Fabian Society는 지식인 사이에서 가장 영향력 있는 단체였고, 많은 기독교 사회주의자가 회원으로 참여하고 있었다. 이 협회는 국가를 이끄는 엘리트 계층에 점진적으로 침투해, 그들의 사고를 바꿈으로써 사회주의적 개혁을 이루어낸다는 방법론을 추구하고 있었다. 헤드램도 한때 이 단체의 간부로 활동하기도 했다.[65] 따라서 헤드램 역시 국가가 사회 개혁에서

64) Preston, "Christian Socialism," p. 78.
65) John C. Cort, *Christian Socialism : An Informal History*(New York : Orbis Books, 1988), p. 155.

협동조합보다 우선적인 역할을 할 것으로 보았다. 또한 그는 길드Guild가 헨리 조지의 단일세처럼 세속적인 문제를 해결하는 만병통치약이 될 것으로 여겼다. 「교회개혁가*The Church Reformer*」는 이 협회의 신문이었다. 조지 버나드 쇼George B. Shaw는 이 신문을 "가장 훌륭한 사회주의 신문 가운데 하나"[66]로 평가했다.

성 마태 협회는 그 규모가 결코 크지 않았다. 전국적으로 회원 수가 4백 명을 넘은 경우가 결코 없었고, 1894년과 1895년의 전성기에도 회원의 25%를 국교회 성직자가 차지했다. 그러므로 이 단체는 성직자적인 성향을 가진 소수의 배타적 압력 단체라 할 수 있다. 이러한 특성에도 불구하고 이 단체 안에서 불화가 심각하게 불거지면서 헤드램의 권위가 추락했다. 헤들램 자신도 독립노동당Independent Labour Party과 반목하는 입장이었고, 세속 공공교육을 지지하면서 교회 학교를 극력 반대했다. 또 동성애자 오스카 와일드Oscar Wilde를 여론에 상관없이 옹호하는 태도와 권위주의적 모습, 이 모든 것이 조직의 성장을 가로막는 걸림돌로 작용했다. 그럼에도 불구하고 성 마태 협회는 기독교 사회주의가 부활하는 시기에 선구적인 기독교 사회주의 단체였으며, 보다 대규모의 효과적인 조직이 생겨날 수 있는 토양을 다지는 과제를 수행했다.

(2) 기독교 사회연합

헤드램과 그의 추종자가 '신성한 사회주의sacramental socialism'의 돌격부대였다면, 기독교 사회연합CSU(Christian Social Union, 1889~1920)은 점령군이었으며, 따라서 이 단체의 유복한 지식인 회원은 그로 말미암은 특권을 누렸다.[67] 기독교의 사회 개혁 활동에 관심을 갖는 사람이 감명을 받을 수밖에 없는 것은 바로 이 단체의 성공 사례였다. 이 단체는 많은 측면에서 성 마태 협회의

---

66) Cort, *Christian Socialism*, p. 156.
67) Jones, *Christian Socialist Revival*, p. 164.

후계자라고 할 수 있다. 그러나 성 마태 협회가 적은 회원을 가졌던 데 반해 이 단체는 한때 6천 명의 회원을 가졌으며, 많은 주교도 참여하고 있었다. 1889~1913년 사이에 국교회 주교로 임명된 53명의 성직자 가운데 16명이 이 단체의 회원이었다.[68] 이 단체는 단기간에 크게 두각을 나타내 민중에게 존경받는 단체로 자리잡았다.

이 단체의 가장 영향력 있는 지도자 가운데 홀랜드Canon Scott Holland와 찰스 고어Charles Gore, 그리고 웨스트콧Brooke Foss Westcott 주교가 있었다. 모리스의 제자인 고어는 기독교 사회주의를 영국의 기독교 안에서 비중이 큰 운동으로 만드는 데 결정적인 역할을 했다. 윌리엄 템플William Temple(1942~1944년 캔터베리 대주교 역임)을 이 운동에 동참하도록 이끌었으며 아프리카 전도에도 영향을 끼쳤다. 웨스트콧은 1870년에 케임브리지 대학교 신학부의 흠정欽定 교수로 임명되었으며, 1890년에는 더럼Durham의 주교로 서임을 받았다. 저명한 성서학자인 그는 이른바 토머스 칼라일Thomas Carlyle의 '영국의 상황Condition-of-England' 문제에도 깊은 관심을 가졌다. 그는 창설 때(1889)부터 회장직을 맡아서 그가 사망할 때(1901)까지 기독교 사회연합을 이끌었다.

홀랜드는 기독교 사회연합의 대표적 단체 가운데 하나인 옥스퍼드 지부 Oxford Branch를 이끌었다. 그린Thomas Hill Green과 아놀드 토인비Arnold Toynbee 의 개혁적 열정이 지배하는 이곳에서 많은 지식인이 활동했다. 1880년대의 옥스퍼드에서 그린의 사상은 사회적 기독교 운동을 주도한 광교회파에 의해 즉각 받아들여졌다.[69] 그들은 사회적 구원과 인간관계에 적용할 수 있는 과학의 문제에 깊은 관심을 가지고 있었다.

그린은 존 스튜어트 밀John Stuart Mill과 더불어 영국 복지 국가의 사상적

---

68) 이들을 임명한 인물도 글래드스턴G. E. Gladstone이나 애스퀴스H. H. Asquith 수상과 같은 자유당 수상이나 밸푸어A. J. Balfour와 같은 보수당 수상이었다.

69) Phillips, *A Kingdom on Earth*, p. 85.

기반을 마련했으며, 그의 개혁 사상은 19세기 후반 영국의 개혁 지식인에게 깊은 영향을 끼쳤다. 그린은 공동선을 촉진시키는 도덕적 원리를 자신의 정치 철학의 기반으로 삼았고, 사람으로 하여금 이웃의 복지에 관심을 가져야 할 의무가 있다는 것을 깨닫도록 인도했다. 그린은 인간이 자의식 혹은 이성을 소유한 존재이므로 이성을 통해 자신의 한계를 깨닫는 동시에 이성적·도덕적 존재로서 자신의 가능성을 인식하게 된다고 보았다. 그린은 인류의 진보를 이끌어가는 힘은 인간이 자신의 가능성과 현실 사이의 거리를 인식하는 데서부터 출발한다고 보았다. 따라서 인간 잠재력의 완전한 실현이 바로 인간이 추구하는 궁극적 목표가 된다는 것이다. 국가의 최우선 역할도 개인의 도덕적 완성을 돕는 것이었다.

각 개인이 이성적 사고를 통해 진정한 자아를 실현하기 위해서 노력하는 것과 마찬가지로, 타인 역시 이러한 노력을 기울이고 있다는 사실을 깨닫게 된다고 그린은 보았다. 또한 인간은 사회 속에서 타인과 유기적인 관계를 맺고 살기 때문에, 자신의 발전과 행복을 이루기 위해서는 반드시 타인의 발전과 행복도 동시에 추구해야 한다고 보았다. 진정한 자아의 실현은 이웃의 자아실현, 즉 공동선의 추구와 함수 관계에 있다는 것이다.[70] 그린 윤리학의 핵심은 공공 이익의 측면에서 상대방의 권리와 의무를 인정하려는 태도가 모든 인간에 확산되어야 한다는 것이다.[71]

권리의 행사는 그 반대급부로서 의무의 이행을 수반해야 한다는 인식이 보편화되어야 한다고 했다. 권리는 인간의 도덕적 완성에 필수적인 힘이다. 권리가 없으면 국민은 어떤 도덕적 삶이나 자기 발전도 이루지 못하기 때문이다. 그러므로 그린은 국가는 법률을 통해 이런 권리를 보장해 주기 위해서 존재한다

---

70) T. H. Green, *Prolegomena to Ethics*(Oxford : Clarendon Press, 1883), pp. 332~333.

71) Peter Robbins, *The British Hegelians 1875~1925*(New York and London : Garland Publishing, Inc., 1982), pp. 65~66.

고 보았다.[72]

토인비는 경제 발전은, 스펜서Herbert Spencer의 주장대로 비인격적 힘에 의해 결정되는 것이 아니라, 지식인에 의해 이루어진다고 보았다. 토인비가 산업혁명에 관한 그의 저술에서 역사 발전의 중요성을 강조한 의도는, 아담 스미스와 리카도David Ricardo의 이론을 포함하여, 어떠한 경제 이론도 모든 시대에 그대로 적용되는 이론은 없다는 것을 입증하려는 데 있었다. 그는 부의 분배를 개선하기 위한 적극적인 활동은 대중이 처한 환경을 개선하는 직접적인 결과를 낳을 수 있을 것이라고 주장했다. 또한 민중의 복지를 위해 교육받은 지식인이 비폭력적으로 또 제도적으로 문제를 해결할 것을 촉구했다.

토인비의 제자인 에쉴리 경은 토인비의 이론에, 독일 기독교 사회주의의 활동을 뒷받침했던 '강단 사회학자Kathedersozialisten(Socialists of the Chair)'의 사고를 결합시켰다. 그들은 사회과학이 도덕적 기초 위에 서야 한다는 데 확고한 신념을 가지고 있었다.

옥스퍼드 지부는 1889년 이후 정기적인 모임을 갖고 세 가지 기본적인 목적을 촉진하기 위해서 다양한 주제를 토론했다. 그 목적은 다음과 같았다.

1. 기독교의 법이 사회 현실을 다스리는 궁극적 권위라는 것을 주장함.
2. 도덕적 진리와 기독교의 원리를 사회 경제적으로 처한 현실의 어려움에 적용하는 방법을 공동으로 연구함.
3. 그리스도를 현실 생활 속에 살아 있는 주인이자 왕Living Master and King으로, 그릇됨과 이기심을 억제하는 존재로, 정의로움과 사랑의 권능을 가진 분으로 소개함[73]

---

72) Green, *Lectures on the Principles of Political Obligation*(1895), p. 41.
73) *Minutes*, 16 November 1889, minutes books, Christian Social Union, Oxford Branch, Pursey House, Oxford, Phillips, *A Kingdom on Earth*, p. 87.

이들이 토론한 내용은 금주, 아동에 대한 국가의 보호, 지방 정부의 권한, 빈민 노인, 다양한 형태의 사회주의, 미국의 노동운동, 실업, 라운트리Seebohm Rowntree의 요크의 빈곤에 관한 조사, 빈민의 주택 문제를 포함했다. 이러한 토론을 통해 각 문제에 대한 해결 방안을 도출했는데, 이 방안은 모두 이러한 문제를 해결하기 위한 국가의 개입을 촉구했다.[74]

그들이 내린 결론 가운데는 다음과 같은 것이 포함되었다.

1. 국가는 가장 많은 땅을 소유한 대지주이고, 빈민을 돌보는 가장 큰 고용주라는 것을 고려할 때, 그리고 과잉 인구는 학교나 도로, 그 밖의 것을 건설하기 위해 많은 것을 파괴하는 요인이 되고, 그리고 종족의 퇴화를 초래하고 있다는 점을 생각할 때, 국가가 개입하여 적절한 거주지가 빈민에게 제공되도록 조치를 취해야 할 필요성이 있다.

2. 이러한 국가 개입에 드는 비용은 토지 소유자의 불로 소득에 대한 과세를 통해서 정당하게 충당할 수 있을 것이다.

3. 이 모임은 런던시 의회가 주관하는 것보다도 단순하고 비용이 덜 드는 방식으로 토지를 강제 매각하여 토지 소유주에게 공정하고 정당한 가격이 주어지도록 하는 데 찬성한다.

4. 교통수단 개선은 런던 빈민의 거주 환경 개선의 필수적 부분으로 인정되어야 한다.

5. 빈민에게 주택을 공급하려는 계획을 위해서 적절한 공터가 마련되어야 한다.[75]

---

74) *Ibid.*, p. 87.
75) *Ibid.*, 12 November 1890.

옥스퍼드 지부는 「이코노믹 리뷰*Economic Review*」(1891~1924)를 발간했다. 이 저널의 발간에는 옥스퍼드에 머물고 있는 캐나다인 기독교 사회주의자인 존 카터John Carter 신부가 뒤에서 중요한 역할을 했다. 이 잡지에 정기적으로 기고하는 필진 가운데는 페이비언 지도자 시드니 웹Sidney Webb을 위시해서 윌리엄 애쉴리William Ashley 경과 그의 젊은 미국인 동료인 리처드 엘리Richard T. Ely가 포함되어 있었다. 엘리는 미국의 사회복음 운동Social Gospel의 대표적인 지도자 가운데 한 사람으로 활약하게 된다. 이 운동은 미국의 성직자에게 알려지면서 '사회 복음Social Gospel 운동'의 발생에 영향을 끼치게 된다.

제2장 밀과 그린의 산업 자본주의 비판

산업 자본주의가 낳는 문제점에 대한 자각과 그에 대한 해결책을 모색하는 지식인의 노력은 19세기 중반 존 스튜어트 밀John Stuart Mill로부터 본격적으로 시작했다.[1] 이들은 빈곤의 원인을 파악하는 과정에서 자본주의와 부르주아적 자유주의의 문제점을 확인하면서 제 나름의 처방책을 제시했다. 이들은 자유방임에 기초한 기존 산업 질서에 문제가 있다는 데 거의 일치된 입장을 보이면서, 이에 대한 해결 방안으로 사회 개혁의 필요성에 공감했다.

19세기 말로 오면서 영국 자본주의 발전의 이면에 심각한 빈곤이 자리잡고 있다는 모순에 대한 인식이 폭넓게 확산되면서 상당수 지식인은 그 원인을

---

1) 오늘날 자유주의liberalism는 빈부 격차의 해소를 위한 사회 개혁을 반대하는 '보수주의'와 같은 의미로 쓰이는 경우가 많다. 그러나 이 단어는 정반대로 빈부 격차의 해소를 위해 사회 개혁을 주장하는 '진보주의'란 뜻도 동시에 갖고 있다. 이처럼 동일한 단어가 서로 반대의 뜻을 갖게 된 것은 19세기 말과 20세기 초에 영국의 많은 자유주의자가 진보적 성향을 가진 데 기인하며, 이러한 진보적 자유주의의 선구적 인물이 밀이라고 할 수 있다. 이와 같이 자유주의 그 자체는 시대에 따라서 보수주의와 결합될 수도 있고, 진보주의와도 조화를 이룰 수 있다. 밀은 진보주의와 결합한 자유주의자의 전형이라고 볼 수 있다. 이근식, 『자유주의 사회경제 사상』(한길사, 1999), 155~156쪽.

진단하고 해결 방안을 모색하기 위해 적극적으로 나서게 되었다. 이들 개혁가들이 파악하는 산업 문제의 핵심은 빈곤의 문제였고, 이들이 제시하는 해결 방안은 '국가의 개입'이었다. 국가의 역할에 대한 이론적 기반을 제시한 인물이 바로 토마스 힐 그린Thomas Hill Green이었다.

밀과 그린의 사상을 기반으로 출발한 사회 개혁 이론이 바로 신자유주의이다. 이들 두 사람이 제시하는 문제의식과 해결 방안은 이후 사회 개혁을 추구하는 지식인에게 크게 영향을 끼치게 된다. 또한 신자유주의가 이 두 사상가의 개혁 사상을 계승했다는 점에서 영국의 사회 개혁 전통을 잇는 개혁 이념이라는 것이 분명해진다.

그러므로 이 장에서는 밀과 그린을 중심으로 개혁주의의 이념적 전통이 어떻게 신자유주의의 기초를 제공했는가를 살펴보기로 하겠다.

1. 밀

밀은 사회주의적 이상과 자유주의 전통을 접목시키고자 했던 진보주의자에게 있어서 하나의 희망이었다.[2] 밀은 자유의 원칙과 조화를 이루는, 공정한 분배를 위한 사회 개혁의 가능성을 이들에게 제시했기 때문이다. 밀이 이러한 가능성을 자신의 학문적 주제로 삼았던 저서가 1848년 초판이 완성된『경제 원론Principles of Political Economy』(마지막 수정판인 제7판은 1871년 발행)이다. 또 그의 사후에 의붓딸이 정리하여 1879년 출판한『사회주의에 관한 제장Chapters on Socialism』을 통해 자본주의의 전성기를 구가하는 영국에서 벌어지고 있는 불공평한 분배를 고발하면서 사회 개혁을 촉구했다.

밀은 자본주의 체제에서 분배가 공정하게 이루어지지 않고 있다고 주장했다.

---

2) Michael Freeden, *The New Liberalism* (Oxford University Press, 1978, 1986), p. 49.

재산의 축적은 열심히 일하여 저축한 대가로 이루어지는 것도 아니고, 또 공정한 계약의 결과로 이루어지는 것도 아니며, 대부분 부모로부터 받은 상속으로 이루어진다고 보았다. 부유한 집 자식으로 태어난 사람은 물려받은 재산을 가지고 아무런 일을 하지 않아도 이자, 유가증권의 배당금, 임대료, 지대 등을 통해 재산을 불려나간다는 것이다. 반면에 대다수의 국민은 낮은 임금을 받으면서 근근이 살아가는 노동자로 아무리 열심히 일하더라도 평생 극심한 빈곤을 면치 못한다는 것이다. 밀은 이러한 분배 구조를 격렬하게 비판했다.

가장 큰 몫은 전혀 일하지 않는 사람에게, 그 다음으로 큰 몫은 거의 형식적으로 일하는 사람에게로 돌아가며, 이렇게 거꾸로 된 순서에 따라 일이 힘들고 혐오스러워질수록 분배는 작아져서, 육체적으로 가장 힘들고 체력을 소진시키는 일을 하는 노동자는 기본적인 생계를 유지하는 것조차 불확실하다. …… 현대 유럽의 사회 구조는 공평한 분배나 근면의 결과가 정복과 폭력으로 얻어진 재산의 분배로부터 시작되었다. …… 소유의 법은 아직까지 한 번도 사유재산을 정당화하는 원칙과 부합된 적이 없다.[3]

밀은 영국과 프랑스의 분배 구조는 대부분의 미개 사회보다도 더 야만적이라고 비난했다.[4] 이러한 잘못된 분배 제도가 노동자를 빈민으로 만든다고 보았다. 그 당시 빈민의 대부분은 취업 노동자가 아니면 실직자였다. 여기서 밀이 주목한 것은 일을 하는 데도 가난의 굴레를 벗어나지 못하는 취업 노동자의 삶이었다.

밀은 잘못된 분배 구조를 바로잡는 일은 빈민에 대한 지원이 아니라, 노동자의 의식 개혁이나 사유 재산 제도의 개선, 노동조합 운동, 협동조합의 건설과

---

3) Mill, *Political Economy*, p. 207.
4) Mill, "Chapters on Socialism," *Fortnightly Review*, vol. 25(1879), pp. 68~69.

같이 빈곤의 원인을 제거하는 방향으로 이루어져야 한다고 보았다.[5] 또 출산을
제한하여 인구 증가를 막는 일이 빈곤을 포함한 모든 사회 문제에 대한 근본적인
해결책이라고 보았다. 밀이 인구 증가를 막기 위해 중요하게 여긴 것은 여성의
권리 신장이었다.

밀은 남녀가 동등한 위치가 되면 성생활에 있어서 여성의 의사가 반영되기
때문에 강제적인 인구 억제책을 사용할 필요가 없을 것으로 보았다. 뿐만
아니라 남녀 동등권의 확보만큼 도덕적·사회적으로 이로운 것은 없다고 보았
다.[6] 당대의 대표적인 페미니스트였던 밀은 여성 해방에 관한 고전으로 평가받
는『여성의 예종The Subjection of Woman』(1869)을 저술하고, 하원 의원으로 있을
때는 여성의 선거권을 요구하는 의안을 제출하기도 했다.

또 사회의 발전은 사람들이 올바른 의식을 갖는 데 있다고 본 밀은 무엇보다
교육의 역할을 강조했다. 노동자의 잘못된 습관과 생각은 그들의 무지 때문이고,
그 때문에 사회적으로 부당한 대우를 받고도 자신의 권리를 제대로 주장할
수 없다고 보았기 때문이다. 그러므로 이들에게 교육을 통해 사회생활에 필요한
지식을 가르치고, 올바른 판단력을 길러서 잘못된 생각과 습관을 고치고,
자신이 처한 환경에 제대로 대응할 수 있는 능력을 길러주어야 한다는 것이다.
또 자기 발전의 기회가 모든 노동자와 그 자녀에게 균등하게 부여되어야만
한다고 주장했다.

밀은 그러나 노동자들은 가난하여 자식을 제대로 교육시킬 능력이 없기
때문에 국가가 무상으로 초등 교육을 실시해서 교육 문제를 해결해야 한다고
주장했다. 밀은 그의 모든 저술에서 교육의 중요성을 일관되게 강조하면서,
학교 교육만이 아니라 언론과 노조 등을 통한 노동자에 대한 사회 교육의
필요성도 제기했다. 또 그는 노동자의 어려운 삶에 대해 깊은 동정심을 보여주었

5) 이근식, 『자유주의 사회경제 사상』(한길사, 1999), 232~233쪽.
6) Mill, *Political Economy*, pp. 372~373.

다. 그는 정부의 개입을 통해 임금을 인위적으로 올리는 것은 반대했지만 노동자들이 자발적으로 노동조합을 결성하여 자신의 권익을 보호하려는 시도는 적극 찬성했다.

밀은 노동조합 운동에 대해서 두 가지 측면에서 자신의 입장을 분명히 했다. 하나는 노조가 과다한 임금 인상을 요구할 것이라는 부정적 견해는 과장되었으며, 또 다른 하나는 노동자들이 정당한 임금을 받기 위해서는 노조가 반드시 필요하다는 것이다. 그는 노동운동이 성공하여 임금 인상에 성공한 사례가 몇 번 있었지만, 이로 인해 노동자의 전반적인 임금 수준이 별로 영향을 받지 않았다고 보았다. 따라서 노동조합의 활동이 임금을 과다하게 인상시켜 경제를 어렵게 만들고, 다른 노동자의 생활에 지장을 초래할 것이라는 주장에 대해 장기적으로 볼 때 별로 우려할 바가 못 된다는 반론을 제기했다.

반면 노조는 노동자에게 불리한 협상을 예방하고 노동자의 의식을 높여 노동자의 생활을 개선하는 데 도움이 된다고 주장했다. 노조는 사용자와의 협상에서 불리한 위치에 있는 노동자로 하여금 공정한 임금을 받게 하는 기능을 하며, 또한 노조는 노동자의 의식을 높여주는 교육 기관의 역할을 한다는 것이다. 따라서 노동자들은 파업을 통해 자기의 권리를 주장하는 법을 배우고 노동자의 연대 의식을 길러나갈 수 있다고 보았다.

밀은 노동조합의 결성을 금지하는 법들을 "노예제 폐지를 반대하는 노예주들의 악랄한 정신과 같은 동기에서 출발한 것"으로 간주하고, 노동자의 조직적 노력을 통한 임금의 인상은 노동자의 빈곤을 완화시키는 것이므로 "환영할 일이지 처벌할 일이 아니다"[7]라고 주장했다.

밀은 분배 정의를 올바로 실천하는 한 가지 방법으로 국가의 일부 생산 자원을 공공 기관이 운영할 것을 제안하기도 했다.[8] 밀은 재산 상속에 대한

7) 이근식, 앞의 책, 259쪽.
8) J. S. Mill, *Chapters on Socialism*, pp. 226, 220, 525 ; Freeden, *New Liberalism*, p. 50.

권리도 제한할 것을 주장했다. 부모는 자녀가 적당한 교육을 받고 사회 구성원으로 성장하도록 돌보는 것이 의무이고, 이를 위해 필요한 교육을 해주고 적당한 수준의 재산을 남겨주는 것은 당연한 일이라고 보았다.

그런데 밀은 상속은 노력 없이 받는 재산이므로 원래의 사유제의 의미와 부합되지 않는다고 여겼다. 또한 과다한 재산을 물려주는 일은 오히려 자식을 게으르게 하고 또 헛된 곳에 낭비하도록 만든다고 보았다.[9] 그래서 밀은 자녀에게 물려주는 재산은 자립을 위해 필요한 적당한 양으로 제한하고, 그 이상은 부모가 사회에 기증하거나 세금으로 납부하게 하여 다수의 복리증진을 위해 사용할 것을 주장했다.

밀은 토지 문제에 있어서 '불로 소득unearned increment'이라는 개념을 제시하여 진보주의자에게 많은 영향을 미쳤다. 밀은 토지 가치의 상승은 사회 환경에 의해 창출된 부이기 때문에, 그 토지를 소유한 특정 계층만의 '불로 소득'이 되어서는 안 되며, 또 사회를 위해 필요한 재원을 마련하기 위해 토지에 대해 세금을 부과하는 것은 정당하다는 주장을 폈다.[10]

이로써 토지에 대한 과세 문제와 관련하여 전통적 자유주의 이념과 분배 정의가 접목될 여지가 마련된 셈이다.[11] 홉하우스는 밀의 이러한 사상을 "우리가 가지고 있는 사회적 자유주의에 대한 생각을 가장 잘 요약한 것"[12]이라고 평가했다.

---

9) Mill, *Political Economy*, pp. 225~226.
10) 이러한 밀의 생각은 Willard Wolfe, *From Radicalism to Socialism : Men and Ideas in the Formation of Fabian Socialist Doctrines, 1881~1889* (1975), pp. 52~65에 잘 정리되어 있다.
11) Hobhouse, *Liberalism* (Cambridge and New York : Cambridge University, 1944), p. 52.
12) *Ibid.*, p. 62.

2. 그린

기존 자유주의적 개혁론의 퇴조는 곧바로 자유주의 이념의 전반적인 재검토를 요구했다. 19세기 자유주의자 주류는 국가의 중립을 원했으며, 단지 국가의 직접 개입은 개인의 능력이 미치지 못하는 영역에서만 가능하다고 주장했다. 그러나 1870년대부터 엄습해 온 경제 위기와 그에 따른 하층민의 비참한 생활상은 국가를 더 이상 중립적 위치에 안주할 수 없도록 만들었다.

따라서 개혁주의자를 중심으로 국가가 과거와 같은 중립적 태도에서 벗어나 "공공의 총체적인 도덕적 이익의 구현을 통해, 개인의 발전을 적극적으로 지원하는 자애롭고 합리적인 조직체"[13]가 되어줄 것을 요구했다. 국가가 사회 개선과 공동선을 추구하는 데 있어서 중추적 역할을 해야 할 필요성이 크게 제기되었던 것이다.

이와 같은 국가의 새로운 역할에 정당성을 부여하기 위해 기존의 정치 경제학을 대신할 새로운 논리가 필요했다. 이 시점에서 국가 개입을 통한 개인의 '적극적 자유의 확보'와 '공동선의 추구'라는 그린T. H. Green의 집단주의적 이상은 개혁가에게 하나의 논리적 돌파구를 제공해 주었다.

그린은 19세기 후반 토인비와 더불어 영국의 지식인에게 도덕적 사명감과 개혁주의 열정을 불어넣는 데 지대한 공헌을 한 인물이다. 그는 스펜서의 개인주의적 국가관과 반反개혁적 태도에 대응하여 관념론의 입장에서 집단주의적 사회 개혁의 이론적 기초를 제시했다. 그린의 사상은 도덕적 가치를 과학적 논리로 판단하는 것은 위험하며, 그러한 접근 방식은 결국 실패할 수밖에 없다는 데서 출발한다.

---

13) Freeden, "The New Liberalism and its aftermath," R. Bellamy (ed.), *Victorian Liberalism* (Routledge, 1990), p. 180.

그린은 자연의 법칙에는 인간의 행위 규범을 결정해 줄 아무런 요소도 존재하지 않으며, 무엇보다도 진화론을 통해 사회 윤리를 수립하려는 시도는 결국 잘못된 결과를 초래할 수밖에 없다고 판단했다. 따라서 그린은 일반 경험에 어긋나지 않는 윤리적·정치적 의무의 이론을 세우려고 했다.

그린의 형이상학은 인간이 '자의식'과 '이성'을 가진 존재라는 인식에서 출발한다. 인간은 자의식 혹은 이성을 소유한 존재이므로 이성을 통해 자신의 한계를 깨닫는 동시에 이성적·도덕적 존재로서 자신의 가능성을 인식하게 된다고 보았다. 그린은 이러한 가능성의 완전한 실현이 바로 인간이 추구하는 궁극의 목적이며, 국가의 최우선적 역할도 개인의 도덕적 완성을 돕는 것으로 인식했다.

그린 정치학의 주요 관심사는 법률·권리 및 국가의 도덕적 기능에 있었다.[14] 그는 자신의 저서 『정치적 의무론Lectures on the Principles of Political Obligation』(1895)의 첫머리에서 자신의 목적을 "국가가 시행하는 법률, 혹은 권리와 의무의 제도에 의해 추구되는 도덕적 기능 혹은 의도를 고찰해 보려는 것"[15]이라고 명시하고 있다. 즉 우리가 국가에 복종하는 것은 국가의 강제력 때문이 아니라 국가가 개인의 자기 완성을 위한 능력을 향상시켜주기 때문이라는 것이다.

이 점에서 국가의 개입은 개인의 자유의 침해가 아닌 개인의 자유의 본질적 요소가 된다. 그린으로부터 자유의 의미는 더 이상 '강제의 배제'가 아니라 '적극적인 개입'으로 새롭게 정의되었다. 따라서 국가의 목적은 더 이상 중립적 위치에 머물지 않고, 개인이 '적극적 자유'를 향유할 수 있는 삶의 기초를 제공하고 그것을 가로막는 장애물을 제거하는 데 있다. 무엇보다 그린이 전통적 자유주의와 결정적인 차이를 보인 점은 국가가 이러한 조건을 제공해야 할

---

14) A. Vincent & R. Plant, *Philosophy, Politics and Citizenship : The life and thought of the British Isles* (Oxford : Blackwell, 1984), p. 52.

15) Green, *Lectures on the Principles of Political Obligation*(1895), p. 29.

목적과 의무를 가지고 있다는 것이다.[16] 즉 국가의 역할은 시민이 합리적·도덕적 존재로서 활동할 수 있는 개인적 자유를 충분히 보장해 주는 데 있다는 것이다.[17]

그린에게 국가의 목적은 개인의 완성 못지않게 '공동선'의 추구에 있다. 인간의 완전성과 모든 가능성의 실현은 필연적으로 광범위한 공동선과 공공의 노력이 전제된다. 인간의 이성적 사고는 자신이 진정한 도덕적 자아를 실현하기 위해서 노력하는 것과 마찬가지로 타인 역시 이러한 노력을 기울이는 존재라는 것을 인정하게 한다. 또한 자신의 발전과 행복은 반드시 타인의 발전과 행복이 함께 추구될 때 가능하다는 사실을 깨닫게 한다. '진정한 자아'의 실현은 이웃의 진정한 자아실현, 즉 공동선의 실현이 이루어질 때 가능한 것이다.

그린이 주장하는 윤리학의 핵심은 공공 이익의 측면에서, 상대방의 권리와 의무를 인정해야 한다는 것이다. 이러한 국민의 태도를 바로 이성적 국가의 특징으로 보았다.[18] 즉 권리의 행사는 그 반대급부로서 의무의 이행을 전제로 한다는 인식이 보편화되어야 한다는 것이다. 따라서 한 개인이 타인의 자아실현의 권리를 인정하는 것과 마찬가지로 자신의 그 권리 역시 다른 도덕적 개인에 의해서 인정받을 수 있는 것이다. 이러한 주장이 바로 '제권리'의 이론적 기초가 되었다.

권리는 인간의 도덕적 완성에 필수적인 힘이다. 개인의 권리가 보장되지 않을 때, 국민은 어떠한 도덕적 삶도 영위할 수 없으며 자기 발전도 기대할 수 없다. 국가는 법률을 통해 이러한 권리를 국민에게 보장해 주기 위해서 존재한다.[19] 한 국가의 주권은 개인의 권리를 보장해 주기 때문에 존립하는

---

16) T. M. Green(1883), *Prolegomena to Ethics*, ed. by A. C. Bradley (Oxford : Clarendon Press, 1906), p. 332, Bellamy, *Victorian Liberalism*, pp.137~138.

17) Bellamy, *Victorian Liberalism*, p. 141.

18) Peter Robbins, *The British Hegelians 1875 ~1925*, pp. 65~66.

19) Green, *Lectures on the Principles of Political Obligation*, p. 41.

것이다. 이처럼 개인의 자유와 공동선을 함께 추구하는 그린의 입장은 영국의 개인주의와 집단주의적 이상을 결합시키려는 개혁주의자의 출발점이 되었다.[20]

---

20) R. Pearson & G. Williams, *Political Thought and Public Policy* (Longman, 1984), p. 146

제3장 홉슨의 개혁주의 경제관

1. 새로운 경제학에 입각한 사회 개혁

19세기 후반 영국 사회가 당면하고 있던 심각한 빈곤과 실업 문제는 경제적 요인에서 그 근본 원인을 찾을 수 있다. 때문에 당시 개혁가는 현실 문제를 정확하게 진단하여 해결책을 모색하기 위해서는 경제적 차원에서 접근해야만 했다. 그러나 당시 개혁론은 대부분 이 문제의 핵심을 비켜난 것이었다. 그들은 당시의 빈곤과 실업을 '산업 문제'의 발단에서 보는 경우가 많았고, 또 고전 경제학의 이론적 위세를 등에 업은 중간 계급의 정치 경제학에 대응할 경제 논리가 부족했기 때문이다.

사회의 '공동선'을 구현하고 '기회의 평등'을 추구하는 개혁가의 이상이 아무리 훌륭하다고 하더라도 근본적인 해결 방안을 제시하지 못한다면 한낱 '고상한 꿈'에 지나지 않을 것이다. 그러나 이 글의 주인공 홉슨은 경제 이론의 측면에서 산업 사회의 문제를 진단하고 그 해결책을 줄기차게 모색함으로써 문제의 본질에 제대로 접근했다는 점에서 매우 독보적인 존재였다.

홉슨은 근본적으로 도덕적 개혁주의자였다. 그는 자유, 협동 그리고 평등의 추구 속에서 모든 구성원의 완전한 발전이 가능한 이상 사회를 꿈꾸었다. 그러나 당시 영국의 현실은 경쟁과 이기적 개인주의를 우선시하는 왜곡된 경제 논리로 비인간적인 삶을 강요하고 침략적 제국주의를 시대의 흐름으로 당연시했다. 홉슨은 이러한 시대적 상황을 극복하고 정상적인 자본주의와 자유주의 체제를 구축하려 했다. 경제 질서의 근본적인 문제점에 대한 명확한 진단과 해결책이 우선적으로 모색되어야 한다고 인식했던 것이다.

홉슨은 19세기 경제 질서의 근간이 되는 고전 경제 이론을 정면으로 비판함으로써 새로운 경제학에 입각한 사회 개혁의 필요성을 제기했다. 또 제국주의적 경향은 자본주의 체제의 불가피한 속성이라는 시각에 대해서도 분명한 반대의 목소리를 냈다. 자본주의 체제가 잘못 운영됨으로써 야기된 일시적 현상이므로 국내의 올바른 경제 질서만 회복되면 해결할 수 있는 경제적 모순에 불과하다는 점을 역설했다.

홉슨은 빈곤의 '경제적 원인'을 정확하게 파악해서, 기존의 구자유주의자가 빈곤의 원인을 개인의 도덕적 결함으로 돌림으로써 국가의 책임을 회피했던 잘못된 가치관을 비난했다. 그는 실업과 빈곤의 주된 원인을 공급 과잉과 경기 침체에서 찾았다. 이는 바로 '공급은 수요를 창출'하므로 '과잉 생산'은 있을 수 없으며, 시장의 자율적인 기능에만 맡기면, 경제 질서가 잘 유지될 수 있다는 고전 경제 이론의 오류를 예리하게 지적한 것이었다. 그리고 공급 과잉은 '분배 과정'의 실패로 인해 생겨난 '불로 소득'이 '과잉 저축'과 '과소 소비'를 초래한 데서 야기되는 현상이라는 점을 지적했다. 그러므로 적극적 '국가 개입'을 통해서 올바른 시장 질서와 공정한 분배의 기틀을 마련하는 사회 개혁이 이루어지면 건전한 자본주의 체제가 수립될 수 있다고 믿었다.

그러기 위해서는 무엇보다도 기존의 정치 경제학이 인간의 이성과 개혁주의 정신에 대해 갖고 있는 편견을 없애고 인간이 주도하는 '윤리적 경제학'으로 회귀해야 한다는 점을 역설했다. 이와 같은 홉슨의 경제 개혁론은 홉하우스의 정치·사회 이론과 함께 현대 복지 국가의 이념적 기반이 된 '신자유주의New Liberalism' 이념의 초석이 되었다.

2. 홉슨의 새로운 출발점

1887년 홉슨은 엑시터Exeter에서 고전 교사직을 그만두고 케임브리지 대학의 비정규 강좌를 맡기 위해 런던으로 왔다. 토니R. H. Tawney는 홉슨이 런던으로 이주한 것을 "그의 인생에서 큰 전환점"[1]으로 보았다. 당시 영국 사회는 4년에 걸친 불황에서 가까스로 벗어나자마자 6년의 경기 침체에 다시 빠져들고 있었다. 런던에 와서 빈곤과 실업의 실상을 직접 목격하면서 홉슨은 심각한 사회 문제에 본격적으로 눈을 뜨게 되었다. 그는 영국의 경제 발전이 인간의 '삶의 질'을 향상시키기보다는 실업과 빈곤의 악순환을 초래하고 있는 현실에 큰 충격을 받았다. 산업화가 진행될수록 노동자는 단순 노동을 반복하는 기계로 전락하면서 삶의 질은 오히려 추락하고 있었다. 또 경쟁적인 인간관계는 과거 농경 사회에 존재하던 사회적 유대감마저 철저히 파괴시켰다.[2]

당대의 수많은 개혁가와 개혁 단체가 현실의 이러한 문제를 극복하기 위한 노력을 기울였다. 홉슨이 보기에 '기독교 사회주의자'의 방법론은 "너무 감상적"이고, '사회 민주주의자'의 태도는 "지나치게 선동적"이었다.[3] 또한 헨리

---

1) J. A. Hobson, *Confessions of an Economic Heretic : the autobiography of J. A. Hobson*(Havester Press, 1976), p. 23 ; R. H. Tawney, "Hobson, John Atkinson(1858~1949)," *Dictionary of National Biography*, 1931~40, pp. 435~6 ; John Allett, *New Liberalism : The Political Economy of J. A. Hobson*(Tronto University Press, 1981), pp. 6~7.

2) Hobson, *The Evolution of Modern Capitalism*(George Allen & Unwin, 1906), p. 342.

조지Henry George가 사회 문제의 근본 원인을 토지에서 찾고 지주 계층의 '불로 소득'을 지적한 점은 수많은 개혁가에게 개혁의 불길을 당겨주기는 했으나, 그의 '단일세'와 '토지 국유화' 역시 '산업 문제'에 대한 근본적인 해답은 될 수 없었다.[4] 페이비언 사회주의자 역시 초기에는 개혁가에게 상당한 지지를 받았지만 방법론에서 기회주의와 엘리트주의로 흐르고, 무엇보다도 친제국주의 노선을 택하게 되면서 뜻 있는 개혁가로부터 비난을 받았다.[5] 토인비Amold Toynbee와 같이 고전 경제학의 자유방임과 자유 경쟁의 이상을 현실 세계와 동떨어진 것으로 비판하는 개혁주의자도 막상 빈곤과 사회 문제에 대한 해결책은 중간 계급의 종교적 양심과 도덕적 사명감에 호소하는 것이었다.[6]

빈곤과 실업에 대해 홉슨이 내린 해결책은 기존 경제 질서의 구조적인 결함을 지적하는 데서 그 단서를 찾았다. 그것은 바로 페이비언 사회주의자도 마르크스주의자도 아닌 실업가 멈머리A. F. Mummery의 "실업은 과잉 저축(과소 소비)의 결과"라는 분석이었다. 홉슨은 향후 반세기 동안 이론을 보다 정교하게 발전시켜 나가면서 사회 개혁의 필요성을 주장하는 이론적 틀로 삼았다. 두 사람은 공저인 『산업의 심리학The Physiology of Industry』(1889)에서 기존 자유주의 경제 이론을 공격하고, 당시에 경제적 미덕으로 떠받들던 '절약'의 미덕을 경기 침체의 한 요인으로 평가절하했다.[7]

홉슨은 또, 『근대 자본주의의 발전The Evolution of Modern Capitalism』(1894)과

---

3) Hobson, *Confessions*, p. 29.

4) *Ibid.*, pp. 27~28.

5) *Ibid.*, p. 29. 페이비언의 엘리트주의에 대한 홉슨의 혹평은 그의 "Ruskin and Democracy," *Contemporary Review* (Jan. 1902)를 참고.

6) Beatrice Webb, *My Apprenticeship*, pp. 157~158.

7) 1930년대에 케인즈는 이 저서가 "경제 사상에서 하나의 신기원"을 이룩했다고 평가했다. J.M Keynes, *The General Theory of Employment*, Interest and Money,(1936), p. 365.

『실업자 문제*The Problem of the Unemployed*』(1896)를 통해서 고전 경제학의 오류를
공격하면서, '소득 분배의 실패'를 산업 사회 위기의 근본 원인으로 진단하여
"학문적 명성"[8]을 얻었다. 이러한 새로운 경제적 해석을 통해서 홉슨은 빈곤의
주요 원인이 기존 자유주의자의 주장처럼 개인의 도덕적 실패에 있는 것이
아니라, 왜곡된 경제 구조에 있음을 입증하려고 했다.

3. 고전 경제학 비판과 '과소 소비 이론'

홉슨은 고전 경제학의 가장 큰 학문적 맹점은 '인간 중심의 가치'를 결여한
데 있다고 보았다. 고전 경제학자에게 인간의 '이성'은 개인의 경제적 이기주의
를 추구하는 하나의 도구에 지나지 않았다. 그러나 홉슨은 이성은 보다 높은
도덕적인 이상을 추구하는 고유한 속성을 갖고 있다고 보았다.[9] 이와 같은
이성적 요소를 경제학에서 배제시키는 것은 진정한 경제학의 발전을 저해하는
것이었다.[10] 요컨대 인간 중심의 요소를 고려하지 않는 고전 경제학은 그
출발부터가 잘못된 것이었다.

홉슨은 당대 사회 개혁가의 대표적 토론 모임인 '레인보우 서클Rainbow
Circle'의 토론에서 고전 경제학을 그 실천 원리로 삼는 '맨체스터 학파'의
정치 경제학은 윤리적 인간보다는 '경제적 인간'을 추구한다고 지적했다.
경제적 가치를 우선하는 이기적 인간을 이상적인 모델로 강요하는 태도는
일반인의 건전한 상식을 해치는 일이라고 비판했다. 또한 '맨체스터' 학파가
주장하는 것처럼 자유방임 체제 하에서 부의 획득과 생산의 효율성만이 중시되
고 노동의 질적인 측면과 소비의 중요성은 등한시될 수밖에 없다는 것이다.

---

8) Hobson, *Confessions*, p. 37.

9) Hobson, *Wealth and Life*, p. 125.

10) *Ibid.*, pp. 125~126.

더욱이 재화의 생산에서 사회의 기여도를 전혀 인정하지 않는 결정적 약점을 지니고 있다는 것이다. 즉 고전 경제학 이론이란 19세기 전반前半의 제조업자와 금융가의 이해관계를 반영한 데 불과한 이론이므로 새로운 사회 환경에 바로 적용되어서는 안 된다는 것이었다.[11]

홉슨은 또한 경제학자가 주장하는 '학문의 중립성'에 대해서도 비판했다. 홉슨은 경제학자가 자신이 연구하는 사실의 도덕적 의미에 대해 초연한 자세가 '가치중립적'인 태도는 아니라는 것이다. 그것은 자신의 가치에 대해 현실적으로 점검도 하지 않은 채 그냥 내팽개쳐 두는 행위로 보았다.[12] 그러므로 경제학이 가치중립적이라고 주장하는 것은 '도덕성 거세'의 태도를 옹호하는 것이나 마찬가지의 일이라는 것이다.[13]

홉슨은 과거 경제학의 '딱딱하고 죽어 있는 조잡한 사실주의'를 개선하기 위해, "사실을 선택하고 거기에 가치 평가를 내리고 현실에 적용할 경우 '인간'이 그 영역의 주체자"가 되는 인간 중심의 경제학을 추구했다.[14] 이와 같이 홉슨의 사고의 밑바탕에는 경제적 가치를 우선하는 비인간적인 태도에 대항해 도덕적 가치관의 우월성을 강조하려는 지적 신념이 자리잡고 있었던 것이다.[15] 그러므로 홉슨은 도덕적 이상을 향해 진화해 가는 인간의 이성에 대한 신뢰와 자기 운명을 개척하려는 끊임없는 노력 등, 인간 중심적 가치를 강조함으로써 고전 경제학이 갖고 있는 기존의 왜곡된 통념을 깨뜨리려고 했다.

홉슨이 고전 경제학의 두 번째 결함으로 지적한 것은 "생산은 수요를 창출한다"는 가정이었다. 이러한 시각은 그의 이론의 핵심적 부분을 차지하고 있다.

---

11) Michael Freeden ed., *Minutes of the Rainbow Circle 1894~1924*(London, 1989), 5 December 1894.

12) Allett, *op. cit.,* p. 51.

13) *Ibid.,* p. 52.

14) Hobson, *The Crisis of Liberalism*(1909 : new ed., 1974), p. 275.

15) Bernard Porter, *Critics of Empire*(London & New York, 1968), p. 172.

그는 이 이론이 과잉 생산을 초래하게 만든 주요한 요인이자, 현실의 과잉 생산을 설명할 수 없는 이론적인 취약점을 지니고 있다고 보았다. 오히려 그 반대의 논리가 타당성이 있다고 주장했다. 즉 "생산은 수요에 의해 제한된다"는 사고이다. 이러한 경제관은 이미 17세기의 중상주의 경제학자 사이에 널리 알려진 이론이었다. 그러나 아담 스미스와 리카르도의 고전 경제학이 주류로 자리를 잡게 되면서, 그 맥이 끊어져 버렸던 것이다. 과잉 생산의 가능성을 지적하던 과거의 경제적 주장은 "생산과 소비는 함께 늘어날 수 있다"는 리카르도 이론의 절대적 영향으로 힘을 잃게 되었다.[16] 밀J. S. Mill과 같은 대표적 자유주의 사상가나 마샬A. Marshall과 제번즈W. Jevons와 같은 19세기 후반의 경제 이론가 역시 마찬가지 생각을 하고 있었다.[17]

모든 생산물은 그것이 자본재든 소비재든 이미 소비를 전제로 생산하는 것이다. 마찬가지로, 저축으로 전환되는 자본의 몫도 언젠가는 소비로 바뀌게 된다.[18]

따라서 과잉 저축과 과잉 생산은 있을 수 없다는 사고가 19세기 후반까지 경제학의 도그마로 자리잡게 되었다.

경제학자로서 홉슨의 중요한 업적은 과잉 생산이 있을 수 없다는 리카르도 류의 경제 논리를 논박했다는 데 있다. 즉 『산업의 심리학』에서 홉슨은 "수요가 공급을 결정한다"는, 즉 리카르도 이전의 경제관으로 회귀했던 것이다. 홉슨은 저축을 소비의 한 형태가 아니라 '재생산을 초래하는 투자'로 보았다. 과다한 저축으로 말미암아 수요와 공급의 불균형이 초래되고, 그에 따른 과잉 생산은

---

16) T. W. Hutchison, *A Review of Economic Doctrines, 1870~1929*(Oxford, 1953),pp. 346~48. 이하 *Review*.

17) *Ibid.*, pp. 24, 186~88, 355~56.

18) *Ibid.*, p. 349.

결국 경기 침체를 야기시킨다고 보았다. 이러한 인식에서 홉슨은 고전 경제학의 핵심적인 전제를 반박했던 것이다.

이러한 결과는 공동체에 결정적인 중요성을 갖는 것이다. 또한 동부 런던의 문제가 이러한 경제적인 원인에서 비롯되었고, 이 경제적 원인이 지금까지 지극히 숭배되어온 절약의 미덕이다.[19]

우리는 개인의 저축이 필연적으로 공동체를 풍요롭게 하며, 자신의 이익을 추구하는 행위는 결국 공동체의 이익으로 이어지며, 임금은 이윤을 희생시킬 때 오르며, 혹은 이윤은 지대를 희생시키고서 오른다는 일반적으로 널리 알려진 도그마를 부정한다.[20]

홉슨의 '과잉 생산의 가능성'에 대한 입증은 빈곤을 해결하기 위한 일관된 접근 방법을 제시해 주었다. 즉 빈곤은 개인의 도덕적 결함보다는 잘못된 경제 질서에서 그 요인을 찾을 수 있다는 것이다. 때문에 홉슨은 빈곤은 치유될 수 있다고 믿었다. 과잉 생산의 가능성을 차단해 경기 침체를 막는다면 그로 말미암아 초래되는 실업과 빈곤의 악순환의 고리는 끊어질 수 있다는 것이다.[21] 이와 같은 인식은 오늘날에는 거의 일반적인 사실로 받아들여지고 있지만, 1890년대에는 하나의 혁명적 사고였다. 그것은 "실업에는 어떠한 경제적 원인도 있을 수 없다"는 고전 경제학의 '철칙'에 정면으로 도전하는 것이었기 때문이다.

이와 같은 관점에서 자본주의를 비판한 이론은 홉슨 이전에도 이미 있었다.

19) Hobson and Mummery, *The Physiology of Industry*, p. vi
20) *Ibid.*, pp. iv~vii.
21) Weiler, *op. cit.*, p. 164.

그 대표적인 것이 맬더스Thomas Malthus의 이론과 스위스의 역사가이자 경제학자인 시스몬디Simonde de Sismondi의 이론이었다.[22] 맬더스는 산업 사회에서 과잉 생산의 원인을 부르주아 계급이 과다한 저축 습관으로, 소비가 활성화되지 않는 데 있다고 보았다. 맬더스는 그의 『정치경제학 이론Principles of Political Economy』(1820)에서 지나치게 많은 저축이 생산의 동기를 파괴할 수 있다고 주장했다.[23] 맬더스가 경제적 혼란의 요인으로 '과잉 저축'을 우선적으로 강조한 반면, 시스몬디는 소득의 왜곡된 분배에서 찾았다. 1819년 영국을 방문한 시스몬디는 산업 환경의 비참한 현실을 직접 목격하고 산업 사회의 미래를 낙관적으로 보는 아담 스미스의 분석에 회의를 느꼈다. 그는 경제적 불황의 근본 원인을 왜곡된 소득 분배로 인한 노동자의 빈곤과 그에 따른 구매력의 하락에서 찾았다. 그러므로 보다 인도적인 해결책은 국가가 공공의 작업장을 설치하여 노동자의 소비 수준을 향상시키는 것이었다.[24]

홉슨은 경기 침체를 설명하는 데 있어서는 맬더스의 관점으로 저축의 차원에서 이론을 전개하고 있지만, 사회 개혁을 통해서 경기 침체를 해결할 수 있다는 점에서는 시스몬디의 이론에 충실했다. 홉슨은 과잉 저축의 근본 원인을 일부 계층에 편중된 과다한 '불로 소득'에서 찾았다. 또 불로 소득은 자본주의 시장 경제가 공정하게 운영되지 못하고, 또한 부의 '사회적 가치'가 제대로 인정받지 못한 데서 생긴다고 보았다.

고전 경제학은 자유 경쟁을 통한 시장의 공정한 운영과 가격의 균형을 이상으로 인식했지만, 현실은 독점 기업이 '강제 이익' 혹은 홉슨이 지적한

---

22) Allett, op. cit., pp. 97~99.
23) 또한 맬더스는 스미스와 그 추종자들의 "자본의 축적은 수요를 보장한다. 혹은 자신의 목적이 저축인 사람에 의해 고용되는 노동자의 소비가 상품에 대한 효과적인 수요를 크게 창출하기 때문에 지속적인 생산의 증대를 촉진시킬 것이다"는 생각을 부정한 점에서도 홉슨과 일치했다. M. Bleaney, Underconsumption Theories(1976), p. 53.
24) J. Oser and W. Blanchfkeld, The Evolution of Economic Thought(1975), p.161.

대로 '잉여'를 확보하고 있는 실정이었다. 즉 대기업은 소비 대중의 이익에 불리한 방향으로 특정 제품, 혹은 서비스의 가격을 조작할 수 있다는 것이다.[25] 따라서 홉슨은 완전 경쟁이 아니라 오히려 불완전 경쟁 혹은 독점이 시장 경제의 주된 흐름이라고 지적했다. 그러므로 불완전 경쟁에서 혜택을 얻는 자는 그에게 돌아가야 할 몫보다 훨씬 더 많은 잉여 소득을 얻게 된다는 것이었다. 결국 잉여는 모든 시장에서 사실상 강자의 경제적 힘을 반영하는 것이었다. 현실의 시장 경제에서 분배는 힘에 의해서 결정되고 있었다.[26]

이러한 비판은 소득의 분배에 대한 홉슨의 이론에 의해 뒷받침되었다. 홉슨은 고전 경제학의 소득 구분 방법 대신 모든 소득을 '비용'과 '잉여'로 구분했다. 비용은 개인의 삶을 유지하는 데 필요한 최소한의 경비로 한정했다. 그리고 삶을 영위하기 위한 최소한의 경비를 국가가 보장하는 것은 도덕적으로나 경제적으로 정당하고 필수적인 것이다. 이러한 장치가 없을 때 최선의 노동을 기대할 수 없기 때문이다. 또한 잉여의 일부는 자아의 발전에도 필수적이다. 그러나 그 밖의 대부분의 잉여는 자아 발전이나 경제적 동기의 어느 쪽에도 불필요한 것이다. 그러나 왜곡된 경쟁 질서로 일부 사람은 최소한의 생계조차 유지하기 어려운 반면에, 일부 사람은 노동할 필요가 없는 잉여를 얻게 되는 것이다.[27] 기존의 시장 경제는 잉여의 왜곡된 분배를 초래하며, 과잉 저축도 이와 같은 그릇된 분배 구조의 산물이다.[28]

홉슨은 어느 한쪽이 상대방보다 항상 경제적으로 유리한 위치에 있는 시장 경제의 질서는 비도덕적일 뿐만 아니라, 불합리하며 비능률적인 것이라고 보았다. 그로 말미암은 부의 극단적 불평등은 시장 경제 그 자체를 약화시킨다고

25) Hobson, *The Evolution of Capitalism*, p. 154.
26) Weiler, *op. cit.* p. 165.
27) Hutchison, *Review*, p. 126.
28) Weiler, *op. cit.*, p. 125.

믿었다. 홉슨은 『산업의 심리학』과 『실업자의 문제』에서 이처럼 잘못된 소득의 분배가 실업의 원인이라고 보고 부유층의 저축 습관이 경기 침체를 설명하는 열쇠라고 분석했다. 그리고 저축은 대부분 '불로 소득'을 의미하며 그것은 절약의 결과로 얻은 것이라기보다는 착취의 과실이라고 보았다. 그와 같은 착취로부터 얻어진 재화 때문에 과잉 투자의 가능성이 특히 커진다는 것이다.[29]

불로 소득 혹은 '잉여'의 개념을 통해서 홉슨은 영국의 제국주의 정책에 대한 해결 방안을 제시했다. 이미 지적한 바와 같이 국내에서의 부의 잘못된 분배의 결과는 과잉 생산이었다. 그 결과 자본가는 자국 안의 투자의 기회가 한정되고 상품 시장은 벌써 공급 과잉의 상태였기 때문에 해외에서 투자 기회와 시장의 확대를 꾀하려고 한다.

제국주의는 자본가들이 국내에서 팔 수 없거나 이용할 수 없는 상품과 자본을 유출할 수 있는 외국 시장과 외국에서의 투자 기회를 확보해 잉여 부의 유통 경로를 확대시키려는 그들의 노력이다.[30]

홉슨은 제국주의적 경향은 자본주의의 필연적인 현상이 아니라 국가가 적절히 개입해 시장 경제의 올바른 질서와 적정한 소득 분배의 사회 구조를 이룬다면 치유될 수 있는 자본주의의 한 폐단에 불과한 것으로 여겼다.

4. '유기체적' 사회관

홉슨은 개인주의적 경제학이 몰고 온 대중의 물질적 빈곤과 소외를 비판하고,

---

29) 홉슨의 불로 소득의 기원에 관한 분석은 『분배의 경제학 *The Economics of Distribution*』(1900)에서 그의 핵심적 경제 이론으로 자리잡게 되었다.

30) Hobson, *Imperialism, A Study*(London, 1902), p. 91.

건전한 자본주의를 추구하기 위해서는 새로운 '윤리적 경제학'이 필요하다는 점을 역설했다. 사회 진보와 산업 발전은 경제적 이익의 추구만으로 가능한 것이 아니라, 사회 정의와 평등도 동시에 추구될 때 실현될 수 있다고 보았다. 이러한 시각에서 홉슨은 경제학에 윤리적 요소를 결합시켜 고전 경제학의 '인간화'[31]를 시도했다. 그는 효율성의 증대와 인간적 욕구의 충족, 그리고 각 개인의 능력을 발휘하고 경제적 동기를 부여하는 데 경제학의 목적이 있다고 보았다. 그러기 위해서 경제학의 내용이 생산만을 중시하는 기계적 시각에서 벗어나, 산업 사회 각 구성원의 복지와 사회적 효용을 고려하는 포괄적인 경제학으로 탈바꿈할 필요가 있다고 보았다.

홉슨이 윤리적인 경제학이 반드시 이루어질 것으로 확신한 것은 그의 '유기체적 사회관'에서 비롯되었다. 원자화된 개인을 경제 활동의 주체로 보는 고전 경제학은 개인과 공동체와의 관계를 그다지 중시하지 않지만, 홉슨의 경제론은 개인의 이익과 공동체의 이익의 조화를 우선적으로 추구하는 '유기체적 사회관'에 입각하고 있기 때문이다. "각 개인은 개인일 뿐만 아니라 사회의 한 구성원"[32]이기 때문에 진정으로 강하고 건전한 인격은 개인 스스로의 힘만으로는 불가능하며, 개인이 사회에 기여하고 사회가 개인을 돕는 '사회적 자아'를 통해서만이 비로소 형성될 수 있는 것이다.[33] 따라서 개인의 진정한 이익은 사회의 전체적인 복지와 조화를 이루게 될 때 가능한 것이다.

사회가 하나의 유기체로서 실질적 경제 발전이 이루어질 수 있으려면, 공동의 도덕적·정신적 생활의 고양이 필요하며, 공공의 목적을 위해 협동하려는 의식이

---

31) Weiler, *op. cit.*, p. 171.

32) Hobson, *Work and Wealth, A Human Valuation*(Macmillan, 1914), p. 17.

33) Hobson, "Character and Society" in Percy Parker, ed., *Character and Life*(London, 1912), p. 72.

노동자의 정신 속에 자리잡아야만 한다.[34]

홉슨이 이와 같은 사회관을 갖게 된 데는 러스킨John Ruskin의 사상적 영향과 '레인보우 서클'에서의 토론이 결정적인 역할을 했다.[35] 홉슨이 고전 경제학에 관해 '이단적인' 태도와 유기체적 사고를 갖게 된 것은 그가 19세기의 "가장 위대한 스승"[36]이라고 존경했던 문명 비판가 러스킨의 영향이 컸다.[37] 러스킨은 고전 경제학을 주로 윤리적인 측면에서 비판하면서, 정통 경제학의 이론에서는 낯선 '사회 복지'라는 개념을 홉슨에게 전해주었다. 가치와 생명을 동일시했던 러스킨에게 생명은 "그것을 제외한 어떠한 가치도 있을 수 없는"[38] 모든 것에 우선하는 가치였다. 물질적 가치만이 최고로 떠받들어지던 당시의 사회적 분위기에서 러스킨은 최우선의 가치는 '생명 존속에 유용한 가치'라는 인간적 가치의 중요성을 일깨웠다. 그러므로 러스킨은 상업적 화폐 가치보다 윤리적 가치를 우선시했고, 재화의 양보다는 삶의 질을 더 중요시했다. 러스킨은 기존의 고전 경제학이 경제학의 진정한 의무인 '인류를 위한 봉사'와는 거리가 멀다는 사실을 홉슨에게 깨닫게 해주었던 것이다.

러스킨의 방법론상의 위대한 개혁은 '정치적'이라는 용어에 관해서이다. 비록 정치 경제학에 관한 영국 최초의 위대한 논문이 "제 국민의 부"라는 제목을 가지고는 있으나, 아담 스미스의 계승자는 심지어 상업적 부의 계산에서조차도

---

34) Hobson, *The Social Problem*(James Nisbet, 1901), p. 287.

35) 훗날 홉슨은 이 모임에서의 토론이 자신의 "사상의 깊이와 넓이를 더해주는 데 크나큰 가치가 있었다"고 회고했다.(Hobson, *Confessions*, p. 52.) '레인보우 서클'은 모임의 초창기부터 줄기차게 유기체론을 진보적 주장의 논거로 삼았다. 유기체론은 9번째(1895) 모임에서부터 61(1902), 101, 102, 103(1905), 107(1906),130(1908)번째의 모임까지 지속적으로 토론의 주제가 되었다 (M. Freeden ed.,*Minutes of the Rainbow Circle 1894~1924*, p. 27).

36) Hobson, *John Ruskin, Social Reformer*(London, 1898, 1899), p. v.

37) Allett, *op. cit.*, p. 17   ; Freeden, *op. cit.*, p. 100.

38) *Ibid.*, pp. 83, 78.

하나의 진정한 '사회적' 혹은 '국가적' 기준을 취하지 못했다. 각 개인이 자신의 이익을 위해 최선을 추구하는 것이 사회 전체의 복지에 가장 크게 기여하는 방식이라는 '자유방임적' 가정은 "사회의 유기체적 구조를 이해하는 데 완전한 실패를 의미했다." 한 국가를 그 구성원의 단순한 하나의 집합으로 보았다. 즉 각각의 개인의 이익의 합이 전체의 이익으로 이해되었던 것이다.

　중상주의 경제학에서 러스킨의 '사회 경제학'으로의 전환에 있어서 우리는 자신의 이익을 추구하려는 동기를 포기하지는 않는다. '그러나' 우리는 '우리의 이익과 타인의 이익을 동일시할 때 형성되는' 폭넓은 자아를 위해 더 편협한 자아를 희생시킴으로써 만족을 추구하기 위해서 '자아'의 영역을 넓히고 본성을 확대시킬 수 있는 것이다.[39]

　여기서 엿볼 수 있듯이 러스킨은 홉슨에게 '총체성Totality'의 개념[40]을 일깨워주었다. 즉 "모든 인간 행위의 유기적 통일성과 연대성, 사회 단위 사이에 협동이 유기체의 본질"[41]이라는 생각을 갖도록 했다. 사회는 하나의 유기적 조직체로서 집단 의식과 집단 의지를 가지고 있으며 집단의 목표를 실현해 나갈 능력을 가진 하나의 유기체로 인식되었다.

　다른 한편으로 인간의 생명을 강조한 러스킨에게 홉슨은 물질적인 차원의 사회 개혁의 필요성을 배웠다. 따라서 개인의 인격 완성에 개혁의 목표를 두던 당시의 많은 개혁주의자와 달리 물질적 측면을 우선으로 했다. 산업 활동의 기초는 신체이기 때문에 인간에게는 정신적인 요소 못지않게 물질적인 요소가 중요하기 때문이라는 것이다.[42] 홉슨은 인간에게는 고차원적인 도덕적 요구보다는 물질적 요구가 항상 더 시급하고 중요한 것으로 인식했다.[43] 홉슨의

---

39) Hobson, *John Ruskin*, pp. 79~80, 85~86.

40) Hobson, *John Ruskin*, p. 89.

41) *Ibid.*, p. 89.

42) Hobson, *Work and Wealth*, pp. 12~15.

이와 같은 태도는 공동체 발전을 위해 물질적 복지에 관심을 기울일 필요가 없다고 생각한 구자유주의자의 인식을 전환시키는 중요한 계기가 되었다.[44]

'레인보우 서클'의 '핵심 인물'[45]이었던 홉슨은 "사회가 어떠한 유형의 조직체가 되어야 하는가?"라는 서클의 토론에서 '유기체적 사회관'을 향후 영국이 지향해 나갈 사회의 유형으로 제시했다. "사회 유기체 속에서 성장은 훨씬 덜 제한되고, 변화는 다양해지고, 상호 의존이 더욱 긴밀하게 되기 때문에 사회는 하나의 거대한 유기체다"라는 홉슨의 생각은 이미 서클 구성원 다수가 공감했다. 그는 고전 경제학이 말하는 경제 질서는 "각각의 개인이 본질적인 역할을 맡고 있는 거대한 인간의 협동 활동"[46]의 '유기체적' 통일성을 배제시켰다는 점에서 비판했다. 홉슨은 참다운 사회생활은 비용과 효용, 생활과 노동의 조화로운 결합을 통해서 이루어진다고 보았다.[47] 노동 운동가 맥도날드Ramsay MacDonald도 유기체론을 경제적인 측면에서, "생산의 3요소인 토지, 자본, 노동도 유기체의 세포들이 협동 관계를 유지하고 있는 것처럼 협동 관계를 유지할 필요성"을 강조했다.[48]

이와 같이 홉슨이 고전 경제학을 '인간화'하려는 사고의 밑바탕에는 '유기체적 사회관'이 자리잡고 있음을 알 수 있다. 홉슨이 추구하려 했던 바람직한 인간상은 '이기적 경제인'이 아니라 개인의 이익과 사회의 이익의 조화를 추구하는 '의식적·합리적·감상적 인간'이었던 것이다.[49] 이처럼 개인은 공동

43) Hobson, *The Social Problem,* p. 82.

44) S. A. Barnett, 'Social Reform' *Independent Review,* vol. 1(1903), p. 32 in Michael Freeden, *The New Liberalism : An Ideology of Social Reform*(Oxford, 1978), p. 41.

45) Freeden, 'The New Liberalism and aftermath' in Richard Bellamy (ed.), *Victorian Liberalism*(London & New York, 1990), p. 181.

46) Hobson, *Work and Wealth,* p. 282.

47) Hobson, *Subjective and Objective,* p. 67.

48) Freeden, *minutes,* pp. 140~144.

49) Hobson, *John Ruskin,* pp. 75~77 ; Freeden, *op. cit.,* p. 100.

체의 일원으로서 행동하고, 사회는 그 구성원의 건강과 행복을 추구해야 한다는 생각이 바로 흡슨의 사회 개혁의 청사진이자, 기존 경제 체제에 대한 비판의 출발점이었다. 그는 오랜 노력을 통해 고전적 자유주의의 사회관을 유기체적 사회관으로 바꾸려고 시도했던 것이다.[50]

5. 부의 재분배와 국가 개입

흡슨은 분배 정의가 실패한 또 다른 중요한 요인을 기존 정치 경제학이 부의 사회적 요인에 관한 인식을 결여한 데서 찾았다.[51] 흡슨은 생산 과정은 개인의 노동에 의해서 뿐만 아니라 '집단적 노동'에 의해 이루어지기 때문에 그로부터 얻어진 재화의 가치는 당연히 개인적인 요소와 사회적인 요소로 구분된다고 보았다. 그러나 기존의 정치 경제학에서는 '사회적 부'라는 개념을 비중 있게 다루지 않았다. 흡슨은 아담 스미스의 『국부론』이 생산은 사회적인 것이라기보다는 개인적인 것이라는 점을 정당화하면서 마땅히 사회로 돌아가야 할 몫을 개인이 차지하는 결과를 초래했다고 보았다. 아담 스미스는 자신의 『국부론』을 노동 분업의 경제에 관한 논의로부터 출발하면서, 그와 같은 경제 활동이 협동으로 이루어진다는 점을 설명하지 않았기 때문에 '영국의 정치 경제학'을 잘못된 기초 위에 올려놓게 된 계기가 되었다는 것이다.[52]

흡슨은 스미스가 협동 노동의 장점을 무시하기보다는 오히려 그와 같은 협동이 개인의 권리뿐만 아니라 사회의 재산권을 불러일으킨다는 것을 인식하

---

50) P. F. Clarke, 'Introduction' to *The Crisis of Liberalism*, p. xix.
51) 흡슨은 서클의 토론에서 '개인의 부와 국가의 부'에 관한 논문을 발표하는 가운데서 '사회적 부'에 관한 자신의 주장을 분명히 하고 있다(Minutes, 6 May, 1895) 그의 주장은 *The Social Problem*에서 더욱 체계화되었다.
52) J. A. Hobson, *Work and Wealth*, p. 251 in Allett, *op. cit.*, p. 71.

지 못했다는 점을 비판했다. 이와 같은 사회적 권리를 소홀히 다룸으로써 스미스는 결국 생산에 대해 개인이 차지할 몫을 지나치게 크게 했다는 점이다.

생산물을 주로 개인 활동의 산물로 보려는 잘못된 시각을 교정하기 위해서 홉슨은 다음과 같이 주장했다.

개인은 혼자서는 어떠한 부도 창출할 수 없다. 그것은 첫째로 그의 노동의 원료와 도구가 사회적 협동 과정에 의해서 주어진다는 점에서 그렇다. 두 번째로 개인의 기술은 인간의 오랜 역사를 통해 습득되어 왔으며 교육과 훈련을 통해서 개인에게 전달되었다. …… 마지막으로 한 국가로서 조직화된 공동체는 생산하는 개인과, 개인이 생산하는 데 도움을 주는 다양한 기관을 보호하고 돕는다. 따라서 사회는 생산자 개인을 여러 분야에서 돕고 있는 것이다.[53]

따라서 산출된 재화에 대해 당연히 사회에도 그 대가가 주어져야 한다. 사회에 주어지지 않고 개인의 수중으로 다 들어가는 잉여가 바로 왜곡된 분배의 한 원인인 것이다. 그러므로 홉슨은 생산 과정에서 이루어진 사회의 기여에 대해 정당한 몫을 사회에 되돌려 주기 위해서는 개인의 몫을 축소해야 한다는 것이다.

결국 홉슨은 경제 정의를 실현하고 건전한 자본주의 체제를 이루어나가기 위해서는 국가가 적극적으로 나서서 부를 재분배해야 한다는 결론을 내렸다. 그는 부의 재분배는 경제 체제를 더욱 합리적으로 만들어 줄 뿐만 아니라, 빈곤층에도 경제적 자유를 가져다 줄 것이라고 믿었다. 그러기 위해서 우선적으로 고려되어야 할 것이 일반인이 부의 분배에 공정하게 참여할 수 있는 균등한 기회를 제도적으로 보장하는 일이었다.

---

53) Hobson, *Taxation in the New State*(1919), p. 71.

경쟁의 사회적 평가는 그 공평성에 의해서 이루어진다. 즉 계약이나 흥정의 양쪽 당사자가 정신적·물질적 양 측면에서 평등한 힘을 소유하고 있는가의 여부에 의해 결정되는 것이다. 그러므로 모든 경제적·정신적 기회 평등이 보장될 때까지는 진정한 의미에서 평등은 있지도 않고, 혹은 있을 수도 없는 것이다.[54]

홉슨은 기회의 균등은 두 가지 측면에서 이루어져야 한다고 보았다. 첫째로 국가의 강제력을 동원해 부유층이 경제적 힘을 이용해서 다른 사람의 기회를 박탈하는 것을 막아야한다는 것이다. 즉 경쟁적 산업 사회 속에서 소수의 약삭빠른 사람의 일방적인 독주를 막기 위해서는 더욱 강력한 강제력이 필요한 것이다.[55] 두 번째로 모든 사람에게 "그들 개인의 장점을 발휘하고 삶을 향유하는 데 필요한 교육과 경제적 여건"이 주어져야 한다는 것이다.[56] 경제적으로 일반 대중이 소득과 고용의 최저 수준을 유지하는 것은, 그것이 사적 수단에 의한 것이든 국가의 투자에 의한 것이든, 사회가 고도로 통합된 유기체로 발전해 나가는 데 필수적인 기초가 되는 것이다.

홉슨은 국가가 경제 질서에 간섭해야 한다는 자신의 이론이 기존의 자유주의 전통에서 벗어난 '이단적 이론'이라는 사실을 잘 알고 있었다. 이는 "오늘날 사회 현실이 요구하는 바는 과거 자유주의자가 살던 시대가 요구하는 것과는 다르며, 따라서 오늘날 국가의 역할에 대한 국민의 요구도 그때와는 다를 수밖에 없기 때문이다."[57] 그러므로 이제 국가는 최우선적으로 주요 산업을 통제하고, 사회 개혁을 통해 국민의 경제적 자유를 보장해야 된다는 것이다.

홉슨은 부의 재분배를 위한 국가 개입의 핵심적 정책을 '불로 소득'에

---

54) Hobson, *The Economics of Distribution*, p. 226.

55) Hobson, *John Ruskin*, p. 203.

56) Hobson, *The Crisis of Liberalism*, p. 173

57) Hobson, *Confessions*, p. 126.

대한 과세에서 찾았다. 개인이 불로 소득을 얻는 것은 사회적 협동의 덕택이기 때문에 국가는 과세를 통해서 그 잉여의 재원을 획득할 권리를 갖는다. 사회적 가치는 사회의 경제 수준의 향상과 그에 따른 '불로 소득'의 증가와 연관된다. 특히 재산이나 토지와 관련된 자본 가치의 상승은 공동체 활동에 의한 사회적 가치의 상승으로 인한 것이므로 진보적 과세 정책은 그 정당성을 확보할 수 있다. 홉슨은 국가가 소득과 유산에 관한 누진 과세를 통해서 개인의 불로 소득을 흡수해야 한다고 보았다. 누진 과세를 하는 근거는 소득이 크면 클수록 거기서 차지하는 불로 소득은 더욱 크다는 데 있다. 국가는 잉여의 부분을 과세를 통해 회수함으로써 비생산적 저축으로 가는 것을 막고, 공익을 위한 사업에 써야 한다는 것이다.

홉슨은 공공의 이익을 위해서 국가가 수행해야 할 우선적인 일은 노동하려는 사람에게 적당한 일자리와 정상적인 임금을 보장하는 것이라고 규정했다.[58] 또한 국가는 연금과 실업 보험을 통해 정상적인 임금 체제가 원활히 유지될 수 있도록 해야 한다. 이러한 시각에서 홉슨은 노동조합의 역할과 기능을 확대하려는 노동자의 노력을 지지하고, 생산과 효율성을 촉진시키기 위한 '고임금의 경제,' '노동 시간의 단축'과 여가의 증대를 옹호했다.[59]

홉슨의 이와 같은 개혁적 사고는 1900년 이후 점차로 정치의 영역, 특히 조세와 토지 개혁의 측면에서 수용되어 20세기 초 자유당의 개혁 입법의 이론적 기반을 제공했다. 더 나아가 국가가 경제 질서를 주도함으로써 사회 개혁과 체제의 효율성을 높일 수 있다는 홉슨의 사고는 케인즈J. M. Keynes의 경제 이론에 영향을 끼쳤으며, 현대 복지국가 성립의 한 이념적 초석이 되었다.

---

58) *Minutes*, 2 February 1898.

59) Hobson, "The Economy of High Wages," *Contemporary Review*(December, 1893).

6. 홉슨의 결론은 개혁

자본주의 경제 체제를 비판하면서 국가의 적극적 개입을 주장하는 홉슨의 태도는 사회주의자의 경제관과 어떤 차이가 있는가? 물론 피상적으로 볼 때 홉슨의 경제관은 여러 측면에서 사회주의자의 주장과 유사한 면이 있다. 그러나 홉슨이 주도한 경제학의 진정한 의도는 사회주의자의 경제 이론과는 분명히 달랐다. 그가 추구한 사회 개혁과 국가의 개입은 고전적 자유주의의 시장 경제가 보다 효율적이고 공정하게 움직이는 환경을 마련하려는 데 그 근본 목적이 있었던 것이다.

우선 홉슨이 말하는 '잉여'와 마르크스의 '잉여 가치' 사이에는 분명한 차이가 존재한다. 두 사람 다 잉여라는 개념을 시장 경제의 비도덕성과 비능률을 나타내기 위해 사용했다. 그러나 마르크스에 있어서 이와 같은 잉여는 프롤레타리아의 노동력에서 온 것이었다. 또한 자본주의가 오직 이 잉여로 움직여지는 체제이기 때문에 자본주의는 개혁될 수 없는 것이다. 따라서 자본주의는 전적으로 다른 체제에 의해 대체되어야만 하는 것이다. 이러한 마르크스의 입장과는 달리 홉슨은 잉여 가치는 자본주의 체제의 불완전한 운영에서 생겨나는 것이라고 보았다. 따라서 제대로만 운영된다면 정당하고 효율적인 체제가 될 수 있다고 믿었다. 그리고 홉슨은 과세와 사회 개혁을 통한 잉여의 재분배를 통해서 그것이 가능하다고 믿었다.

또한 홉슨은 자신의 『근대 자본주의의 발달』에서 억압받는 프롤레타리아 세력의 성장을 묘사함으로써 마르크스와의 유사성을 보여주기도 했다. 그러나 홉슨의 계급에 관한 인식은 마르크스적인 것이 아니라, 코브덴Richard Cobden과 같은 중산 계급의 급진주의자가 영국의 대외 정책과 보호 무역 정책이 귀족 계급의 이익을 위한 것이라는 점을 비판한 전통적 '급진주의Radicalism'의 시각을 본받은 것이었다.

그러므로 홉슨은 마르크스와는 달리 자본가와 노동자의 계급 갈등의 가능성을 근본적으로 믿지 않았다. 그는 계급 갈등은 잉여의 소유에 관한 대립에서 생겨난다고 믿었다. 그러므로 잉여의 분배만 제대로 이루어진다면 노동자와 자본가의 이해의 일치라는 코브덴의 이상은 성취 가능하다고 보았다.[60] 결국 마르크스의 결론이 혁명이었는데 반해, 홉슨의 결론은 개혁이었던 것이다.

홉슨의 목표는 사회의 도덕성을 해치고 사회를 진보시키는 것이 아니라 오히려 퇴보시키는 경제 현실을 개혁하는 데 있었던 것이다. 그러기 위해서 홉슨은 기존 경제학의 고정 관념을 무너뜨리고 인간 중심의 경제학으로 새롭게 해석하려고 했다. 무엇보다도 윤리적 요소를 도입함으로써 경제학을 '인간화' 하려고 시도했다. 그것은 인간이 경제학을 다스려야지, 인간이 경제 논리에 지배되어서는 안 된다는 그의 개혁적 신념의 발로였던 것이다.[61]

---

60) Weiler, *op. cit.*, p. 168.

61) Porter, *Critics of Empire,* p. 171.

제4장 레인보우 서클의 개혁 활동

영국의 개혁가는 19세기 정치 경제학의 모순과 한계를 극복하고, 영국 사회의 미래를 이끌어갈 새로운 체제의 이념을 수립하기 위해 노력했다. 그들이 새로운 사회 구조와 국가의 역할에 관해 장기간의 담론을 거쳐서 도출해낸 '합의된 이념'이 바로 신자유주의였다. 그러므로 이 '합의된 이념'은 산업 사회의 왜곡된 경제 질서를 바로 잡고 분배 정의 실패에 따른 계층 갈등을 극복하기 위한 하나의 대안이었다. 즉 '합리적 자본주의 체제'를 지향하는 새로운 정치 문화의 실현이 궁극의 목표였다. 신자유주의는 사회 전반의 질서를 새롭게 재편하려는 지식 계층의 개혁 이념으로 이해될 때 그 이념의 본질을 보다 정확히 파악할 수 있다.[1]

---

1) 이러한 방향의 신자유주의에 대한 새로운 해석은 졸고, 「영국의 신자유주의와 지식인의 사회 개혁 : 1881~1914」(서강대 박사학위논문, 1994)에서 시도되었다. 이를 뒷받침하는 내용은 Michael Freeden, *The New Liberalism : An Ideology of Social Reform* (Oxford, 1978) ; *Liberalism Divided : A Study in British Political Thought 1914~1939* (Oxford, 1986) ; P. F. Clarke, *Liberals and Social Democrats* (Cambridge, 1978) ; Stefan Collini, *Liberalism & Sociology : L. T. Hobhouse and Political Arguement in England 1880~1914* (Cambridge, 1981) ; Peter Weiler, *The New*

'레인보우 서클Rainbow Circle'은 영국의 주요 사회단체의 지도적 인사가 폭넓게 참여한 대표적 토론 단체 가운데 하나였다. 이 모임의 회원은 오랜 토론을 통해서 신자유주의를 사회 개혁의 지도 이념으로 채택하여 사회 각 분야에 널리 전파시켜 사회 개혁의 주역이 되었다. 그러나 '레인보우 서클'이 그 당시 영국 사회에 끼친 영향에 비해, 그동안 토론의 내용이나 활동상에 관해서는 피상적인 차원의 이해에 머물렀다. 그것은 이 서클을 정확하게 파악할 만한 자료가 부족했기 때문이다. 그러나 최근에 「의사록*Minutes*」[2]이 발간됨으로써 그 활동상을 자세히 알 수 있게 되었다.

1. 서클의 목적과 구성원

19세기 말로 접어들면서, 노동자의 비참한 생활상과 실업의 심각한 양상은 사회 개혁가에게 경각심을 불러일으켰다. 기존의 정치 이념과 경제 논리는 이 난관을 더 이상 해결할 수 없다는, 그 한계점을 분명히 인식하게 된 것이다. 따라서 사회 개혁을 효과적으로 이끌어 갈 새로운 이념적 기반이 절실하게 필요하다는 공감대가 생겨났다. 또 효과적인 개혁을 위해서는 각 개인과 집단이 표방하는 다양한 개혁 주장이 하나로 수렴되어야 한다는 주장도 제기되었다. 그들은 "향후 정치 사회 발전의 합리적이며 총체적인 방향을 설정하고, 또 구체적으로 실천할 수 있는 일관성 있는 원칙을 수립하려 했다. 이러한 원칙 위에서 개혁 세력을 하나로 단결시킬" 통합적 개혁 노선을 추진하려고 했다. 이와 같은 목적에 공감하는 사회 여러 계층의 지도적 인사가 마침내 "근대

Liberalism : Liberal Social Theory in Great Britain 1889~1914 (New York and London, 1982) ; Michael Bentley, *The Climax of Liberal Politics : British Liberalism in Theory and Practice 1868~1918* (Edward Arnold, 1987) 등에서 찾을 수 있다.
2) Michael Freeden (ed.), *Minutes of the Rainbow Circle, 1894~1924* (London, 1989).

영국 사회에서 가장 뛰어난 토론 그룹의 하나"3)인 '레인보우 서클'을 결성하기에 이르렀다.

이 모임의 창립 회원은 경제 이론가이자 언론인으로서 이 모임을 주도한 "핵심 인물"4)인 홉슨J. A. Hobson, 진보 신문 데일리 크로니클Daily Chronicle의 주필 클라크William Clarke, 자유당 의원 맥도널드J. A. M. Macdonald, '사회민주동맹The Social Democratic Federation' 창설자의 한 사람인 버로즈Hebert Burrows, 노동 운동가 맥도널드Ramsay MacDonald, 그리고 실업가 스테플리Richard Stapley 등이었다.

그들의 노선은 개혁가로부터 큰 지지를 얻어서, 정치인, 언론인, 학자, 관리, 교육가, 노동 운동가, 사회 운동가, 경제인, 작가 등 다양한 분야의 인사들이 회원으로 가입했다. 정치가 새뮤얼Herbert Samuel, 트리벨리언Charles Trevelyan, 사회사상가 로버트슨J. M. Robertson, 월러스Graham Wallas, 언론인 가디너Alfred Gardiner, 역사가 구치G. P. Gooch, 페이비언 사회주의자 올리비에Sidney Olivier, 윤리 운동가 허즈번드T. F. Husband, 작가 릴리A. L. Lilley 등이 그 가운데 두드러진 인물이었다. 참여 인사의 이념적 성향도 좌파 사회주의자 버로스Burrows로부터 우파의 자유주의적 급진주의자 로버트슨Robertson에 이르기까지 폭넓었다. 한 인사가 여러 단체에 속한 경우가 많아서 회원은 각계각층에 광범하게 영향을 끼칠 수 있었다.5)

---

3) *Ibid.*, p. 1.
4) Freeden, "The New Liberalism and its aftermath," p. 181.
5) 자유당 의원(1906~1918)으로 있다가 훗날 노동당 의원(1923~1924)이 된 인물 Percy Alden이 그 좋은 본보기이다. 그는 맨스필드 사회복지관의 초대 관장(1891~1900), 「에코*Echo*」의 편집자(1901~1902), 웨스트햄 지방의회 의원, 런던 교육위원회 위원(1903)으로 활동했다. 그는 그밖에도 사회, 교육, 경제, 노동 등 여러 분야에서 저술과 강연 활동을 병행했으며, 훗날 '영국 사회봉사 협회'의 의장에 취임하기도 했다. J. A. Hobson, *Confessions of an Economic Heretic* (London, 1938, reprint ed., 1976, Brighten, with an introduction by Michael Freeden), p. 95. 그 면면에 관한 구체적인 사항은 Freeden ed., *Minutes,* pp. 359~368의 명단을 참고.

우선 정계의 유력 인사가 다수 참여했다. 자유당 소속이면서 개혁 성향을 가진 위원인 알덴Percy Alden, 벅스턴Noel Buxton, 구치George Gooch, 맥도널드 Murray MacDonald, 레아Russel Rea, 로버트슨John Robertson, 새뮤얼Herbert Samuel, 트리벨리언Charles Trevelyan 등이 바로 그들이었다. 1906년 총선에서 25명의 회원 중 10명이 하원에 진출하여 이들이 자유당의 진보 정책 추진의 일익을 담당했다.6)

언론계 인사 또한 다수가 적극적으로 참여했다. 그들은 자유주의 일간지 「에코Echo」에서 함께 일하면서 개혁의 공감대를 형성해 나갔다.7) 그밖에도 가디너Alfred Gardiner는 「데일리 뉴스Daily News」를 편집하면서 애스퀴스Asquith 정부의 개혁 정책을 적극적으로 지지했고, 페리스G. Perris는 「트리뷴」과 「데일리 뉴스」의 편집인으로서 동참했다. 홉슨은 20세기 초 자유당의 개혁 입법에 큰 영향을 끼친 진보적 주간지 「네이션Nation」에서 편집인의 한 사람으로 오랫동안 활약했다. 자유당 의원을 지낸 역사가 구치G. Gooch가 1911년에 「컨템포러리 리뷰Contemporary Review」의 편집인이 되자 '레인보우 서클'의 회원은 그들의 개혁 노선을 본격적으로 알릴 언론 창구를 갖게 되었다.8)

정부 관리도 이 모임에서 큰 비중을 차지해 번스Cecil Burns, 올리비에Sydney Olivier, 윌슨Stephen Wilson과 같은 관리는 훗날 장관을 역임하기도 했다.9) '페이비언 협회' 회원도 상당수 참여하여 그들의 '점진적 사회 개혁론'을 회원에게 알려 나갔다.10) '대학 복지관 운동University Settlement Movement'의

---

6) 그 가운데 일부는 훗날 램지 맥도널드의 노동당에도 참여하여 진보 세력 결속의 연결고리 역할을 담당했다.

7) S. Coss, *The Rise and Fall of the Political Press in Britain,* I (London, 1981), p. 388.

8) 회원으로 참여한 언론인의 숫자는 21명이었다.

9) 그밖에도 Noel Buxton, Ramsay MacDonald, William Reeves, Herbert Samuel, Charles Trevelyan, John Craig 등을 포함하여 서클 출신으로 장관에 오른 인물도 12명에 이른다.

10) 그러나 그들이 서클을 주도했던 것은 아니다. 16명의 페이비언 사회주의자가 서클을 거쳐 갔지만 그 가운데 모임에 열성적인 인사는 고작 Maurice Adams (Fellowship of the New Life의

회원 역시 지속적으로 참여했다.[11]

그러나 무엇보다도 서클의 목적과 방향을 제시하고, 회원의 참여를 유도해 서클의 활성화에 결정적 기여를 한 것은 '윤리 운동Ethical Movement' 단체들이 었다.[12] 그 가운데 '사우스 플레이스 윤리협회The South Place Ethical Society,' '런던 윤리협회The London Ethical Society,' '서부런던 윤리협회The West London Ethical Society' 등이 대표적인 단체였다. 특히 '사우스 플레이스'는 개혁 사상의 메카로서 홉슨, 버로스, 로버트슨과 번스Decil Burns 등은 일요 강좌를 통해 개혁 사상을 대중에게 이해시켜 나갔다.

윤리 운동가는 사회 개혁을 추구하되 비사회주의적 온건 노선을 통해 이뤄져 야 한다는 공통의 인식을 가졌다. 그들은 '인간의 마음과 정신의 변화'를 통해 계급 갈등을 극복할 공동체를 건설하는 데 그 목표를 두었기 때문에, "생산 수단의 사회화와 같은, 외부적 힘에 의해 영국의 사회적 병폐를 치유하려 는 어떠한 시도"[13]도 배격했다. 1898년 '윤리 협회 연합Union of Ethical Societies' 이 발행한 주간지 「윤리 세계*The Ethical World*」를 통해 홉슨, 램지 맥도널드,

공동 창설자), 언론인 William Clarke, Ramsay MacDonald (초기에만 페이비언에 참여) 정도에 불과했다.

11) 최초의 대학 복지관이 1884년 런던에서 Samuel Barnett 신부의 주도로 문을 열었다. 대학 복지관은 정열적으로 사회봉사 활동을 하던 도중 요절한 아놀드 토인비Arnold Toynbee의 정신을 기리기 위해서 '토인비 홀Toynbee Hall'로 명명되었다. 그 후 1927년까지 런던에 27개 소의 복지관이 세워졌고, 잉글랜드 지방의 12개소와 스코틀랜드의 5개소가 생겨났다.

12) 여기에는 홉슨과 Bernard Bosanquet, J. H. Muirhead, Murray Macdonald, William Clarke, Herbert Burrows, G. P. Gooch, Ramsay MacDonald, Gibert Murray, L. T. Hobhouse, Bertrand Russell, John Robertson, Graham Wallas 등 당시의 지식인 다수가 참가하고 있었다. '윤리 운동'에 관해서는 G. Spiller, *The Ethical Movement in Great Britain : A Documentary History* (London, 1934) ; J. A. Hobson, *Confessins of an Economic Heretic* (London, 1938) ; S. K. Ratcliff, *The Story of South Place* (London, 1955) ; I. D. MacDillop, *The British Ethical Societies* (Cambridge, 1986)를 참고.

13) J. H. Muirhead, "Sketch for the Volume," in *The Ethical Movement in Great Britain : A Documentary History*, ed. Spiller, p. 1.

페리스Perris, 로버트슨, 구치 등은 인간의 의식 개혁을 통한 건전한 자본주의 질서의 수립과, 그 전제로서 민주적 사회 개혁과 그를 주도해 나갈 '진보 정당'의 설립을 주장했다. 이러한 윤리 운동의 노선은 '레인보우 서클'의 성격과 진로에도 큰 영향을 끼쳤다.[14]

회원은 서클에서 오랜 기간 긴밀한 교분을 쌓으면서 서로의 입장 차이를 좁혀가는 가운데 강한 응집력과 결속력을 갖게 되었다. 모임의 이런 독특한 분위기가 당시 개혁가들을 이 서클로 끌어들임으로써 "새로운 이념의 지도"[15]를 함께 그려갈 수 있는 공감대를 형성할 수 있었던 것이다.

2. 구급진주의와 고전 경제학 비판

다양한 이념적 경향을 띠고 있는 개혁주의자를 "공동의 광장"[16]으로 끌어내 "공동의 진보적 이데올로기"[17]를 이루어 내기 위해 초창기의 주도적 인사들이 설정한 활동 목표는 다음과 같다.

첫째, 과거의 철학적 급진주의와 맨체스터 경제학파가 더 이상 정치 활동 등의 이론적 기초를 제공할 수 없게 된 여러 원인을 파악하는 일이었다. 둘째, 신급진주의나 집단주의적 정치 이론을 현실에 실질적으로 적용해 그 결과를 면밀히 고찰하는 일이었다.[18]

'레인보우 서클'은 모임의 첫 회기 동안 기존의 급진주의와 맨체스터 경제학

---

14) 사실상 '레인보우 서클'이 1896~1897년의 세 번째 회기에서 "민주주의"를, 1898~1899년의 다섯 번째 회기에서 "진보 정당의 실행 계획"을 주제로 선정하고 민주적 선거 방식, 계급 이익의 폐지, 올바른 대의 제도, 그리고 진보 정당의 청사진을 추구했던 것은 윤리 운동의 영향이 컸다.

15) Freeden, "The New Liberalism and its aftermath," p. 182.

16) Clarke, *Liberals and Social Democrats,* p. 56.

17) Weiler, *The New Liberalism,* p. 76.

18) Samuel Papers, A/10 in Michael Freeden, *New Liberalism,* pp. 256~257.

이 현실 정치의 이념적 근거가 될 수 없는 이유를 밝히려고 했다.[19] 회원은 1894년 11월 첫 번째 토론에서부터 1895년 6월의 8번째 토론까지 연속적으로 구급진주의와 맨체스터 경제학의 문제점을 집중적으로 논의했다.

1894년 11월 7일 서클의 초대 의장으로 추대된 맥도널드Murray MacDonald가 주도한 "구급진주의의 윤리적 결함"에 관한 토론에서 회원들은 국가의 역할을 주로 개인의 자유를 침해하는 강제적인 것으로 받아들인 구급진주의의 태도를 비판했다. 구급진주의자는 개인의 권리는 천부적인 자연권이기 때문에, 사적 영역에 대해 국가의 권한을 최소한으로 축소시키는 것이 가장 이상적이라고 주장했다. 이러한 입장에서 볼 때, 개인의 교육과 소득 분배의 문제 등에 국가가 개입하는 일은 지나친 간섭인 것이다. 서클의 회원은 그와 같은 구급진주의의 태도는 국가의 적극적 개입을 필요로 하는 사회 현실과는 너무 거리가 먼 것이라는 결론을 내렸다.[20]

「데일리 크로니클」의 주필인 클라크가 주도한 "구급진주의의 정치적 결함"에 관한 논의에서도 회원은 의회 정치를 이상적인 정치 형태로 간주하는 중간 계급의 태도를 비판했다.[21] 의회 정치만으로는 노동자의 비참한 생활상을 해결할 수 없다는 사실이 분명하게 확인되었기 때문이다. 또 기존의 급진주의 노선은 지나치게 개인주의적 태도를 취하면서 지방 자치의 실현과도 거리가 먼 정치 노선을 고수해 왔다는 것이다. 따라서 구급진주의 노선은 사회 개혁을 통해 노동계의 생활 수준을 개선하는 데는 그 이념적 한계가 있었다. 또

---

19) 두 번째 회기에서는 기존 급진주의를 대신하여 '집단주의적 사회 개혁'을 뒷받침할 이론적 기초를 모색했다. 세 번째 회기에서 다섯 번째 회기에 이르기까지는 새로운 개혁 이념을 현실의 장에서 실천할 구체적 방안으로 민주주의 체제의 모색, 산업 분야에서 개인에 대한 국가의 의무, 진보 정당의 추진 계획 등이 논의되었다. 그 밖에도 체제의 유형, 국가 재정, 공공 정책, 제국주의, 집단주의, 각국의 자본주의 모델 등에 관한 다양한 주제가 집중적으로 논의되었다. 1900~1924년에 이르는 각 회기 주제의 제목은 *Minutes*, xi~xix 참고.

20) *Minutes*, 7 November 1894.

21) *Minutes*, 9 January 1895.

기존 급진주의 단체도 노동자 대표를 배제시켜 산업가의 이익만을 대변하는 조직으로 변질되고 말았다.[22] 따라서 회원들은 급진주의가 더 이상 산업 사회를 이끌어갈 새로운 이념적 기반이 될 수 없다는 데 동감했던 것이다.

홉슨이 이끈 "맨체스터학파의 경제적 결함"에 대한 논의에서도 회원들은 구급진주의에 대해 비판을 가했다. 맨체스터 경제학 이론은 가공의 세계에서나 일어날 수 있는 행위를 이론화시켜 인간의 정상적인 가치관을 왜곡하여, 결국 인간의 삶을 무질서 속에 빠뜨렸다는 것이다. 그것은 무엇보다도 그 학파가 부富의 획득만을 중시하고 그 분배나 소비의 문제는 거의 고려하지 않았기 때문이라는 것이다. 또한 생산의 질보다는 양을 중시했으며, 특히 재화의 생산에서 사회의 역할을 전혀 인정하지 않는, 결정적 약점을 지녔다는 것이다. 그것은 바로 부의 정상적인 분배를 가로막는 중대한 이유였다. 결국 맨체스터학파는 당시의 제조업자나 금융가의 이익을 대변한 이론에 불과한 것이며, 새로운 사회 환경에는 적용될 수 없는 시대착오적인 이론이라는 것이다.[23]

그 밖에도 여러 각도에서 19세기의 정치 경제학에 대한 전반적인 비판이 이루어졌다. 페이비언주의자인 올리비에Sidney Olivier은 "맨체스터주의에 대한 문학적 저항"에서 맨체스터 학파의 극단적 개인주의는 19세기의 왜곡된 산업주의를 반영하고 있기 때문에, 문학 운동의 차원에서 이와 같은 가치관은 시정되어야 한다고 주장했다.[24] 기독교 사회주의자인 셔틀워스Henry Shuttleworth 신부는 "맨체스터학파에 관한 종교적 저항"에서 상업주의가 인간의 삶을 오염시켰음을 비판하고 종교인이 나서서 물질주의의 지배로부터 인간을 해방시켜야 한다고 역설했다.[25] 사회주의자 버로스Burrows는 "맨체스터학파에 대한 노동

---

22) 이를 지적하는 내용은 특히 T. W. Heyck, *The Dimensions of British Radicalism*, Chapter 1. "The Nature of Late-Victorian Radicalism"을 참고.

23) *Minutes*, 5 December 1894.

24) *Minutes*, 6 February 1895.

25) *Minutes*, 6 March 1895.

조합주의자의 저항"에서 모든 노동 운동을 생산과 분배 과정에서의 "노동자와 고용자 사이의 계급 전쟁"으로 보았다.[26] 노동 운동가인 에드워즈Clem Edwards 역시 "맨체스터주의에 대한 협동조합주의자의 저항"에서 19세기에 이르기까지 산업 성장의 실상을 "자본의 힘이 노동을 지배해 나간 과정"에 불과한 것으로 보면서 그 역사적 가치를 평가 절하했다.[27]

회원들은 이와 같은 비판을 통해서 하나의 합의를 이끌어냈다. 그들은 맨체스터주의가 한 사회를 이끌어 가는 보편적인 이념이라기보다는 중간 계급의 이익만을 주로 대변하는 방법론이자, 하나의 강령으로 정의로운 보편적 가치관을 만들어 가는 데 실패한 이론이라는 결론을 내렸다. 서클의 서기 램지 맥도널드가 정리한 회원의 일치된 시각은 다음과 같다.

첫째, 사회로부터 독립된 존재로서 개인이란 개념은 잘못된 것이다. 둘째, 물질 중심의 경제학은 반드시 삶의 질적 향상을 지향하는 경제학에 의해 보완되어야만 한다. 셋째, 형식적인 정치적 민주주의만으로는 올바른 정치를 보장받을 수 없다. 넷째, 노동조합주의만으로는 대규모 정치 운동의 기반이 될 수 없다. 다섯째, 협동조합 운동 역시 정치 운동의 기반이 되기에는 미약하다. 결국 가장 근본적인 문제는 기존의 정치가 '생산'의 경제적 측면에 치중했다면 미래의 정치는 '소비'의 문제를 고려해야만 한다는 점이다.[28]

회원들은 19세기의 정치 경제학을 대체할 새로운 사회 철학이 절실히 필요하다는 데 동감했다. 이러한 배경에서 '신급진주의'라는 새로운 철학에 대한 논의가 본격적으로 시작되었다.

---

26) *Minutes*, 3 April 1895.
27) *Minutes*, 1 May 1895.
28) *Minutes*, 19 June 1895.

3. 신자유주의 이념의 도출

서클이 설정한 첫 회기의 목표가 구급진주의와 맨체스터 경제학의 문제점을 지적하는 데 있었다면, 1895년 10월~1896년 6월의 두 번째 회기 동안에는 그에 대한 대안으로 '신급진주의'에 관한 토론이 구체적으로 진행되었다.[29] 이 시기에 논의한 내용은 "진화론적 사회이론," "신자유주의," "사회주의 단체의 입장," "종교 단체," "개인과 국가," "개인의 부와 국가의 부," "국가와 교육" 등이었다.[30]

(1) 유기체적 사회관

19세기 말 사회 개혁가는 기존의 정치 경제학이 특정 계급의 이익만을 대변하고, 경쟁을 조장하기 때문에 이에 대한 대안으로, 집단주의적 사회 개혁을 바탕으로 한 새로운 사회철학을 추구했다. 그리고 그들이 도출해 낸 것이 바로 '유기체적 사회관'이었다. 이 개념에서 개인과 사회는 서로 분리될 수 없는 불가분의 관계에 놓여 있음을 강조한다. 한 개인의 발전은 혼자의 노력으로만 이루어지는 것이 아니라 사회의 제반 여건이 뒷받침될 때 비로소 가능하다는 것이다. 그러므로 개인은 자신의 이익 추구만이 아니라, 사회 '공동선'의 실현을 위해서도 노력해야 한다는 것이다.

이와 같은 유기체적 사고는 플라톤 이래로 서구 역사에서 낯익은 개념이다. 기독교에 의해서 중세의 체제 이데올로기가 되기도 했던 이 개념은, 개인의 이성을 중시하는 계몽사상의 합리주의가 유럽을 지배하던 시대에는 별 관심을

---

29) 12번째 모임에서 R. 맥도널드의 제안에 따라 1. 개인과 국가의 관계, 2. 국가와 산업의 관계, 3. 민주주의의 본질, 4. 민주적 제도의 유형의 내용에 관한 통일적 결론을 도출하기 위한 논의를 향후 서클의 토론 내용으로 결정했다.

30) 이러한 내용은 이 서클의 저널인 「프로그레시브 리뷰*Progressive Review*」가 발간되면서 '신자유주의'로 통일되어 불리게 되었다.

끌지 못했다. 그러나 19세기 초 유럽 사회가 다시 보수적 질서로 회귀했을 때, 그 전통은 되살아났다. 개인의 이성적 능력보다는 전통과 관습에 더 비중을 두고, 개인보다 국가와 사회를 우선시하는 보수주의와 낭만주의의 사조 속에서 유기체적 관념은 다시 적극적으로 받아들여졌던 것이다. 그리고 또 '유기체적 사회관'은 생시몽, 꽁트의 사회학을 이론적 기반으로 유럽의 주요한 사회 사상의 한 흐름으로 자리잡게 되었다.

그러나 유럽의 이와 같은 추세와는 달리 19세기 후반기의 영국은 과거 유기체론을 앞장서 내세웠던 버크Edmund Burke의 이름이 무색할 정도로 원자적 개인주의의 덫에 갇혀 있었다. 그것은 이미 언급한 바와 같이 당시 영국의 정치 경제학이 공동체의 조화로운 발전보다는 특권 계급의 기득권과 산업 자본가의 경제적 이익만을 우선시하는 가치관을 지향했던 데 그 중요한 요인이 있었다.

더욱이 스펜서Herbert Spencer의 개인주의 사상은 영국 사회의 이러한 풍조를 더욱 조장했다. 그는 국가와 개인의 관계를 안티테제의 관계로 보았기 때문에, 개인의 영역에 대해 국가의 어떠한 개입도 철저히 배격하는 입장을 보였다. "당대의 가장 뛰어난 철학자"[31]라는 평가를 받았던 스펜서는 진화론의 과학적 논리를 바탕으로 자신의 주장을 피력했다.[32] 그는 결국 경쟁과 적자생존을 자연의 법칙으로 보는 '사회적 다윈주의Social Darwinism'[33]라는 반동적 시대 사조를 촉발하고 확산시키는 데 결정적인 영향을 끼쳤다.

---

31) Beatrice Webb, *My Apprenticeship*, p. 196, in Collini, *Liberalism and Liberal Sociology* (Cambridge, 1981), p. 154.

32) 스펜서의 개인주의를 가장 강력하게 반영한 저서가 『개인 대 국가*The Man versus State*』(1884)이다.

33) 스펜서의 진화론과 사회적 다윈주의에 관해서는 John Burrow, *Evolution and Society : A Study in Victorian Social Theory* (Cambridge, 1966, 1970) ; Geoffrey Hawthorn, *Enlightenment and Despair : A History of Sociology* (Cambridge, 1976) ; Richard Hofstadter, *Social Darwinism in American Thought 1860~1915* (Philadelphia, 1944 / 2nd ed., Boston, 1955) 참고.

사회적 다원주의는 밀J. S. Mill 이래, 개혁적 방향으로 가고 있던 영국 자유주의의 흐름을 약육강식의 개인주의와 제국주의라는 '반동의 물결'에 휩쓸리게 한 계기가 되었다. 이와 같은 현실에서 개혁주의자가 우선적으로 해야 할 일은 스펜서의 진화론이 갖고 있는 문제점을 지적하면서 이에 대한 대안으로, 과학적 개혁의 논리를 제시하는 것이었다.

그러나 그들이 대안으로 내세웠던 '유기체적 사회관' 역시 진화론을 그 기반으로 삼고 있었지만, 스펜서와는 정반대의 시각을 갖고 있었다. "인간의 본성과 국가의 본질을 사회 개혁의 논리와 연결시켜 줄"34) 새로운 사회 이념으로 제시된 '유기체적 사회관'은 생물학적 진화론에 '인간의 정신과 의식의 주도적 역할'이라는 관념론적 요소를 접목시킨 것이었다. 정신에 대한 그와 같은 새로운 태도는 인간의 정신을 '고차원의 반사 작용'에 지나지 않는 것으로 보는 스펜서의 시각과는 현격한 차이가 드러나는 것이었다.

그 이전에는 상상조차 하기 어려운 진화론과 관념론의 절충적 결합을 통해 사회 개혁의 당위성을 확보하고 새로운 체제 모델을 추구하려 했던 그와 같은 독특한 시도는, 독일의 관념론을 영국의 실정에 맞도록 재해석한 그린T. H. Green의 사상적 계승자인 리치David Ritchie과 홉하우스L. T. Hobhouse를 중심으로 이루어졌다. 그들은 이 이론을 통해서 인간의 정신이 개인의 발전뿐만 아니라, 공동체의 이익과 복지를 추구하는 데도 주도적인 역할을 한다는 주장을 뒷받침하려고 했다. 그들은 정신적 요소를 중시하는 유기체론을 통해, 집단주의적 사회 개혁의 필요성에 대한 공감대를 넓히고, 개혁가의 활동에 이론적 정당성을 부여하려고 했던 것이다. 그 점에서 유기체적 사회관은 신자유주의 이론에서 핵심적인 위치를 차지하는 것이다.

'레인보우 서클'의 회원도 유기체론을 영국 사회가 지향해야 할 사회 구조와

---

34) Freeden, *New Liberalism*, p. 181.

사회 개혁의 이념적 기반으로 삼아야 한다는 데 대부분 공감했다. 언론인 페리스는 "사회 이론에 관한 진화론적 입장"에서 구급진주의를 대신할 새로운 급진주의의 이론적 기반을 유기체론에서 구했다.[35] 페리스는 진화론이 그 당시 차지하고 있는 절대적 위치를 강조하면서도, 개인과 사회를 이끌어 가는 "사회적 힘"까지 적자생존의 관점으로 무차별적으로 적용해서는 안 된다고 경고했다.[36] 그는 진화론이 개인 사이의 협동을 강조하는 측면으로 새롭게 인식되어야 한다고 주장했다. "자유는 '연대책임'의 관계 속에서 더욱 발전될 수 있기 때문에, 인간 사이의 유기적인 협동을 강조하는 방향으로" 진화론을 재해석해야 한다는 것이다.[37]

"사회가 어떠한 유형의 조직이 되어야 하는가?"에 관한 본격적인 토론에서, 유기체론은 사회 조직의 원리로서 활발하게 거론되었다.[38] 언론인 할리John Harley는 개인의 성장은 생물학적 유기체보다 사회 유기체 속에서 더 활발해지고, 변화도 다양해지며, 개인 사이의 상호 의존도 긴밀해질 수 있다. 이런 관점에서 사회는 하나의 초유기체인 것이다.[39] 그러면서 사회 유기체의 중요성을 강조했다. 버로스 역시 "사회가 하나의 유기체로서 잘 유지되기 위해서 인간 사이의 상호 협력이 중요하다"고 역설했다.[40]

---

35) 1905년 7월의 100번째 모임까지 "민주주의," "산업 영역에서 개인에 대한 국가의 의무," "진보 정당의 실행 계획," "제국주의," "정치적 좌파의 최근의 요구" 등의 분야에서 개혁에 관한 토론이 있고 난 후, 그를 뒷받침할 이론적 기초를 얻기 위해 유기체론에 관한 논의가 1905년 10월에 시작된 12번째 회기부터 본격적으로 시작되었다.

36) Maurice Adams 역시 물질에 적용되는 진화 이론은 가장 믿을 만하지만, 그것이 윤리적인 요소가 고려되어야 하는 비물질적인 것들에 적용될 때는 정당화될 수 없다고 말한다(Minutes, 4 November 1908).

37) Minutes, 2 October 1895.

38) 레인보우 서클에서 유기체론은 9번째 모임(1895)에서부터 61(1902), 101, 102, 103(1905), 107(1905), 130(1908)번째 모임까지 지속적으로 논의되었다.

39) Minutes, 1 November 1905.

40) Minutes 4 December 1895.

또 유기체적 사회관은 경제 활동의 조화와 질서를 유지하기 위한 국가 간섭을 주장하는 이론적 근거로 제시되었다. 램지 맥도널드는 생산의 3요소인 토지, 자본, 노동이 생물 유기체의 세포처럼 협동 관계를 유지하지 못하고 사적 소유에 의해 분열되어 있음을 지적했다. 따라서 현재의 잘못된 부의 분배는 공동체가 생산의 요소를 통제하지 않는 한 결코 교정되지 않을 것이라고 보았다.41) 교육가인 크룩William Crook은 영국을 하나의 유기체로 묘사하면서 "산업은 국가에 의해 조직화되어야 하며 국가가 불로 소득을 취해야 한다"는 국가 간섭의 증대를 주장했다.42)

홉슨은 유기체론을 통해서 의식 개혁을 선도하려고 했다. 그는 각 개인이 '사회적 자아'를 가지게 될 때, 비로소 완전한 인격을 갖출 수 있다고 보았다. 사회는 "유기적으로 각 부분 사이의 관계가 내적인 성장의 원리에 의해 결정되는 하나의 조직체"43)이므로, 개인의 능력은 사회 공동체의 도움과 사회에 대한 개인의 봉사가 함께 이루어질 때, 극대화될 수 있다는 것이다. 그러므로 인간의 경제 활동은 사회 전체에 미치는 총체적 영향을 고려하여 그 가치가 평가되어야 한다는 것이었다.

윤리 운동가 애덤스는 "윤리의 기반"에서 유기체론과 사회 개혁과의 관계를 종합적으로 정리했다. 그는 인간은 하나의 유기체인 사회 속에서 자신의 역할을 수행하고, 필요한 순간에 더 큰 유기체인 사회를 위해서 필요할 경우 자신을 희생함으로써 자아를 실현하는 존재라고 보았다. 그러나 불행히도 오늘날의 사회상은 병든 유기체의 모습을 닮고 있으므로 우리에게 주어진 첫 번째 과제는 사회를 병들게 만든 근본 원인인 경제적 무질서와 불평등을 극복하여 정의로운 사회를 구현하는 일이라는 것이다. 또한 개인의 진정한 발전은 개인적

41) *Minutes*, 6 December 1905.
42) *Minutes*, 2 May 1906.
43) *Minutes*, 4 October 1905.

이상과 사회적 이상의 결합에서 나오기 때문에 '공동선'의 추구가 가장 근본적인 윤리적 원칙이 되어야 한다는 것이다.[44]

(2) 국가 개입주의

신자유주의의 가장 핵심적인 요소는 '국가 개입'의 문제이다. 이 점에서 신자유주의는 국가의 불간섭과 중립을 이상으로 삼았던 구자유주의와 분명한 경계선을 긋고 있다. 국가 개입의 노선은 '레인보우 서클'에 의해 적극적으로 추구되고 확산되었다.

국가의 책임과 개입을 주장한 선구적 인물은 그린T. H Green이었다. 그린은 국가의 목적은 개인의 완성을 위한 '공동선'의 추구에 있다고 보았다. 그러므로 국가의 개입은 개인의 자유를 침해하는 것이 아니라 자유의 본질적 요소인 것이다. 그러나 그린이 설정한 국가 개입의 범위는 교육과 금주 등 최소한의 것에 머물렀으며, 경제 질서에 대한 개입과 재산 재분배의 영역으로까지는 확대시키지 않았다.

그린의 사상을 계승한 개혁가는 그의 사상을 좀 더 폭넓게 해석해나갔다. 리치는 "인간정신의 개혁자"로서 국가의 역할과 그 개입의 정도에서 스승을 훨씬 능가했다.[45] 홉하우스는 한 걸음 더 나가서 "공동선과 대립하거나, 또 그것을 무시하는 어떠한 개인의 권리도 있을 수 없다"고 주장했다.[46] 그는 계급 차별이 철폐된 조화로운 사회가 이루어지려면 국가가 적극적으로 개입하여 개인에게 '물질적 권리'와 '기회의 평등'을 보장해 주어야 한다고 보았다.[47]

'레인보우 서클'의 회원도 그와 같은 사상을 계승하여 국가의 적극적인

---

44) *Minutes,* 7 October 1908.
45) Freeden, *The New Liberalism,* p. 163.
46) Hobhouse, *Liberalism,* p. 67.
47) Freeden, *The New Liberalism,* p. 163, 167.

역할을 요구했다. 회원은 "오늘날 산업 사회의 현실은 왜곡된 경제 질서를
바로잡도록 국가의 강력한 역할을 요구"[48]했다. 즉 국가가 "노동자의 생활
환경을 실질적으로 개선할 수 있는 적극적이고 미래 지향적인 정책을 수행해야
한다"[49]는 것이었다. 국가는 "모든 미덕과 모든 완전성의 동반자"[50]로서 "공공
이익의 구현을 통한 개인의 발전을 적극적으로 지원하는 자애롭고 합리적인
조직체"[51]로서 역할을 해야 한다고 역설했다.

자유당 의원 M. 맥도널드는 이러한 시대상을 대변하여 개인은 "오직 국가
안에서만 고상하고 덕 있는 삶"의 환경을 영위할 수 있으며, 국가를 "형식적인
통치의 표현이 아닌 공동체적 인격"으로 간주함으로써 국가의 위상과 역할을
새롭게 해석했다.[52] 자유당의 새뮤얼 역시 국가의 적극적인 역할을 요구했다.
그는 벤담의 철학과 애덤 스미스의 경제학에 기반을 둔 기존의 자유주의는
많은 결함을 드러내고 있으며, 또 '사회민주동맹'의 사회주의나 페이비언
사회주의자의 주장도 만족할 만한 정치 이론이 될 수 없다고 지적했다. 따라서
새로운 자유주의는 기존의 자유주의와 사회주의에서 독립한 제3의 사회 철학을
그 기반으로 삼아야 한다는 것이다. 그리고 그 철학은 "경제적, 윤리적, 그리고
감정적 유대의 복합체"로서의 사회를 구현하기 위한 국가의 적극적인 역할을
강조하는 것이 되어야 한다는 것이다.[53]

회원들이 국가의 적극적인 역할을 요구한 것은 결국 경제의 영역에 대한
국가 개입의 문제로 귀착되었다. 서클에서 논의된 경제에 대한 국가 개입은

---

48) *Manchester Guardian*, February 23, 1899, 5 un Weiler, *The New Liberalism*, p. 84.
49) Samuel, "The Impotence of the Opposition," *Progressive Review*, II (August, 1897), 387 in Weiler, *The New Liberalism*, p. 83.
50) *Minutes*, 6 November 1895.
51) Freeden, "The New Liberalism and its aftermath," p. 180.
52) *Minutes*, 7 November 1894.
53) *Minutes*, 6 November 1895.

세 측면으로 나누어 볼 수 있다. 첫째는 산업 현장의 '고용과 임금, 산업 재해 문제에 대한 개입'이다. 그들은 1897~1898년에 "산업 영역에서 개인에 대한 국가의 의무"라는 주제로 국가 개입에 관해 본격적으로 논의하기 시작했다. 버로스는 "아동과 여성에 대한 국가의 특별 보호"에서 아동 노동 연령의 상향 조정, 여성 저임금의 해결책, 산업 재해의 예방을 주장했다.54) 리브스 William Reeves는 "현재의 사적 고용이라는 환경에서 어떤 국가 규제가 적용되어야 하는가?"라는 토론에서 사적 고용의 영역에 대한 국가의 개입을 잘못된 것으로 보는, 경제학자 제번즈W. E. Jevons의 주장을 비판했다. 즉 국가가 위생, 교육, 외국인 고용, 실업, 강제 조정 등의 문제를 통제하는 것은 당연하다고 주장했다.55) 또 램지 맥도널드는 "노동자 상해 때 국가의 역할은 무엇인가?"에서 사고를 미연에 방지할 수도 있었는데 노동자가 상해를 입었을 경우, 고용주는 고용주 책임법Employers' Liabiliy Law의 적용을 받아야 한다고 주장했다.56) 홉슨은 "실업자 문제"에서 국가의 궁극적인 의무란 노동하려는 사람에게 적당한 일자리와 적정 임금을 보장하는 일이라고 규정했다. 그는 고용을 증대시키기 위해서는 총생산에서 노동자의 몫을 늘려 사회의 소비 수준을 향상시켜야 하며, 그러기 위해서는 불로 소득에 대해 추가 세금을 징수해야 한다고 주장했다.57)

두 번째의 문제는 '부富의 재분배 방법'에 관한 것이다. 홉슨은 "개인의 부와 국가의 부"에서 국가가 개인의 천부 재산권을 인정하는 것은 '생존 임금'을 보장해주는 일이라고 주장했다.58) 국가가 생존 임금을 보장해 줄 때 오히려 개인은 능률적으로 계속해서 노동을 할 수 있기 때문이다. 그는

---

54) *Minutes*, 6 Octover 1897.

55) *Minutes*, 3 November 1897.

56) *Minutes*, 1 December 1897.

57) *Minutes*, 2 February 1898.

58) *Minutes*, 6 May 1895.

노동자가 생산에 대한 대가를 요구하는 것은 정당하지만, 유산 계층의 불로소득은 부당하다고 주장했다. 또한 재산에 대한 사회의 권리를 강조했다. 램지 맥도널드는 "산업의 조직화"에서 실업과 부의 불평등한 분배는 산업의 사회적 기능이 사적 이익을 위한 기능으로 변질된 결과라고 보았다. 그는 현재의 불공평한 분배구조를 시정하기 위해서는 국가가 생활필수품을 생산하는 대기업만이라도 최소한 통제해야 한다고 주장했다.[59] 목사인 라일렛Harold Rylett은 "단일세의 경제적 효과"에서 토지에 대한 단일세가 노동자에게 돌아가야 할 당연한 몫을 보장해 줄 수 있다는 사실을 입증하려고 했다.[60] 언론인 매튜슨Frederick Matheson은 "주택과 토지 소유"에서 현행의 그릇된 토지 제도를 비판하고, 주택 사정의 완화와 불로 소득의 공동체 귀속을 주장했다.[61] 로버트슨Robertson은 불로 소득, 철도, 은행, 보험회사는 국가의 재원을 견실하게 하기 위해 국유화되어야 한다고 주장했다.[62] 올리비에Sidney Olivier는 "현 사회 상황은 산업 자본의 국유화를 어느 정도까지 필수적인 것으로 만드는가?"라는 토론에서 개혁가는 대중을 집단주의적 가치관에 친숙하도록 해야 한다고 강조했다.[63]

세 번째는 국가의 '재정 정책의 방향'에 대한 것이다. 페리스는 "국가의 재정"에서 제국주의 체제에서 무익하고 비생산적인 재정 지출이 심각한 수준이라고 지적했다. 대량살상 무기를 제조하는 대신 산업 환경을 개선하기 위한 재정 지출을 요구했다. 고소득과 사회적으로 얻어진 이익이나 토지 소득에 대해 보다 무거운 세금을 부과할 것을 주장했다.[64] 로버트슨은 윤리적·경제적

---

59) *Minutes,* 6 December 1905.
60) *Minutes,* 5 January 1898.
61) *Minutes,* 5 April 1905.
62) *Minutes,* 1 February 1905.
63) *Minutes,* 9 March 1898.
64) *Minutes,* 9 March 1898.

차원에서 '노령 연금Old Age Pensions' 실시의 정당성을 주장했다. 그가 보기에 저축은 노년을 대비하는 유일한 방편이지만, 또 한편으로는 소비를 감소시켜 공급 과잉과 불경기를 초래하기 때문에 공동체적 시각에서 볼 때는 유익하지 않다고 보았다. 노동자에게 '노령 연금'을 보장함으로써 소비가 활성화되어 고용 증대와 생산의 증가가 이루어질 수 있다고 보았다. 노령 연금의 재원으로 확보할 과세의 범위도 넓어질 것이라고 주장했다.[65] 특히 불록John Bullock 신부는 "논문 89 : 노령 연금"을 통해서 이 연금을 정책화하는 데 결정적인 기여를 했다.

그러나 회원들은 국가 간섭을 적극적으로 주장하면서도, 사유 재산제의 유지와 보호에 대한 신념은 확고했다. 또 국가가 집단주의적 정책을 위해 국민의 재산을 쓸 수는 있으나, 그 '목적'은 공동체의 이익을 위해서, 그 '정도'는 시민의 인내심이 허용하는 한도 내에서, 그리고 과세의 '원칙'은 현실의 정치 윤리와 일치하는 선에서 이루어져야 한다는 점을 명확히 밝혔다.[66]

회원은 사회 개혁을 논의하는 데만 그치지 않고, '영국 사회봉사 협회British Institute of Social Service'를 결성하여 회원 다수가 적극적으로 행동에 나섰다.[67] 자신들의 소속 단체와 「내이션Nation」, 「컨템포러리 리뷰Contemporary Review」 등 언론 매체를 통해 신자유주의적 개혁론의 여론화와 입법화에 앞장섰다. 이러한 노력이 결실을 거둔 대표적 사례는 애스퀴스H. H. Asquith, 로이드 조지Lloyd George, 처칠Winston Churchill 등이 주도한 1907년 예산, 1908년의

---

65) *Minutes*, 1 February 1905.

66) *Minutes*, 7 February 1906.

67) 1904년 결성된 이 협회의 목적은 국민 생활 개선과 향상을 위한 사회봉사와 노동자의 환경 개선에 관한 정보의 수집·기록·전파 등의 일을 포함하고 있었다. 또한 여러 사회 개혁 세력의 조직화와 협동을 통해서 합리적이고 과학적인 정신으로 실질적인 사회 개선을 본격적으로 도모하려는 목적을 가지고 있었다. 그것은 훗날 '전국 사회봉사회The National Council of Social Service'라는 전국 규모의 단체로 발전했다.

'노령 연금법,' 1909~1910년의 '인민 예산,' 1911년의 '국민보험법' 등에서 찾을 수 있다.

(3) 진보 정당론

1890년대 들어오면서 개혁가 사이에 신자유주의 개혁 노선을 추진해 나가기 위해서는 새로운 정치적 주도 세력이 필요하다는 인식이 확산되었다. 그러나 회원들은 그 주체를 더 이상 기존의 정당 속에서 찾지 않았다. 그들은 기존의 자유당 노선을 비판하면서 노동자와 '진보적 연대'를 추구하는 진보적 자유주의자와, 계급투쟁 일변도의 정통 사회주의를 거부하는 온건 사회주의자가 함께 참여하는 '진보 정당'이 그 주체가 되어야 한다고 보았다. 자유주의 진영의 개혁가 사이에 그러한 정당을 요구하는 분위기가 자리잡게 된 것은 자유당이 추구하는 개혁의 의지와 능력에 대해 회의적이었기 때문이다. 더욱이 1895년 선거의 패배와 그 후 급격히 동요하는 자유당의 모습은 그들에게 더 큰 실망감을 안겨주었다.

진보 정당에 대한 기대감은 사회주의 진영이나 노동 운동에서도 상당수 가지고 있었다. 사회주의 진영의 대표격인 버로스는 사회주의의 진정한 목적은 노동 계급만의 당파주의를 옹호하는 데 있는 것이 아니라, 불의와 물질 만능주의를 배격하는 데 있다는 입장을 표명했다.[68] 이처럼 사회주의가 실질 차원의 사회 개혁을 실현하려는 의지를 보이면서 좌우 양 진영 사이에 타협의 여지가 생겨났다.[69] 헬데인R. B. Haldane과 램지 맥도널드가 그 대표적인 인사였다.[70]

---

68) *Minutes*, 4 December 1895.

69) Freeden, *Minutes*, p. 10.

70) R. B. Haldane, "The New Liberalism : I," *Progressive Review* 1(2, November 1896). 또 맥도널드의 진보적 경향을 신자유주의와 동일시하는 시각은 Rodney Barker, "Socialism and progressivism in the political thought of Ramsay MacDonald," in *Eduardian Radicalism, 1900~1914 : Some Aspects of British Radicalism*, ed. A. J. A. Morris (London, 1974), pp. 114~130을 참고.

당시 진보 정당의 가능성이 모색될 수 있었던 또 다른 배경은 제국주의 문제였다. 당시 영국의 제국주의 정책을 둘러싸고 자유주의 진영이 분열하면서 제국주의를 반대하는 자유주의 진영의 양심 세력과 노동 계급이 더 가까워질 수 있는 계기가 마련되었던 것이다.

'레인보우 서클'은 이 시기에 '진보 정당'에 대한 여론을 주도한 대표적 단체였다. 사실상 이 서클의 초기 5년 동안(1895~1899)은 진보 정당 설립을 위한 '진보주의 progressivism'를 이론화하는 데 심혈을 기울였다. 1898~1899년 의 시기에 "진보 정당 실현을 위한 계획"이라는 주제를 놓고 그 구체적인 내용을 본격적으로 토론하는 단계에까지 이르렀다. 이를 주도적으로 이끈 인사는 바로 자유당의 새뮤얼과 언론인 홉슨이었다.

새뮤얼은 1980년대 중반 이후의 진보적 정책이 사회 개혁에 대한 대다수 국민의 요구를 반영한 것이기 때문에 진보 정당이 해야 할 우선적인 일은 노동 계급에 대한 충분한 인식과 공감을 가지고 진보적인 노동 정책을 수행하는 일이라고 지적했다. 물론 이러한 정책이 고용주와 상인에게 불안감을 조성해서 는 안 된다는 단서를 달았다.[71]

홉슨은 진보 정당의 지도자가 구상하는 개혁의 기본 노선과 일반인이 생각하는 개혁의 방향과는 큰 차이가 있음을 지적했다. 개혁을 추진하는 우선순위를 민주 정치, 사회 개혁, 그리고 제국주의로 정했다. 그는 정치에서는 무엇보다도 특권의 배제와 완전한 지방자치의 발전을 강조했다. 사회 개혁에 있어서는 노령 연금과 같은 인도주의적 정서에 바탕을 둔 내용과, 토지과세와 같은 경제정의를 실현할 정책이 우선적으로 포함되어야 한다고 주장했다.

회원은 자신이 합의한 개혁 사상을 일반인에게 알리고, 진보 정당의 필요성을 널리 홍보하기 위해서 월간 「프로그레시브 리뷰*Progressive Review*」의 발간에

---

71) *Minutes*, 3 May 1899.

착수했다.72) 그들은 「프로그레시브 리뷰」가 "현재의 집단주의 운동이 ······ 그 운동을 일반인에게 알리려 노력하는 기관지도 하나 없는 현실"73)에서 진보 운동의 대변지 역할을 할 것을 기대했다. "사회 문제와 관련된 진보적 정치 이념의 홍수 속에서 정파를 초월하여 이념을 종합하고, 재조정하고, 통일시키려는 노력"74)이 「프로그레시브 리뷰」를 통해 이루어지기를 바랐다. 다음의 창간사에서 이와 같은 목적이 잘 드러나고 있다.

본 저널은 현재의 진보 사상을 특히 정치 영역에서 효과적으로 표현하고, 적극적이고 합리적으로 옹호하려는 데 그 목적을 둔다. 현재 사회·정치 개혁 운동에 일반인의 공감대를 끌어내지 못한 것은 그 운동의 목적에 대해 제대로 이해되고 알려지지 않은 데 가장 큰 원인이 있다고 생각한다. 본지가 해야 할 역할은 한 당파의 기관지 역할이 아니라, 오늘날 진보적 운동의 이념을 일반에게 널리 알리고 옹호하려는 데 있다. 또한 이러한 이념을 현실에 적용할 때, 과연 어느 정도까지 가능하며 또 어떤 방법이 가장 효과적인가를 고찰하고자 한다. 따라서 본지는 현재 일반인이 안고 있는 주요 관심사부터 민주 정부와 산업 발전의 근본 문제까지 다룰 것이다.75)

이러한 취지에서 「프로그레시브 리뷰」는 사기업의 자유로운 경제 활동을

---

72) 사무엘은 "레인보우 서클이 1896년에 구성원의 합의에 달한 내용을 일반에 전파시키기 위해서 저널을 발행하기로 결정했다"고 회고했다. H. Samuel, *Memoirs* (London, 1945), p. 24. 그리고 필요 경비는 대부분 사무엘, 홉슨, R. Stapley, C. Trevelyan이 충당했다. 클라크William Clarke 가 편집을 맡고 홉슨은 부편집인을 맡았다.

73) 맥도널드는 "이 잡지의 창간 목적은 정치·윤리·문학 등의 모든 방면에서 진보 운동을 일으키려는 것이다. 이 저널은 휘그 운동이 *Edinburgh Review*를 통해서 이루어졌고, 실증주의와 급진주의 운동이 *Fortnightly Review*를 통해서 이루어진 것과 같이 진보주의 운동의 매체가 될 것이다"라고 창간의 목적을 회원에게 알렸다. Ramsay MacDonald to the Rainbow Circle, February 27, 1895 in *Samuel Papers*, A/10/2.

74) Freeden, *Minutes*, p. 9.

75) 이 저널의 발행을 위한 모임의 비망록은 홉슨J. A. Hobson이 글을 썼다고 기록하고 있다. *Minutes*, 30 March 1896 ; Samuel, *Memoirs*, pp. 24~25.

장려하면서도, 빈부의 격차나 국가의 독점 규제에 대한 강화를 통한 사회 정의의 의미를 부각시켰다. 또 정부 제도의 민주화 등을 촉구했다. 이 저널이 일관되게 대변했던 개혁 노선은 바로 신자유주의였던 것이다.[76]

「프로그레시브 리뷰」는 이와 같은 문제를 적극적으로 실현시켜 나가기 위해서는 새로운 '진보 정당'의 필요성을 역설했다.

> 진보 정당이 필요한 것은 실질적인 경제적 자유를 보장하는 임무를 완수하고, …… 입법 활동과 통치 활동을 통해서 국민의 물질적·도덕적 복지를 보장해야 하는, 근대 국가에 부여된 무겁고 복잡한 의무를 떠맡기 위한 데 있다. …… 만일 개인의 자유를 보장하는 일이 여전히 국가의 으뜸가는 역할이라고 한다면, 이 자유의 의미에는 국가의 여러 기능에 관한 포괄적이고 계몽적인 개념이 포함되어야만 한다.[77]

이와 같은 노선은 진보 언론인의 적극적인 후원을 얻었다. 스코트C. P. Scott(「맨체스터 가디언*Manchester Guardian*」), 매싱검W. H. Massinhgam(「데일리 크로니클*Daily Chronicle*」), 스펜더J. A. Spender(「웨스트민스터 가제트*Westminster Gazette*」), 그리고 가디너A. G. Gardiner(「데일리 뉴스*Daily News*」) 등은 그러한 노선을 일반에게 알리는 데 적극적으로 앞장섰다.[78]

이와 같은 상황은 개혁가로 하여금 전국적인 규모의 자유 - 노동 세력의 연합 정당의 결성이 가능할 것이라는 기대에 부풀게 했으며, 그를 실현하려는

---

76) 홉슨은 "사무엘을 비롯한 여타의 회원은 '신자유주의'라는 용어가 그 저널의 목적과 가장 잘 부합되는 것이라고 여겼다"고 회고했다. Hobson, *Confessions*, p. 27.

77) 'Introductory,' *Progressive Review* 1 (1896), p. 4.

78) Martin Pugh, *The Making of Modern British Politics 1867~1939*, p. 117. 당대 영국의 언론에 관해서는 Alan J. Lee, *The Origins of the Popular Press 1855~1914* (1976, reprint ed., 1980) ; *Idem*, "The Radical Press" in *Eduardian Radicalism, 1900~1914 : Some Aspects of British Radicalism*, ed. A. J. A. Morris, pp. 47~61 참고.

적극적인 시도가 이루어지기도 했다. 그 대표적인 사례는 맨체스터에서 찾아볼 수 있다. 「맨체스터 가디언」의 발행인 스코트의 적극적인 후원 속에서 홉하우스 L. T. Hobhouse와 홉슨 등의 진보 논설가가 사설을 통해서 자유주의 세력과 노동자의 '진보 연대'를 줄기차게 촉구하고 나섰으며, 선거를 통해 그 성공적인 결과를 낳기도 했다.[79]

그러나 제국주의에 대한 입장의 차이는 영국의 개혁 세력 전반에 걸쳐 분열상을 야기한 결정적인 원인이었다. 레인보우 서클 내부에서도 제국주의에 관한 찬반양론을 둘러싸고 첨예하게 대립했다. 회원은 사회 개혁이라는 국내의 대명제 앞에서는 쉽게 합의가 이루어졌지만, 제국주의 문제에 와서는 심각하게 마찰했다.[80] 홉슨은 현실 정치에서 가장 우려할 것은 일부 진보주의자가 친제국주의 방향으로 가고 있는 것이며, 그러한 팽창주의 정책을 옹호하는 비과학적이고 위험한 사고는 공공의 도덕성을 타락시키고 있다고 했다. 그는 제국주의적 가치관이 팽배하는 한 건전한 진보 정당이 나올 가능성은 희박한 것으로 보았다. 이와 같은 비관적 전망은 「프로그레시브 리뷰」의 폐간으로 조만간 현실화되었다.[81]

더욱이 1900년 '노동자 대표 위원회Labour Representative Committee'가 창설되면서 진보 정당의 열기는 급격히 식기 시작했다. 이제 진보적 자유주의자에게는 두 가지 선택밖에 없었다. 램지 맥도널드를 따라 노동 계급의 정당으로 가느냐, 아니면 자유당에 남아 개혁을 지속하느냐의 선택만이 남았다. 결국 '집단주의

---

79) 이를 주장하는 대표적인 저서는 Peter Clarke, *Lancashire and the New Liberalism*이다. 런던의 경우에도 같은 시각이 Paul Thompson, *Socialists, Liberals and Labour : The Struggle for London 1885~1914* (London and Toronto, 1967)에서 제기되었다.

80) 사무엘은 제국주의 노선을 지지한 반면, 홉슨은 철저하게 제국주의를 배격했다. *Minutes*, 7 June 1899.

81) 그것은 Herbert Samuel과 언론인이자 정치가인 Pember Reeves의 친제국주의적 태도에 대한 William Clarke와 홉슨의 반감이 그 주된 요인이었다. 클라크와 램지 맥도널드 사이의 개인적인 불화는 이 저널의 순조로운 발행을 가로막는 한 요인이 되었다.

적' 개혁 노선을 자유당의 테두리 안에서 실현하는 길을 택했다. 그리고 그들이 1906년부터 본격화된 자유당의 개혁 입법을 앞장서서 이끄는 '신자유주의자' 그룹이 되었던 것이다.

진보 정당의 희망은 사라졌고, 서클 회원 역시 노동당과 자유당으로 각자 제 길을 가고 말았지만, 사회 개혁과 진보 정당에 대한 그들의 공감대가 완전히 사라진 것은 아니었다. 그들은 각자의 정당 내에서 온건 개혁의 기수로 활약하면서 그러한 연대감을 이어나갔다. 특히 1903년부터 시도된 자유당의 글래드스턴Herbert Gladstone과 노동당의 맥도널드 사이의 비밀 선거 협상이 가능했던 것은 '진보 연대'의 연결고리가 있었기 때문에 실현될 수 있었던 것이다.[82]

더 나아가 서클이 주창한 신자유주의적 개혁 노선과 진보 정당이 추구하고자 했던 이념은 노동당의 노선에 반영되었다. 노동당이 온건한 강령이나 진보 노선을 추구했던 것은 그 정당을 이끈 맥도널드나 헬데인과 같은 인사가 레인보우 서클을 통해 신자유주의의 이념적 가치를 충분히 공감했기 때문이었다. 훗날 레인보우 서클 출신의 자유당 의원과 자유 당원 다수가 노동당에 합류하게 된 것도 진보 정당의 이념을 실현하고자 했던 공감대가 바탕이 되었다. 사실상 노동당은 그들이 꿈꾸던 진보 정당으로 탈바꿈했던 것이다.[83]

---

82) 그들은 보수당과의 싸움에서 진보 세력의 연합 전선을 구축하여 당선 가능성이 큰 후보를 위해 한 쪽이 양보해 가면서 진보 성향의 표를 분산시키지 않도록 적극적으로 대처했다. 1906년 선거에서 자유당이 대승한 것이나, 노동자 대표가 상당수 의회에 진출한 것 역시 1903년부터 꾸준히 지속되어온 양 진영의 제휴가 큰 역할을 했다. 당시 401석을 차지한 자유당의 승리는 노동 계급과 제휴가 없었으면 그 규모가 훨씬 축소되었을 것이며, 29석을 획득한 노동 계급의 진출도 그 가운데 24석이 자유당 후보의 불출마와 지원에 힘입은 것이었음을 감안한다면, 두 진영의 제휴가 선거에서 차지한 비중을 짐작할 수 있을 것이다. 이에 대한 상세한 설명은 Pugh, *The Making of Modern British Politics 1867~1939*, pp. 120~135 참고.

83) 서클의 구성원 가운데 자유당 소속이다가 훗날 노동당으로 옮긴 대표적 정치인으로는 Percy Alden, Noel Buxton(농업부장관), Charles Trevelyan(교육부장관)이 있다. 일반인은 홉슨을 비롯하여 회원 다수가 노동당에 참여했다.

5. 진보 연합의 디딤돌

지금까지 살펴본 바에 의하면 우선 이 서클의 설립 목적이나 참여 인사의 이념적 다양성과 단체의 다양성을 고려해 볼 때, 신자유주의를 주로 정당 정치와 관련된 이념으로 파악해 온 기존의 시각이 매우 편협한 것이었음을 확인할 수 있다. 신자유주의에 대한 지지 세력이 광범위하고 다양했다는 사실은 그 이념이 자유당의 개혁 노선뿐만 아니라, 영국 사회 전반의 정치의식의 변화를 선도하는 데 일정한 영향을 끼쳤음을 말한다.

회원이 서클 구성과 동시에 최우선으로 구급진주의와 맨체스터 경제학을 비판했다는 사실에서, 그들이 추구하려던 신자유주의 개혁론과 구자유주의의 개혁 논리를 분명하게 구분하려고 시도했다는 점이 확인된다. 그것은 신자유주의를 구급진주의의 한 아류로 보려는 일부 시각이 잘못된 것이었음을 분명하게 보여준다.

'유기체론'과 '국가 개입주의'가 그들의 논의의 대종을 이루고 있다는 점에서 역시 신자유주의 개혁론이 개혁가 일반의 정서 속에 깊게 자리 잡고 있음을 알 수 있다. 이들의 노력으로 새로운 사회관과 국가의 역할에 대한 새로운 인식은 영국인이 집단주의적 사회 개혁의 가치관을 거부감이 없이 받아들이는 데 영향을 미쳤다.

마지막으로 서클의 회원이 '진보 정당'의 창설을 「프로그레시브 리뷰」의 창간을 통해 적극적으로 촉구하고 나섰다는 점이다. 진보 정당의 결성을 통해 중간 계급과 노동 계급의 '진보 연대'를 결성해 계급 갈등보다는 계급 조화를 지향하는 새로운 정치 문화를 추구하려고 했던 것이다. 그리고 그러한 시도를 통해 자유당이 주도하는 정치 질서에서 노동당이 집권하는 방향으로 정치적 상황의 변화가 무리 없이 이루어질 수 있도록 여건을 조성했다.

제5장 자유당과 노동당의 진보적 연대

1. 선거 제휴

1900년 노동자 대표 위원회Labour Representation Committee가 창설되어 세력을 키워나가고, 자유당은 자유 무역의 지지 아래 재결합함으로써 결국 새로운 진보 정당은 창설되지 않았다. 진보 정당의 꿈은 깨졌지만 두 정파는 진보적 목표를 달성하기 위해서 서로가 지속적으로 협동해야 한다는 생각은 버리지 않았다. 「데일리 뉴스」는 "양 정당의 미래는 형식적인 결합이 아닌, 마음에서 우러나오는 협력에 달려 있으므로, 우리는 그러한 협력을 이룰 수 있는 방법을 찾는 데 목표를 두어야 할 것이다"[1]고 주장하면서 두 세력의 연대에 관한 변함없는 기대감을 표출했다.

두 세력의 연대가 현실로 드러난 것은 바로 1903~1906년 사이에 치룬 여러 보궐 선거와 1906년의 총선거에서 꾸준하게 보여준 협력 관계, 1906년

---

1) *Daily News*, January 20, 1903, p. 4.

총선 이후 1차 대전까지 추구한 자유당 정부의 여러 개혁 정책이었다.

자유당이 노동 계급과의 연대 필요성을 더 적극적으로 인정하게 된 것은 노동자 정당의 출현 때문이었다. 노동자의 정당 결성은 두 가지 측면에서 자유당에게 중요한 문제를 안겨 주었다. 첫째는 전통적으로 자유당을 지지해온 노동 계급이 이제 선거에서 자신들의 대표에게 투표할 가능성이 커지게 되었으며, 그럴 경우 표의 분산으로 결국 보수당이 어부지리를 차지하게 될 것이라는 점이었다. 둘째는 그러한 계급 정당을 표방하는 정당은 결국 사회주의자가 주도권을 잡게 될 것이고 자유당에 대한 적대적 태도가 지배적이 될 것이라는 우려였다. 이러한 상황에서 당시 자유당 지도부(캠벨-배너맨과 허버트 글래드스턴)는 우선적으로 노동자 대표 위원회와 자유당이 의회 선거에서 함께 경쟁하는 것을 막고, 그러기 위해서는 자유당이 노동 계급의 큰 지지를 받을 수 있는 사회 개혁 정당으로 탈바꿈하는 노력이 필요하다고 인식했다.

이때 원내 총무로 등장한 글래드스턴Herbert Gladstone은 이러한 시대적 요구를 현실 정치에 반영할 수 있는 적임자로 떠올랐다. 그는 1899년부터 10년 동안 자유당을 이끌면서 자유-노동의 연대를 이루어내면서, 개혁 정당으로의 변신을 주도했다. 보어 전쟁을 거치면서 진보 세력의 결속 가능성이 커졌다고 판단한 그는 "하원에서 노동자 대표의 영향력 증대는 노동자의 이해관계의 개선만이 아니라, 진보 세력의 전반적인 세력 확산 가능성을 높여주고, 그 중심을 차지하는 자유당의 힘을 키워줄 것"[2]이라는 기대감에서 진보적 연대를 추진했다. 그는 실질적 연대가 이루어지기 위해서 "자유당 지도부는 자유당의 정책을 지지하는 유능한 노동계 후보의 의회 진출을 적극적으로 돕기 위해서 자유당 후보의 출마를 막도록 지방 조직에 영향력을 행사할

2) Memorandum by Herbert Gladstone, *Herbert Gladstone Papers*, B. M., Add. Mss., 46100 in K. O. Morgan, *The Age of Lloyd George : the Liberal Party and British Politics 1890~1929* (London : George Allen & Unwin, 1978), p. 139.

수 있어야 한다"3)고 주장했다. 글래드스턴은 무엇보다 노동당과 자유당이 경쟁하지 않음으로써 자유당이 승리할 것이라는 믿음을 대중이 갖게 될 때 얻어질 긍정적 효과를 중시했다.

그러므로 글래드스턴은 이미 1900년의 총선에서부터 자유 - 보수 - 노동의 삼자 대결을 피하기 위해서 노력을 기울였다. 그때 그는 더비Derby시의 자유당 원으로 하여금 철도 노조 출신의 벨Richard Bell을 단독 후보로 받아들이도록 설득하는 데 성공한 적이 있었다. 자유당 지도부는 1901년 미드 라나크Mid-Lanark 보궐 선거에서도 자유당 후보 대신 독립 노동당이 지명한 시밀리에Bob Smillie를 지지했다. 그들은 1902년 듀스베리Dewsbury 선거구의 경우에도 역시 노동 계급 후보인 우즈Sam Woods를 밀었다. 자유당 지도자들이 지구당 당원의 대대적인 반발을 살 수 있는 이러한 모험을 한 것은 자유 - 보수 - 노동의 삼자 대결 구도의 보궐 선거가 준 교훈 때문이었다. 보수당 후보가 근소한 표차로 삼자 대결에서 승리할 때 마다, 자유주의자는 만약 노동당의 개입만 없다면 선거에서 승리할 것으로 확신했다. 이러한 이유 때문에 노동당 후보를 반대하는 지역 당원과 달리 자유당 지도부는 노동당에 보다 타협적인 태도를 취했다.

1900년 노동자 대표 위원회가 처음 창설되었을 때 노동자의 참여도는 미미한 것이었다. 그러나 1901년의 태프 베일Taff Vale 판결이 노동 운동에 의해 빚어진 손실을 노동자가 부담해야 한다는 결정을 내리면서, 노동자 대표의 의회 진출에 대한 공감대가 급속히 확산되었다. 1903년 초에 이르러서는 노동자 대표 위원회 가입 인원이 두 배 이상(거의 850,000명) 불어났다. 이러한 상황의 전개를 지켜보던 맥도날드는 마침내 자신이 오랫동안 구상해온 진보적 연대를 적극적으로 성사시킬 시기가 다가왔다고 판단했다. 그는 아직도 민주적인 자유 - 노동 정당이 자유당을 대체해야 한다는 기대감을 버리지 않고 있었다. 그는 자신이

---

3) *Ibid.*

노동자 대표 위원회를 대표하여 자유당과 선거에 관한 비밀 협정을 맺음으로써
이러한 새로운 정당의 실현에 한 발짝 다가서게 될 것이라고 믿었다.[4] 그러나
맥도날드와 하디 역시 사회주의적 좌파 당원을 설득하고 보수적 노동자의
지지를 얻어내야 하는 어려움이 있었다.

마침내 1903년 3월 6일 글래드스턴과 맥도날드는 두 당을 대표하여 선거
협상을 하기 위한 비밀 회동을 시작했다. 이 만남에서 맥도날드는 노동당
후보의 완전한 독자 출마와, 나아가 자유당 지도부가 자유당 당원이 노동당
후보를 반대하지 않도록 보장할 것을 요구했다. 그리고 만약 그 요구가 받아
들여지지 않으면 자기 당 후보의 출마와 상관없이 자유당 후보를 반대할
것이라는 단호한 입장을 표명했다. 맥도날드는 대신 노동당 후보에게 자유주의
정서가 강하므로, 일단 의회에 들어가면 자유당 정부를 변함없이 지지할 것이라
는 점을 강조했다. 글래드스턴은 만약 노동자 대표 위원회가 그러한 입장을
취하게 된다면 자유당은 랭카셔와 요크셔의 많은 지역에서 의석을 잃을지
모른다는 두려움을 가지고 있었다. 두 사람은 진보적 유권자의 분열은 보수당을
돕고, 선거를 통한 진보 세력의 정치적 영향력 확대라는 공동의 목표를 어렵게
할 것이라는 점에 동의하고 선거에서 적극적으로 공조하기로 합의했다. 그리하
여 1906년 총선에 이르기까지 여러 차례의 보궐 선거에서 양당의 협조는
승리를 이끌어냈다.

1906년 총선은 자유당이 압도적인 승리를 기록한 대사건이었다. 자유당은
400석을 얻어 1900년 선거에서 얻은 의석수보다 216석을 더 얻었다. 그동안
침체 일로를 걷던 자유당은 '진보적 연대'를 통해 정권을 되찾음으로써 다시
부활하게 되었다. 노동당 역시 55명을 당선시킴으로써 큰 성과를 거뒀다.
노동자 대표 위원회는 후보를 낸 56개 지역구 가운데 30개 지역구에서 승리를

---

4) Ramsay MacDonald, "The Labour Party and its Policy," *Independent Review*, VIII (March, 1906),
   pp. 261~269.

거뒀다. 그 가운데 24개 지역구는 자유당이 후보를 내지 않은 곳이었다. 자유당과의 연대가 노동 계급의 의회 진출에 결정적 역할을 한 셈이다. 노동 계급은 의회에 본격적인 정치적 교두보를 확보함으로써 훗날 거대 정당이 될 수 있는 발판을 마련하게 되었다.

2. 사회 개혁 정책

진보 연대는 선거의 승리를 위한 전략 이상의 것이었다. 그것은 사회 개혁을 공동으로 추구하자는 진보 세력의 "합의의 표현"[5]이었다. 이 점은 선거 이후 자유당 정책 기조의 큰 변화에서 확인된다. 1905년 12월까지 정부 지출 축소, 자유 무역, 주택과 토지 개혁, 음주 등 전통적 자유주의 프로그램이 주류를 이루었던 자유당 정부의 개혁이 1906년부터 보다 급진적인 방향으로 변화했다. 그것은 양당의 사회 개혁에 대한 의지가 정책에 본격적으로 반영되기 시작했음을 알리는 것이었다.

우선 1906년 승리의 자유당 쪽 주역인 허버트 글래드스턴의 개혁에 관한 일관된 태도에서 그 점을 확인할 수 있다. 그는 자신이 장관으로 있는 내무부를 통해서 개혁 입법과 정책을 실현하는 데 훌륭한 성과를 이루어 냈다. 그 가운데는 그의 가장 중요한 개혁 정책의 성과인 광산법(8시간 노동)을 비롯해 노동자 상해 보상법, 공장법과 작업장법의 확대, 형벌과 청소년 구금과 아동 관련 법률의 개선책 등이 포함되어 있었다.[6]

애스퀴스는 1906~1908년 재무장관으로 재직하면서 재정과 사회 분야에서 개혁 정책을 주도했다. 그는 1907년 정상 소득earned income과 '불로 소득unearned

---

5) Bernstein, *Liberalism*, p. 78.

6) *Ibid.*, p. 102.

income'을 구분하여 과세하려는 시도를 통해 "재정에 관한 고정 관념을 무너뜨리는 데"[7] 중요한 역할을 했다. 「네이션」은 그의 정책을 "신자유주의적 재정 정책"[8]으로 크게 환영했다. 애스퀴스가 그의 예산 정책에 '불로 소득에 대한 과세'라는 방법론을 도입한 것은 정부가 적극적으로 광범위한 사회 개혁 정책을 시작하려는 하나의 신호였다. 그는 정상적인 소득에는 1파운드당 9펜스의 세금을 유지하면서, 불로 소득에는 1실링으로 세율을 인상했다. 그는 모든 계층에게 개인의 소득을 의무적으로 신고하도록 했다. 그는 재무부가 초과소득세supertax의 개념을 받아들이도록 만들고, 사회 개혁을 하기 위해서 정부가 수 년 전에 지출 증가에 관한 계획을 세워야 한다고 주장했다. 그가 주창한 수혜자 비분담의 연금 계획과 어린 학생에 대한 무료 급식과 건강 진단에 대한 정책은 광범한 지지를 받았다.

1908년 애스퀴스를 이어 재무장관에 취임한 로이드 조지는 심각한 실업을 해소하기 위한 대책으로 윈스턴 처칠과 함께 직업소개소 설치(1909)를 추진했고, 질병·실업·고령화에 따른 노동자의 소득 감소를 대체할 방안을 마련했다. 로이드 조지와 윈스턴 처칠은 1890년대부터 빈곤에 관심을 쏟았으며, 고삐 풀린 자본주의 체제에 대한 비판을 통해서 빈곤의 본질과 국가의 책임이라는 결론에 도달했다. 그들은 국가가 모든 시민을 일정한 최소 수준 이상으로 생활을 유지시키기 위해서 다양한 국가적 계획을 실행해야 한다는 데 의견을 같이 했다.[9] 1909년의 임금 위원회법Trade Boards Act은 선별된 저임금 업종에 최저 임금을 적용하기 위한 노사 및 공익 대표 3자로 이루어진 위원회의 설치를 그 내용으로 했다. 1909년의 실업 대책법Unemployment Exchanges Act은

---

7) *Ibid.*, pp. 118~119.

8) *Nation*, I (April 27, 1907), p. 333.

9) 최저 생계의 개념은 웹 부부Sydney and Beatrice Webb가 10여 년 동안 논의해 오다가 처칠에게 전한 것이다. Gilbert Bentley, "Winston Churchill versus the Webbs : The Origins of British Unemployment Insurance," *American Historical Review*, IXXI, April, 1966, pp. 850~851.

1911년의 국민 보험법National Insurance Act과 함께 신자유주의의 핵심 법안이라
고 할 수 있다. 이 법은 구제를 신청하는 실업자를 면담하는, 각 지역 대표로
이루어진 고충 처리 위원회Distress Committee의 설치를 전국에 걸쳐서 시행할
것을 그 내용으로 하고 있었다.

로이드 조지는 1909~1910년의 인민 예산People's Budget을 통해서 신자유주
의를 "현실적이고 대중적인 형태"[10]로 만들었다. 그는 자신의 정책이 자유
무역 체제의 자유 기업 경제에서 출발하고 있음을 명백하게 밝혔다. 그는
자유 경제 체제에서 자유주의는 재화를 창출하는 사람들, 즉 고용주와 노동자의
이익을 대변한다고 주장했다. 그리고 자유주의 경제의 주체들은 기생적寄生的
지주 계급과 그들의 정치적 대리인과 대립 관계에 있으며, 자유주의자는 국가의
방위와 사회 개혁에 드는 비용의 정당한 몫을 기꺼이 부담하려는 태도에서
그들의 적과 구별된다고 주장했다. '경제력을 가진 국민으로부터의 기여'라는
관념은 로이드 조지의 '인민 예산' 정책을 뒷받침하는 논리가 되었다. 로이드
조지와 윈스턴 처칠에 이르러 '신자유주의'라는 용어는 일반적인 것이 되었
다.[11]

1911년의 국민 보험법은 애스퀴스 정부의 가장 '창조적' 입법이었다. 병자와
실업자를 위한 보험이라는 아이디어는 비버리지나 진보적 언론인이 아니라
로이드 조지로부터 나왔다. 당시 처칠은 로이드 조지로부터 그 아이디어를
채택하여 1911년 국민 보험법의 일부가 된 실업 보험법을 발전시켰다. 이
법은 연간 160파운드 이하를 버는 모든 노동자에게 질병과 사고 보장을 제공하
고, 특정 업종에서 200만 이상의 노동자에게 실업 보험을 제공하는 것이었다.

---

10) Bernstein, *Liberalism*, pp. 119~120.
11) 「데일리 뉴스」의 발행인인 가디너A. G. Gardiner는 로이드 조지의 연설 가운데 네 가지를
'신자유주의New Liberalism'라는 제목으로 출간하기도 하고, 머싱엄Massingham은 처칠의 연
설문 모음집의 서문에 이 용어를 사용하기도 했다. Weiler, *New Liberalism*, p. 113.

이 법의 가장 큰 독창성은 수혜자 부담 원칙을 적용한 데 있었다. 즉 노동자, 고용주, 국가의 삼자가 지불하는 보험료로 재원을 삼은 보험이었다. 로이드 조지는 자신의 개혁 정책을 1914년까지 꾸준히 추진했다.

3. 진보 정당의 기초를 다진 계기

지금까지 '진보적 연대'는 신자유주의적 사회 개혁의 현실적 방법론이었다는 사실을 확인해 보았다. 그리고 신자유주의 이념과 진보적 연대가 '윤리주의 운동' 단체나 '레인보우 서클'과 같은 단체에 참여한 개혁가에 의해 자유당과 노동당에 수용되어 실천된 내용을 살펴보았다. 현실 정치의 측면에서 자유당과 노동자 대표 위원회의 연대가 추구되어 수차례 보궐 선거에서 성공적인 결과를 얻었으며, 특히 1906년 총선에서 자유당의 대승과 노동 계급의 의회 진출에 결정적인 기여를 했다. 또한 이 연대의 결과 신자유주의적 성향의 인사가 의회에 다수 진출했으며 그들은 연대의 정신을 살려서 사회 개혁을 위한 정책을 수립하고 입법을 하는 데 협력했다.

물론 현실 정치의 차원에서 신자유주의와 진보 연대는 그 지지도에서 지역적 편차를 보였다. 또 자유당의 일반 당원이나 노동자가 주도한 이른바 '아래로부터의' 운동도 아니었다. 신자유주의는 개혁주의 성향의 지식인과 사회 지도층이 추구한 체제 개혁의 이념이었다는 사실을 부인할 수 없을 것이다. 그러나 진보적 연대가 이룩한 성과와 영향은 누구도 부인할 수 없을 것이다. 자유당은 정권을 잡음으로써 1차 대전 이전에 신자유주의적 개혁 노선을 의회 입법을 통해 현실적으로 추진함으로써 20세기 복지 국가의 초석을 놓았다.

노동당은 이 연대를 통해서 신자유주의 이념을 상당 부분 수용함으로써 사회주의 정당이 아닌 진보 정당으로서의 기초를 다졌다. 또 레인보우 서클이나 윤리 운동 단체 등에서 활동한 자유당 소속의 앨던Percy Alden, 벅스튼Noel Buxton, 트레벨리안Charles Trevelyan 등과 같은 각료 정치인과 홉슨을 비롯한 다수 지식인이 훗날 노동당에 합류했다. 그들이 1880년대부터 추구한 진보 세력의 연대가 노동당을 중심으로 이루어진 계기가 되었던 것이다.

제5부

문학과 예술

제1장 현대 영국 문학을 읽는 세 가지 코드

1. 빛나는 영문학의 전통

영국에서 문학은 최고의 예술로서 명성을 누리고 있다.[1] 초서, 셰익스피어, 찰스 디킨스, 제인 오스틴, 버지니아 울프 등 문학사에서 뛰어난 작가들은 빛나는 영문학의 전통을 세웠다. 이들의 작품은 영국과 세계의 학생과 일반 대중에게 광범위하게 읽혀지고 있다. 또 이들 영문학 작품은 빈번하게 영화, 텔레비전 시리즈, 연극, 라디오 드라마로 만들어져 왔다.

오래 전부터 영국인은 여가 활동으로 책읽기와 글쓰기를 즐겨 왔으며, 영국은 세계에서 문맹률이 제일 낮은 나라에 속한다. 공립 도서관의 도서 대여는 무료이며, 어떤 다른 나라보다 많은 도서관을 가지고 있다. 이와 함께 다양한 작가의 작품을 토론하기 위해 만들어진 많은 문학 단체가 있다. 또

---

1) David Christopher, *British Culture : An Introduction* (second edn) (London and New York : Routledge, 2006), p. 35.

창작에 많은 관심을 가진 사람을 위해 여러 문화 센터가 문학 강좌를 운영하고 있다. 가장 유명한 강좌의 하나가 노리치Norwich에 있는 이스트 앵글리아 대학University of East Anglia의 문학 강좌이다.[2]

고전과 현대 작품의 출판이 주요 산업이 되었으며, 매년 6,000종 이상의 신간 소설이 등장한다. 윗브레드 문학상Whitbread Prize, 가디언 소설 문학상 Guardian Fiction Prize과 같이, 신간 서적과 신인 작가에게 주는 상도 다수 있다. 영문 소설을 쓴 영국인 작가 또는 영연방 출신의 작가를 대상으로 수여하는 가장 권위 있는 상은 부커상Booker Prize이다. 1969년 이래 매년 수상되는 이 상을 받는 작가는 유명 작가의 반열에 오르게 된다.

2차 대전 이후 제국의 붕괴, 이민, 문화적 다양성, 여성 해방, 노동 계급과 청년 문화의 등장은 문학에 새로운 활력을 가져다주었다. 이러한 변화를 반영하여 20세기 후반의 영문학은 크게 세 경향으로 나뉘었다.

첫째, 1950년대부터 등장한 사회적 리얼리즘social realism이다. 이 경향은 대전 이전의 고급 문화를 비판하면서, 보통 사람의 생활을 사실적으로 묘사하는 데 중점을 두고 있다.

둘째, 1960년대부터 등장한 페미니즘 문학이다. 1960~80년대에 영국 문학을 주도한 여성 문학은 여성 해방의 시대적 조류를 잘 반영하고 있다. 기존의 남성적 가치관과 문화가 배어 있는 문학을 배제하고 새로운 표현 방식을 지향하는 페미니즘 문학은, 새로운 창작 기법을 시도하면서 문학의 지평을 넓혔다.

셋째, 1970년대부터 본격적으로 활기를 띤 식민지 출신 작가의 문학 활동을 들 수 있다. 이 작가들은 새로운 경험, 정체성, 사실의 전달을 위해서 새로운 창작 기법을 추구했다. 이들은 자주 환상fantasy과 우화fable를 통하여 역사적

---

2) 이곳에서 이완 매키언Ewan McEwan과 카즈오 이시구로Kazuo Ishiguro같은 현대 유명 작가도 공부했다.

사실과 현실을 혼합한 표현 방식을 사용한다. 이러한 환상적 사실주의magic realism 기법은 영문학에 큰 영향을 끼쳤다.[3] 이러한 기법을 사용하는 영연방 출신 작가들은 최근 영국 문단에서 활발한 활동을 하고 있다. 근래 높은 평가를 받은 작품도 주로 살만 루시디Salman Rushdie(인도), 벤 오크리Ben Okri(나이지리아)와 같은 영연방 출신 작가에게서 나왔다.

2. 20세기 전반前半의 영문학

현대 영문학은 문인들이 기독교의 영향을 벗어나서, 새로운 문학적 실험을 추구하면서 시작했다. 19세기 말로 접어들면서 문인들은 기독교가 내세우는 전통 가치와 믿음을 배격하기 시작하고, 새로운 방식으로 새로운 주제를 실험하기 시작했다.

자연과 사회에 관한 지식의 증가는 문학에 큰 변화를 가져다주었고, 많은 작가들은 지식의 진보를 통해서 이 지상이 천국으로 변할 수 있을 것으로 믿었다. 이러한 사고방식은 소설가이자 시인인 러드야드 키플링Rudyard Kipling 의 작품에서 두드러지게 나타났다. 조지 버나드 쇼George Bernard Shaw와 웰스H. G. Wells도 키플링의 낙관주의를 공유하고 있었다. 이들도 지식의 증가와 진보가 가져다줄 혜택을 적극적으로 강조했다. 조지 오웰George Orwell을 비롯한 일부 작가는 국가의 개입 없이는 착취와 고통을 줄일 수 없다는 시각을 제시했다. 오웰은 『동물농장Animal Farm』과 『1984년』과 같은 소설에서 사회주의의 필요성에 관해 자주 강조했다. 그러나 오웰은 집단적·사회적 요구보다 개인의 자유를 더 중요하게 여기는 포스터E. M. Forster의 입장에 더 가까워지게 된다.

---

3) Christopher, *British Culture*, p. 36.

과학적 진보와 정치적 이념에 대해 회의하는 작가도 있었다. 오스카 와일드는 그의 작품에서 과학과 이념 대신, 자연의 아름다움, 쾌락주의, 퇴폐적 삶을 더 강조했다. 토마스 하디Thomas Hardy도 전원생활과 자연의 소박함과 순수함이, 인간의 행복에 더 중요하다고 믿었다. 로렌스D. H. Lawrence와 올더스 헉슬리Aldous Huxley는 더 나가서 현대 문명이 비인간화를 초래한다고 믿었다. 이들에게 개인의 만족은, 감각을 탐구하고 본능을 따르는 가운데 이루어질 수 있는 것이었다.[4]

문학의 주제가 바뀌면서 소설의 창작 방식도 변화했다. 20세기 초, 많은 작가들이 다양한 실험적인 기법을 선보였다. 제임스 조이스James Joyce, 버지니아 울프Virginia Woolf와 같은 작가는 전통적인 서술 방식이 너무 진부하다고 생각하고, 보다 자유로운 표현 양식을 추구했다. 이들은 이른바 의식의 흐름 stream of consciousness으로 알려진 기법을 개발했다. 이 방식은 전통 문법이나 논리의 흐름을 무시하고 시와 산문을 결합하여, 꿈 혹은 내적 독백을 만들어 내는 것이다. 이 기법은 인간의 사고와 인상을 표현하는 보다 자연스럽고 순수한 방식으로 여겨졌다. 이러한 방식은 조이스의 『율리시즈*Ulysses*』(1921)에서 완벽하게 표현되었다.

시에도 새로운 표현 기법이 확대되었다. 20세기의 가장 영향력 있는 시 가운데 하나로 꼽히는 엘리엇T. S. Eliot의 『황무지*The Waste Land*』(1922)가 실험 시를 대표한다. 이 시는 자유로운 운문을 사용하는 혁신적 방법으로, 현대적 삶의 불모성不毛性을 파헤쳤다. 신화와 종교에 관한 내용으로 이루어진 이 작품은, 깨어진 이미지를 모아 하나의 시를 완성해 가는 새로운 창작 양식을 보여줌으로써, 모더니즘 계열의 다른 많은 시인에게 영향을 주었고, 문학적인 기념비가 되었다.[5]

---

4) *Ibid.*, p. 37.
5) *Ibid.* p. 37.

3. 사회적 리얼리즘 문학

1940년대 후반 영국은 제2차 세계 대전의 참화로 황폐화되었다. 대중은 문학에서 새로운 사상과 스타일보다는, 편안함과 안정을 얻고자 했다. 윌리엄 골딩William Golding과 그레이엄 그린Graham Greene 등 당대의 대작가는, 자신의 종교적 신념에서 얻은 영감을 꾸준히 작품에 반영했다. 그러나 몇몇 문인은, 종교와 국가가 전통적으로 제공한 옛 가치관과 확실성에 대해 의문을 표시하기 시작했다. 전쟁의 경험, 교육과 복지 국가의 확대, 물질적 풍요 속에서 새로운 사회가 출현했고, 1955년까지 사회 비판적인 젊은 극작가, 소설가, 미술가의 새로운 세대가 등장했다.

극작가인 존 오스본John Osborne과 소설가인 콜린 윌슨Colin Wilson, 존 웨인 John Waine, 스탠 발스토Stan Barstow, 알란 실리토Alan Sillitoe, 키스 워터하우스 Keith Waterhouse, 킹슬리 아미스Kingsley Amis 등은 그 당시 30세 미만이었다. 대부분 잉글랜드 북부 출신으로, 전통이나 권위에 대해 비판적이던 이들 신세대 문인은, 일반 노동자의 삶을 새로운 스타일로 다루었다. 이 작가들은 기존 사회에 대해 분노하는 인물을 묘사함으로써, '성난 젊은이angry young men'로 불렸다. 이들은 작품을 통해 기존의 예술에 대해 분노와 반감을 드러내는 한편 문학, 연극, 텔레비전, 영화에서 사회적 리얼리즘의 전통을 수립하는 데 기여했다.

이들의 대표작으로는 존 웨인의 『허리 온 다운*Hurry on Down*』(1953), 킹슬리 아미스의 『행운아 짐*Lucky Jim*』(1954), 콜린 윌슨의 『아웃사이더*The Outsider*』(1956), 존 브레인John Braine의 『옥탑방*Room at the Top*』(1957), 알란 실리토의 『토요일 밤, 일요일 아침*Saturday Night, Sunday Morning*』(1958) 등이 있다. 이 작품들은 북부 공업지대의 우울한 도시를 배경으로 살아가는 노동 계급에 초점을 맞추고, 그들의 생활상을 사실적으로 그리면서 노골적인 성 묘사를 했다. 인물의 정체성과 사회적 배경을 암시하기 위해 지방 사투리도 종종 대화에 사용되었다. 대체로 이들이 쓴 소설에 등장하는 주인공은 현대 사회에서 낙오된 '아웃사이더'이다.

1950년대의 소설 안에 등장하는 내용과 스타일의 새로운 경향은 시詩로 확대되었다. 1956년에 로버트 콘퀘스트Robert Conquest는 당대 문학의 허위의식과 엘리트주의에 반감을 가진 젊은 시인의 시를 모아 「신경향New Lines」을 발행했다. 여기에 투고한 많은 시인은 도시 변두리의 삶을 풍자하기 위해, 비꼬는 투의 반反낭만적 표현 방식을 도입했다. 여기에 기고한 사람은 무브먼트 파Movement로 불렸으며, 이 파에는 존 웨인과 킹슬리 아미스가 속해 있었다. 톰 건Thom Gunn은 1950년대의 대담하고 도발적인 오토바이 폭주족에 관한 글을 기고했다. 이들 가운데 필립 라킨Philip Larkin은 영국의 일상적 생활을 관찰자적인 입장에서 명쾌하게 묘사했다. 그는 대표적 시집인 『덜 속은 사람The Less Deceived』(1955), 『성령강림절의 결혼식The Whitsun Weddings』(1964), 『높은 창High Windows』(1964)을 통해 시인으로서 높은 명성을 누렸다.

이민 문제를 다룬 사무엘 셀번Samuel Selvon의 『외로운 런던 사람The Lonely Londoners』(1956)은 전후 이민에 대한 영국인의 태도를 느낄 수 있는 작품이다. 초기 이민의 실상을 그린 작품으로는 콜린 매킨스Colin MacInnes의 『흑인의 도시City of Spades』(1957)가 있다. 매킨스는 호주에서 자랐으나, 『완전 초보Absolute Beginners』(1959)와 『사랑하는 사람과 정의Mr. Love and Justice』(1960)에서, 1950년대 런던을 중심으로 커피 바, 재즈 클럽, 10대 패션, 기성세대와의 갈등을 내용으로 하는 새로운 청년 문화를 묘사했다.

4. 페미니즘 소설

1960년대로 접어들면서 여성의 성, 결혼, 일, 그리고 삶에 대한 전통적 태도에 변화가 일어나면서, 사회에서 여성의 역할에 대한 새로운 인식이 대두되었다. 저메인 그리어Germaine Greer의 『여성 환관*The Female Eunuch*』(1970)은 페미니스트 사상을 문학적으로 표현한 작품이다. 이 작품에서 보여 준 도발적이고 솔직한 문장은, 모든 여성이 공감할 수 있는 분명한 선언이었다. 이 소설은 큰 충격을 불러일으켰고, 이를 계기로 페미니스트 문학이 영향력 있는 새로운 장르로 대두되었다.

사회에서의 여성의 지위, 사회적 불의, 여성과 남성 사이의 평등의 추구는 많은 새로운 작가의 소설에서 도전적인 주제가 되었다. 페이 웰던Fay Weldon의 페미니스트 소설은 여성의 분노와 복수, 반복적인 삶을 초연하게 그리고 자주 비꼬듯이 다루고 있다. 웰던의 초기 작품은 사회주의 리얼리즘에 가깝지만, 그녀의 후기 소설은 실험적 스타일에 치중하면서 전통주의적 소설 기법에서 더욱 멀어졌다.

사회적 불의와 억압에 관한 보다 전통적인 주제는 마가렛 드래블Margaret Drabble의 수준 높은 소설에서 만날 수 있다. 그녀의 작품은 흔히 여 주인공을 중심으로 그녀의 교육, 경력, 가족 관계를 자세하게 묘사하고 있다. 비평가들이 이 작가의 가장 뛰어난 작품으로 평가하는 『빙하기*The Ice Age*』(1977)는 여성의 해방뿐만 아니라 보통 사람의 사회적 소외감도 다루고 있다. 또한 젊은 시절을 회상하는 세 명의 여자 이야기를 다룬 작품에서도 절망적인 시대적 상황을 뚜렷하게 묘사하고 있다.

페미니스트 작가들이 사회적 불평등에만 초점을 맞춘 것은 아니다. 같은 계열의 다른 작가들은 오히려 여성의 가정생활과 남성 관계에 더 관심을 보였다. 에드나 오브리언Edna O'Brien의 소설은 여성이 외로움을 택하느냐 아니면 남편과 가족의 노예가 되느냐의 기로에서 고민하는 모습을 그리고 있다. 여성의 성적 욕구를 소설에 솔직하게 표현함으로써 여성 소설의 지평을 넓혔다.

도리스 레싱Doris Lessing은 현재 영국의 작가 가운데 존경받는 작가의 한 사람으로, 풍부하고 다양한 작품을 썼다. 레싱은 좌파 정치 노선을 지지하며 사실주의적 작품을 썼기 때문에, 1950년대엔 사회적 리얼리즘 작가로 평가되었다. 그러나 후기에는 판타지, 내적 독백, 복합적 리얼리티를 특징으로 하는 자신만의 독특한 문체를 선보였다. 레싱은 초기 장·단편소설의 무대가 된 남아프리카에서 성장했다. 비평가들이 걸작으로 손꼽는 『난폭한 아이들Children of Violence』 5권(1952~1969)의 무대도 남아프리카이다. 이 소설의 이야기는 로디지아에서 시작되는데, 제1권 『마서 퀘스트Martha Quest』에서는 역사로부터 여성이 '소외'된 이야기를 다루고 있다. 나중에 이야기의 무대는 영국으로 옮겨져 2000년까지 이어진다. 이 소설은 1960년대 남아프리카 정치의 편협성과 인종차별을 직접 경험한 페미니스트의 주장을 제시하고 있다. 또한 레싱은 보다 평등한 남녀 사회를 이룩할 수 있다는 공산주의의 주장에 의문을 제기하면서, 공산주의에 냉소적인 입장을 분명히 했다.

정치 문제 및 심리 문제를 다룬 작품인 레싱의 『황금빛 노트The Golden Notebook』(1962)에서, 여 주인공 아나 프리맨 울프는 사생활의 위기를 맞아 마침내 신경쇠약에 걸린다. 회복된 후, 그녀는 미국인 애인을 만나 사회주의 운동에 관여하게 된다. 여러 부분으로 구성된 이 소설에서는 사회주의적 관점에서 본 여성의 해방과 작가로서 여 주인공의 감정이 다각도로 고찰되어 있다. 비평가들은 특히 '여성 해방' 부분이 금세기 여성 해방 문학에 가장 큰 기여를 한 것으로 평가하고 있다.6)

여성의 작품이 점점 다양하고 실험적인 방향으로 가고 있는 시기에, 페네로프 라이블리Penelope Lively와 아니타 브루크너Anita Brookner와 같은 몇몇 뛰어난 작가는, 간결하고 직접적인 문체로 여성의 문제를 다루고 있다. 페미니즘 소설을 쓰기 전에 라이블리는 아동 소설을 썼다. 과거를 재발견하는 것이 그녀의 공통된 주제였다. 『뒤집혀진 집A House Inside Out』(1987)은 한 어린이가 과거의 기억을 되살려 주는 대상이나 장소를 찾아내는 모습을 다루고 있다. 『리치필드 가는 길The Road To Lichfield』(1977)은 라이블리가 최초로 쓰기 시작한 성인 소설이다. 또 1987년에 『달빛호랑이Moon Tiger』로 부커상을 수상했다.

아니타 브루크너의 문체는 간결하고, 우아하고, 익살스러운 것이 특징이다. 브루크너는 주로 불행하게 사는 고독하고 지적인 미혼 여성을 주인공으로 내세우고 있다. 『잉글랜드에서 온 친구A Friend from England』(1987)와 『사기Fraud』(1992)에서는 지나치게 소심해서 인생에서 원하는 바를 얻지 못하는 지식인 여 주인공을 공통의 주제로 삼고 있다. 그러나 『뒤락 호텔Hotel du Lac』(1984)의 여 주인공은 자신의 결혼식날 결혼을 하지 않겠다는 대담한 결정을 내린다. 이 작품으로 브루크너는 1984년에 부커상을 수상했으며, 나중에 텔레비전 시리즈로도 제작되어 성공을 거두었다.

모린 더피, 페네로프 피츠제랄드, 페네로프 모티머 그리고 로즈 트레메인과 같은 작가는 위의 두 작가와 유사한 전통적 방식으로 여성에 관한 글을 계속 썼다. 그에 비해 또 다른 작가들은 새로운 실험적인 언어와 이야기 전개 방식을 모색하기 시작했다. 이러한 시도는 사회가 남성에 의해 지배되어 있기 때문에 여성은 남성적인 사고 습관과 감정을 배울 수밖에 없다는 사실에 대해 부정적인 시각에서 출발하고 있다. 따라서 보다 자연스럽고 순수한 목소리를 발견하기 위해서 여성은 사고, 언어, 문학의 스타일에서 기존의 전통적인

---

6) *Ibid.*, p. 44.

방식에서 스스로를 해방시켜야 한다는 것이다.

바이어트A. S. Byatt의 장편 및 단편소설에는 풍부한 상상력과 실험적인 문학, 역사적 사실 등에 대한 작가의 관심이 드러나고 있다. 바이어트의 초기 작품에서 여주인공은 가정과 작가로서 두 가지 역할을 하는 데서 오는 고통을 보여준다. 그러나 이 작가의 후기 작품은 보다 허구적이고 환상적인 경향을 보이고 있는데, 『소유Possession』(1990)는 동화, 산문, 학술 에세이의 요소를 다양하게 보여 주는 소설로서, 상상 속의 19세기 시인 이야기를 그려내고 있다. 1990년에 바이어트는 이 작품으로 부커상을 수상했다.

현실의 통념에 대한 보다 적극적인 공격은 안젤라 카터Angela Carter의 작품에서 볼 수 있다. 카터의 작품엔 동화, 에로티시즘, 성 전환 등의 요소가 극적으로 드러나 있다. 등장인물의 역할과 성을 경우에 따라 바꾸는 방식을 시도함으로써 전통적인 소설 방식에 도전하고 있다. 이것은 매직 리얼리즘magic realism의 특징으로 가브리엘 마르케스와 같은 남아메리카의 작가들이 즐겨 사용했던 기법이다. 이들은 엉뚱한 공상과 우화를 일상적인 사건과 결합시키는 표현 방식을 즐겨 쓴다.

진 리스Jean Rhys와 에바 피제스Eva Figes는 여성적 감수성을 묘사하기 위해서 부드럽고 시적이고 인상주의적인 문체를 사용한다. 1인칭으로, 3인칭으로 이야기가 전개되는 분할 서술 방식을 자주 사용하고 있는 것도 주요 특징이다. 이 방식은 분열된 자아의식과 판타지를 표현하고 있다. 리스는 1920년대에 작품을 쓰기 시작했으나 1960년대에 들어서 재조명된 작가이다. 소설 『망망한 사르가소 해The Wide Sargasso Sea』(1966)는 리스가 72세 때 출간되었다. 이 작품은 1830년대를 무대로 하고 있으며, 샤롯 브론테Charlotte Bronte의 『제인 에어Jane Eyre』(1847)에 등장하는 인물과 같이 미친 아내에 관한 비극을 뛰어난 상상력으로 서술하고 있다. 고전 소설을 다시 '개작reworking'하는 기법은 최근 많은 소설에서 볼 수 있는 특징이다. 페이 웰던Fay Weldon의 『조안나 메이의 복제複製 The Cloning of Joanna May』(1989)는 메리 쉘리Mary Shelley의 고전 『프랑켄슈타인 Frankenstein』(1818)을 개작한 것이며, 에마 테넌트Emma Tennant의 『테스Tess』 (1993)는 토마스 하디와 그의 여자를 주제로 삼고 있다.

자넷 윈터슨Jeanette Winterson의 풍부한 상상력이 표현된 소설은 매직 리얼리즘 계열의 작품으로 분류되며, 소설 속에서 그녀의 감상적이고 강렬한 스타일은 레즈비언의 성을 묘사하는 부분에서 잘 드러난다. 『오렌지는 단순한 과일이 아니다Orange Are Not the Only Fruit』(1985)는 그녀의 전통적인 복음주의적·오순절파적Pentecostal 교육과 그녀 자신의 레즈비언적 성향 사이의 갈등을 세밀하게 묘사하고 있다. 1980년대 말 알란 홀링허스트Alan Hollinghurst, 아담 마르-존즈 뿐 아니라 다른 작가도 게이와 레즈비언을 소재로 다뤘다. 그러나 보수적 성향의 문단과 독자 사이에서 인정을 받기까지는 상당한 시간이 걸렸다.

5. 식민지 문학

영국이 다문화 사회가 되면서, 다양한 국적과 혈통을 가진 작가의 목소리가 더 커지고 있다. 또한 부커상Booker Prize이 영어로 글을 쓰는 외국 작가에게 문호를 개방했기 때문에, 영국 밖에서 창작되는 소설이 관심을 끌게 되었다. 그 결과 살만 루시디Salman Rushdie의 표현대로 "이민자 이야기migrants' tales"가 영국 문학의 중요한 영역이 되었다.[7] 일부 작가에게 있어서, 영국의 식민 통치에 대한 기억은 개인사의 큰 부분을 차지했다. 영국으로 일찍 이민 온 가정에서 성장한 작가들의 작품에 나타나는 공통된 특징은, 문화적·정치적·역사적으로 복잡하게 얽혀 있는, 혼란한 정체성을 탐구하고 있다는 점이다.

---

7) Ibid., p. 50.

이들의 다양한 경험은 창작 활동에 새로운 지평을 열어 주었다. 여기에는 그들이 그 사회에 속해 있으나 그 사회의 주체가 아닌 사람으로 살 수밖에 없는 '국외자'로서의 관점이 잘 드러나 있다. 일부 비평가는 이러한 경향을 최근의 페미니스트 작품에 비견되는 것으로 보고 있다. 이 중 몇몇은 부커상을 수상할 정도로 작가적 역량을 과시하고 있다.

1980년대 이민자의 작품 가운데, 1950년대 런던의 카리브해 출신의 이민 공동체와 그 안에서 살아가는 젊은 여성 릴라의 삶을 묘사한 카릴 필립스Caryl Phillips의 『마지막 통로The Final Passage』(1985)가 있다. 런던이 이 작품의 주 배경으로 나오고 있다. 또 성장하면서 자신의 다른 유산을 이해하려고 노력하는 가이아나 출신 청년에 관한 이야기를 다룬 데이비드 데이비던David Dabydeen의 『의도The Intended』(1991)도 런던을 배경으로 하고 있다. 이 작가는 영국에서의 인종 문제에 관한 시를 쓰기도 했다.

하니프 쿠레이시Hanif Kureishi의 작품에는 다인종 국가로서의 현대 영국의 모습이 생생하고 다채롭게 묘사되고 있다. 이 작품들은 주로 런던 근교를 배경으로 인종 관계와 어린 시절의 경험을 모티브로 삼고 있다. 부분적으로 자전적인 내용이 가미된 걸작 『런던 교외의 부처Buddha of Suburbia』(1990)에서는, 자신의 혈통에 관해 알게 된 후, 런던에서의 자신의 삶과 자신의 뿌리를 성공적으로 접목시킬 방법을 찾아가는, 한 젊은 파키스탄인의 이야기가 해학적으로 전개된다.

동양인의 눈에 비처진 영국인의 삶을 조명한 작가로 일본인 카즈오 이시구로와 홍콩인 티모시 모를 들 수 있다. 카즈오 이시구로의 소설로 가장 성공을 거둔 『남아 있는 나날Remains of the Day』(1989)에서, 초로의 집사에 관한 정확하고 세밀한 관찰을 통해 20세기 중반 영국의 삶과 사회를 묘사하고 있다. 그는 이 소설에서 계급 구분과 사회적 행태를 뛰어나게 보여 줌으로써 부커상을 수상했으며, 나중에 이 작품은 영화로도 제작되어 성공을 거두었다.

티모시 모는 그의 동양적 뿌리에 기초를 둔 소설들을 창작했다.『바보왕Monkey King』(1980)에서 그의 조국 홍콩의 고대와 근대의 전통을 관찰했고,『시고 달콤한Sour, Sweet』(1982)에서는 런던 소호 지역에 있는 중국인 거주지의 폐쇄적인 특징을 묘사하고 있다. 그는『만용Redundancy of Courage』(1991)에서도 아시아를 소재로 다루고 있다. 이 소설은 어떻게 동 티모르East Timor가 포르투갈의 식민지에서 버림받아 혼란과 무정부 상태로 내팽개쳐졌는지를 묘사하고 있다.

나이폴V. S. Naipaul과 데렉 월코트Derek Walcott는 카리브가 배출한 최고의 작가들이다. 나이폴은『미스터 비스워스를 위한 집A House for Mr Biswas』(1961)을 포함하여 1950년대 및 1960년대의 트리니다드를 배경으로 한 풍자 소설 등 많은 작품을 썼다. 그의 후기 작품에는 제국주의에 대한 부정적 시각을 보여주는 여행 문학이 있다. 시인이자 극작가인 월코트는 1960년대에 작품 활동을 시작해 폭넓은 주제를 다루고 있다.『바다 포도Sea Grapes』(1976)와『한여름Midsummer』(1983)에서는 종교적 주제를 다루었고,『오메로스Omeros』(1989)와 희곡『오디세이The Odyssey』(1992)에서는 에게 해에 관한 호머의 시각과 카리브 해에 관한 자신의 시각을 비교했다. 월코트는 1992년에 노벨 문학상을 수상했다.

정치적 변화와 투쟁은 많은 아프리카 출신 작가들에게 공통된 주제이다. 1990년대 초의 걸작으로 손꼽히는 작품에 벤 오크리Ben Okri의『굶주린 길The Famished Road』(1991)이 있다. 이 작품에는 나이지리아에서의 저자의 유년기가 다채롭게 묘사되어 있으며, 나이지리아의 독립 과정에서 발생한 정치적 소요에 대한 이야기가 전개된다. 이 작품은 간결한 서술 형식을 띠고 있지만, 판타지 매직 소설의 흥미로운 서술을 통해 독자를 사로잡고 있다. 그의 후기 소설『위험한 사랑Dangerous Love』(1996)은 나이지리아 정부의 부패에 관한 사실적인 이야기이다.

남아프리카의 정치와 사회는 나딘 고디머Nadin Gordimer 소설의 주된 주제이다. 고디머는 1949년 단편소설 모음집인 『얼굴을 마주하고Face to Face』를 비롯하여 많은 작품을 썼다. 그의 후기 작품에는 남아프리카 인종차별 정책의 종식을 위한 진보적 사상이 드러나 있다. 『시민의 딸Burgher's Daughter』(1979)은 완고한 남아프리카 태생 백인 마르크스주의자의 딸에 관한 소설이다. 그리고 『내 아들의 이야기My Son's Story』(1990)는 남아프리카의 역사와 현대의 정체성을 이해하려고 노력하는 젊은 흑인에 관한 소설이다. 1991년 고디머는 노벨문학상을 수상했다.

영어권 작가 가운데 비평가로부터 가장 큰 찬사를 받은 사람으로 살만 루시디(1947년 생)를 들 수 있다. 루시디는 인도 봄베이의 회교도 가정에서 태어나서 1965년에 영국으로 이주했다. 그는 인도가 독립한 1947년 8월 15일 자정에 태어난 신세대 인도인을 지칭하는 『심야의 아이들Midnight's Children』(1981)이라는 소설을 발표했다. 판타지와 매직이 어우러진 이 소설은 독창적이고 완벽한 구성으로 널리 인정받고 있다. 그는 이 작품으로 부커상을 두 번(1981년, 1993년) 수상했다.

그러나 루시디를 유명하게 만든 작품은 『악마의 시The Satanic Verses』(1988)였다. 이 제목은 이슬람교 성전인 코란에서 빌려 온 것이다. 아라비아, 인도, 영국을 배경으로 한 이 작품은, 이야기하는 행위에 관한 복합적·상상적인 이야기이다. 그러나 일부 이슬람교도는 이 작품을 이슬람교에 대한 불경스러운 공격으로 간주해, 이란의 종교 지도자 호메이니는 루시디의 처형을 명령했다. 이 책의 이탈리아어 번역자가 테러를 당했으며, 일본어 번역자는 살해당하기도 했다.

영국에서 이 책은 이슬람교 신자에 의해 공개적으로 소각되었으며, 대부분의 서점은 이슬람교 신자의 공격을 우려하여 이 책을 회수했다. 수천 명의 작가들이 루시디에 대한 지지를 천명했고, 루시디는 한동안 대중 앞에 거의 모습을 드러내지 않았다. 1998년 9월에 『악마의 시』 출간 10주년을 맞아 이란 정부는 마침내 처형 위협을 철회했다.

6. 문학의 새 경향

1990년대 초 경기가 침체되면서 현대 소설의 수준이 크게 떨어졌다. 정치적으로나 도덕적으로 비판의 목소리가 실종되면서, 싸구려 대중 소설인 펄프 픽션과 구분이 모호해졌다. 또 영국인으로서의 정체성에 대한 인식도 거의 찾아볼 수가 없다. 확실히 사회에서 소설의 역할은 변하고 있다. 20세기 후반 들어 정치, 종교, 과학 등 모든 권위에 대한 확신이나 신념이 무너지면서 도덕성, 태도, 가치 및 행동이 점차 지극히 개인적인 문제가 되었다. 동시에 텔레비전, 라디오, 고급 신문 등 모든 매스미디어가 시사 문제에 관해 정보를 제공하고 있다. 결과적으로, 소설은 영감이나 교훈을 얻기 위한 목적보다는 오락을 위해 읽혀지게 되면서, 소설의 전통적 역할이 축소될 수밖에 없었다.

이러한 경향에 따라 오락을 위한 독서를 하는 대중의 범위가 넓어졌다. 출판업은 1980년대 초까지는 성장이 미미했으나, 1990년대 후반에는 매년 6,000여 종의 신간 소설이 출간되고 있다. 또한 베스트셀러 목록에서 문학 작품과 대중 소설이 경쟁하게 되면서, 소설이 유행하게 되었다. 몇몇 대학교 학부에서는 창작 과목을 개설하고 있다. 시의 역할도 변하고 있다. 대부분의 사람은 시가 현대인의 삶과 거리가 멀다고 생각하고 있다. 그러나 최근에는 '퍼포먼스 시'와 같이 새로운 대중적 스타일의 시가 생겨나면서 관심을 끌고 있다. 이러한 부류의 시는 낭독을 위해 쓰여진 시이다. 멋있게 차려입은 공연자가 일반 청중을 상대로 섹스, 마약과 같은 도시적이고 자극적인 주제의 시를 낭독한다.

1980년대의 새로운 조류의 하나로 블랙 뮤지컬 스타일을 시에 반영시키는 것을 들 수 있다. 대표적인 시인은 자메이카 흑인계 영국인 벤자민 제파니아 Benjamin Zephaniah로, 그는 구어체 독백으로 빨리 낭송되는 '랩rap 시'를 선보였다. 1980년대 초 펑크족과 자마이카계 이민들이 높은 실업률, 무주택, 그리고 극우파 민족 전선National Front에 대항해 싸우는 시위 현장에서 제파니아의 시가 낭송되었다. 그의 시집으로는 『펜 리듬Pen Rhythm』(1980), 『사망 사건The Dead Affair』(1985), 『이나 리버풀Inna Liverpool』(1988), 『프로파 프로파간다Propa Propaganda』(1996)가 있다. 테드 휴즈가 사망한 후, 1998년에 제파니아는 계관시인의 최종 선발자 명단에 올랐다.

퍼포먼스 시와 관련된 유형으로, 음악은 없지만 독특한 레게reggae 리듬이 있는 운문 형태의 '더브dub'가 있다. 자메이카 태생인 린튼 쿼시 존슨Linton Kwesi Johnson은 1963년에 영국으로 건너 왔는데 도시 지역을 무대로 하여, 어둡고 폭력적인 주제의 '더브' 시를 썼다. 가장 잘 알려진 그의 시집으로 『잉글란 이즈 어 비치Inglan is a Bitch』(1980)가 있다. 그는 자신의 시로 레코드를 만들기도 했다. 새로운 유형의 시들에 대한 반응은 제각기 달랐다. 젊은 독자층은 그러한 시들을 가까이 할 수 있고 재미있는 것으로 생각한 반면, 대부분의 기성 비평가들은 천박하고, 속물적이며, 알맹이가 없는 것으로 평가했다.

소설 창작의 힘과 활력은 문학의 장르나 하위 장르의 범위를 점점 넓혔다. 특히 여성 작품이 지속적으로 성장하면서 다양해지고 있다. 이 과정에서 매직 리얼리즘은 신선한 자극제가 되었으며, 여성 및 남성 작가들은 이 판타지의 요소를 자신의 작품에 수용하고 있다. 또한 미국의 '동성애' 문학에 새로운 자극을 받아 호모와 레즈비언 소설가들이 나오고 있다. 그러나 아직 이러한 현상은 성을 공적·정치적인 문제로 인식하기보다는 개인적 문제로 생각하는 영국 문단 풍토에 큰 영향을 주지 못하고 있다.

현실 도피주의적이고, 낭만적인 문학은 여전히 여성 독자층을 가장 많이 확보하고 있는 장르이다. 영국의 독자는 언어 선택에 신중하고, 등장인물의 매너나 복장 스타일을 특징으로 하는 전통적 로맨스나 역사 소설을 꾸준히 좋아한다. 이런 독자층의 기호에 맞는 질리 쿠퍼Jilly Cooper, 캐서린 쿡슨Catherine Cookson과 같은 작가의 작품들이 여전히 대중의 인기를 누리고 있다.

또 다른 인기 있는 장르는 전기 문학Biography이다. 많은 유명 인사들이 직접 쓰거나 대필 작가를 고용하여 자서전을 쓰고 있다. 이러한 현상은, 개인의 사생활에 대한 호기심과 다양한 생활방식에 대한 정보를 얻고자 하는 데서 그 원인을 찾을 수 있다. 자신의 개인적 삶을 자세하게 폭로하는 고백 전기로 비평가의 찬사를 받은 작품으로 닉 혼비Nick Hornby의 『피버 피치Fever Pitch』 (1992)를 들 수 있다. 1970년대를 배경으로 한 이 작품은, 아스날 축구 클럽Arsenal Football Club에 대한 강박 관념에 시달리는 런던 근교 출신의 청년에 관한 자서전적 이야기이다. 이 작품은 1990년대 중반의 소설을 대표하는 베스트셀러가 되었다.

헬렌 필딩Helen Fielding의 『브리짓 존스의 일기Bridget Jones' Diary』(1997)는, 1990년대 도시 근교에 사는 젊은 미혼 여성의 욕망을 해학적으로 묘사한 작품이다. 1980년대와 1990년대에 범죄가 크게 늘어나면서, 범죄 및 탐정을 주제로 한 추리 소설에 대한 관심도 커지고 있다. 추리 소설에 대한 문학적 전통은 1890년대에 코난 도일 경의 탐정 소설 『셜록 홈즈』로부터 시작되었다. 그러나 20세기의 추리 소설은 아가사 크리스티Agatha Christie와 같은 여성 작가들이 주도했다. 추리 소설과 연관된 소설 형식은 스파이 '스릴러' 물이다. 이 장르는 냉전 시대에 특히 인기를 끌었다. 그래엄 그린이나 이안 플래밍Ian

Fleming 등이 대표적인 작가였다. 그러나 냉전 시대가 끝나면서, 추리 소설에
대한 독자의 관심도 줄어들었다.

추리 소설에 대한 대중적 관심이 적어지면서, 공상과학 소설이 인기를
얻고 있다. '공상 과학 소설science-fiction'은 시간, 장소 및 플롯을 자유롭게
설정함으로써 창작의 무한한 가능성을 제공하고 있다. 그러나 기술의 진보,
우주 탐험, 환상적인 군사적 능력에 관한 작품들은 독자에게 불안하고 참담한
인류의 모습을 보여주었다.

제2장 현대 영국 연극의 전위성

1. 오늘날의 영국 연극

영국의 연극은 다양성과 활력, 그리고 생명력으로 꾸준한 찬사를 받고 있다.[1] 현대 영국 연극은 전통적 연출, 소설의 재해석, 새롭고 뛰어난 작품, 생동감 넘치는 뮤지컬, 팬터마임 등 현대 연극의 모든 요소를 포괄하고 있다. 특히 작품의 창의성이나 구성 면에서 높게 평가되며, 젊은 극작가의 작품 활동이 장려되고 있다. 많은 사람이 여가로 연극을 즐기고, 대부분 지방 도시에는 아마추어 연기 동호회가 만들어져 매년 공연을 하고 있다.

연극은 장소에 크게 구애받지 않고 상연된다. 공연장은 마을의 펍Pub이나 다락방 같은 공간에서부터 런던의 국립극장 같은 대규모 극장에 이르기까지 다양하다. 영국에는 300여 개의 극장이 있으며, 이 가운데 40개 이상의 극장이 배우, 극작가 및 기타 직원으로 구성된 상주 극단을 가지고 있다. 레퍼토리

---

1) Christopher, *British Culture*, p. 59.

또는 '렙rep' 극장으로 알려진 이 극장들은 다양한 연극을 상연한다. 일반적으로 이 극장들은 영국 예술 진흥원Arts Council에서 보조금을 받기 때문에, 흥행에 대한 압박감이 없이 자율적으로 운영할 수 있다.

대도시에는 대부분 레퍼토리 극장이 있다. 대형 레퍼토리 극장으로는 글래스고 시티즌스Glasgow Citizens, 셰필드 크루셔블Sheffield Crucible, 브리스톨 올드 빅Bristol Old Vic, 리버풀 플레이하우스Liverpool Playhouse 등이 있다. 이 극장들은 독창적이고 다양한 고급 연극을 상연하는 것으로 유명하다. 큰 성공을 거둔 연극은 대체로 런던의 무대에서 상연된다. 연출가는 관객을 많이 유치하고, 선전 효과를 얻기 위해서 런던에서 공연하기를 원한다. 작품의 공연은 해외로도 수출되지만, 외국 작품이 영국의 연극 무대에서 상연되거나 성공하는 경우는 드물다.

런던에는 100여 개의 극장이 있으며, 이 가운데 15개 극장은 정부 보조금으로 운영되고 있다. 시어터 로열Theatre Royal, 드러리 레인Drury Lane 극장과 같은 대규모의 상업 극장은 런던의 문화 중심가인 웨스트엔드에 있다. 보통 이 극장들에서는 뮤지컬과 코미디처럼 가벼운 여흥을 주거나 보기 편한 프로그램이 상연되며, 보다 무거운 주제의 연극은 웨스트엔드 외곽 지역off-West End에 위치한 돈마 웨어하우스Donmar Warehouse나 트라이시클Tricycle과 같은 소극장에서 공연된다. 실험적인 작품은 대개 변두리 극장에서 공연된다. 소규모의 고급 작품을 전문으로 공연하는 이 극장들은 런던에 여러 곳이 있다.

연극 학교에는 무대 상연 전문 교육 프로그램이 개설되어 있다. 가장 널리 알려진 학교로는 왕립 연극 아카데미Royal Academy for Dramatic Art(RADA), 스피치와 드라마를 위한 중앙 학교Central School for Speech and Drama, 음악과 연극 런던 아카데미London Academy of Music and Dramatic Art를 들 수 있다. 대부분의 전문대학, 예술학교 및 대학에서도 전문가 및 연출가를 위한 교육 프로그램뿐만 아니라 드라마, 무대 디자인, 관련 주제 등에 관한 강좌가 개설되어 있다. 졸업 후 대다수의 배우들은 명예와 부를 안겨주는 영화와 텔레비전에 출연하기 전에 '렙' 극장에 출연하게 된다.

2. 연극의 역사

17세기부터 런던의 웨스트엔드는 '시어터랜드theatreland'의 본고장이었다. 이곳에는 영국에서 가장 훌륭한 극장들이 좁은 골목에 빽빽이 들어차 있다. 오늘날의 큰 극장들은 대부분 1900년 언저리에 훨씬 오래된 시어터 로열Theatre Royal과 로열 오페라 하우스Royal Opera House가 있었던 자리에 세워졌다. 특히 대표적인 현대식 극장으로 런던의 사우스뱅크에 있는 바비컨 센터Barbican Centre를 들 수 있다. 또한 바비컨 센터는 셰익스피어의 출생지인 스트래트퍼드 어픈 에이본Stratford-upon-Avon을 근거지로 삼고 있는 로열 셰익스피어 극단 Royal Shakespeare Company의 본거지이다. 셰익스피어 희곡을 전문으로 하는 극단은 연중 작품을 상연한다.

대부분의 현대극은 19세기 중반에 시작되었다. 1843년까지 연극의 도덕적·정치적 내용은 정부에 의해 엄격히 통제 받았다. 당시 런던에는 드러리 레인 Drury Lane, 코벤트 가든Covent Garden, 헤이마켓 시어터Haymarket Theatres 등 3개 극장만이 연극 상연 허가를 받았다. 허가를 받지 못한 극장들은 뮤지컬 쇼만을 공연할 수 있었으며, 이 극장들은 법적인 제약 때문에 범죄, 폭력, 새디즘, 유혹적인 경향이 짙은 작품 등에 음악적 효과를 결합시켰다. 이리하여 멜로디와 드라마가 결합한 대중적인 '멜로드라마'가 생겨나게 되었다.

1843년에 정부는 극장법Theatre Regulating Act을 제정하여 소극장들이 다양한 연극을 상연할 수 있도록 했다. 이를 계기로 새로운 작품들이 많이 나오게 되었지만, 뛰어난 극작가는 드물었다. 그러나 19세기 후반에 오면서 아일랜드의 극작가 오스카 와일드를 위시하여 많은 훌륭한 극작가들이 나왔다. 독창성과 재치가 넘치는 와일드의 희곡은 당시 사회를 날카롭게 비판했다. 그의 희극 〈진지함의 중요성*The Importance of Being Earnest*〉(1985)이 그 대표적인 예이다. 또한 W. S. 길버트와 A. 설리번은 〈군함 피나포어*H.M.S. Pinafore*〉(1878), 〈미카도 *The Mikado*〉(1885)와 같은 희극 오페라에서 서정시와 음악의 결합을 시도했다.

헨릭 입센Henrik Ibsen(1828~1906)의 정치적 성향이 강한 주제는 영국의 연극계에 큰 영향을 미쳤다. 노르웨이 출신의 극작가 입센은 사회 환경이 개인과 여성의 결혼 생활에 미치는 영향에 대한 주제를 다룬 '문제극'으로 유명해졌다. 〈헤다 가블러*Hedda Gabler*〉(1890)와 같은 그의 희곡은 관객과 비평가에게 충격을 안겨 주었다. 죠지 버나드 쇼George Bernard Shaw는 입센의 작품 세계에 적극적으로 동조했다. 극작가인 쇼는 영국의 희곡이 볼거리와 희극적 요소보다는 사회적 이념을 더 추구해야 한다고 주장했다.

아일랜드의 극작가로 뛰어난 언어적 재능을 가진 버나드 쇼는, 극적인 효과를 위해 재치 있고 도발적이며 정치적인 자신의 작품에, 구어체와 성서적 요소와 같은 여러 스타일을 자주 혼합했다. 페미니스트이자 채식주의자인 동시에 금욕주의자였던 쇼는 유행에 동떨어지고 기괴해 보이는 경우도 있었지만, 〈인간과 초인*Man and Superman*〉(1903), 〈피그말리온*Pygmalion*〉(1913)과 같이 창의성이 두드러진 작품에서 전통적인 도덕성과 가치관을 비난했다. 그는 큰 명성을 떨쳤고, 1925년에 노벨문학상을 수상했다.

3. 2차 세계 대전 이후의 연극

(1) 사회적 리얼리즘

1940년대 후반에서 1950년대 초반의 희곡은 별장을 무대로 한 서투른 스릴러 물과 희극이 주류를 이루었다. 세계 대전의 참화를 겪은 후 경제가 서서히 회복되고 있었지만, 국민 사이에는 구태의연하고 현실을 외면하는 정부에 대한 불만이 점점 쌓여 갔다. 또한 물질 만능주의 가치관이 팽배하면서 많은 사람이 사회 현실에 불만족과 정신적 공허감을 느꼈다. 1950년대 중반의 변화하는 사회 환경은 새로운 극작가들에게 신선한 자극을 제공해 주었다.[2)]

1955년까지 이러한 불만은 예술 전반에 걸친 문화적 활동의 새로운 물결 속에 반영되었다. 젊은 작가들은 자신의 내면에서 흘러나오는 목소리로 정부, 교회, 기업가로 대변되는 지배 계급을 비판했다. 이들은 '성난 젊은이angry young men'로 불려졌다. 원래 이 표현은 모험과 실험극으로 유명한 런던의 로열 코트 극장Royal Court Theatre에서 상연된, 존 오스본John Osborne의 〈성난 얼굴로 돌아보라Look Back in Anger〉(1956)의 선전 문구에서 따온 것이다.

오스본의 이 작품은 미들랜드의 소도시에 거주하는 대학원생 지미 포터에 관한 이야기이다. 과거에 대한 향수를 느끼고 있는 포터는, 침체와 허위의식에 빠져 있는 현대 사회에 대해 분노를 느낀다. 그의 생각은 동시대의 많은 젊은이의 공통된 생각이었다. 즉 사회 변화에 대한 욕구와 더불어 새로운 가치관과 목표의 필요성을 말하고 있었다. 연극의 대부분은 주인공의 지저분한 싸구려 침실 겸 거실에서, 그의 혼란스러운 결혼 생활에 초점을 맞추어진다.

이 연극은 시대적 분위기를 잘 포착함으로써 대중의 즉각적인 반응을 불러일 으키며, 대성공을 거두게 된다. 특히 젊은 관객은 가슴으로부터 말하는 새로운

---

2) *Ibid.*, pp. 62~63.

목소리를 듣기 위해서 몰려들었다. 이 연극을 기폭제로 전후 젊은이의 불만, 좌절과 분노를 표현하는 강렬한 연극들이 연이어서 상연되었다. 이러한 작품들 가운데 아일랜드의 극작가 브렌든 비언Brendan Behan의 〈사형수*The Quare Fellow*〉(1956)와 〈인질*The Hostage*〉(1959)이 있다. 이 두 작품은 더블린에서의 삶을 익살스럽게 묘사하고 있다. 쉴라 딜레이니Shelagh Delaney의 〈꿀맛*A Taste of Honey*〉(1959)과 앤 젤리코Ann Jellicoe의 〈요령*The Knack*〉(1962)은 모두 결혼하지 않고 동거하는 남녀의 이야기를 다루고 있다. 1960년대 초반의 영국에서 이러한 주제는 금기였다.

많은 연극에서 무대는 더블 침대, 다리미대, 탁자, 벽난로와 싱크대를 갖춘 작고 지저분한 방이었다. 연극과 소설에서 이러한 소도구들이 일반화되어 '키친 싱크 극kitchen sink drama'이라는 별명이 붙게 되었다. 이러한 연극은 자주 관객에게 당혹감, 충격, 경멸감을 느끼게 만들었다.[3] 이 새로운 운동은 좋은 교육을 받고 풍요로운 삶을 누리는 소수 계층을 대상으로 하지 않고, 보통 사람의 관심사와 문제를 무대에 올렸다. 이것은 예술에 반대 의견dissent을 도입하고, 그럼으로써 사회적 경험을 보다 완벽하게 연극에서 재현하려는 작가의 의도를 반영하는 것이었다.

(2) 사무엘 베케트와 해럴드 핀터

베케트Samuel Beckett는 처음 소설로 문학을 시작했다. 그의 초기 소설은 주로 고립되고 무기력한 현대인을 비관적으로 묘사하고 있다. 그러면서도 그의 작품은 기지가 엿보였고, 작가의 성찰과 의도를 담고 있는 많은 재담들로 이루어져 있었다. 〈고도를 기다리며*Waiting for Godot*〉(1955)는 베케트의 희곡 작품 중 가장 유명하다. 이 작품에서 두 명의 주인공 블라디미르Vladimir와

---

3) *Ibid.*, p. 63.

에스트라곤Estragon은 각각 인간의 양면을 표현한다. 한 명은 인간의 사고를 나타내고, 또 다른 한 명은 인간의 감각을 나타낸다. 이 두 방랑자는 고도Godot를 기다리며 삶에 대해 말하고 논쟁한다. 그러나 고도는 끝내 나타나지 않고, 그 정체도 결국 드러나지 않는다. 블라디미르와 에스트라곤은 고도를 계속 기다리며 일상적인 행위와 대화를 반복하면서 연극을 진행한다. 이 작품은 20세기 최고의 희곡 가운데 하나로 인정받았으며, 영국의 드라마에 지대한 영향을 끼쳤다.

1950년대의 다른 새로운 연극과 마찬가지로, 이 극의 주제는 삶에 진정한 의미를 부여하는 목적과 가치의 부재였다. 1960년대 초 이 연극은 비평가인 마틴 에슬린Maetin Esslin의 논문 제목에서 따온 '부조리극theatre of the absurd'에 속하는 작품으로 평가되었다. 여기서 '부조리'는 '부조화out of harmony'를 뜻한다. '부조리' 작가들은, 아무런 종교적 뿌리도 없이, 살기 위해 고통을 겪어야만 하는 낯설고 무의미한 삶의 본질을 극화하는 일단의 극작가였다. 이들에게 있어서, 삶은 어떠한 확실성이나 목적을 가질 수 없기 때문에 사람 사이의 의사소통도 결국 실패할 수밖에 없다. 이 계열의 연극에는 전통적 의미의 플롯이 없으며 어떠한 도덕적 교훈이나 스토리도 제시되지 않는다. 대신 무의미한 삶에 직면하고 있는 인물의 상황만 제시될 뿐이다. 베케트의 작품은 이러한 관점을 일관되게 표현하고 있다. 〈고도를 기다리며〉로 성공을 거둔 후에 베케트는 프랑스에 정착했다. 여기서 그는 연극, 영화, 텔레비전 드라마를 위한 여러 편의 단편소설과 희곡 작품을 썼다. 이런 작품 활동을 통해서 그는 20세기의 위대한 극작가로 인정받았고, 1969년 노벨문학상을 수상했다.

사회적 리얼리즘과 베케트 이후 현대 영국 연극에 세 번째로 중요한 영향을 미친 사람은 동독 출신 극작가 베르톨트 브레히트Bertolt Brecht이다. 그는

〈어머니의 용기*Mother Courage*〉(1941), 〈코카서스 백토의 테*The Caucasian Chalk Circle*〉(1948)에서 연출과 연기의 새로운 장을 열었다. 그는 관객이 배우의 대화와 연기에 집중하도록 무대 디자인을 최소화할 것을 주장했다. 또 그는 관객의 참여를 유도하고, 객석의 위치를 바꾸어 무대로 활용하면서 관객을 연극 속으로 더 가까이 끌어들였다. 중요한 것은 그가 희곡에 정치적 요소를 도입한 사실이다. 그는 연극에 사회의 부패에 대항하여 싸우는 반항적 개인을 등장시켰다. 그의 이러한 사회의식은 많은 영국 극작가에게 영향을 미쳤고, 이들은 자주 브레히트의 정치적 급진주의와 관념적 문체를 자신의 작품에 반영했다.

1950년대 후반은 영국 드라마에서 풍요로운 시기였다. 이 시기에 등장한 몇몇 신진 작가는 작가로서 오랫동안 성공적인 작품 활동을 하게 된다. 이 가운데 해롤드 핀터Harold Pinter가 가장 대표적인 극작가로 손꼽힌다. 기존의 유명 극작가 중 가장 오랫동안 작품 활동을 한 그는 많은 비평가에 의해 생존하는 가장 훌륭한 극작가로 평가를 받는다.

핀터가 쓴 최초의 주요 희곡은 〈생일 파티*The Birthday Party*〉(1958)이다. 해학과 섹스와 협박이 공존하는 이 작품에서 두 주인공은 어떤 선택도 할 수 없는 상황에 처하게 된다. 〈귀향*The Homecoming*〉(1965)은 그의 최고 걸작으로 평가받는다. 이 작품은 자식과 불화를 겪는 아버지를 등장시켜 분열된 가정을 그리고 있다.

드라마에 핀터가 가장 크게 기여한 바는 대화의 방식에 관한 것이다. 그 이전 작가들은 많은 말을 하도록 하거나 인상적인 방식으로 대화를 이끌었다. 그러나 핀터는 자연스러운 대화를 추구했다. 그의 작품에서 대화는 마치 일상생활에서 처럼 말이 자주 끊기고, 망설이고, 화제를 바꾸는 형식으로 묘사되고 있다. 또 그는 관객이 연극을 볼 때, 자신의 상상력을 동원하고, 대화 속에서 의미를 찾아보고, 그 연극이 무엇을 말하려 하는가를 스스로 알아내도록 유도했다. 1950년대에 이러한 시도는 파격적인 것으로 받아들여졌다. 그러나 이후 그의 기법은 많은 연극과 영화에서 대화의 한 특징으로 자리잡게 되었다.

핀터는 〈옛날*Old Times*〉(1971)과 〈공유지*No Man's Land*〉(1975)와 같은 후기 작품에서, 주로 자아에 대한 물음과 타인에 대한 인식의 문제를 다뤘다. 그러나 1980년대 후반부터 그의 작품은 강한 정치성을 띄고 있다. 〈마운틴 랭귀지 *Mountain Language*〉(1988)는 금지된 토착어를 사용하는 사람을 교도소에 수감하는 전체주의 국가를 배경으로 하고 있다. 이 연극은 지역적 차이와 다양한 정체성을 무시하는 문화와 권력의 중앙 집중화의 위험성에 대한 경고이다. 〈새로운 세계 질서*New World Order*〉(1991)는 걸프 전쟁을 토대로 한 짧은 희곡이다. 이 작품에서 핀터는 걸프 전쟁에 대한 자신의 의문을 표현하고 있다.

핀터는 영화, 라디오, 텔레비전용으로도 많은 작품을 썼으며, 여러 차례 상을 받기도 했다. 그의 독특한 스타일에서 '핀터풍*Pinteresque*'이라는 어휘가 생겨났다. 이 표현은 겉보기에는 정상적인 삶을 사는 것처럼 보이는 사람이 자신의 내면에 감춰진 욕망과 죄의식과 같은 감정에 의해 희생되는, 어둡고 두려운 상황을 묘사하는 데 쓰인다. 핀터는 2005년 노벨 문학상을 수상했다.

4. 새로운 연극의 충격 : 1960년대와 1970년대의 연극

1960년대 초반 독창성과 오락성이 뛰어난 새로운 코미디 극 〈경계 너머 *Beyond the Fringe*〉가 에든버러 축제에 선보였다. 이 연극은 피터 쿡, 조나산 밀러, 알랜 베넷, 더들리 무어가 한 팀이 된 풍자적인 촌극이다. 이 작품의 소재는 영국인의 매너와 괴벽, 그리고 당시 정치 상황이었다. 이 코미디극은 런던에서 1961년에서 1966년까지 계속 공연되었다. 공연 초기부터 대단한 성공을 거두었고, 나중에는 텔레비전 정치 풍자의 기원이 되었다.

희곡은 더욱더 사회에 대한 도전적인 내용을 다루었으며, 이 새로운 경향의 대표적인 작가로 조 오튼Joe Orton이 있다. 오튼은 국가의 권위와 통제를 혐오했으며, 그의 작품은 고상한 부르주아 독자에게 경종을 울렸다. 오튼이 쓴 작품은 희극적인 성격이 강하지만, 어두운 면도 있다. 〈약탈Loot〉(1966)에서는 살인과 강도를 다루고 있으며, 〈집사가 본 것What the Butler Saw〉(1969)에서는 권위와 성적 주체성에 대한 심리 분석의 역할에 대해 의문을 제기하고 있다. 오튼은 그의 애인 케니쓰 할리웰에 의해 살해됨으로써, 34세의 나이에 비극적으로 삶을 마감했다.

냉전과 소비가 미덕인 시대에, 많은 극작가는 잔인하고 억압적이며 물질적 가치가 우선하는 기존의 사회 질서에 대해 작품을 통해 거센 저항감을 표출했다. 극장 관객은 주로 중년의 중산 계급이었는데, 급진적 성향의 극작가들은 때때로 고의적으로 불온한 작품을 써서 이들에게 충격을 안겨 주었다. 극작가들은 관객이 전쟁의 어리석음과 평등한 권리를 얻기 위한 여성 운동과 같은, 당대의 새로운 현실에 대해 깨닫게 되기를 원했다.

그러나 희곡의 내용은 법규에 따라 많은 통제를 받았다. 1968년까지 모든 대중 공연에는 라이선스가 요구되었다. 이 라이선스는 왕실의 시종장Lord of Chamberlain이 발부했다. 이러한 관행은 왕실이 정치적 내용을 통제하던 16세기부터 시작됐는데 19세기에 들어와서 라이선스는 외설적이고 불경스러운 연극을 통제하기 위한 도덕적 검열의 형태로 이용되었다. 1968년에 법규가 개정되어 연극도 문학 작품과 동일한 기준인 외설 출판법(1959)에 따라 검열을 받았다. 기소에 대한 결정은 사람이 해당 서적이나 연극을 어떻게 보느냐에 좌우되었다. 이 법규의 개정 이후에 보다 대담한 작품이 연극 무대에 선보였다.

1970년대에 데이비드 에드거, 에드워드 본드, 트레버 그리피스, 피터 섀퍼와 같은 극작가들은 의도적으로 불온한 작품을 썼다. 대다수의 작품들이 극단적인 형태의 인간 행위로 관객의 관심을 모았다. 살인, 고문, 강간, 식인 등을 냉정하게 묘사하는 시각적인 '충격 전술shock tactics'이 등장인물에 대한 훌륭한 묘사나 대화에 대한 섬세한 배려보다 더 중요한 요소로 간주되었다.

그 가운데서도 가장 충격적인 작품의 하나로 들 수 있는 것이 바로 피터 섀퍼의 〈에쿠스Equus〉(1973)이다. 이 작품에서는 말들의 눈을 멀게 함으로써 말에 대한 애정을 표현하는 소년을 등장시켜, 정신적 불구라는 주제를 다루고 있다. 그 당시 영국은 사회적으로 어려움을 겪고 있던 시기로, 극작가들은 부도덕한 사회에서 비정상적이고 폭력적인 행동이 삶의 자연스러운 귀결로 이루어질 수밖에 없는 비극적 상황을 묘사했다. 대부분의 기성세대는 연극 관람을 중단해 버렸지만, 젊고 개방적인 관객은 이러한 연극의 대담성과 매력에 사로잡혔다.

하워드 브렌튼과 데이비드 헤어는 초기에 급진적인 희곡을 썼는데, 1970년대 이후 이 두 사람은 대 극작가가 되었다. 브렌튼은 도시 테러리즘에 대한 분노를 다룬 희곡 〈장엄함Magnificence〉(1973)으로 일찌감치 성공을 거두었다. 후기 희곡 〈영국의 로마인Romans in Britain〉(1980)에서는 로마 병사가 드루이드 사제를 강간하는 내용을 다루고 있다. 대부분의 비평가는 이를 선전 효과를 노린 현실성이 없는 성폭력으로 간주했다. 그러나 브렌튼은 이 희곡이, 식민주의 및 아일랜드에 주둔한 영국군에 대한 비난 메시지가 담긴 반제국주의적 성향의 작품이라고 주장했다.

브렌튼에 비해 데이비드 헤어의 사회 접근 방식은 좀 더 온건했다. 〈슬래그Slag〉(1970), 〈판쉔Fanshen〉(1975), 〈히틀러 때리기Licking Hitler〉(1978)에서 헤어는, 사회 환경으로 인해 개인이 겪게 되는 삶의 변화를 강조했다. 1970년대 초반 데이비드 에드거는 사회주의 색채가 짙은 희곡을 썼으나, 나중에는 남아프리카 정치에 관한 민감한 주제를 포함하여 정치와 심리적 측면을 고찰하는 데 심혈을 기울였다. 〈알비 작스의 감옥일기*The Jail Diary of Albie Sachs*〉(1978)에서는 수감자의 눈으로 본, 1970년대 후반 남아프리카의 인종 차별 정책에 대한 투쟁이 묘사되어 있다.

이런 희곡들이 제기하는 사회 비판 의식이 1970년대 희곡이라는 장르에 정치적 측면을 부각시키는 계기가 되었다. 이 시기에 극작가들은 인상적·극적인 문체로 작품의 서술을 시도했다. 일부 작가는 급진적인 성향이 짙은 자신의 작품을 공연하는 데는 큰 극장보다도 관객과 보다 친밀한 공간을 연출할 수 있는 소극장이 오히려 적합하다는 생각을 했다. 또 대형 극장과는 달리 소형 극장에서 공연할 경우, 극작가나 제작자가 재정적 부담을 덜 수 있었기 때문에 상업적 성공에 연연해 할 필요가 없었다. 이로 인해 '얼터너티브 alternative' 드라마에 대한 관심이 고조되었다.

1960년대 후반부터 예술 전반에 걸쳐 창의적 작품이 봇물처럼 쏟아져 나왔다. 연극에서는 기존 극단의 대규모 상업적 제작에 반대하는 얼터너티브 스타일이 추구되었다. 이 새로운 연극에서는 주로 인종 탄압과 여성 해방과 같은 시대적 쟁점과 문제를 다루었다. 이 연극들은 '예술 실험실arts labs'로 알려진 소규모의 비영리 스튜디오에서 제작되었다. 이곳에서 온갖 장르의 예술가들이 모여 작업을 했다.

헐 트럭Hull Truck, 레드 래더Red Ladder, 카페 라 마마Cafe La Mama와 같은 일부 극단은, 소속 극장 없이 소규모 스튜디오 극장이나 학교 건물 또는 마을 회관을 빌려 순회공연을 했다. 이와 유사한 연극 운동의 하나인 '가난한 극단poor theatre'에서는 정교한 무대 장치나 의상 또는 조명을 사용하지 않았다. 이 연극은 소박하고 기본적인 요소만 갖추었는데, 배우의 몸짓과 음성이 유일한 의사소통 수단이었다.

새로운 극단 가운데 여성 극단이 가장 왕성한 활동을 보였다. 1970년경 여성극단Women's Theatre Group, 새디스타 시스터즈Sadista Sisters, 처피넬 앤 커닝 스턴트Chuffinelles and Cunning Stunts를 위시한 극단들이 학교 및 거리 순회공연에 나섰다. 이들의 작품에서는 남성과 여성의 문제, 인간의 성욕 및 주체성에 관한 문제를 공개적으로 다루었다. 이 작품들은 종종 신데렐라 콤플렉스에 빠져 있는 젊은 여성의 환상을 대다수 여성의 고달픈 일상적 삶과 대비시켰다. 이러한 대비를 통해 젊은 여성이 현실에 대한 정확한 인식을 갖게 하는 데 주력했다.

여성 극단의 새로운 목소리와 독자성을 통해, 점차 동성애자로 만들어진 연극 운동이 활성화되었다. 신문 「게이 뉴스Gay News」는 극단의 스탭과 배우를 선발하는 데 이용되었으며, 1976년에는 혼성 극단 게이 스웨트숍Gay Sweat-shop이 설립되었다. 이 극단에서 여성은 레즈비언의 자녀 양육권과 같은 문제를 다룬 연극을 연출한 반면에, 남성은 동성애자의 문제를 다룬 연극을 연출했다. 1978년경 이 운동은 크게 성공을 거두어 공개적으로 동성애의 주제를 다룬 연극이 상연되었다. 마틴 셔먼의 〈벤트Bent〉는 1934년에 베를린에서 자행된 나치 정권의 동성애자 박해 사실을 다루었다.

얼터너티브 드라마를 통해 소수 민족의 문제 역시 이전보다 크게 부각되었다. 대표적인 작품으로는 남아프리카 인종 차별 정책의 부당함을 알린 남아프리카 출신 아톨 푸가드Athol Fugard의 〈시줴 반시는 죽었다Sizwe Bansi is Dead〉(1972)와 〈섬The Island〉(1974)이 있다. 신진 흑인 극작가들도 점차 자신의 역량을 펼쳤다. 가령 마이클 아벤세트Michael Abbensetts는 〈변경Alterations〉(1978)에서 서인도제도 인디언의 눈에 비친 영국 흑인의 삶을 그렸다. 그러나 1970년대 영국 연극계의 전반적인 추세는 런던을 무대로 영국 백인 남성 중심적인 의식이 팽배해 있었으며, 이는 다른 예술 분야에서도 마찬가지였다.

더욱이 관객수가 계속 줄면서 일부 극장은 폐쇄의 위기에 직면하게 되었다.

대중음악과 텔레비전의 활성화로 연극계는 상대적으로 대중에서 멀어질 수밖에 없었고, 그만큼 재정적 압박을 심하게 받았다. 급진적 성향의 드라마는 그 주제와 어법에 있어서 너무 독창적이고 애매했기 때문에, 대부분 관객의 외면을 당했다.

5. 1980년대의 연극

1980년대에 보수당 정부는 과거 정부에 비해 예술 정책에 인색했다. 1982년 영국 예술 진흥원의 사무총장은 예술가들이 "특정 집권당의 전복이 아니라 전체 의회 민주주의 제도의 전복을 꾀하기 위해 공적 자금을 바라고 있다"고 규정했다. 이러한 분위기를 반영하면서, 정치극은 이전보다 충격적인 내용이 적어지고 온건해졌다. '7 : 84'(영국인 가운데 7%가 영국 부富의 84%를 소유함) 등과 같이 급진적인 얼터너티브 극단들은, 계속해서 희곡을 쓰고 순회공연을 했다. 그러나 예술 진흥원의 보조금이 중단되고 나서, 많은 얼터너티브 극단이 사라졌다. 정부는 극단을 시장 원리에 전적으로 맡겨 버렸다.

이 시기에 가장 주목받은 극작가로는 데이비드 헤어David Hare가 있다. 그의 작품은 사회적 행태와 정치적 이념에 관한 그의 관심을 반영하고 있다. 그는 〈세계 지도*A Map of the World*〉(1983)에서 제3세계의 빈곤과 착취의 문제를 다루고 있다. 1985~1991년에 그는 교회, 사법제도, 의회, 언론을 4부작으로 깊이 있게 다루면서 영국 사회의 모습에 초점을 맞췄다. 대중과 비평가로부터 널리 찬사를 받은 이 작품들은 당대의 걸작으로 손꼽힌다.

정부 정책을 크게 비판한 1980년대의 대표적 희곡으로는 데이비드 에드가David Edgar의 〈메이데이*Maydays*〉(1983)와 하워드 브렌튼Howard Brenton의 〈천재*The Genius*〉(1983)가 있다. 이 두 작품은 그린햄 코먼Greenham Common 핵기지 문제를 다루고 있다. 루이즈 페이지Louise Page의 〈포클랜드의 소리 *Falkland Sound*〉(1983)에서는 포클랜드 전쟁을 다루었다. 브렌튼은 살만 루시디의 『악마의 시*Satanic Verses*』를 둘러싼 갈등을 놓고, 타리크 알라Tariq Ali와 함께 〈이라니안 나이트*Iranian Nights*〉(1989)를 써서 문학에서 표현의 자유를 주장했다.

아일랜드 '분쟁'은 분명한 해결책 없이 지속되었다. 아일랜드의 극작가 브라이언 프리엘Brian Friel의 희곡은 아일랜드 문제를 다루었다. 그의 〈도시의 자유*Freedom of the City*〉(1973)는 영국군이 주둔하고 있는 1970년대의 북아일랜드를 묘사하고 있다. 또한 후기 작품 〈변질*Translations*〉(1980)은 아일랜드의 영국화 과정을 비장하게 그리고 있다. 그는 이 작품에서 영국인을 아일랜드에서 켈트적 정체성을 무자비하게 빼앗는 점령군으로 묘사하면서, 영국인과 아일랜드인은 서로의 문화적 차이로 인해 하나가 될 수 없다고 주장한다. 프리엘은 〈러그나사에서의 춤*Dancing at Lughnasa*〉(1990)에서는 북아일랜드의 내전과, 아일랜드 시골에서의 어린 시절을 다루고 있다. 이 작품은 영화로도 만들어져서(1998) 성공을 거두었다.

1970년대의 성공을 발판으로 몇몇 촉망받는 여성 극작가들이 등장하기 시작했다. 클레어 매킨타이어Clare McIntyre는 〈오랜 기다림*I've Been Waiting*〉(1986)과 같은 해학적인 페미니즘 계열의 희곡을 썼다. 이 작품에서 작가는 현대 여성의 혼란, 갈망, 강박 관념을 묘사하고 있다. 대조적으로 사라 다니엘 Sarah Daniels의 희곡은 보다 도전적이다. 그녀도 여성 문제를 다루고 있지만, 그녀의 작품 속에 등장하는 주인공들은 주로 강인하고, 분노하고, 열등감을 느끼는 여성이다. 그녀의 작품에서 남성은 권력을 남용하는 역할 외에는 거의 등장하지 않는다. 비평가들이 가장 높이 평가하는 그녀의 작품은 외설, 폭력과 레즈비언 문제를 다룬 〈걸작Masterpieces〉(1984)이었다.

카릴 처칠Caryl Churchill은 자신의 작품들 속에서 여성과 여성의 정체성을 강조하는 주제를 다루면서, 자신의 페미니스트적 관심과 사회주의적 정치를 결합시켰다.[4] 작품에서 드러나는 지성, 위트뿐만 아니라 그녀는 기술 분야에서도 탁월했다. 그녀는 실험적이고 독창적인 작품을 쓰면서도, 동시에 일반 대중과 비평가 모두에게 인기가 있는 작품을 쓴다. 1980년대와 1990년대에 그녀의 뛰어난 작품들이 공연되었고, 라디오, 텔레비전, 연극 무대용으로도 많은 작품을 썼다.

〈심술쟁이 톰Vinegar Tom〉(1978)이라는 작품과 〈버킹엄셔의 빛Light Shining in Buckinghamshire〉(1978)은 모두 페미니즘 작품으로 알코올과 잘못된 식사 습관 그리고 폭력을 통해 생겨나는 건강 문제를 다루고 있다. 〈구름 위에 뜬 기분Cloud Nine〉(1979)에서는 인종과 성에 대한 편견이 사회적으로 자리잡는 과정을 고찰하고 있다. 〈톱 걸Top Girls〉(1982)은 처칠의 희곡 가운데 가장 유명한 작품이다. 여주인공 말린은 비천한 출신이지만 직업 여성으로 성공을 거둔다. 이 작품의 페미니즘적 메시지는 여성이 남성의 행동만을 단순히 모방할 경우, 여성 운동은 아무 것도 얻을 수 없으며 대신 스스로의 독자적인 길을 모색해야 한다는 것이다. 이것은 1980년대 그녀의 작품에서 일관되게 추구한 공통된 주제로서, 현대 페미니즘의 주장을 반영하고 있다.

처칠의 〈심각한 돈Serious Money〉(1987)은 사회에서 자유주의적 가치관의 실종과, 대중의 비도덕성 및 이기주의의 확산을 다루고 있다. 런던의 금융 딜러들이 도덕적으로 부패해 가는 과정을 다룬 이 작품은, 1980년대를 대표하는 걸작 가운데 하나로 평가된다. 〈미친 숲 : 루마니아를 위한 희곡Mad Forest : A Play from Rumania〉(1990)에서 그녀는 이전까지 보여준 태도와는 다른 모습을 보여준다. 그녀는 차우세스크 정권이 몰락하고 몇 주가 지난 다음, 루마니아를 방문한 후 이 작품을 썼다. 이 작품에는 독재 정권 붕괴 후 루마니아 사람이 겪고

---

4) *Ibid.*, p. 71.

있는 새로운 실상이 묘사되고 있다. 이 작품은 비평가들의 큰 찬사를 받았고,
영국의 대표적 여성 극작가로서의 처칠의 위상을 확인시켜 주었다.

6. 희극

1970년대와 1980년대에 알란 에이크본Alan Ayckbourn과 톰 스타파드Tom
Stoppard, 닐 사이먼Neil Simon, 마이클 프라인Michael Frayn, 그리고 알란 베네트
Alan Bennett와 같은 극작가들은 당대를 대표할 만한 희극 작품을 썼다. 베네트는
지방 속어와 미디어나 광고의 전문 용어를 혼합하여 언어를 해학적으로 구사하
는 것으로 유명하다. 그는 〈인신 보호 영장Habeus Corpus〉(1973)과 같은 희곡으로
명성을 쌓았다. 이 소극笑劇에는 공처가, 욕구불만의 아내, 색광증에 빠진
목사, 평범한 다방 여종업원과 같은 전형적인 인물이 등장한다. 〈엔조이
Enjoy〉(1980)에서는 높은 지대에 위치한 낡은 집에 거주하는 노부부의 곤경이
익살스럽게 묘사된다. 베네트의 작품 대부분은 그의 고향인 북부 지방을 배경으
로 하고 있다. 〈토킹 헤드Talking Heads〉 시리즈와 같은 그의 작품에는, 요크셔
출신의 전통적인 인물과 가정생활이 자주 묘사된다. 이 시리즈는 나중에 1988년
과 1998년에 연극 및 텔레비전 시리즈용으로 발표되기도 했다.

(1) 알란 에이크본

1980년대의 가장 인기 있는 코미디 작가로 알란 에이크본을 들 수 있다.
그의 작품에 등장하는 인물들은, 주로 슬프고 감상적인 남성이 대부분이다.
이런 내용 때문에 에이크본은 페미니스트의 인기를 끌었지만, 그는 내놓고
자신이 페미니스트라고 말하지는 않았다. 사회주의에 대한 입장도 마찬가지였
다. 그는 보수당 정부가 개인주의와 부르주아 가치를 강조하던 시절에, 중간

계급의 태도, 행동과 말투를 날카롭게 풍자함으로써, 관객의 마음을 사로잡았다. 그의 희극에는 신분 상승을 꿈꾸는 사람과, 노골적으로 부를 탐하는 사람에 대한 혐오가 잘 드러나 있다.

가장 유명한 작품으로 〈부조리 인간*Absurd Person Singular*〉(1972)이 있다. 이 작품에는 세 번의 크리스마스 전야에, 세 곳의 부엌에서, 세 쌍의 부부가 등장한다. 한 여자가 자살을 시도하지만, 이 여자의 집을 방문한 사람은 아무도 이를 알아채지 못하고 자살에 사용할 가스레인지와 전깃불을 수리한다. 〈익살 *Joking Apart*〉(1978)은 특히 그의 독창적인 작품으로, 네 개의 장scene으로 구성된다. 각 장은 4년씩 설정되어 있으며 전체 기간은 12년으로 주인공들은 20대에서 30대로 옮아간다. 〈범인은 우리 가운데 있다*It Could Be One of Us*〉(1983)는 다섯 개의 각기 다른 결말을 가진 희극 스릴러물이다. 1980년대에 에이크본은 이전에 보여 주었던 가정 희극과 다른 여러 편의 '사회극'을 발표하여 찬사를 받았다. 이 가운데 최고의 평가를 받은 작품은 〈조그만 집안 사업*A Small Family Business*〉(1987)이다. 이 작품은 가족이 마약, 살인, 부패에 연루되어 있는 한 가구 회사를 배경으로 일어난 사건을 다루고 있다.

에이크본은 잉글랜드 동북부 해안의 스카버러에 있는 지방 극단에서 작품 활동을 시작했다. 이후 그가 발표한 50여 편의 희곡은 런던의 극장가에서 상연되었으며, 세계적으로 텔레비전으로 방영되거나 영화로도 개봉되었다. 1990년대에 그는 스카버러에 소재한 스티븐 조지프 극단의 연출가 겸 극작가로 활동했다. 에이크본은 극장이 소수의 중산층만을 위한 공간이 되어서는 안 된다는 신념에서, 노인이나 장애인도 무대에 설 수 있도록 배려하고 있다.

(2) 톰 스타파드

톰 스타파드는 최근에 비평가로부터 호평을 받는 극작가로 손꼽힌다. 그는 체코슬로바키아 태생으로 영국에 이주하여 작품 활동을 하고 있다. 그는 하나의 주제나 스타일에 한정되지 않고 작품을 쓰는 작가이다. 그래서 그의 작품에서 공통점을 찾기란 어렵다.

〈로젠크란츠와 길덴슈테른은 죽었다Rosencrantz and Guildenstern are Dead 〉(1967) 는 비평가들로부터 20세기 최고의 희곡 가운데 하나로 평가 받는 작품이다. 이 작품에 등장하는 두 명의 주인공은 셰익스피어의 햄릿에 근거를 둔 우발적 인물들로, 이들은 〈고도를 기다리며〉에서 베케트가 설정한 인물들과 비슷한 대화를 구사한다. 자신이 들은 것 이외에는 아무것도 알지 못하는, 이 두 사람이 처한 상황에서, 많은 연극적·희극적 가능성이 제시된다. 이 작품은 무질서한 세상에서 사람은 일정한 패턴을 만들기 위해 노력하지만, 진실은 항상 상대적이기 때문에 단적으로 말할 수 없다는 것을 보여 준다.

스타파드의 희곡에는 천박함과 지적인 내용이 뒤섞여 있다. 1968년도 작품인 〈경감 하운드The Real Inspector Hound〉에서는 연극 비평가를 소재로 다루고 있다. 〈진짜The Real Thing〉(1982)의 경우, 희곡 안에 희곡이 들어있는 형식을 취하고 있다. 〈점퍼Jumpers〉(1972), 〈곡해Travesties〉(1974), 〈아르카디아Arcadia〉 (1993)에 서 유치한 말장난 속에 심오한 사상을 뒤섞어 놓았다.

스타파드의 걸작 중에는 인권 유린에 대해 분노를 나타낸 작품도 있다. 〈밤과 낮Night and Day〉(1978)에서는 전체주의 사회에서 언론의 자유와 인권의 문제를 다루고 있다. 〈불가능한 일 꾸미기Squaring the Circle〉(1984)와 〈반칙 전문가Professional Foul〉(1984)의 경우도 이와 유사한 주제를 다루고 있다. 또한 〈더러운 시트Dirty Linen〉(1977)는 의회의 부패를 비판한 작품이다. 그리고 〈아르 카디아Arcadia〉(1993)와 〈인도 잉크Indian Ink〉(1995)에서는 영국 전원주택의 삶과 영국의 인도 통치 시기를 고찰하기 위해, 이중의 시간 구조를 사용하고 있다.

스타파드는 무대 상연을 위한 희곡 이외에도 영화, 라디오 및 텔레비전용으로 광범위하게 대본을 쓰고 직접 감독도 했다. 그가 쓴 작품의 대다수가 널리 연구되고 상연되고 있으며, 1990년대에 그는 비평가들로부터 세계적인 극작가로 평가받고 있다.

(3) '얼터너티브' 희극

1980년대 초반 연극계에 일어난 가장 큰 변화는 '얼터너티브' 희극의 출현이다. 이 희극은 런던의 소호에 있는 소극장Comedy Store에서 시작되었다. 남녀 희극 배우가 무대에 나와서 성이나 인종, 종교에 대해 패러디와 재담으로 끌어가는 이 새로운 희곡은, 관객에게 참신하게 받아들여졌다. 배우들은 생동감 있고 적나라한 무대 공연을 통해, 자신만의 독특한 스타일을 개발했다. 이들은 곧 유명세를 타게 되었으며, 영국 전지역에 걸쳐 많은 코미디 극장과 클럽이 생겨났다.

초기에 코미디 스토어는 코믹 스트립으로 알려진 레퍼토리 극단을 두고 있었다. 이 극단을 통해 연출된 얼터너티브 희극은 배우들이 자신의 비밀을 솔직하게 털어놓는 방식을 통해 젊은층의 인기를 끌었기 때문에, 신종 로큰롤 rock'n'roll이라는 별명까지 얻게 되었다. 1980년대 후반 이후 이 희극은 텔레비전 방송과 지방 소극장 공연을 통해 대중 연예의 한 장르로 자리잡게 되었다.

7. 아동 소극笑劇 : 팬터마임

영국에서 가장 전통적인 오락은 팬터마임이다. 크리스마스 때 공연되는 이 극은 오랜 역사를 가지고 있다. 이 극은 18세기에 런던 드러리 레인 극장Drury Lane Theatre의 댄스 교사인 위버John Weaver가 처음 시작했다. 그는 말 대신에 몸짓으로 의미를 전달하는, 발레와 비슷한 연극을 선보이기 시작했다. 이 극은 16세기 중반에서 18세기 중반에 걸쳐 이탈리아에서 성행한 일종의 희극 (commedia dell'arte)에 기원을 두고 있다. 19세기 잉글랜드에서 이 극은 춤과 노래가 어우러지면서 다채로운 이야기가 전개되는, 오늘날과 같은 형식을 갖추게 되었다. 동화와 동양의 옛날이야기는 팬터마임의 가장 전형적인 소재이며, 전통적인 작품 가운데 신데렐라, 장화 신은 고양이, 백설공주 등이 유명하다. 이 이야기들은 비정상적이고 일상적인 소재를 다룬 재담을 통해, 아이와 부모가 즐겁게 소리치며 깔깔거리고 웃도록 만든다. 일반적으로 나이 많은 여성 역을 '데임Dame'으로 불리는 남성이 맡는다. 데임은 남자 주인공의 어머니로 나오며, 남자 주인공은 젊은 여성이 맡는다. 텔레비전, 스포츠 또는 연예가의 유명인사가 이 역할을 맡는 경우도 있다. 이 극은 영국 전지역의 극장에서 공연되고 있다.

8. 최근의 경향

최근의 희곡은 다양하고 절충적인 방향으로 가고 있다. 존 맥그라스John Mc-Grath의 〈국경 전쟁Border Warfare〉은 2천 년간의 스코틀랜드 역사를 보여준다. 톰 맥그라스의 〈도시City〉는 글래스고의 모든 지역 배우가 참가하는 지역 연극community play이었다. 빌 브라이든Bill Bryden의 〈선박Ship〉은 조선소에서 상연했다. 이곳에서 마지막으로 만들어진 퀸 엘리자베스 II호에 대한 향수를 자아내기 위한 연출이었다. 이처럼 대부분의 연극이 질적으로 수준이 높았으나, 새로운 극단을 유지하는 데 필요한 지속적인 정부의 지원이 전혀 이루어지지 않았기 때문에 많은 극단이 문을 닫게 되었다.

에든버러에서 매년 열리는 국제 예술제는 유럽에서 열리는 최대 규모의 문화 행사다. 드라마는 예술제의 가장 중요한 부분을 차지하고, '프린지Fringe' (공식 초대작에 포함되지 않은 작품) 페스티벌은 얼터너티브나 실험성이 강한 희곡의 무대를 제공한다. 이러한 극들은 경이, 흥분, 독창성을 특징으로 한다. 이 축제 기간 공연되는 작품은 스코틀랜드 작품에만 국한되지 않고, 영국 전역과 세계 각지에서 온 모든 작품이 망라된다.

1990년대 초반의 경제 침체로 상업 극단은 새로운 작품을 공연하는 모험을 하기보다는, 대중에게 사랑 받았던 기존 작품을 무대에 올리는 것을 선호했다. 이러한 경향이 계속되어 1996년에는 뮤지컬이 웨스트엔드 공연물 가운데 45%를 차지했다. 이 가운데는 〈아가씨와 건달들〉, 〈지저스 크라이스트 슈퍼스타〉와 록 뮤지컬 〈토미Tommy〉를 비롯하여 1970년대와 1980년대의 작품도 포함되었다. 이 뮤지컬들은 대사나 주제보다는, 음악과 볼거리를 더 중요하게 생각하는 관광객에게 인기가 있었다. 동시에 어빈 웰쉬의 〈트레인스포팅〉과 닉 혼비의 〈피버 피치〉와 같은 희곡은 영화로 제작되거나, 책으로 출판되어 성공을 거두었다. 그러나 공연물의 10%만이 현대극이었으며, 40년 동안 이어져 온 정치적 메시지가 담긴 연극은 영국 무대에서 사실상 사라졌다.

카리브 흑인 또는 아시아계의 극작가들은 계속해서 새로운 희곡을 썼다. 카릴 필립스Caryl Phillips, 하니프 쿠레이시Hanif Kureishi, 데렉 월코트Derek Walcott, 윈섬 피녹Winsome Pinnock, 파럭 돈디Farrukh Dhondy 등의 작품에는 문화적 변화와 인종적 정체성에 대한 그들의 경험이 반영되어 있다. 이 극작가들이 쓴 대부분의 작품이 텔레비전 희곡이나 영화 대본으로 각색되어 성공을 거두었다. 그러나 1998년 런던에서 흑인의 삶을 다룬 연극을 정기적으로 상연하는 극장은 두 곳에 불과하다.[5] 비평가들은 이러한 현상에 대해 흑인을 차별해서가 아니라, 문화적 차이가 점점 모호해지고 있기 때문으로 평가하고 있다.

---

5) *Ibid.*, p. 75.

많은 흑인 배우들이 고전극과 뮤지컬에 출연하여 과거 백인 배우들이 맡았던 역할을 맡고, 흑인 작가들의 작품이 '주류'에 편입하기 시작하면서, 인종적 편견과 문화적 소외현상이 거의 사라지고 있다는 것이다.

최근 극단에 대한 재정적 압박이 심해지면서, 극작가들이 무대 상연 목적보다는 텔레비전 방영을 목적으로 극본을 쓰는 경향이 늘고 있다. 또 극단의 일거리는 점점 줄어드는 반면 텔레비전이 활성화되면서, 대다수의 배우들 역시 텔레비전 출연을 선호한다. 대개 무대 상연용 희곡은 소규모로 연출되어 작은 공연 홀이나 스튜디오 극장에서 상연되고 있다. 무엇보다 제작비를 줄일 수 있기 때문이다.

그러나 이러한 어려움에도 불구하고 희곡은 발전하고 있으며 새로운 경향도 폭넓게 다루어지고 있다. 1990년대 말부터 비평가들은 영국의 희곡이 지난 40년 동안 시대정신을 대변해 온 긍정적인 역할을 높이 평가했다. 그리고 그들은 희곡의 이러한 전통이 앞으로 계속될 것으로 전망했다.

제3장 현대 영국 영화

1. 영국 영화의 현황[1]

영국에서 영화 제작은 100년 이상의 역사를 자랑한다. 최근 영화는 문화생활 중 최고의 인기를 누리며, 가장 활발한 창작이 이루어지는 예술 분야의 하나로 꼽힌다. 대중의 사랑을 받는 영화 가운데 일부는 고전 소설을 각색한 것이다. 이런 영화의 성공은 의상, 장식, 무대 장치 등 세밀한 부분까지 정성을 기울인 결과이다. 또한 사람의 일상생활을 다루는 영화가 늘고 있다. 이런 '다큐멘터리' 기법은 영국에서 개발되어 세계적으로 파급되었다. 켄 로치Ken Loach와 마이크 리Mike Leigh와 같은 감독이 만든 사실적인 영화는 걸작으로 평가된다.

---

1) 본 장의 작성에서 사실적인 내용들은 다음 저서들에 주로 의존했다. David Christopher, *British Culture, An Introduction* (London and New York : Routledge, 1999, 2006), Justine Ashby, *British Cinema : Past and Present* (London : Routledge, 2000), Amy Sargeant, *British Cinema : A Critical History* (London : British Film Institute, 2008), John Caughie and Kevin Rockett, *The Companion to British and Irish Cinema* (London : British Film Institute, 1996), Brian McFarlane ed., *The Encyclopedia of British Film* (London : Metheun, 2003).

이러한 성공에도 불구하고, 영화 산업에 대한 투자는 감소하고 있다. 이러한 열악한 환경 때문에, 일부 영화인은 거대한 영화 촬영소를 비롯하여 넉넉한 영화 예산과 큰 수익이 보장되는 미국에서 일하기를 희망했다. 배우 찰리 채플린Charlie Chaplin과 감독 알프레드 히치코크Alfred Hitchcock는 최초로 할리우드로 건너가 큰 성공을 거둔 영화인으로 꼽힌다.

영국에서 영화 제작은 잉글랜드 동남부 지방에 집중되어 있지만, 상업적 중심지는 런던 중부의 소호 지역이다. 이곳에는 영화 제작사, 광고 대행사, 관련 업종의 사무소들이 즐비하다. 영화 촬영소의 대부분은 런던 외곽에 위치한다. 파인우드Pinewood와 쉐퍼톤Shepperton은 기존 영화 촬영소로 널리 알려져 있다. 리브스덴Leavesden, 라들렛Radlett과 쓰리밀Three Mills은 최근에 세워진 큰 규모의 영화 촬영소다.

대부분의 영화는 워너Warner, 버진Virgin, 오디온Odeon과 같은 전국적인 체인망을 통해 배급된다. 총 2,200여 개의 스크린을 갖춘 이 영화 체인망을 통해 매주 약 250만 명의 관객에게 상업 영화를 상영하고 있다. 그 외의 영화는 대개 '아트하우스art-house'나 레퍼토리 영화 또는 텔레비전의 채널 4를 통해 상영된다.

영화 및 텔레비전의 전문가 양성 강좌를 개설하는 대학도 늘어나고 있는데, 국립 영화 텔레비전 학교National Film and Television School와 같이 공인된 교육 기관들은 영화, 비디오, 텔레비전 업계와 정부로부터 재정 지원을 받고 있다. 관련 기관으로는 영국 영화 협회British Film Institute가 있다. 영화 및 텔레비전 예술을 장려할 목적으로 1933년에 설립된 이 기구는 35개의 지방 극장을 두고 있으며, 국립 영화, 텔레비전 아카이브Television Archive, 그리고 국립 영화 극장National Film Theatre(NFT)을 비롯하여 스코틀랜드, 아일랜드 및 웨일스의 각 영화 협회를 합병하여 운영하고 있다.

모든 대중 영화는 지방 당국의 허가를 받아 상영된다. 지방 당국은 부적합 판정을 받은 영화의 상영을 금지할 권한을 가지고 있다. 그러나 일반적으로 영국 영화 등급 위원회British Board of Film Classification(BBFC)의 추천을 따르는 것이 관례이다. 영화 등급 위원회는 대중 오락물의 심사 및 등급을 전담하기 위해 1912년에 설립된 정부 기관이다. 현재의 등급 제도는 1982년에 도입되었다. 즉 'U'는 전체 입장가 영화, 'Uc'는 특히 어린이에게 적합한 영화, 'PG'는 부모의 지도가 필요한 영화, '15'와 '18'은 각기 15세 및 18세 이상 입장가 영화, 'R18'은 전용관에서만 상영될 수 있는 소프트 포르노물 및 섹스 영화로 분류된다. 비디오물의 경우에도 1984년의 비디오 음반법Video Recordings Act에 따라 동일한 규정이 적용된다.

영국 영화 및 텔레비전 예술 협회British Academy of Film and Television Arts(BAFTA)는 세계의 영화를 대상으로 매년 시상식을 열고 있다. 11월에 개최되는 런던 영화제London Film Festival와 8월에 개최되는 에든버러 영화제 Edinburgh Film Festival도 중요 행사로 꼽힌다. 매년 개최되는 이 두 행사에서는 약 250편의 영화가 상영된다.

2. 영국 영화의 개척자

영국에서 영화 제작은 19세기 말경부터 시작했다. 당시에는 상업적 영화관이 없어서 영화는 장터, 가게, 연극 극장 및 학교를 비롯하여 노천에서도 상영되었다. 단편 무성 영화인 당시 영화에는 종종 제작자도 출연했다. 영화의 소재는 희극적인 사건이나 경치 또는 선박의 진수식과 같은 주요 행사의 짧은 기록이 대부분이었다. 오늘날과 같은 형태의 영화는 1920년대 중반부터 시작되었다. 당시는 제1차 세계 대전으로 인해 영화 제작이 중지되었다가 다시 신세대 영화 제작자가 대거 등장한 시기였다. 이 신세대 영화 제작자로는 감독인 빅터 새빌Victor Saville과 알프레드 히치코크, 제작자인 마이클 발콘Michael Balcon, 배우인 이보 노벨로Ivor Novello와 페이 콤튼Fay Compton을 들 수 있다. 1930년대에 히치코크는 스릴러물의 성공을 통해, 영국 최고의 감독으로 인정받았다.

1929년에 히치코크는 영국 최초의 발성 영화talkie인 〈협박Blackmail〉을 감독했다. 발성 영화가 도입되면서 영화 관객이 빠른 속도로 늘어나고, 과거 소규모 산업이던 영화는 대규모 산업으로 변모하게 되었다. 그러나 영국 영화는 그때까지만 해도 외국에 거의 알려지지 않은 상태였다. 알렉산더 코르다Alexander Korda의 희극 〈헨리 8세의 사생활The Private Life of Henry VIII〉(1933)이 영화로 제작되면서 이러한 상황은 바뀌었다. 이 영화는 미국에서도 대성공을 거두었으며, 영국 영화로는 최초로 오스카상을 수상했다. 고전 문학을 각색한 작품과 함께 사극은 영국 영화 제작 스타일로 자리를 굳혔다.

그러나 제2차 세계 대전의 발발로 제동이 걸렸다. 대부분의 영화 촬영소가 문을 닫았고, 소수의 영화 촬영소만이 선전 목적으로 영화를 제작했다. 이러한 종류의 영화는 애국심과 민족적 기상의 고취를 목적으로 했다. 그 일환으로 〈런던은 이길 수 있다London Can Take It〉(해리 왓츠Harry Watts, 1940), 〈영국의 말을 경청하라Listen to Britain〉(험프리 제닝스Humphrey Jennings, 1941)를 비롯한 다큐멘터리 영화가 제작되었다. 또한 〈토린 호의 운명In Which We Serve〉(노엘 카워드와 데이비드 린Noel Coward and David Lean, 1942), 〈실리아의 노래Millions Like Us〉(프랑크 론더Frank Launder, 1943), 〈배 만드는 사람The Shipbuilder〉(존 박스터John Baxter, 1944)등의 장편 특집 영화도 제작되었다.

국민에게 애국심을 고취시키기 위한 이러한 영화에서 주인공은 용기와 힘의 화신으로 등장하고 있다. 존 밀스John Mills, 노엘 카워드, 케네스 무어

Kenneth Moore 등이 역경에 처했을 때 보여주는 꼭 다문 입술은, 그러한 강인함의 상징이었다. 이들은 〈잔인한 바다*The Cruel Sea*〉(찰스 프렌드Charles Frend, 1952), 〈댐 버스터*The Dam Busters*〉(마이클 앤더슨Michael Anderson, 1955), 〈하늘로 팔을 뻗어*Reach for the Sky*〉(루이스 길버트Lewis Gilbert, 1956)와 같은 후기 전쟁 영화에서 주인공의 전형적인 모델을 제시했다. 전후의 관객은 이러한 전쟁 영화를 통해 위안을 얻었다. 즉 전쟁 영화는 전쟁에 도덕적 정당성을 부여하고, 전쟁 영웅주의를 낭만적으로 표현함으로써, 관객에게 자부심을 고취시켰다. 전쟁 직후 대중오락은 거의 없었으며, 여전히 텔레비전은 부유한 소수의 전유물이었다. 이러한 시기에 영화는 가장 대표적인 대중오락 매체가 되었다. 특히 미국 영화의 판타지, 로맨스, 현실 도피주의는 전후 영화 산업의 전성기를 예고했다.

그러나 런던 서부에 있는 일링Ealing 영화 촬영소의 제작자 마이클 발콘은 할리우드의 영향에서 벗어나, 보다 사실적으로 영국적인 특징을 묘사하는 영화 산업을 이끌었다. 일링 촬영소의 가장 유명한 작품으로 경찰극 〈푸른 등*Blue Lamp*〉(베이실 디어든Basil Dearden, 1950)이 있다. 당대의 분위기를 잘 포착한 이 작품은 대중적인 관점에서 법, 질서, 안정을 강조하고 있다. 이 작품에서는 가부장적 보호주의에 투철한 경찰과, 조용하지만 단결력이 강한 지역 주민이 등장한다. 여기서 주인공 조지 딕슨P. C. George Dixon은 고결한 인물로 등장한다. 이 영화는 큰 성공을 거두어 텔레비전 시리즈(Dixon of Dock Green)로도 각색되어 장기간 방영되기도 했다.

일링 촬영소는 독특한 희극 영화를 많이 제작했다. 가령 친질한 경찰이 있는 예의 바른 국가, 미혼의 아주머니, 마을의 가게 주인, 기성 사회에 도전하고 현학적인 태도를 비웃는 수많은 기인奇人들이 이 촬영소에서 찍은 영화에 등장한다. 그러한 작품으로는 상류층의 풍습을 풍자한 〈친절한 마음과 화관*Kind Hearts and Coronets*〉(1949)과 영국 관료주의를 희극적으로 비판한 〈핌리코로

가는 길*Passport to Pimlico*〉(1949) 등이 있다. 일링 촬영소의 스타일은 훌륭한 '성격' 연기, 빈틈없는 대본, 대기업에 반대하고 사회 질서에 저항하는 개인의 모습을 강조하는 것으로 유명하다. 이 스타일은 많은 희극 영화와 텔레비전 시리즈에 영향을 미쳤으며, 특히 영국인의 특성을 지나칠 정도로 찬양한 것이다.

3. 다큐멘터리 영화

영국 영화의 가장 특징적 유형으로 손꼽히는 것은 다큐멘터리이다. 이러한 영화 제작 기법은 1930년대에 시작되었다. 스코틀랜드계 영화 제작자인 존 그리어슨John Grierson(1898~1972)은 일상생활을 사실적으로 기록한 스타일의 영화를 '다큐멘터리'로 명명했다. 그리어슨은 영화 제작자에게는 사회를 개선하기 위해, 사회의 비리를 폭로하고 설명할 의무가 있다고 믿었다. 이러한 신념에서 제작한 작품으로 〈탄광부의 얼굴*Coal Face*〉(1935)과 〈야간 우편*Night Mail* 〉(1936)이 있다. 그는 객관적이고 공평한 기법인 '다큐멘터리'를 영화 장르의 하나로 자리잡게 하는 데 기여했다. 그는 실업, 공해, 교육, 보건 및 주택 등의 문제를 다루었다. 또한 그는 인터뷰 기법을 최초로 선보였다.

1960년대 이후 다큐멘터리 기법은 텔레비전에서 자주 이용되었다. 특히 텔레비전 기자와 리포터는 다큐멘터리 기법을 핵심적인 취재 수단으로 사용했고, 사실주의에 기초한 영화는 독립 영화로 발전했다. 린제이 앤더슨Lindsay Anderson과 카렐 라이즈Karel Reisz는 영국 사회의 사실적 측면을 고찰한 이 방면의 선구자였다.

다큐멘터리 영화로 최초의 작품은 해변 도시 마게이트Margate에서의 하루를 그린 앤더슨의 〈오! 꿈나라*O! Dreamland* 〉(1953), 런던 동부의 청년 클럽에 관한 라이즈의 〈램비스 아이들*We are the Lambeth Boys*〉(1958)이 있다. 관객은 이런 다큐멘터리 기법에 대해 처음에는 당황했으나, 차츰 자신의 존재와 삶이 사실 그대로 영화로 묘사되는 것을 즐기게 되었다.

4. 사회적 리얼리즘

사회생활 및 사실적 표현에 대한 관심은 연극과 문학뿐만 아니라 영화에서도 마찬가지였다. 1956년에서 1959년에 이르는 기간에 존 오스본, 콜린 윌슨, 존 브레인을 위시한 많은 신진 작가의 작품이 비평가의 관심을 끌었다. 1959년에서 1963년에는 영국 노동자 계급의 현실(사상, 언어, 생활 조건, 열망)을 고찰한 이들의 소설과 희곡이 영화로 각색되었다. 이들의 작품은 물질적으로 풍요로워지면서 개인적 특성이 크게 부각된 반면에, 이상주의적 색채가 사라지고 사회적 책임감이 흐려지는 모습을 담고 있다.

영화 각색은 북부 도시를 무대로 대체적으로 원작에 충실하게 이루어졌다. 이 각색 작품들은 자연이나, 드문드문 보이는 높은 지대의 작은 집, 공장, 펍Pub 등을 배경으로 삶을 꾸려 가는 보통 사람의 이야기에 초점을 맞추고 있다. 배우들은 연극 학교에서의 공인 발음RP 악센트가 아닌, 삶의 활력과 진정성을 표현하기 위해 지방 사투리를 사용했다. 〈성난 얼굴로 돌아보라〉(토니 리처드슨Tony Richardson, 1959), 〈옥상〉(잭 클레이튼Jack Clayton, 1959), 〈토요일 밤, 일요일 아침〉(토니 리처드슨, 1961), 〈조금 다정하게A Kind of Loving〉(존 슐레진저John Schlesinger, 1962) 등은 '신 영화new cinema' 또는 '새 물결new wave'로 알려진 일련의 작품들 가운데 성공한 작품이다.

알란 실리토의 소설을 각색한 〈토요일 밤, 일요일 아침〉은 리처드슨의 대표작이다. 이 작품에서 노팅엄셔Nottinghamshire의 작은 도시를 배경으로 모주꾼에다 싸움꾼인 젊은 아서 시튼Arthur Seaton(알버트 피니Albert Finney

연기)은, 결혼 생활과 일의 권태와 구속에 반기를 들고 있다. 그러나 나이든 그 지역 주민과 달리 정치적 신념이나 사상이 없는 시튼은, 가족과 친지로부터 유리되고 정치에 무관심한 소외된 인물로 묘사된다.

이러한 새로운 움직임을 통해 할리우드 영화의 판타지와 현실 도피적 경향과 다른, 새로운 스타일의 영화가 선보였다. 최초로 노동자 계급의 삶이 영화 속에서 사실적으로 표현된 것이다. 이 영화에 등장하는 노동자는, 먹고살기 위해 어쩔 수 없이 가족과 떨어져 낯선 곳에 혼자 갇힌 채 악몽 같은 시간을 견디는 것으로 묘사되고 있다. 이러한 상황을 연출하기 위해 조명이 거의 없는 흑백 촬영 기법을 사용하고 있으며, 모던 재즈, 대중음악, 침묵 등이 연출 기법으로 동원되었다.

기성 영화 관객은 이러한 새로운 영화에 대해 강한 거부감을 표시했다. 관객이 감소하는 가운데, 할리우드 영화와 텔레비전이 보편화되면서 영화 산업은 점점 경쟁력을 잃게 되었고, 또 정부의 재정 지원도 거의 끊어져 버렸다. 이제 영화 산업은 수익이 보장되는 10대 시장을 확보하기 위해 만들어진 통속 장르에 의존할 수밖에 없었다.

5. 청춘 영화

1950년대 중반부터 자신의 판타지와 욕망을 가진 10대와 젊은이로 이루어진 새로운 세대가 등장한다. 이들의 욕망에 맞춰 희극을 비롯하여 공포, 섹스, 폭력을 다룬 영화도 활발히 만들어졌다. 문학 작품을 각색한 영화의 경우에도 부의 증가, 청년 문화의 대두, 여성의 성 해방, 범죄 및 폭력의 증가로 인한 사회 문제를 정면으로 다루었다.

로큰롤 음악은 1950년대에 첫 선을 보인 이후 영화에도 큰 영향을 미쳤다.

〈하루 종일 로큰롤을Rock Around the Clock〉(프레드 시어즈Fred Sears, 1956)의 폭발적 리듬으로 인해 분규 사태까지 야기되었다. 매스미디어는 10대들의 폭력과 히스테리에 대해 보도했다. 엘비스 프레슬리Elvis Presley를 특집으로 다룬 미국 영화가 10대 관객에게 높은 인기를 누리면서, 영국의 영화 촬영소에서도 영국적인 가수인 클리프 리처드Cliff Richard와 토미 스틸Tommy Steel을 특집으로 다룬 뮤지컬 영화를 제작했다. 이 뮤지컬 작품들은 상업적인 성공을 거둔 것 외에는 작품성은 거의 없었다. 그러나 이들 영화는 대부분 성공을 거뒀고, 이를 계기로 영화 쪽에서도 대중 스타를 탄생시켰다.

'팝' 음악에 어느 정도 비판적 태도를 보였던 그룹은 비틀즈였다. 비틀즈의 영화 〈하드 데이스 나잇A Hard Day's Night〉(리처드 레스터Richard Lester, 1964)은 상업적으로 대성공을 거두면서 비평가로부터도 찬사를 받았다. 이러한 성공에 힘입어 〈헬프!Help!〉(리처드 레스터, 1965)와 애니메이션 기법의 초현실적인 뮤지컬 〈옐로우 서브머린Yellow Submarine〉(조지 더닝George Dunning, 1968)이 제작되었다. 이 영화들을 통해 대중음악은 젊은이만의 전유물이 아니라, 온 가족이 함께 즐기고 쉽게 접근할 수 있는 일종의 오락으로 부각되었다.

1960년대 중반은 기존의 도덕적 가치관이 붕괴되는 격동기였다. 즉 계급, 정치, 마약, 성욕, 여성의 지위에 관한 전통적인 사고방식에 대한 사회와 예술계의 비판이 강했다. 〈달링Darling〉(존 슐레진저, 1965), 〈알피Alfie〉(루이스 길버트Lewis Gilbert, 1966), 〈조지 걸Georgy Girl〉(실비오 나리자노Silvio Narizzano, 1966) 등에는 새로운 가치관이 도시적인 분위기와 어우러져 잘 드러났다.

여성의 기존 역할에 대한 의문이 제기되면서 여성은 더 자유로워졌고 그만큼 인습에 덜 얽매이게 되었다. 〈꿀 맛A Taste of Honey〉(토니 리처드슨, 1962)에서 리타 터싱엄Rita Tushingham, 〈거짓말쟁이 빌리Billy Liar〉(존 슐레진저, 1963)와 〈달링Darling〉(존 슐레진저, 1965)에서 줄리 크리스티Julie Christie, 〈여기 오얏

숲을 돌아다니며*Here We Go Round the Mulberry Bush*〉(클리브 도너Clive Donner, 1968)에서 줄리 크리스티와 주디 기슨Judy Geeson 등이 맡은 주인공 역할에서, 여성상에 대한 새로운 이미지를 찾아볼 수 있다. 기존의 여성의 역할인 결혼과 임신 대신에 자유와 순수, 성적 매력이 강조되었다.

미국인 감독 스탠리 큐브릭Stanley Kubrick은 영국에서 여러 편의 영화를 제작했다. 1960년대에서 1970년대에 이르는 기간에 제작된 그의 작품들은 비평가들로부터 가장 현대적이고 작품성이 뛰어난 영화라는 찬사를 받았다. 그러나 큐브릭의 작품 중 가장 논란이 많았던 것은 〈시계 태엽 오렌지*A Clockwork Orange*〉(1971)이다. 이 작품에서 화장을 하고 다니는 난폭한 갱단은, 베토벤의 음악에 심취하면서 범죄, 섹스, 폭력 등의 불온한 삶을 즐긴다. 국가는 세뇌와 통제를 통해 갱단의 이러한 삶의 방식을 시정하려고 한다. 이 영화는 과거 20년간의 삶의 정체성에 관한 사건들을 회상하는 안소니 버제스의 1962년도 소설을 각색한 것이다. 이 작품은 1970년대 초반, 격동기에 처한 영국의 사회적 현실을 문서로 정확하게 기록해 놓은 것처럼 적나라하게 보여주고 있다. 이 논쟁적인 작품은 개봉 후 서둘러 막을 내려야 했다. 모방 폭력이 성행하게 된다는 주장이 제기되면서, 영화 속의 해당 장면을 삭제할 것을 요구받은 후의 일이었다.

6. 독립 영화 제작

1960년대 중반까지 영국 영화에는 비중 있는 사회 비평이나 창의적 실험이 없었다. 그러나 미술학교와 미술대학의 학생이 점차 영화의 잠재성에 관심을 갖기 시작하면서, 일종의 영화 운동이 전개되었다. 영화 조합과 단체가 설립되었으며, 독립 영화관의 네트워크가 확대되었다. '아트하우스art-house' 영화관으로 불린 이 독립 영화관들은, 덜 통속적이고 보다 전문적인 성격의 영화를 선보였다.

1970년대 초반에는 반항적인 젊은이에 관한 영화가 주류 영화의 일부를 이루었다. 그렇지만 여전히 인종주의, 여권 신장, 북아일랜드 '분쟁' 등의 새로운 사회적 쟁점은 도발적이고 위험한 주제로 취급되었다. 더욱이 경제적으로 어려운 시기를 맞아, 영화사들은 이러한 문제를 다루려고 하지 않았다. 대신에 이러한 쟁점을 영화로 수용하고 나선 것은, 혁신적이고 대담한 독립 영화 부문에서였다.

눈에 띄게 수적 증가를 보인 독립 영화 제작자는, 자신의 재능과 생각을 공유하기 위해 1976년에 독립 영화 협회IFA를 구성했다. 이들에게는 상업적 압력에서 자유로울 수 있는 것이 무엇보다 중요했다. 이에 따라, 대기업 및 기존의 영화 제작자가 꺼려하는 정치적 영화나 예술적 영화가 제작되었으며, 페미니즘과 반인종주의를 포함하는 '신좌파'의 급진적 정치 쟁점도 주제로 다루어졌다.

1970년대 중반 영국 대부분의 도심지에서는 인종 문제로 인한 긴장이 고조되었다. 이 문제는 〈압박*Pressure*〉(호라스 오베Horace Ove, 1975)의 흑인 감독에 의해 전면적으로 다루어지게 되었다. 이 작품은 트리니다드Trinidadians 출신인 호라스 오베와 사무엘 셀본Samuel Selvon에 의해 제작된 독립 영화이다. 영화는 1970년대에 런던에 사는, 똑똑하지만 학교를 중퇴한 흑인 토니Tony의 직업을 구하기 위한 시도를 연대기적으로 서술한다. 이 영화는 몰락하는 교육 제도, 경찰의 만행, 흑인의 힘을 배경으로 1950년대와 1960년대에 영국에 이주해 온 서인도제도諸島 출신의 사람과 영국 출신의 자녀 사이에 점점 벌어지는 격차를 조명하고 있다.

데렉 자만Derek Jarman은 가장 개성이 뚜렷한 현대적 아방가르드(전위) 영화 제작자였다. 〈축제*Jubilee*〉(1978)에서 그는, 엘리자베스 여왕 즉위 25주년이 되는 1977년 당시 영국에서의 악몽 같은 삶을 표현하기 위해, 펑크punk 현상을 이용했다. 자만은 등장인물, 음악, 영화 무대 장치를 총동원해 충격적인 은유의 섬뜩한 모자이크와 같은 분위기를 연출했다. 부유한 대중 스타의 살해, 녹음 스튜디오로 사용되는 버킹엄궁, 웨스트민스터 대성당에서의 난장판 술자리, 경찰관의 거세 등이 이야기의 소재이다. 이 영화는 좌파나 우파의 정치적 이념이나, 페미니즘, 인종 차별의 문제를 배제시키고, 무정부주의와 허무주의적 분위기를 보여주고 있다. 이 영화는 위기에 처한 영국의 제도와 기관을 묘사하고 있는 당대의 귀중한 보고서로 평가되고 있다.

대부분의 독립 영화는 독창성과 비유적인 측면에서 뛰어난 영화를 만들었다. 비평가들은 이들 독립 영화들이 중산층 관객의 지적 허영을 만족시키는 데 불과하며, 오히려 다양한 스타일의 추구로 관객에게 메시지 전달을 어렵게 한다고 비판했다. 그러나 이 영화들은 주변 문제로 간주되었던 사회적 쟁점을 토론과 논쟁의 장으로 끌어들였다는 데 주요한 성과가 있다. 이를 계기로 하여 독립 영화는 나중에 영국 영화의 주류에 편입된다.

7. 1980년대 영국 영화의 르네상스

1980년대 초반은 영화 산업에 있어서 새로운 변화와 확장이 빠르게 전개된 시기였다. 비디오, 유선 방송 및 위성 방송 서비스가 도입되면서 영화적 주제도 다양화되었으며, 관객은 더 많은 선택을 할 수 있었다. 기술 발전으로 인해 영화 제작이 용이해져 비교적 적은 예산으로도 영화 촬영소를 설립할 수 있게 되었다. 새로운 영화사들이 우후죽순처럼 생겨났으며, 광고와 대중음악에서도 판촉 행사에 비디오를 사용하기 시작했다.

BBC는 다양한 프로젝트에 기술 및 재정을 지원하기 시작했다. 또 채널 4는 1982년에서 1997년 사이에 까다롭고 독창적인 주제를 다룬 200여 개의 저예산 영화의 제작자나 스폰서가 되었다. 이 영화들은 사실주의, 단순성, 특수 효과의 배제, 독창성으로 유명하다. 또한 채널 4는 자체 제작물 및 외부의 제작물을 정규 텔레비전 채널(Film on Four)에 제공했다. 채널 4 영화는 높은 수준의 실업률, 사회 동요, 폭동, 전쟁 등에 의해 정치적·사회적·민족적으로 분열된 국가를 묘사하려는 감독들에게 영감을 불러일으켰다.

1980년대 초반에는 질서 정연하고 배타적인 상류 계급의 일상이나 국가와 과거에 대한 향수를 고취시키는 영화가 절실히 필요했다. 이 영화들은 '헤리티지heritage' 영화로 명명되었으며, 이 가운데 〈불의 전차*Chariots of Fire*〉(휴 허드슨 Hugh Hudson, 1981)가 대표적이다. 헤리티지 영화에 대해서는 뒤에서 자세히 다루기로 한다.

1980년대에는 영국에 거주하는 흑인의 삶에 관한 영화들이 만들어졌다. 〈타오르는 환영*Burning an Illusion*〉(메네릭 샤바즈Menelik Shabazz, 1981)에서는 흑인 여성 팻의 눈을 통해 본 흑인의 사랑과 잠재의식을 다루고 있다. 〈바빌론 *Babylon*〉(프랑코 로소Franco Rosso, 마틴 스텔만Martin Stellman, 1980)에서는 런던 의 이스트엔드에 사는 영국 태생의 젊은 카리브계 흑인의 이야기를 그리고 있다. 〈루디 보이*Rude Boy*〉(잭 하잔Jack Harzan, 데이비드 밍게이David Mingay, 1980)에서는 두 개의 영국이 거친 기법으로 묘사되어 있다. 즉 거대한 부패 조직인 경찰에 의해 보호되는 번영 국가로서의 영국과, 인종 폭동에 가담하고 신파시즘을 지지하며 펑크 음악회에서 술과 마약을 혼합한 칵테일을 마시고 졸도하는 젊은이로 이루어진, 미래가 없는 영국을 대조적으로 보여 주고 있다. 인종 문제 이외에도 〈미브*Maeve*〉(패트리샤 머피Patricia Murphy, 존 데이비스John Davies, 1981)와 〈인형의 눈*Doll's Eyes*〉(잰 워쓰Jan Worth, 1982)과 같은 영화를 통해 새로운 페미니즘 정치가 표현되기 시작했다. 이 영화들은 강간, 폭력, 포르노, 미디어에서의 여성의 정체성에 관한 문제들을 다루고 있다.[2]

8. 1990년대 영화

1990년대 초 영국은 경제적으로 깊은 침체의 수렁에 빠져 있었다. 국민은 나약하고, 우유부단하고, 무책임하며, 비현실적인 정부·교회·군주제 등의 기존 제도에 대해 불신했다. 이 기간 머천트-아이보리의 '헤리티지' 영화 및 이와 유사하게 제작된 리처드 아텐보로우Richard Attenborough의 〈섀도우랜드 *Shadowlands*〉(1993)와 마이크 뉴웰Mike Newell의 〈4월의 유혹*Enchanted April*〉(1992) 등의 영화가 인기를 얻었다. 그러나 〈네 번의 결혼식과 한 번의 장례식*Four Weddings and a Funeral*〉(1994)의 대성공을 제외하고는 상류층의 정사나 세련되고 귀족적인 삶에 대한 관심을 다룬 낭만적 희극은 쇠퇴했다.

고전 소설은 영화에서 계속 그 영향력을 유지했지만, 더 이상 '헤리티지' 영화가 아닌 독창적인 감독들의 역량을 통해서였다. 풍부한 상상력을 더해 참신하고 간결한 영상으로 다시 만들었다. 프랑코 제피렐리Franco Zeffirelli 감독(〈햄릿*Hamlet*〉 1990 / 〈제인 에어*Jane Eyre*〉 1996)을 위시해 이러한 기법을 보여준 여러 감독들이 미국에서 각광을 받고 있다. 1970년대의 플로리다와 1980년대의 뉴욕을 배경으로 창의성과 활력이 넘치는 〈로미오와 줄리엣*Romeo and Juliet*〉(바즈 루어만Baz Luhrmann, 1996)과 현대적으로 다시 쓴 〈위대한 유산*Great Expectations*〉(알폰소 쿠론Alfonso Curon, 1996)은 영국 관객에게 큰 호평을 받았다.

---

2) 흑인 영화와 더불어 1980년대 대처주의를 비판하는 내용을 다룬 영화들은 항을 달리하여 좀 더 자세히 보기로 하겠다.

〈캐링턴*Carrington*〉(크리스 햄튼Chiris Hampton, 1995)은 1930년대를 풍미한 문학 및 예술 단체인 브룸스버리 그룹Bloomsbury Group에 초점을 맞추고 있다. 그러나 이 영화의 감독은 이 단체에서 가장 걸출한 회원인 버지니아 울프Virginia Woolf를 부각시키기보다는, 잘 알려지지 않은 화가인 도라 캐링톤Dora Carrington을 주인공으로 내세우고 있다.

최고의 찬사를 받은 영화로 토마스 하디Thomas Hardy의 소설 『미천한 사람 쥬드*Jude the Obscure*』를 각색한 마이클 윈터보텀Michael Winterbottom의 〈쥬드 *Jude*〉(1996)를 들 수 있다. 이야기는 빅토리아 시대 영국이 무대이며, 각기 다른 사람과 결혼해 불행한 결혼 생활을 하고 있는 두 명의 젊은 연인을 중심으로 전개된다. 주인공은 대학에 진학하여 고전학을 전공하고 싶어 하지만, 빅토리아 시대의 가난한 젊은 부부에게 그와 같은 야망은 생각할 수도 없는 것이었다. 〈쥬드〉는 향수에 젖은 귀족적인 '헤리티지' 영화가 아니라, 대다수의 젊은 가정이 겪는 곤경을 참신하고 생동감 있게 그리고 있는 작품이다.

영화 〈브레이브 하트Braveheart〉(멜 깁슨Mel Gibson, 1995)는 스코틀랜드에 대한 관심을 고취시키는 계기가 되었다. 영화에서 윌리엄 월리스William Wallace는 13세기 잉글랜드의 전제 정치로부터 스코틀랜드의 해방을 위해 투쟁한다. 자치권 이양에 대한 브레이브 하트의 정서적 기반은 롭로이 맥그리거Rob Roy MacGregor의 이야기를 다룬 〈롭 로이*Rob Roy*〉(마이클 케이튼 - 존스Michael Caton-Jones, 1995)로 이어졌다. 1700년대 초반의 스코틀랜드를 배경으로 아름다운 경치와 터프한 연기가 펼쳐지는 이 영화는, 자신의 목숨과 가정을 구하기 위해 자신의 청렴결백함을 주장하는 한 남자의 이야기를 다루고 있다.

위기에 처한 영국의 군주제 문제는 1788년을 배경으로 한 〈조지 왕의 광기*The Madness of King George*〉(니콜라스 힌터Nicolas Hytner, 1995)와 빅토리아 시대의 영국을 배경으로 한 〈브라운 부인*Mrs. Brown*〉(존 매든John Madden, 1997)의 두 영화에서 섬세하게 조명되어 있다. 큰 찬사를 받은 이 두 작품은, 실추된 당대의 군주(전자의 경우는 조지 3세, 후자의 경우는 빅토리아여왕)에 대한 국민적 평판을 반영하기 위해 역사를 바라보는 감독의 객관적 시각이 잘 드러나 있다.

이탈리아계 영국인인 안소니 밍겔라Anthony Minghella는 1990년대의 가장 우수한 상업 영화로 꼽히는 〈잉글리시 페이션트*The English Patient*〉(1997)를 감독했다. 이 영화는 캐나다인 작가 마이클 온닷제Michael Ondaatje의 부커상 수상작을 각색한 것으로 헝가리의 탐험가 라즐로 알마시Lazlo Almasy의 이야기를 다루었다. 2차 세계 대전이 발발하기 전, 카이로에서 주인공은 아름다운 캐서린 클리프톤Catherine Clifton과 사랑에 빠진다. 결국 그는 이탈리아의 낡고 초라한 수도원에 환자로 수용되어 삶을 마감한다. 겨우 2백만 파운드의 저예산으로 제작된 이 영화는 오스카 12개 부문에 후보로 지명되어 9개상을 수상했다.

9. 뉴리얼리즘

정치 환경이 바뀌면서 오늘의 관심사를 반영한 새로운 영화들이 '자연주의' 또는 '뉴리얼리즘'의 스타일로 제작되고 있다. 이러한 종류의 영화들은 노골적인 정치성을 배제하는 대신, 보통 사람이 어려움을 당당히 헤쳐 나가는 모습을 자연스럽게 보여주고 있다. 한 개인의 삶에 대한 집중 조명은, 1990년대 명감독으로 존경받는 마이크 리Mike Leigh(1943~)가 감독한 영화의 주요 특징 가운데 하나이다. 그는 1960년대 런던의 변두리 극장에서 일을 시작하여, 이후 날카로운 사회 비판으로 명성을 얻었다. 1971년 최초의 대작 〈우울한 순간들*Bleak Moments*〉 이후 연극과 텔레비전에서 폭넓게 일을 했다. 그 가운데 하층 계급의 사회 풍습을 다룬 1970년대 초반의 희극 〈아비게일의 파티*Abigail's Party*〉가

가장 유명하다. 또 1988년에는 〈커다란 희망*High Hopes*〉을 제작하여 큰 찬사를
받았다. 이 작품은 1980년대 중반의 런던에서 사회적 배경이 다른 두 가정
사이의 알력을 다루고 있다. 진지함과 희극적인 요소가 어우러진 이 영화에서,
그는 사회에 점차 만연되고 있는 불평등, 탐욕, 이기심 등을 날카롭게 보여주고
있다. 이 작품에 이어 리는 〈인생은 달콤하다*Life is Sweet*〉(1991)와 희비극 〈네이키
드*Naked* 〉(1993)를 제작했다.

리의 영화는 계급과 풍습에 관한 시사적인 시각을 견지하고 있기 때문에,
플롯과 연기보다는 인물의 성격 묘사에 더 큰 비중을 두고 있다. 그의 영화는
실제 상황을 방불케 하는 연기와 자연스러운 스타일의 연출을 특징으로 한다.
리는 대본을 작성하기 전에, 반드시 배우들의 폭넓은 즉흥 연기를 통해 해당
내용을 확인한다. 또 익살스러운 사건과 직관적인 발언을 통해 자칫 경직될
수 있는 내용을 완화시키고 있다. 〈비밀과 거짓말*Secrets and Lies*〉(1996)은 그
대표적인 영화이다. 비평가들은 영국의 하층 계급의 풍습과 생활 방식을 정확하
고 감동적으로 묘사하고 있다는 점에서 리를 19세기 소설가 찰스 디킨스*Charles
Dickens*와 비교한다.

영국인 시나리오작가 겸 감독인 알란 파커*Alan Parker*는 영국과 미국 영화사
에서 여러 편의 영화를 제작했다. 이 가운데 〈벅시 멀론*Bugsy Malone*〉(1976),
〈페임*Fame*〉(1980), 〈핑크 프로이드의 벽*Pink Floyd-The Wall* 〉(1982), 〈에비타
Evita〉(1997) 등은 뛰어난 뮤지컬로 평가된다. 1991년에 그는 더블린의 빈민
가톨릭 지역을 벗어나기 위해 밴드를 조직하는 일단의 친구들에 관한 로디
도일*Roddy Doyle*의 소설을 각색한 〈커미트먼트*The Commitments*〉를 만들었다.
1990년대 대중 영화의 전형적인 스타일에 따라, 대중음악이 직접 연주되며,
경제 침체 속에서도 굴하지 않고 춤추는 젊은 주인공들이 등장한다.

〈풀 몬티*The Full Monty*〉, 〈피터 카타네오*Peter Cattaneo*〉(1996)는 영화 제작의

뉴리얼리즘 경향을 집약적으로 보여주고 있으며, 1990년대 중반 최고의 성공작으로 평가된다. 웨스트 요크서의 공업 도시 셰필드를 무대로 한 이 영화에는, 생계를 위해 스트립 쇼를 배우는 철강 회사 실업 노동자들이 등장한다. 익살맞은 내용과 고도의 비유를 사용하고 있는 이 영화는, 저예산으로 제작되었음에도 불구하고 미국에서도 성공을 거두었다. 미국에서 이 영화는 여러 부문의 아카데미상을 두고 〈타이타닉*Titanic*〉과 겨루었다. 마크 허만Mark Herman의 희비극 〈브래스트 오프*Brassed Off*〉(1996)도 요크서를 배경으로 하고 있다. 또 켄 로치Ken Loach의 〈하층민*Riff Raff*〉(1991)은 아일랜드인, 흑인, 탄광촌 광부의 희망과 삶의 의지를 해학적으로 다루고 있다. 자존심이 강한 노동자는 무자비한 정치적 탄압에도 굴하지 않고 이에 맞서 싸운다.

1990년대 중반에 가장 성공을 거둔 두 편의 '뉴리얼리즘' 영화는 스코틀랜드를 배경으로 하고 있다. 대니 보일Danny Boyle 감독은 제작자인 앤드류 맥도날드 Andrew Macdonald와 작가인 존 하지John Hodge와 손을 잡고, 어두운 분위기의 스릴러물 〈쉘로우 그레이브*Shallow Grave*〉(1994)에 이어 〈트레인스포팅〉(1995)을 선보였다. 베스트셀러 소설을 희곡으로, 다시 영화로 각색한 이 영화들은 헤로인 중독, 에이즈, 빈곤 등 삶의 어두운 면에서 해학적인 요소를 끌어내는 데 성공했다. 대부분의 영화와 연극이 전달하는 메시지와 달리, 이 두 영화는 마약 중독자의 견해를 대변하고 있다. 또 스코틀랜드의 수도인 에든버러의 또 다른 얼굴인, 빈곤과 더러움에 찌든 추한 모습도 드러내 보이고 있다.

1997년 존 부어맨John Boorman은 북아일랜드의 분쟁을 다룬 〈제너럴*The General*〉을 제작했다. 지방을 소재로 한 대부분의 영화와는 달리, 이 영화는 특정 지방을 편들지 않고 있다. 대신에 IRA를 혐오하며 폭력성과 해학적 성격을 모두 지닌 무장 강도 마틴 카힐Martin Cahill의 눈을 통해 비쳐진 북아일랜드의 상황과 신교도 보수당원의 온갖 권위를 조롱하고 있다.

소수 민족 문제를 다룬 기획물의 경우에 영국 예술원의 보조금을 받기 어려워지면서, 1990년대의 영화 제작자는 영국에 거주하는 아시아인과 카리브 흑인의 삶에 거의 관심을 보이지 않았다. 소수민족 문제를 다룬 뛰어난 영화 중에 〈해변의 바지*Bhaji on the Beach*〉(거린더 차다Gurinder Chadha, 1994)가 있다. 고향 마을 버밍엄에서 블랙풀까지의 하루 여정을 다룬 이 영화는, 진지한 노년의 아주머니에서 요염한 10대에 이르는 인도의 편잡 출신 여성 3대가 등장하는 매혹적인 이야기이다. 아시아계 영국인 차다 감독의 이 영화가 처음 개봉되었을 때, 영국의 아시아인들은 자신이 풍자적으로 묘사된 것에 항의하기도 했다.

런던의 근교 지역에 위치한 별 특징이 없는 할스덴을 배경으로 한 뮤지컬 드라마 〈젊은 엄마*Babymother*〉(줄리안 헨리크Julian Henriques, 1998)는 흑인 영국인의 삶을 다루고 있다. 이야기는 두 아이를 양육해야 하는 '젊은 엄마'이자 전문 무용가를 꿈꾸는 아니타Anita를 중심으로 전개된다. 이런 주제를 보다 비판적으로 접근한 작품으로는 하니프 쿠레이시의 〈내 아들 광신도*My Son the Fanatic*〉(1998)가 있다. 훈훈한 정과 해학이 깃들어 있는 이 영화는 이슬람 근본주의자 아들을 둔 인도 출신의 자유분방한 택시 운전사에 관한 이야기가 전개되면서, 영국에서 교세의 확장을 보이고 있는 이슬람, 이민, 매춘, 간통 문제도 함께 다루고 있다.

영국의 영화 제작 100주년에 해당되는 1990년대 말경부터 영국 영화 산업의 미래는 매우 긍정적인 면모를 보여주고 있다. 영화 관객과 영화 제작이 모두 늘어났으며 세계 영화제에서도 성과를 보여주고 있다. 또한 제도적으로 영화 산업에 주어지는 보조금의 규모도 늘어나고 있는 추세이다. 1992년 내셔널 헤리티지부Department of National Heritage가 정부 부처에 신설되어 영화 및 재정 지원에 관한 정부 정책을 주관하고 있다. 여기서 나오는 교부금과 복권 사업National Lottery에서 나오는 보조금으로 인해 미래 영화 산업의 전망이 밝아지고 있다. 채널 4에서는 새로운 영화 촬영소(Film Four)를 설립하여, 영화의 제작, 배급 및 판매를 하나의 회사가 주관하도록 통합했다.

　이처럼 최근 영국의 영화 산업은 자신감을 회복하면서 수십 년 동안 볼 수 없었던 낙관적 분위기가 조성되어 있다. 영국 영화 사상 최고의 전성기로 기록될 만큼 최근의 영화 산업은 한껏 그 잠재력을 과시하고 있다. 최근의 영화는 합리적이고 비판적인 시각뿐만 아니라, 사회 문제를 비롯한 국내외 정치 문제, 그리고 인간의 삶과 체험 등 다양한 분야를 다루고 있다.

제4장 대처주의와 1980년대 영국 영화의 르네상스

1. 대처주의의 긍정적 유산

오늘날 대처주의Thatcherism에 대한 평가는 극명하게 엇갈린다. 이 이념은 영·미의 뉴 라이트New Right에게는 '영국병'을 치료하고 경제의 소생과 현대화를 위해 노력한 점에서, 그리고 국가 개입의 전통에 종지부를 찍고 신자유주의의 시장 경제 질서를 선도한 데서 긍정적인 평가를 받는다. 반면 반대의 입장에 있는 사람은 이제는 실현 불가능한 과거의 자유시장의 노선으로 회귀하여 새로운 경제 질서를 추구한 시도는 돌이킬 수 없는 부작용을 낳았으며, 영국인에게서 많은 것을 빼앗아 갔다고 비판한다.

자유시장의 경쟁 원리를 내세운 신자유주의 정책과 '두 국가' 정책으로 사회 복지의 대폭 축소, 소득 편중의 심화,[1] 전통적 제조업의 급속한 몰락,

---

[1] 보수당 집권 후 18년 동안 빈곤층의 소득은 그대로이거나 하락한 반면, 상위 10%의 부유층은 62%가 상승했다.

지역 경제 격차의 심화, 빈곤층의 확대, 가정의 해체, 범죄자의 급증, 낮은 학력 수준, 공동체 의식의 붕괴, 물질주의적 가치관의 만연 등 많은 측면에서 영국은 다시 심각한 어려움에 처하게 되었다는 것이다.[2] 이처럼 대처주의는 긍정적인 면보다는 사회 전반에 부정적인 결과를 초래한 이념으로 비판을 받는 경우가 많다.[3]

그러나 대처주의에 대해 비판적인 사람도 몇 가지 점에 있어서는 그것이 일으킨 변화와 정신적 유산에 대해서는 긍정적인 반응을 보인다. 무엇보다도 이제 영국의 대중은 시장 원리를 당연한 것으로 받아들인다. 그들은 한때 경제 계획이라는 사회주의적 프로젝트에 공감했지만 이제는 더 이상 그렇지 않다. 개인의 경제적 자립과 효율성의 가치관은 이제 영국인의 사고 속에 깊게 뿌리내리고 있다.

또한 대처주의는 세기말의 영국 정치에 새로운 '합의'를 유도했다. 1990년대에 들어오면서 실용주의 노선을 추구하는 보수당과, 1994년 이후 토니 블레어의 노동당 사이에 다시 한 번 '정치적 합의'의 분위기가 무르익고 있다. 두 정당이 기존 대처주의의 노선(경제적 현실에 대한 보다 폭넓은 인식, 시장의 힘에 대한 중시, 낮은 직접세, 노동조합의 정치적 역할 축소, 주택 소유에 대한 기대, 국영 기업의 축소 등)을 폭넓게 수용하고 현실 정치에 반영하려는 점에서 공감대가 형성되고 있는 것이다.[4]

---

2) 대처리즘의 실패와 그로 인해 초래된 전반적인 문제점에 대해서는 John Gray의 *False Dawn*, 반反대처 정서를 표현하는 문화계의 입장에 관해서는 Robert Hewison의 *Future Tense*(London : Methuen, 1990)가 대표적이다. 이밖에 여러 분야에서 대처리즘의 한계를 지적하는 저술로는 Andrew Gamble, *The Free Economy and the Strong State* (Basingbroke : Macmillan, 1988) ; Stuart Hall, *The Hard Road to Renewal* (London : Verso, 1988) ; Bob Jessop et al, *Thatcherism* (London : Polity Press, 1988) ; Henk Overbeek, *Global Capitalism and National Decline : The Thatcher Decade in Perspective* (London : Unwin Hyman, 1990) 등이 있다.

3) 최근 대처의 77회 생일에 그녀에게 전해진 축하 전보가 겨우 네 통에 불과했다는 외신의 내용은, 그녀의 독선적이고 냉정한 성품 때문이기도 하겠지만, 그녀의 정책에 대한 국민의 반응이 얼마나 냉담한가를 짚어볼 수 있는 대목이기도 하다.

대처는 사회주의를 강력하게 비난하고, 개인의 독립과 자조의 가치관을 강조함으로써, 1950년대 이후 영국인에게 만연한 의존 문화를 개선하려고 했다. 또 자신의 노력과 능력에 상응하는 대가를 받고, 자신의 이익을 철저하게 추구하는 태도를 긍정적으로 보는 능력 본위의 사회meritocracy를 추구했다. 무엇보다도 경쟁력과 창의력을 기반으로 적극적으로 기업 활동에 임하면서 경제적 효율성과 부를 추구하는 진취적 정신 즉 '엔터프라이즈enterprise' 정신을 기업가나 국민에게 확산시키고자 했다. 이러한 대처의 새로운 사회 철학은 자수성가한 중간 계급 국민의 큰 지지를 받았다.

동시에 대처는 사회활동을 하는 데 어떤 계급적·인종적 제약을 두는 것에도 반대했다. 대처는 계급에서 자유로운 국가를 건설하려고 시도했다. 그녀는 국민의 사회적 지위와 계급이 고정되어 있어야 한다고 생각하지 않았다. 그녀는 이러한 조건은 개인의 노력에 따라 얼마든지 달라질 수 있다는 신념을 영국인에게 불어넣어 주었다. 계급이 영국인의 삶에서 여전히 중요한 역할을 하고 있는 상황에서 대처가 보여준 그러한 진취적 가치관은 영국 사회의 발전에 긍정적인 유산으로 남겨졌다.

인종적 측면에서 대처는 집권 전반부에는 인종주의적 편견을 드러내는 모습을 보였다. 영국의 과거 제국주의 시대부터 백인 우월의 인종주의적 사고방식이 자리잡고 있었다. 그 때문에 옛 대영제국과 새 영연방에서 영국으로 이주해 온 여러 민족은 구직·교육·주택·치안 등 많은 분야에서 차별대우를

---

4) 어떤 사람은 이 새로운 합의를 '인간의 얼굴을 한 자본주의capitalism with a human face,' '사회적 양심을 가진 대처리즘Thatcherism with a social conscience,' 혹은 '경제적 현실에 발목이 잡힌 사회주의Socialism harnessed to economic realism'로 묘사하기도 한다. 또 다른 사람은 국가통제, 중앙통제, 개인주의를 억압하고 개인의 자유를 제약하는 강제된 평등을 추구하는 '구좌파Old Left'의 정치 노선과, 자유방임, 시장에 대한 신뢰, 사회에 관심이 없는 극단적 개인주의를 지향하는 '신우파The new Right' 사이에 생겨난 '제3의 길'로 보려는 시각도 있다. 또 좌파의 전통적 가치인 사회 정의, 평등, 연대, 국제주의를 현실의 환경과 상황에 접목시키려는 하나의 시도로 파악되기도 한다(Forman and Baldwin, British Politics, p. 10.)

받았다. 1985년 흑인 실업자 수는 백인 실업자 수의 거의 2배였다.5) 1980년대 전반부에 이러한 차별에 항의하는 대규모 시위가 전국 각지에서 일어났다. 대처 정부는 이러한 시위에 대해 초기에는 강경 진압으로 맞섰으나, 1980년대 후반에 이르러서는 소수 인종을 보다 존중하면서 통합하려는 방향으로 입장을 선회했다.6) 흑인 영화 제작에 대한 지원 정책도 그러한 태도의 변화에서 비롯된 것이었다.

또한 1980년대 이후 영국의 문화 예술계를 살펴보면, 대처주의에 대한 부정적 평가를 문화 예술 전반에도 일반적으로 다 적용하는 것이 문제가 있다는 것을 알 수 있다. 무엇보다도 대처리즘은 1980년대 영국 영화의 부흥에 직간접으로 상당한 기여를 했기 때문이다. 1980년대 초반부터 대처 정권의 "극단적인 정책"을 직접 간접으로 비판하는 "흥미로운"7) 영화들이 쏟아져 나왔다. 대처의 국가 운영 방식과 철학은 그 반대자가 공격할 수 있는 "분명한 목표"8)를 제공했다. 상당수의 영화 감독은 대처리즘의 가치관을 문화적으로 비판하고, 대중이 겪는 어려움을 폭로하는 영화들을 제작하는 데 적극적으로 나섰다. 또 1980년대 중반부터 이른바 흑인 영화의 부흥Black Film Renaissance이 이루어 졌다. 그러나 1980년대 영국 영화 중흥의 압권은 '헤리티지 영화Heritage Film'의 출현이었다.

헤리티지 영화는 대처리즘의 중심 개념인 '엔터프라이즈enterprise' 정신과 결합하여 영국 영화의 르네상스를 선도했다. 이 영화는 급격한 체제 전환기에

---

5) Alan Walker and Carol Walker (eds.), *The Growing Divide : A Social Audit 1979~1987* (London : Child Poverty Action Group, 1987) ; Corner and Harvey, *Enterprise and Heritage*, p. 10.

6) 1987년 보수당의 선거강령은 다음과 같이 주장한다. "이민 공동체들은 그들 고유의 문화적 전통을 상실하지 않고서 영국 생활의 주류에서 능동적이고 영향력을 발휘하는 역할을 하는 것이 가능하다는 것을 이미 보여주었다."

7) Lester Friedman (ed.), *British Cinema and Thatcherism : Fires were started* (London : University College London Press, 1993), xv.

8) Sarah Street, *British national cinema* (London and New York : Routledge, 1997), p. 102.

국민이 물질적·심리적 어려움을 겪을 때 아름답고 영광스런 과거를 영상에 재현함으로써 국민이 자신감을 회복하고 정서적인 안정을 되찾는 데 상당한 기여를 했다. 또 대처 정권은 헤리티지 영화와 연계하여 '헤리티지 산업Heritage Industry'을 적극적으로 육성하는 문화 정책을 폈다. 이 세 부류의 영화가 활발하게 제작되면서 1980년대 영국 영화의 르네상스가 도래했다. 그러므로 대처리즘이 영국 영화와 문화의 발전에 기여한 바를 확인함으로써 대처리즘과 문화의 관계를 적대적으로만 보아온 기존의 시각을 일부 교정하려는 것이 이 글의 목적이다.

2. 대처의 문화 정책과 영화의 발전

(1) 대처주의가 1980년대 영화 발전에 끼친 영향

대처 정부는 노동계와 노동당 관계 못지않게 지식계, 문화·예술계의 관계도 원만하지 못했다. 대처는 대학에 대한 국가의 지원을 크게 삭감하여 3,000개에 달하는 대학의 일자리를 없앴다. 1985년 정부의 대학 교육에 관한 정책 제안서 (*Higher Education into the 1990s*)는 대학에게 "국가 경제에 보다 효율적으로 기여하도록"[9] 요구하고 있다. 비실용적인 지식은 대처의 경제 논리 앞에서는 설득력을 잃었다. 각 대학은 대처의 교육 정책에 대한 항의의 표시로 과거 다른 정치 지도자에게 주었던 명예 학위를 그녀에게만은 수여하지 않았다.

문화 예술에 대해서도 대처 정부는 같은 태도를 보였다. 1940년대 케인즈E. M. Keynes의 주도로 영국 문화원British Council이 창설된 이래 문화 예술에 대한 국가의 적극적인 지원이 있어 왔다. 그러나 대처는 문화 예술 분야에서도 역시 시장 원리를 적용했다. 대처 정부는 1984~85년 의회 회기에 같은 원리를

---

9) Hugo Young, *The Iron Lady* (New York : Farrar Strauss Giroux, 1989), p. 414.

영화 산업에 적용시킨 새로운 법안을 통과시켰다. 그 내용은 1947년에 제정된 이디 레비Eady Levy 제도(극장의 입장권 수입의 일정 비율을 영국에서 제작된 영화에 분배하는 것을 규정한 것)를 폐지하는 것이었다. 그렇다고 그로 인해 발생하는 영화계의 수입 손실에 대한 대안을 제시해준 것도 아니었다. 또한 이 법안은 영화 제작에 투자할 경우 25%의 세금을 감면해 주던 제도도 폐지했다. 또 국립 영화 진흥원National Film Finance Corporation을 민영화함으로써 상업 영화 제작에 대한 정부의 직접 지원도 중단해 버렸다. 영화에 종사하던 사람은, 교육계 인사와 마찬가지로, 대처의 문화 정책에 대해서 뿐만 아니라, 대처의 정치 노선 전반에 대해 공격했다. 심지어 그녀의 음성, 의복, 미적 감각과 같은 사적인 것까지도 비난의 대상이 되었다.[10]

1980년대 영화 산업의 침체는 어느 정도 예상된 일이었다. 관객수가 계속 줄어들고 있는 상황에서 대처 정부의 영화 제작에 대한 지원 철회로 영국 영화는 끝없는 침체의 나락으로 떨어질 형편이었다. 이미 영국 영화는 여러 가지 어려운 상황에 처해 있었다. 우선 할리우드 영화에 철저하게 종속되어 있었다. 영국의 영화관이나 텔레비전을 미국 영화가 거의 석권하고 있는 현실에서, 영국의 일급 감독들(Alan Parker, Ridley Scott, Stephen Frears 등)은 영화 제작 환경이 좋고 높은 소득을 올릴 수 있는 할리우드로 대거 이동하고 있는 실정이었다.

그밖에도 영국의 영화들은 친親연극적이면서 반영화적인 기존 예술계의 뿌리 깊은 편견에 시달렸다. 또 텔레비전이나 가정용 비디오를 상대로 관객을 끌어들이는 경쟁을 해야 했다. 영화와 달리 텔레비전은 풍부한 자본으로 독창적이고 뛰어난 작품들을 제작할 수 있었다. 또 다른 어려움은 영국 내의 영화

---

10) Leonard Quart, "The Religion of the Market : Thatcherite Politics and the British Film of the 1980s," Lester Friedman (ed.), *British Cinema and Thatcherism : Fires were started* (London : University College London Press, 1993), p. 23.

배급을 두 메이저 배급사인 랭크Rank와 이엠아이EMI를 중심으로 몇몇 배급사가 독점한 데 있었다. 이들은 주로 할리우드 영화를 배급하면서, 지적으로 수준 높고 실험적이며 독립적인 영국의 영화가 상영될 기회를 가로막았다. 1980년대의 이런 한계 상황을 고려할 때 영국 영화가 침체의 깊은 수렁으로 빠져들 것이라고 예상하는 것은 불을 보듯 뻔한 일이었다.

그러나 이러한 일반적인 예상과는 달리 1980년대의 영국 영화는 눈부시게 성장했다. 이른바 영국 영화의 '르네상스'로 불리는 영화의 발전은 대처의 시장주의로 인해 문화 예술이 침체할 것이라는 기존의 예상을 무너뜨렸다. 대처리즘이 많은 부작용을 낳았음에도 불구하고, 영국의 경제와 정치, 그리고 사회를 변화시키는 데 중대한 영향을 미친 것처럼, 문화와 예술 분야에도 그에 못지않은 영향을 주었던 것이다. 특히 1980년대 영국 영화가 르네상스를 맞게 된 것은 바로 대처리즘에 대한 관계에서 찾아볼 수 있다. 영화에 대한 역대 정권의 지원 정책을 철폐한 대처 정부의 정책이 영국 영화의 중흥에 기여했다는 사실은 하나의 아이러니다. 대처리즘이 만들어낸 긍정적 결과들 가운데 하나가 영국 영화의 르네상스로 평가될 수 있다.[11] 그러면 어떻게 이런 역설적인 상황이 벌어졌을까? 대처리즘이 영국 문화 예술의 발전에 어떤 순기능을 한 것일까?

영화 산업의 경제적 위험성과 제한된 자원에도 불구하고 1980년대 영국 영화가 경이적인 발전을 하게 된 계기가 된 것은 허드슨Hugh Hudson 감독의 〈불의 전차Chariots of Fire〉(1981)[12]의 성공이었다. 이 영화로 미국의 영화 시장은 영국 영화를 새롭게 주목했다. 이러한 관심 속에서 미국의 케이블 텔레비전 시장에서 영국 영화에 대한 수요가 증가했다. 무엇보다도 1982년에 출범한

---

11) Quart, "The Religion of the Market," p. 17.
12) 영화의 이름을 우리나라 말로 옮기는 경우는 한국의 극장에서 상영되어 우리한테 그 이름으로 알려진 경우에 한해서 옮기기로 한다. 나머지 경우는 영문 제목을 그대로 쓰기로 한다.

상업 텔레비전 방송인 '채널 4'가 영화 제작에 적극 나선 것이 영화 중흥의 중요한 촉매제로 작용했다. 이러한 조건들이 1980년대 영국 영화의 발전에 긍정적인 요인으로 작용했다. 그러나 이러한 조건을 상당 부분 가능케 하고 더 나아가 영국 영화의 르네상스에 크게 기여한 것은 바로 대처리즘이 가져 온 정서와 문화 정책이라고 할 수 있다.

대처리즘은 네 측면에서 영국의 영화 발전에 영향을 끼쳤다. 첫째, 대처리즘 이 추구한 새로운 문화와 정서는 영화 감독들에게 분명한 '주제'를 제공해 주었다.[13] 1980년대와 1990년대 초에 제작된 영국 영화는 크게 보아 대처가 만들어 놓은 새로운 정서를 지지하는 경향과, 대처리즘이 지향하는 가치관을 비판하는 작품으로 나뉜다. 물론 이 시대의 영화 모두를 대처리즘에 대한 순응과 저항이라는 두 잣대만으로 구분하는 것은 문제가 있을 수 있다.[14] 그러나 〈불의 전차〉를 시작으로 쏟아져 나온 헤리티지 영화들은 그 내용과 정서에 있어서 대체로 대처리즘의 가치관과 국가관을 반영하고 있는 작품들이 다.[15]

둘째, 대처 정부가 장려한 기업 정신과 독립 정신 즉 '엔터프라이즈' 정신이 영화계에 끼친 영향이다. 채널 4의 시도는 시장의 경쟁 원리를 도입하여 영국 영화 산업의 자생력을 갖춘 대표적 사례라고 할 수 있다. 또 엔터프라이즈 정신은 영화를 관광업과 연계한 헤리티지 산업Heritage Industry을 영국의 주요 산업의 하나로 발전시켰다.

셋째, 대처리즘이 추구하는 자유시장 경제와 경쟁, 물질주의적 가치관을

---

13) Quart, "The Religion of the Market," pp. 24~25.
14) John Boorman의 충격적인 영상인 *Excalibur*(1981), John Irvin의 *Turtle Diary*(1985), Bruce Robinson의 *Withnail and I*(1986)와 같은 영화에서는 대처리즘과 관련한 어떤 흔적도 찾아볼 수가 없다는 지적이 있다.
15) Andrew Higson, "Re-presenting the National Past : Nostalgia and Pastiche in the Heritage Film," Friedman ed., *British Cinema and Thatcherism*, p. 109.

반발하고 비판하는 다수의 영화가 또한 등장했다. 1980년대의 독립 영화 제작자
는 대처리즘이 만들어 놓은 가치관과 사회 질서에 강력하게 반기를 들었다.
그들은 사회 모든 분야에 적용되는 시장 논리, 정치적 권위주의, "두 국가"
정책, 금융업의 주도적 역할 등을 거세게 비난했다.16)

넷째, 대처의 소수 인종 문화 지원으로 활기를 띄게 된 '흑인 영화 르네상스
Black Film Renaissance'를 들 수 있다. 1970년대와 1980년대 초 소수 민족의
삶을 다룬 영화들은 비교적 무명의 저예산 영화 제작자에 의해 제작되었다.
흑인 영화는 그 이전에는 상업적인 매력이 없었기 때문에 소규모의 영화관에서
만 상영되었다. 그러나 1970년대와 1980년대 초 인종 폭동 이후 흑인 예술가
사이에 불만이 커가자 1985~1991년 사이 소수 인종의 문화 활동에 대한
재정 지원이 이루어지면서 이들의 독립 영화 제작이 가능해졌다. 런던시와
채널 4가 재정 지원을 해서 산코파Sankofa, 블랙 오디오Black Audio, 케도Ceddo를
포함한 여러 흑인 영화 조합이 발족되었다. 이들 조합들이 제작하는 영화는
기존의 영화 제작자가 깊이 있게 다루지 않던 흑인의 삶을 다루었다.17)

3. 반대처주의 영화

대처주의가 개인의 삶에 미치는 영향을 밀도 있게 다룬 반反대처주의 계열의
영화는, 일자리를 얻지 못하는 절망적인 상황에서 방황하는 셰필드의 청년
실업자의 삶을 다큐멘터리 형식으로 표현한 켄 로치Ken Loach 감독의 〈외모와
미소Looks and Smiles〉(1981)로부터 본격적으로 제작되었다. 리차드 에어Richard
Eyre 감독은 〈프라우먼즈 런치The Ploughman's Lunch〉(1983)에서 "1980년대 사회에

---

16) Peter Wollen, "The Last New Wave," Friedman ed., *British Cinema and Thatcheism,* p. 35.
17) Sarah Street, *British National Cinema* (London and New York : Routledge, 1997), p. 188.

만연한 착취, 사기, 속임수의 기술에 관한"[18]내용을 보여주고 있다. 이 작품은 BBC 기자의 활동에 초점을 맞추어 1956년 수에즈 위기 때와 포클랜드 전쟁 당시 매스미디어가 보여준 위선의 실상을 냉소적 견해로 그리면서 대처주의와 저널리즘, 소비 지상주의를 강하게 비판하고 있다. 반대처주의는 피터 그리너웨이Peter Greenaway가 자신의 독특한 스타일로 대처리즘의 탐욕과 속물근성을 풍자한 〈요리사, 도둑, 그의 아내 그리고 그녀의 정부The Cook, the Thief, His Wife, and Her Lover〉(1990)에 이르러 절정에 달한다.

1980년대에 유사한 주제를 추구하는 테리 길리엄즈Terry Gilliams의 〈브라질 Brazil〉(1985), 스티븐 프리어즈Stephen Frears와 하니프 쿠레이시Hanif Kureishi의 〈세미와 로지 함께 잠들다Sammy and Rosie Get Laid〉(1988) 마이크 리Mike Leigh의 〈커다란 희망High Hopes〉(1988) 로라 멀베이Laura Mulvey와 피터 월른Peter Wollen 의 〈수정점Crystal Gazing〉(1980), 리스 오거스트Reece Auguste의 〈황혼의 도시 Twilight City〉(1989), 데렉 자만Derek Jarman의 〈잉글랜드의 최후 The Last of England〉(1987)가 줄을 이어 제작되었다.

1980년대에 나타난 영화 제작자 가운데 가장 현대적이면서 인습에 얽매이지 않은 사람은 피터 그리너웨이Peter Greenaway(1942~)다. 은유적 이야기, 상징, 낭만주의, 게임 등은 그의 영화의 특징을 이룬다. 시각적 장면은 친숙한 그림과 함께 정교하면서도 신중하게 구성되어 있다. 그의 초기 작품은 매우 실험적으로 〈디어 폰Dear Phone〉(1977)과 같이 초현실적 판타지와 유쾌한 서술 및 황당한 제목이 그 특징이었다. 그러나 작품 활동 후기에는 좀 더 전통적인 장편 영화를 만들기 시작했다. 그 가운데 일부는 1980년대에 수적으로 크게 증가된 요리사, 건축 기사, 제도공製圖工과 같은 전문 계층의 삶을 냉소적으로 고찰한 작품들이다. 〈영국식 정원 살인 사건The Draughtsman's Contract〉(1983)은 희극적인

18) Alexander Walker, *National Heroes : British Cinema in the Seventies and Eighties* (London : Harrap, 1985), p. 264. Sarah Street, *British National Cinema*, p. 106.

시대극으로 유명하다. 1964년을 배경으로 한 이 희극은 귀족적인 허버트 부인 Mrs. Herbert이 남편에게 선물로 주려는 집의 도면 작업을 제도공에게 의뢰하는 것으로 시작된다.

〈건축사의 배The Belly of an Architect〉(1987)에서는 현대 로마가 무대로 설정된다. 이 작품에서 시카고에 거주하는 부유한 건축 기사인 스타울리 크랙라이트는 젊은 아내 루이자와 함께 건축 전시관을 감독한다. 지병으로 정신이 산만해진 크랙라이트는, 젊은 이탈리아인 건축 기사가 자신의 전문적 능력과 아내를 질투하고 있는 것을 깨닫지 못한다. 그리너웨이가 페미니스트들로부터 인기를 얻도록 해준 영화는 〈차례로 익사시키기Drowning by Numbers〉(1988)이다. 이 영화는 잉글랜드 동부의 해변가 마을인 서포크Suffolk를 배경으로 한다. 이 마을에 시시 콜피트Cissie Colpitts라는 동일한 이름을 가진 19세, 34세, 60세인 여성 3대가 자신들의 남편을 살해한다. 그러나 지방 검시관은 남편들의 죽음은 부인들이 섹스 대상으로 몸을 허락한 대가이므로 자연스러운 귀결이었음을 증명하기로 약정한다.

더욱 도전적이고 인습에 얽매이지 않는 작품은 셰익스피어의 마지막 희곡 "폭풍우The Tempest"를 해석한 〈프로스페로의 서재Prospero's Books〉(1991)이다. 이 영화는 프로스페로의 친구인 곤잘로가 이탈리아로 돌아가는 마지막 항해 때에 가지고 가라고 건네준 24권의 마법의 책을 둘러싸고 일어나는 이야기이다. 그리너웨이의 최근 영화 〈필로우 북The Pillow Book〉(1996)은 서예를 숭배하며 성장한 젊은 일본인 여성이, 자신의 몸에 아버지가 했던 짓처럼 글씨를 써 넣도록 애인에게 요구한다. 정교한 이미지, 컴퓨터 그래픽, 이중 인화印畵로 인해 이 영화는 당대의 가장 독특한 작품으로 평가받고 있다. 미술학도, 화가, 작가 겸 소설가인 그리너웨이는 현대 영국에서 가장 개성이 강한 독특한 영화 제작자로 간주된다.

사회 문제와 쟁점을 다룬 사실주의 영화는 영국 영화의 주요 장점 가운데 하나이다. 사실주의 영화의 대표 주자로 켄 로치(1937~)를 들 수 있다. 로치는 정치적 신념이 뚜렷한 영화인으로 비평가들로부터 명성을 얻었다. 영국 미들랜드 태생인 그는 옥스퍼드 대학을 거쳐 BBC에 입사했다. 1960년대에 그는 텔레비전 주말 드라마 시리즈 〈수요 극장*The Wednesday Play*〉을 감독하기도 했다. 그는 이 시리즈에서 마약, 10대 임신, 가정 폭력을 비롯하여 당대의 가장 심각한 사회 문제들을 다루었다.

로치의 대부분 작품은 무관심한 사회에 대항하는 빈곤층의 투쟁을 공통 주제로 삼고 있다. 로치의 영화는 희극적인 사건, 익살스러운 대본, 문제를 해결해 가는 긍정적인 태도가 특징이다. 그의 초기 영화 〈불쌍한 암소*Poor Cow*〉(1968)에서는 품위 있는 삶을 꿈꾸는 가난한 미혼모에 대해 섬세하게 조명되고 있다. 이후 그의 작품들은 다양한 사회적 쟁점에 대한 비판적인 메시지를 담고 있다. 〈케스*Kes*〉(1970)는 로치의 최고 걸작으로 손꼽힌다. 이 작품은 요크셔의 탄광촌을 무대로 하여, 새끼 황조롱이가 소년의 삶에 의미를 불어넣어 주는 과정을 섬세하게 그리고 있다.

1980년대 이래 로치의 영화는 정치와 사적 문제를 보다 밀도 있게 다루고 있다. 〈외모와 미소*Looks and Smiles*〉(1982)는 취업이 매우 어려운 시기에 두 명의 학교 중퇴자에게 주어진 절망적인 선택에 초점을 맞추고 있다. 로치는 사실성을 강화하기 위해, 모든 배역을 영화의 무대인 요크셔 남부 셰필드 출신의 아마추어로 뽑았다. 〈레이닝 스톤*Raining Stones*〉(1994)에서는 맨체스터의 한 가톨릭 가정에 닥친 실업의 영향을 희·비극적으로 그렸고 〈레이디버드, 레이디버드*Ladybird, Ladybird*〉(1993)에서는 일반적으로 남성에 의해, 특히 사회 시설에 의해 부당한 대우를 받는 미혼모의 실상을 섬세하게 보여주고 있다. 〈하층민*Riff Raff*〉(1994)에서 로치는 없어서는 안 될 병원을 호화 아파트로 개조시키도록 명령을 받은 노동자의 태도와 '지방적' 특성을 해학적으로 묘사하고 있다.

로치는 작품 소재를 영국에 국한시키지 않는다. 〈숨겨진 비망록*Hidden Agenda*〉(1990)에서는 북아일랜드에서 영국군의 역할을 조명하고 있으며, 〈랜드 앤 프리덤*Land and Freedom*〉(1995)에서는 스페인 내전에 초점을 맞추고 있다. 특히 후자의 경우는 1936년 '토지와 자유'를 쟁취하기 위해 바르셀로나로 떠난 리버풀 출신 실업자 데이비드 카네David Carne의 체험을 통해, 당대의 사회 문제를 깊이 있게 다뤄 사회적 반향을 불러일으켰다. 〈칼라 송*Carla's Song*〉(1996)은 니카라과 내전 문제를 다루고 있다. 이 작품에서는 미국의 지원을 받는 우익 콘트라 반군이 산디니스타 정부를 몰락시킨 1980년대 중반의 니카라과를 배경으로, 글래스고 출신 버스 운전사와 그의 니카라과 애인 사이에 벌어지는 이야기로 전개된다. 이밖에도 켄 로치의 최신 영화 〈내 이름은 조*My Name is Joe*〉(1998)는 회복 단계에 들어선 알코올 중독자의 삶을 다루고 있다.

1990년대에 들어와서도 로치 감독은 반대처주의적 시각에서 사회 문제를 다루고 있다. 그는 〈무당벌레*Ladybird, Ladybird*〉(1993)에서 남성과 사회로부터 부당한 대우를 받는 미혼모 문제를, 〈레이닝 스톤*Raining Stone*〉(1994)에서 실업 문제를, 〈하층민*Riff Raff*〉(1994)에서 지방 노동자의 특성과 정서를 해학적으로 다루고 있다.

4. 흑인 영화 르네상스[19]

1980년대의 흑인 영화 르네상스의 역사는 1970년대 중반 이후 이른바 소수

---

19) 본 난의 작성에는 Houston A. Baker, Jr., Manthia Diawara, and Ruth H. Lindeborg (eds.), *Black British Cultural Studies : A Reader* (Chicago and London : The University of Chicage Press, 1996)를 주로 참고했다.

인종 예술minority arts에서 그 기원을 찾을 수 있다. 1970년대와 1980년대 초 소수 인종의 삶을 다룬 영화는 비교적 무명의 저예산 영화 제작자에 의해 만들어졌다. 1976년과 1981년 노팅힐 카니발에서 발생한 인종 폭동에는 그 소요의 확대를 억제하려는 정부의 전략이 뒤따랐다. 그러한 정책은 영국 도시에서 흑인 청소년에 대한 경찰의 무력 대응뿐만 아니라, 영국 예술 협회, 런던시, 영국 영화 협회The British Film Institute, 채널 4, 지방 자치단체의 예술 정책 부서 등이 소수 인종 예술가를 지원하기 위한 기금을 조성하는 결과도 함께 낳았다.[20] 그리하여 1985년에서 1991년까지 소수 인종의 예술 활동에 대한 재정 지원이 이루어지면서, 흑인 영화 제작이 크게 활기를 띠게 되었다. 앞서 말했듯이 이런 배경에서 산코파Sankofa, 블랙 오디오Black Audio, 케도Ceddo를 포함한 여러 흑인 영화 조합이 발족하게 되었다.

영화 비평가들은 1980년대의 영국 흑인 영화의 르네상스를 하나의 운동으로 특징짓고 있다.[21] 앞의 영화 조합을 연구하여 이러한 특징을 최초로 지적한 인물은 언론인이자 문화 전문가인 짐 파인스Jim Pines였다. 코베나 메르세Kobena Mercer 역시 영국 흑인 영화에 관한 논문에서 '운동'이라는 개념을 사용하고 있다. 그는 "흑인 독립영화 운동은 1980년대 영국 현대 영화의 특별한 영역으로 자리를 잡았다"[22]고 언급했다. 폴 윌먼Paul Will은 『제3의 영화론Questions of Third Cinema』(1989)에서 이러한 경향의 흑인 영화를 "매우 지적이고 영화적인 혁신의 경지"[23]에 이른 작품으로 평가했다. 또한 앨리즌 버틀러Alison Butler는

20) Manthia Diawara, "Power and Territory : The Emergence of Black British Film Collectives," Friedman ed., *British Cinema and Thatcherism*, p. 148.

21) Ibid., pp. 147~148.

22) Kobena Mercer, "Reading Narratives of Race and Nation." *Black Film, British Cinema*, ICA Documents no. 7, 4~14 (London : Institute of Contemporary Art, 1988), p. 4.

23) Jim Pines and Paul Willemen, *Questions of Third Cinema* (London : British Film Institute, 1989), p. 28.

1985년 흑인 폭동을 다룬 〈핸즈워드 송〉에서 "새로운 예술 양식과 새로운 문화 흐름을 발견하리라는 희망을 본다"24)며 흑인 영화를 높이 평가했다.

소수 인종 영화 작업의 초기 국면에서는 영국의 유색 인종이 겪고 있는 많은 경험을 표현할 수 있는 영화 언어에 대한 모색이 두드러졌다. 처음부터 소수 인종의 젊은 영화 제작자는 토론을 통해 자신의 표현과 미학적 입장을 표명했다. 이전의 영국 흑인 영화 제작자의 입장이나, 영국과 서유럽의 백인 독립영화 제작자의 입장과 차별화시키려 했던 것이다. 그 밖의 여러 잡지와 저서를 통해 영화 제작에 대한 입장과 이론을 발전시켜 나가고, 또 이주자에 관한 문제의식을 수용하고, 경찰의 강경 노선을 자신의 맥락에서 이론화하면서 카리브 해와 아프리카 출신 예술가들의 영향을 수용했다. 그러나 소수 인종 영화 발전에 가장 직접적인 영향을 끼친 것은 스튜어트 홀Stuart Hall(*The Empire Strikes Back*)과 폴 길로이Paul Gilroy(*There Ain't No Black in the Union Jack*)의 저술들과 「인종과 계급*Race and Class*」이라는 저널에 발표된 글들이었다.25)

흑인 영화의 대표적인 감독으로 아이작 줄리언Issac Julien을 들 수 있다. 그는 남성성, 욕망과 성의 문제를 집중적으로 조명했다. 줄리언은 1983년 '산코파'라는 그룹을 공동으로 설립했다. 아이작 줄리언은 대부분의 흑인 영국인이 느끼는 분노와 좌절을 표현하는 영화를 여러 편 제작했다. 〈영토 *Territories*〉(1984), 〈기억*Remembrance*〉(1986)과 흑인 미국인 시인 랭스톤 휴즈 Langston Hughes(1902~1967)의 이야기에 기초한 〈랭스턴을 찾아서*Looking for Langston*〉(1989)가 대표적 작품이다. 흑인 영국인의 체험을 다룬 또 하나의 작품으로, 현대 영국의 인종 갈등을 비판적으로 그려 낸 〈핸즈워드 송*Handsworth Songs*〉(존 아콤프라John Akomfrah, 1986)이 있다. 이 영화는 1985년의 폭동 기간에

---

24) Alison Butler, "Handworth Songs," *International Documentary*, Winter/Spring, 19~22. Ceddo Press Release, p. 19 ; Diawara, "Black British Film Collectives," p. 148.

25) Diawara, "Power and Territory," p. 150.

버밍엄의 핸즈워드에서 촬영되었다.

그러나 흑인 영화 제작자는 소수에 불과하며, 이들이 다루는 주제도 점차 상업적 주제에 희석되고 있다. 일례로 〈프레잉 어웨이*Playing Away*〉(호라스 오베, 1986)를 들 수 있는데, 이 작품은 잉글랜드에 위치한 한 시골 지역 주민의 위선과 편견에 대해 해학적인 가벼운 터치로 접근하고 있다. 이야기는 브릭스톤 출신의 크리켓 팀이, '제3세계 주간'을 맞이하여 친선 경기를 치르기 위해 작은 시골 마을을 방문하면서, 필드 안팎에서 빚어지는 희극적 소동을 다루고 있다.

한편 백인 영국인 감독 스티븐 프리어즈Steven Frears는 도시의 삶을 성공적으로 조명하여 찬사를 받았다. 그의 영화는 여러 편의 소설과 영화 대본을 쓴 영국 태생 파키스탄인 하니프 쿠레이시Hanif Kureishi와 협력하여 제작되었다. 프리어즈는 영화를 통해, 영국 사회의 다양한 속성과 '국외자'와 주변 단체가 겪는 문제를 대중에게 제시했다. 이 영화들은 보수당 정부의 경제 사회 정책을 강력히 비판하는 동시에 삶의 역경을 극복할 수 있는 인간의 능력에 대한 낙관적인 메시지를 전하고 있다.

〈나의 아름다운 세탁소*My Beautiful Launderette*〉(1985)에서는 아시아 기업인의 아들인 오마르Omar의 이야기를 다루고 있다. 오마르는 파시스트 펑크족인 백인 동창생 자니와 함께 런던의 한 지역에서 경쟁이 심한 셀프 서비스 세탁소를 연다. 이 둘은 서로 연인 사이가 되면서 심각한 문제가 생긴다. 이 영화는 인종 갈등, 청년, 계급 및 동성애 등 사회적 쟁점을 다루고 있으며, 아시아 문화에 관한 영국 영화로는 수작으로 평가되고 있다.

1987년에 프리어즈는 〈귀를 곤두세워라*Prick Up Your Ears*〉를 감독했다. 영국에서 동성애가 범죄 행위에 해당되던 1950년대와 1960년대를 배경으로 동성애를 주제로 한 이 영화는 1967년 애인 케네스 할리웰에 의해 비극적인 삶을 마친

게이 극작가 조 오튼의 이야기를 다루고 있다. 이 영화는 위선과 엄격한 계급 제도에 의해 분열된 억압적인 국가의 모습을 보여주고 있다. 오튼은 1960년대 영국의 현실이 반영된 이러한 국가의 유형에서 영감을 얻어 희곡을 쓰기도 했다. 프리어즈와 쿠레이시는 영국 속의 아시아인이 안고 있는 문제를 풍자적으로 제기한 〈새미와 로지 함께 잠들다*Sammy and Rosie Get Laid*〉(1987)를 공동 제작했다. 서로 다른 인종인 새미와 로지는 런던의 변두리에서 자유분방하게 생활하는 부부이다. 이 부부는 상대가 바람피우는 것을 인정하는 '개방적인' 결혼 생활을 영위하며 행복하게 지낸다. 그러나 파키스탄인 갱단의 일원인 새미의 아버지가 등장하면서, 서로 다른 생활 방식과 문화에서 오는 이질감으로 갈등이 야기된다.

제5장 헤리티지 영화

1. '엔터프라이즈'와 '헤리티지'의 만남

대처 정부는 1980년대 영국의 경제와 사회의 구조를 급격히 변화시키면서 옛 제도와 새 제도 사이의 갈등, 전통과 현대의 충돌을 해결할 수 있는 새로운 방법을 모색해야 했다. 이러한 과정에서 등장한 두 가지 핵심 개념이 '헤리티지 heritage'와 '엔터프라이즈enterprise'였다. 전자는 과거의 가치관과 전통의 보존을 의미하는 것이었고, 후자는 변화와 혁신의 의미였다. 1980년대에 이 두 개념은 경제적·문화적 '변화change'를 인정하면서도, 그것을 '연속성continuity'과 연결시킬 수 있는 새로운 가치로 부상했다.[1]

'엔터프라이즈'라는 말은 본래 행동, 탈바꿈, 변화를 의미한다. 그러나 1980년대로 오면서 이 말은 자유시장을 추구하는 보수주의자에 의해 자립, 솔선,

---

1) John Corner and Sylvia Harvey, "Mediating tradition and modernity : the heritage / enterprise couplet," Corner and Harvey (eds.), *Enterprise and Heritage : Crosscurrents of national culture*(London and New York : Routledge, 1991), pp. 45~46.

성취로까지 그 의미가 확대되었다.[2] 대처는 이러한 정신을 추구하는 사람을 "스스로 시작하는 사람, 자발적으로 계획을 실행하는 사람(self-starters)"[3]이라고 불렀다. 또 이들은 실질적인 사람으로, 적극적으로 사업을 일으키고, 부를 창출하며, 일자리를 제공하는 사람이다. 또 옛 귀족적 계급 질서에 도전하는 인간이었다. 이들은 바로 19세기 중기의 사무엘 스마일스Samuel Smiles가 말한 '자수성가형 인간self-made man'의 현대판이다. 이러한 정신과 인간관은 대처리즘의 핵심적 가치로 자리잡게 되었다.

채널 4는 엔터프라이즈 정신을 방송과 영화 제작에 적용한 대표적인 사례이다. 1982년 개국하여 웨일스를 제외한 전국적인 상업방송으로 출발한 이 채널은 처음부터 다른 방송과 차별화된 프로그램을 표방하고 나섰다. 웨일스에서 이 채널은 S4C(Sianel Pedwar Cymru)로 불리며, 웨일스어로 여러 프로그램을 방송하고 있다. 오페라, 외국 영화와 같은 문화 관련 프로그램, 다큐멘터리물, 소수 인종을 위한 프로그램 등 기존의 방송과 다른 다양하고 혁신적인 아이디어를 통해 시청자에게 다가서려고 했다.

이 방송국은 드라마 예산 가운데 많은 부분을 '장편 특집 영화feature film'를 만드는 데 할애했다. 특히 이 방송은 1982년에서 1997년 사이에 독창적인 주제를 다룬 200여 개의 저예산 영화를 직접 제작하거나 스폰서가 되면서 영화 중흥에 큰 기여를 했다. 이렇게 제작된 영화들은 사실주의, 단순성, 독창성이 뛰어난 작품으로 평가받고 있다. 그리너웨이 감독의 〈영국식 정원 살인사건 *The Draughtsman's Contract*〉(1982), 〈플라우맨스 런치*The Ploughman's Lunch*〉(1983),

---

2) *Ibid.*, p. 58.

3) 대처 수상은 포클랜드 전쟁에서 승리하고 얼마 지나지 않은 1982년 여름 *Daily Express* 신문과 인터뷰에서 다음과 같이 말했다. "We are looking for self-starters. We are looking for princes of industry, people who have fantastic ability to build things and create jobs." *Daily Express*, 26 July 1982. Anthony Barnett, *Iron Britania : Why Parliament Waged the Falklands War* (London : Allison & Busby, 1982).

마렉 카니에프스카Marek Kanievska 감독의 〈다른 시간, 다른 장소*Another Time, Another Place*〉(1983), 프리어즈 감독의 〈나의 아름다운 세탁소〉(1985) 등이 대표적인 영화다. 이렇게 제작된 영화들은 우선 극장에서 상영하여 수입을 올린 다음 텔레비전에 방영되었다.

'헤리티지'는 오늘날 대중에게 역사를 알리는 데 있어서 가장 자주 이용되는 용어이고, 이 용어를 통해 과거에 대한 노스탤지어가 꾸준하게 유지되고 확산되었다. 이 말은 '역사성pastness'과 과거에 대한 자부심을 표현하는 핵심어가 되었다.[4] 또한 이 용어는 1980년대부터 역사 유적을 탐방하는 관광 산업의 놀라운 성장을 일으키고, 역사와 문화에 대한 관심을 제도적으로 발전시키는 동기를 부여하는 중요한 개념으로 부각되었다.[5] 이 용어가 함축하는 의미는 과거의 물질적 유산을 뜻하는 것에서부터, 영화, 텔레비전, 광고, 그리고 미디어 속에 나오는 과거의 이미지에 이르기까지 포괄적인 것이다. 이러한 가치를 전파하고 발전시켜온 대표적인 단체가 바로 내셔널 트러스트National Trust이다. 이 단체는 1895년 이래로 문화유산·자연을 보호하고, 국민에게 헤리티지 의식을 전파해 왔다. 이 단체의 취지에 공감하여 회비를 납부하며 자발적으로 동참하는 회원의 수가 현재 150만 명을 넘어서고 있다.

대처 정부는 1980년과 1983년의 헤리티지법National Heritage Acts을 제정함으로써 과거의 가치관과 유산에 대한 적극적인 관심을 가졌다. 이 법률들은 문화유산에 대한 대중의 관심을 유도하고 여러 방법을 통해 역사 유적의 보존, 복구, 전시 활동의 증가에 따른 추가 재원을 확보하고, 동시에 '헤리티지' 프로젝트에 공공의 철학을 제공하기 위해서 제정되었다.[6] 또 시장 경제의

---

4) 1980년대 영국의 '헤리티지' 현상을 가장 광범위하게 다루고 있는 대표적 저서는 Corner and Harvey의 *Enterprise and Heritage*(1991) 외에 Robert Hewison, *The Heritage Industry* (London : Methuen, 1987)과 Patrick Wright, *On Living in an Old Country : The National Past in Contemporary Britain* (London : Verso, 1985) 등이 있다.

5) Corner and Harvey, "Mediating tradition and modernity," pp. 47~48.

원리에 입각한 마케팅을 활성화시켜 헤리티지 산업을 발전시키는 데도 그 목적이 있다.7) 1982년에 설립된 헤리티지 교육 트러스트Heritage Educational Trust는 역사적 건물과 다른 문화유산을 교육에 적극적으로 활용하는 데 그 목적을 두고 있다. 이 단체는 교과 과목에 헤리티지 이해에 관한 과목을 개설하고 이러한 목적을 위해서 정기적인 협의회와 강좌를 열고 있다. 1983년 법으로 설립된 잉글리시 헤리티지English Heritage는 건물과 기념물의 운영을 감독하고 문화유산의 보존과 복구를 책임지고 있다. 이에 필요한 기금을 마련하는 역할도 하고 있다.

잉글리시 헤리티지의 출범으로 리버풀의 앨버트 독Albert Dock과 같은 대형 복구 사업이 재개되었다. 노동당 정부 아래에서 잉글리시 헤리티지는 매년 1억 파운드 이상의 재정 지원을 받고 있다. 헤리티지부Department of National Heritage의 설치와 헤리티지 복권 기금The Heritage Lottery Fund(연간 3억 파운드의 수입)은 영국의 헤리티지 건물의 복구와 보존에 큰 재정적 지원이 되고 있다. 앨버트 기념관Albert Memorial의 복구와 같은 공사는 이러한 노력 없이는 불가능한 일이었다. 헤리티지 건물은 환경부The Department of the Environment의 목록에 기록됨으로써 그 가치를 인정받는다. 대처 시대에 등록된 건물 수는 그 이전에 비해 두 배로 늘어났다. 잉글랜드와 웨일스에 등록된 건물만 해도 50만 채가 있고, 스코틀랜드에도 4만 2천 채의 헤리티지 건물이 있다.

1980년대와 1990년대의 헤리티지 영화와 텔레비전 프로는 이상적인 영국의 이미지를 담고 세계에 걸쳐서 판매되었다. 귀족 계급의 생활상, 고색창연한 건물, 영국적인 특성을 보여주는 내용들이 이러한 영화에서 자주 다루어지면서, 조용하고 품위 있고, 신사적인 영국의 모습을 표현하고 있다. 이러한 모습을 담은 영상은 영국인에게도 "하나의 국가적 신화"8)로서 적극적으로 소비되고

---

6) *Ibid.*, p. 48.

7) Wright, *On Living in an Old Country*, p. 42.

있다. 이제 헤리티지 산업은 레저 산업과 같은 서비스 산업과 연계하여 현대 관광 산업의 핵심 분야로 각광받고 있다.[9]

2. 헤리티지 영화

(1) 헤리티지 영화의 출현

대처 시대는 세계적으로 자본주의 체제가 위기를 맞게 되면서 과거의 영광을 누렸던 영국의 위상이 크게 흔들리는 시기였다. 또한 이 시대는 다국적 기업이 성장한 시대였고 유럽공동체가 본격적으로 출범한 시점이기도 했다. 이러한 과정은 필연적으로 영국의 정체성을 뒤흔들었으며 영국 사회가 점차 다인종·다 문화 사회로 변해 가는 데 따른 불안감을 수반하게 되었다. 동시에 대처 정부의 정책은 급속한 실업의 증가와 계층 사이의 극심한 소득 격차를 초래하면서 사회 불만을 증폭시키고 격렬한 비난의 표적이 되었다.

헤리티지 영화는 이러한 급변하는 전환기에 국민에게 과거의 영광스러운 시절을 상기시킴으로써 정서적인 안정감을 주기 위한 의도에서 제작된 측면이 있다. 그리하여 1980년대 초반 질서정연하면서도 배타적인 상류 계급이 갖고

---

8) Mike Storry, "heritage," Peter Childs and Mike Storry (eds.) *Encyclopedia of Contemporary British Culture*(London and New York : Routledge, 1999), p. 250.

9) 헤리티지가 레저와 연계하여 관광 상품으로 적극적으로 판매되고 있는 모습은 다음과 같은 안내 광고문에서 알 수 있다. 원문 그대로 인용해 보기로 한다. "You know that Summer has really arrived when the open-air concerts begin. And English Heritage can offer such enchanting surroundings --- the sun setting over the lake at Kenwood, the boats passing on the Thames at Marble Hill and this year for the first time, the Grandeur of Audley End House." "English Heritage brochure, 1989 --- You will see how people lived a hundred years ago, and where they worked. You can eat what they ate, smell what they could smell and drink what they drank. You can see how their candles, their shoes, their woodwork and their printed paper were made." "Guide to Blists Hill Open Air Site, The Ironbridge George Museum(declared a World Heritage Site, 1987)."

있는 국가관과 과거에 대한 향수를 고취시키는 영화들이 제작되었다. 또 대처가 추구하는 '엔터프라이즈' 정신과, 계급과 인종의 차별을 벗어나 능력 본위 사회를 지향하려는 가치관을 담고 있기도 하다. 이러한 경향을 반영하는 대표적인 영화가 앞에서 말한 〈불의 전차〉이다.

같은 계열의 유명 영화들이 머천트-아이보리Merchant-Ivory 팀에 의해 제작되었다. 제작자 이스마엘 머천트Ismael Merchant와 제임스 아이보리James Ivory 감독, 그리고 시나리오 작가 루쓰 자발라Ruth Jhabvala로 이루어진 이 팀은 특히 상류 계급의 삶을 낭만적인 사극으로 그려내는 데 성공했다. 이들이 제작한 영화 중 걸작으로 손꼽히는 것은 〈전망 좋은 방*Room with a View*〉(1986), 〈모리스*Maurice*〉(1987), 〈하워즈 엔드*Howards End*〉(1992)를 위시한 포스터E. M. Forster의 소설을 각색한 작품들이다. 한편 〈남아있는 나날들*Remains of the Day*〉(1993)은 카즈오 이시구로Kazuo Ishiguro가 부커상Booker Prize을 수상한 소설을 영화로 만든 것이다. 아름다운 장면, 화려한 의상, 고전적 연기 등이 어우러진 이 영화들은 귀족적이며 배타적인 영국을 이상적이고 낭만적으로 묘사하고 있다. 이 영화들은 각종 국제적인 상을 수상하기도 했다. 영화에서 묘사되는 영국만의 독특한 전통은 다른 문화 산업을 발전시키는 데 있어서 중요한 요소로 부각되었다.[10]

그밖에 데이비드 린David Lean의 〈인도 가는 길*A Passage to India*〉(1984년 제작, 포스터의 소설 각색), 리처드 아텐버러Richard Attenborough 감독의 〈간디*Gandhi*〉(1982), 카니에프스카 감독의 〈다른 나라*Another Country*〉(1984), 케네쓰 브라나Kenneth Branagh 감독의 〈헨리 5세*HenryV*〉(1989)를 포함한 영화들이 큰 인기를 누렸다. 이러한 헤리티지 영화는 중·노년층 관객을 영화관으로 다시 끌어들이는 계기가 되었다. 제국주의 영국에 대한 대중의 향수를 자극한 헤리티

---

10) Andrew Higson, "Re-presenting the National Past," Lester Friedman ed., *British Cinema and Thatcherism : Fires were Started* (London : University College London, 1993), p. 109.

지 영화는 1980년대에 상업적으로도 큰 성공을 거두었다.[11]

헤리티지 영화는 수준 높은 고급 영화의 제작을 통해 시장성을 지향하면서, 영국의 예술 영화 발전에 핵심적 역할을 했다. 이 계열의 영화들은 원작의 작품성과 감독의 재능에서 모두 주목을 받았다. 이 영화들은 영문학의 전통을 살리면서 뛰어난 감각적 표현으로 관객을 사로잡고 있다. 이 영화들은 상류 계급의 생활상을 국민적 헤리티지로 발전시켰다. 국가의 역사와 정체성은 이 영화에서 귀족적으로 나타날 뿐만 아니라 남성 중심으로 묘사된다. 또 영국의 이미지가 도시화와 산업화로 자연이 훼손되지 않은 남부 잉글랜드의 목가적 풍경으로 묘사된다. 이러한 이유로 이 영화들을 즐겨 보는 관객은 주로 중간 계급으로 연령층도 비교적 높은 편이다.

헤리티지 영화는 국제 영화 시장에서 독특한 위상을 차지하고 있다. 현대에는 영화가 국제적인 성공을 거두려면 민족적 색채를 지나치게 강조하지 말아야 한다. 그러나 영국의 헤리티지 영화는 그와 정반대다. 오히려 이 영화는 가장 영국적인 것이나 과거의 영국을 묘사한 내용을 주요 마케팅 전략으로 삼는다는 것이다. 이제 영국과 영국적인 것Britishness(실제로는 거의 잉글랜드적인 것 Englishness)은 국제 이미지 시장에서 하나의 소비 상품으로 자리잡게 되었다.

헤리티지 영화는 1990년대 후반에 들어와서도 영국 영화 제작의 20%를 차지하며 영국 영화의 주류로 자리잡고 있다. 1995년 미국에 상연된 영국 영화 톱 10 가운데 역사물이거나 문학 작품을 각색한 헤리티지 계열의 작품이 5편이나 차지했다.[12] 또한 헤리티지 영화는 패션, 연극, 관광과 같은 산업을 활성화시켰으며, 심지어 책 판매에도 영향을 끼쳤다. 크게 히트한 〈네 번의

---

11) Higson, "British Heritage Cinema and Television," David Morley and Kevin Robbins (eds.), *British Cultural Studies* (Oxford : Oxford University Press, 2001), pp. 249~259.

12) 그 해에 제작된 것 가운데 *Sense and Sensibility, A Midsummer Night's Dream, The Wind in the Willows, The Woodlanders, Emma, Othello, The Portrait of a Lady, Richard III,* 그리고 *Twelfth Night*가 포함된다.

결혼식과 한 번의 장례식*Four Weddings and a Funeral*〉(1994)에서 낭송된 오든W. H. Auden의 시(Funeral Blues) 때문에 시집이 날개 돋친 듯 팔렸다.13) 이제 헤리티지 산업Heritage Industry은 영국의 주요 산업 가운데 하나로 자리잡았다.

(2) 헤리티지 영화의 특징

헤리티지 영화들은 대처 시대의 영국에 대해 우호적이다. 1980년대의 많은 영화가 영국 사회의 분열과 불안한 삶, 정체성의 위기에 빠져 있는 개인을 그리는 대신, 이 영화들은 제국주의 시대의 상류 사회를 향수 어린 동경의 시선으로 재현하고 있다. 따라서 이 부류의 영화들은 목가적이고 화려한 과거의 재현과 순수 문화를 지향하는 모습을 보여줌으로써 관객을 보다 차분하고 낭만적인 분위기에 빠져들게 한다. 그러나 한편으로 헤리티지 영화는 전통을 재현하면서도 엄격한 계급 차별과 귀족적 오만함을 비판하고 있다. 그 대신에 근면하고, 재능 있는, 야망을 가진 사람의 성취 지향성에 기초한 국가를 추구하는 대처적 정서를 옹호하고 있다.

이러한 경향의 대표적인 영화가 여러 차례 언급한 〈불의 전차〉이다. 이 영화의 개봉 시기는 1980년대 초반 영국의 사회적 상황과 잘 맞아 떨어졌다. 1981년 찰스 황태자와 다이애나의 결혼, 1982년 포클랜드 전쟁의 승리, 총선에서 보수당의 승리는 국민에게 영국의 우월성을 입증하는 계기가 되었다. 사실에 기초한 이 영화에서는 1924년도 올림픽에서 잉글랜드 육상 선수로 달리게 되는 스코틀랜드인과 유대인을 다루고 있다. 그러면서도 영국 기성 사회의 교활한 편협성과 위선에 맞서 민족주의적 감정을 고양시키는 대처적 정서를 옹호하는 인물들을 등장시키고 있다.

이 영화의 주연인 해럴드 아브람즈Harold Abrams(Ben Cross 역)는 유대인

---

13) Arthur McCullough, "cinemas," Childs and Storrey (eds.), *Encyclopedia of Contemporary British Culture*, p. 100.

이민 금융가의 아들로서, 케임브리지 대학 교수의 신사적인 가치관을 거부하고, 올림픽을 대비해서 자신을 훈련시켜줄 전문 코치를 고용한다. 아브람즈와 그의 이탈리아-아랍계 코치인 샘 마사비니Sam Massabini(Ian Holm)는 케임브리지 교수들에 의해 인종적 국외자이면서 목적을 위해서 수단 방법을 가리지 않은 야심가들로 비쳐진다. 그러나 아브람즈는 올림픽 100m에서 우승하고 '모델 영국인'이 되어 그가 항상 들어가고 싶어 목말라한 기성 사회에 진입한다. 그리고 그는 월리엄 합창단이 블레이크의 전통적인 찬송가인 '예루살렘'을 노래하는 가운데 국교회 장례식을 치르는 도중에 눈을 감는다.

이 영화의 주된 관점은 기득권층의 가치관이 변화해야 하며 개인의 정체성이 중시되어야 한다는 점이다. 그리고 영국의 미래는 더 이상 기득권층에 의해 좌우되지 않을 것이라는 확신을 보여주는 것이다. 이러한 내용은 "대처의 정책이 지난 1세기 동안 보수당이 지배 정당이 될 수 있었던 배경인 계급 문화를 부정하는 모습"[14]을 상징적으로 보여주고 있다.

또한 이 영화는 보다 역동적이고 다양성을 추구하는 국가의 이상을 제시하고 있다. 즉 아브람즈Abrams와 같은 인물이 성공할 기회를 갖는 국가를 의미한다. 또 이와는 대조적으로 케임브리지 교수들이 갖고 있는 계급적이고 인종차별적인 편견을 비판적 시각에서 여과 없이 드러내고 있다. 이는 과거 전통적 계급에 의해 주도되던 사회 질서가 개인의 뛰어난 능력에 의해 움직여 나간다는 것을 암시한다. 이러한 관점은 대처가 통치하는 잉글랜드에 적합한 메시지였다.[15] 이 영화는 당대를 대표하는 영화가 되었고, 4개의 오스카상을 수상했다.[16]

---

14) John Gray, *False Dawn : The Delusions of Global Capitalism*(London : Granta Books, 1999), pp. 25~26.

15) Leonard Quart, "The Religion of the Market : Thatcherite Politics and the British Film of the 1980s," Frieman ed., *British Cinema and Thatcherism*, p.27.

16) 그러나 대처리즘을 비판하는 피터 그러너웨이Peter Greenaway와 데렉 자만Derek Jarman과 같은 감독들은 〈불의 전차〉를 반동적이며 미적 내용 면에서 수준에 못 미치는 영화라고 신랄

헤리티지 영화에는 내용과 주제 면에서 자유주의적·인본주의적 색채가 강한 작품도 많다.17) 특히 포스터의 소설을 각색한 영화들에서 이러한 요소가 두드러진다. 포스터의 소설 속에 나타나는 영국의 정체성은 불변의 것이 아니다. 그와 반대로, 포스터는 과거의 국가적 정체성을 단순히 추정하기보다는 오히려 '자유적·인본주의적' 측면에서 그것을 "재창조"18)하려고 한다. 또 몇몇 헤리티지 영화들은 포스터E. M. Forster의 『하워즈 엔드*Howards End*』(1910)와 『인도 가는 길*A Passage to India*』(1924) 같은 작품이 표현하고 있는 자유주의적·인문주의적 가치관을 영상에 담고 있다.19)

이러한 부류의 영화는 〈다른 나라〉와 〈모리스〉에서처럼 금기적인 주제까지 다루고, 사회에 대한 비판적인 눈길을 보내기도 한다. 이러한 관점은 결코 단순하게 과거를 말하지 않는다. 즉 〈모리스〉와 〈다른 나라〉에서 동성애 문제, 〈모리스〉와 〈전망 좋은 방〉에서 계급을 초월한 인간관계, 〈불의 전차〉와 〈인도 가는 길〉에서 인종을 초월한 우정을 엿볼 수 있다.

헤리티지 영화들은 기존의 연극과 소설 가운데 일반에게 이미 인정받은 문학과 연극 작품을 각색한 것이 많다. 이를테면 찰스 디킨즈(*Little Dorrit*), 포스터(*A Passage to India, A Room with a View, Maurice*), 이블린 오Evelyn Waugh(*A Handful of Dust*)의 작품을 들 수 있다. 〈다른 나라〉는 줄리안 미첼Julian Mitchell의 각색이고, 셰익스피어의 〈헨리 5세〉는 브라나Kenneth Branagh에 의해 각색된

하게 비판했다. Peter Wollen, "The Last New Wave : Modern in the British Films of the Thatcher Era," Friedman ed., *British Cinema and Thatcherism* p. 45.

17) Higson, "Re-presenting the National Past," p.110.

18) Ibid., p.119.

19) 라이트Alison Light는 "80년대에 에드워드 시대의 영국으로의 회귀는 대처리즘의 조악한(노골적인) 반영만큼 대처리즘과 그 윤리관의 거부를 의미한다"고 주장한다. 그녀는 "헤리티지 영화들이 추구하는 것은 자유주의 안에서 국적, 성, 사회 계급의 차이점들에도 불구하고 일체감을 느꼈던 것에 대한 낭만적 동경이다"라고 평가하고 있다. Alison Light, "Englishness," *Sight and Sound,* July 1991, p. 63.

것이다. 문학을 소재로 한 영화들은, 특정 소설이나 희곡의 친근감과 명성 때문에 영화를 보는 즐거움을 배가시키는 측면이 있었다. 또 영국의 수준 높은 지적 전통에 대한 자부심을 불러일으키는 내용이 영화의 흥행에 도움이 되는 요소로 부각되었다. 헤리티지 영화로 제작되지 않았다면 대중에게 작품성을 널리 인정받지 못했을 작품이 새롭게 대중의 사랑을 받는 계기가 되기도 했다. 1990년대에 들어와서 두 명의 대표적 작가가 포스터를 대신하게 된다.[20] 바로 제인 오스틴Jane Austen과 토마스 하디Thomas Hardy가 그들이다. 그밖에도 1990년대로 오면서 헨리 제임스Henry James, 버지니아 울프Virginia Woolf 등의 작품이 영화로 각색되었다.

헤리티지 영화는 단순히 문학 작품을 영화로 표현하는 것 이상의 것을 추구한다. 이러한 영화들은 멀리서 촬영되는 장면이 많다. 신록의 아름다운 풍경 속에 자리잡은 웅장한 시골 저택의 이미지를 반복적으로 보여주려는 의도이다. 이 영화들 속에는 과거 상류 계급의 생활상과 역사를 보여주는 것이 많이 등장한다. 내셔널 트러스트와 잉글리쉬 헤리티지에 의해 보존되는 옛 건축물의 유형과 풍경뿐만 아니라 이러한 전통적인 장소를 돋보이게 하는 의복, 가구, 예술품 심지어 귀족적인 성격·타입까지 헤리티지의 요소로 포함되고 있다. 이러한 요소가 헤리티지 영화의 아이콘을 구성하고 있다.

이러한 영화들은 배우를 선택하는 데도 특징이 있다. 동일한 배우들이 유사한 역할과 계급의 유형을 계속 연기함으로써 관객에게 반복적인 이미지를 강력하게 심어준다. 이 배우들은 두 그룹으로 나뉘진다. 한 그룹은 특정 배역을 전문으로 맡는 인정받는 배우이다. 이들은 영국 연극의 높은 수준과 경험을 영화로 끌어들이는 배우들이다.[21] 또 다른 그룹은 헤리티지 영화에서 그들의

---

20) Higson, "Heritage Cinema and Television," *British Cultural Studies*, pp. 250~252.

21) Denholm Elliot - *A Room with a View, Maurice* / Judi Dench - *A Room with a View, A Handful of Dust* / Maggie Smith - *A Room* / Simon Callow - *A Room, Maurice* / Anthony Hopkins -

배역을 위해 실제로 훈련을 받은 배우들이다.[22]

　이 영화들에서 나누는 대화도 꽉 짜인 인과적 방식에 관심을 두지 않고, 느린 속도로 장면 속에 가끔씩 끼어드는 방식으로 전개된다. 이 영화들은 메시지의 전달보다는 장소, 분위기, 주변 환경에 더 큰 비중을 둔다. 촬영 기법도 대상을 클로즈업하거나 빨리 지나가는 방식보다는, 원거리에서 촬영하며, 오랫동안 초점을 맞추는 것을 선호한다. 카메라는 우아하고 부드럽게 움직이지만, 배우들의 움직임보다는, 관객에게 과거 어느 시대를 나타내는 장소와 그 장소를 구성하고 있는 사물들을 보다 아름다운 각도에서 보여주려는 데 역점을 두고 있다.

　이러한 촬영 기법은 두 편의 머천트 - 아이보리 영화에 분명하게 나타난다. 〈전망 좋은 방〉에는 루시가 피아노를 치고 있는 전형적인 실내 장면이 나온다. 이야기 전개의 중심이 되는 루시는 오히려 배경으로 처리되는 반면, 장식품들이나 가구들이 크게 클로즈업되고 있다. 카메라는 이야기의 흐름과 상관없이 화려한 가구의 주변을 천천히 맴돈다. 같은 영화에서 플로렌스의 풍경은, 그것을 바라보는 배우들의 모습은 거의 드러내지 않고, 항상 관객이 직접 보는 것처럼 다가온다. 〈모리스〉에서도 중간에 삽입되는 캠브리지의 모습 역시 이와 유사한 기법으로 촬영되었다. 이러한 방식으로 헤리티지의 풍경이 더 강조되고 주인공의 로맨스는 그다지 중요하게 다루지 않는다.

　대체로, 촬영은 ‘회화적繪畵的’ 기법으로 이루어진다. 이 기법은 사물을 예술 사진을 찍듯이 미적 세련미에 역점을 두면서 영상에 담는 방법을 의미한다. 이럴 경우 대화의 의미나 명료성은 흐려지지 않는다 하더라도, 카메라의 움직임

Howards End, Shadowlands, Remains of the Day.

22) Helena Bonham Carter - *A Room, Maurice, When Angels Fear to Tread* / Nigel Havers - *Chariots of Fire, A Passage to India* / Rupert graves - *A Room, Maurice, A Handful of Dust, Where Angels* / James Wilby - *Maurice, A Handful* /, Hugh Grant - *Maurice, Four Weddings*

이나 각도는 이야기를 벗어난다. 즉 화면을 주인공의 행동이나 내용의 전개보다는 문화유산을 위한 공간에 더 할애하는 것이다. 헤리티지에서 감정적 요소는, 과거의 충실한 재현 혹은 아름답게 보존되어 감탄을 자아내는 과거의 장관을 위해 희생된다. 과거를 동경하는 노스텔지어조차도 영상에 시대를 완벽하게 재생하려는 욕구 앞에 빛이 바랜다.

(3) 헤리티지 영화의 한계

"우리 시대의 가장 상상력이 풍부한 관념적 구성물 가운데 하나"[23]인 헤리티지 정서는 영국에만 국한된 것이 아니라, 세계적으로 확대되고 있는 포스트모던 문화의 한 추세이다. 그럼에도 영국의 영화에서 표현되는 헤리티지 정서는 전통적·보수적·목가적인 것으로 표현되는 영국만의 이미지Englishness를 상품화하고 산업화함으로써 독자적인 모습을 보인다. 이제 영국의 영화에서 과거는 관광을 통해 역사를 즐기려는 사람을 위해 수집된 "이미지의 광범위한 컬렉션"[24]이다. 그래서 헤리티지 영화 속에 등장하는 과거의 영상들은 단지 소비되는 이미지에 불과하다. 그래서 이러한 이미지들은 눈으로 보는 "소비로서의 환타지, 국가의 과거에 대한 환타지"[25]에 머문다.

또 헤리티지 영화에서 과거의 이미지는 매우 중립적이기 때문에, 역설적으로, 역사로부터 분리되어 있다. 영국의 헤리티지 영화는 대부분 이미지, 미관, 단지 바라보는 영상에 머무는 것이 많다. 그러므로 영화 속의 과거는 그 시대의 상세한 것에 대한 재현을 통해 그야말로 '있는 그대로의 과거'만을 보여주는 것이다. 그러므로 이러한 영화에서 과거에 대한 어떤 비판적 관점을

---

23) Higson, "Re-presenting the National Past," p. 112.

24) Frederic Jameson, "Post-modernism, or the Cultural Logic of Late Capitalism," *New Left Review* 146, pp. 53~92.

25) Higson, "Re-presenting the National Past," p. 114.

찾아보기가 힘들다. 과거의 구체적 사실을 완벽하게 재현하는 데 집착하는 이러한 영화들은 관객에게 과거의 향수를 불러일으키지만 결국 자기 폐쇄적 세계라는 한계를 갖고 있다. 그들은 역사를 현재의 관찰자의 시점에서 분리된 하나의 스펙터클, 즉 완벽하게 재현된 장면으로만 표현하기 때문이다. 따라서 이러한 영화 속에서 영국의 과거는 역사의식이 없는 '정치적 긴장이 배제된' 시각적인 것으로만 보여진다.

이러한 부류의 영화는 역사를 보는 눈을 흐리게 만든다. 영국의 제국주의를 비판하기 위해서 만들어진 〈인도 가는 길〉 같은 영화에서조차도 영상은 옛 영국의 영광에 대한 노스탤지어를 불러일으키고, 자연의 풍경을 매혹적으로 표현함으로써 과거의 쓰라린 기억을 잊게 만든다. 마찬가지로 〈다른 나라〉에서도 계급과 특권 등 과거의 부정적 유산에 대한 비판은 그 과거를 표현하는 장면에 압도되어 그 본래의 의도가 약화되고 만다. 착취와 야만의 역사는 훌륭한 영상에 의해 그 얼룩이 씻겨지고, 과거는 아무런 문제가 없는, 현실의 어려움에서 탈출하는 천국의 모습으로만 남게 되는 것이다.26)

4. 헤리티지 영화의 두 얼굴

대처리즘이 추구하는 엔터프라이즈와 애국심의 정서는 상당 부분 헤리티지 영화에 반영되어 있다. 상당수 비평가들은 이러한 부류의 영화들이 과거 상류 계급의 고상하고 품격 있는 생활상을 부각시키면서 과거의 문화적 제국주의를 지나치게 낭만적으로 묘사하고 있다고 비판한다. 그럼으로써 이 영화들은 이미 사라져버린 영광스러운 시절에 대한 노스탤지어를 부르고 현실의 어려움을 잊고 아름다운 꿈속에 잠기도록 만든다고 본다. 〈하워즈 엔드〉의 고풍스런

---

26) Ibid., p. 125.

마차의 모습이나 푸른빛이 감도는 신비한 화면과 아름다운 전원 풍경은 순식간에 현실을 망각하고 낭만적인 감상 속에 빠지게 만든다. 〈전망 좋은 방〉에 나오는 피렌체의 모습은 영화를 보는 자신이 이미 그 도시 한복판에 서서 아름다운 건물을 바라보고 서 있는 듯한 착각에 빠지게 만든다. 그러므로 이러한 부류의 영화는 많은 사람에게 현실의 복잡하고 어려운 순간들을 잊게 하는 데는 상당한 효과가 있을 것이다. 그러나 지나치게 완벽하게 과거를 재현하여 시각적인 효과만을 우선하는 영화들은 올바른 역사의식이나 과거에 대한 비판적 안목을 가질 수 있는 기회를 차단한다.

그러나 1980년대 영국의 어려운 경제 환경과 영국인의 독특한 과거에 대한 강한 노스탤지어를 고려할 때, 이러한 부류의 영화가 영국인, 특히 영광스러운 과거를 추억하는 성인에게 많은 감동을 줄 수 있을 것으로 여겨진다. 그리고 이러한 영화가 영화 산업의 한 장르로 발전하면서 국제적인 문화 상품으로 자리잡는 것은 문화를 사랑하는 사람, 특히 아름다운 영상을 추구하는 사람에게는 바람직한 현상일 것이다. 더욱이 대처리즘이 남긴 중요한 정신적 자산인, 적극적인 모험과 변화를 통해 부를 창출하려는, 이른바 '엔터프라이즈' 정신이 역사와 문화유산과 결합하여 '헤리티지 산업'으로 발전한 것은 우리에게도 시사示唆하는 바가 크다고 할 것이다.

현대의 영화 산업에서 할리우드의 대형 오락물과 공상과학 영화들이 주류를 이루며 폭력과 섹스가 난무하는 가운데서, 헤리티지 영화는 우리에게 다시 오래된 것의 편안함, 점잖은 인간성, 자연의 아름다움과 함께 인간의 체온을 느끼게 한다. 〈셰도우 랜드〉에서 포스터(Anthony Hopkins)가 그랬던 것처럼, 우리는 헤리티지 영화 속에서 문화유산을 접하고 때 묻지 않은 자연 속을 거닐면서 삶의 '황금빛 가지'를 찾을 수 있으리라.

제6장 대중음악—청년과 소수 인종

1. 현대 영국의 대중음악

비록 공식적으로 인정받거나 혹은 찬양받은 적은 없지만, 실제로 외국의 현대적인 영향은 1945년 이후 대중문화를 형성하는 데 있어 지대한 중요성을 가진다. 제2차 세계대전이나 전쟁 후에, 영국에는 추잉껌, 재즈, 번쩍이는 차들과 대량 생산물로 상징되는 미국 문화가 거세게 밀어닥쳤다. 미국 문화는 기존의 사회 질서에 대한 고정관념을 가진 성인에게는 매우 충격적인 것으로 여겨졌고, 반면 젊은 세대에게는 아주 매력적인 것으로 받아들여졌다. 1959년까지 모든 10대의 소비 가운데 90%는 급속하게 미국화되고 있는 노동 계급의 취향에 따라 이루어졌다.[1] 그러나 미국 대중문화의 압도적인 영향은 계속되지는 않았다.

---

[1] David McDowall, *Britain in Close-Up : An In-Depth Study of Contemporary Britain* (Longman, 2001), p. 107.

1960년대로 가면 영국은 유럽 대륙의 세련된 모습에 영향을 받는다. 이탈리아, 프랑스, 스페인의 요리법, 에스프레소 커피숍, 스칸디나비아 반도의 디자인, 현대적인 건축, 그리고 심지어 해변에서 휴가를 즐기는 법까지 다양한 측면에서 영향을 받았다. 이것 역시 영국이 전통적으로 그랬던 것보다 더 평등주의를 지향하는 국가가 되어가고 있음을 의미하는 것이었다.[2]

1960년대에 이러한 외부의 영향이 혼합되어 만들어진 새로운 대중문화는 비틀즈, 롤링스톤즈, 그리고 그 밖의 다른 많은 음악가의 예에서 그랬듯이, 영국적 타입의 팝 음악에서 폭발했다. 또한 미니스커트와 사회적 해방을 표현하는 이국적인 의복들로 아주 두드러지게 표출된 의상과 스타일의 혁명이었다. 이러한 대중문화가 심지어 영국 상류층의 젊은이에게까지 스며들면서 그 혁명은 항구적인 것이 되었다.[3]

영국의 많은 젊은이에게 음악은 청년 문화의 중요한 요소이다. 젊은이는 음악을 통해 자기의 정체성을 확인하고 개성을 표출한다. 음악은 항상 젊은이 가까이 있다. 이들은 작은 펍, 거대한 옥외 연주장, 축구 경기장 할 것 없이 다양한 분위기에서 '라이브live' 음악을 즐긴다. 특히 여름에는 다양한 종류의 음악 축제가 열린다. 잉글랜드 서남부의 글래스턴베리Glastonbury에서처럼 며칠 동안 계속되는 음악제도 있다.

런던의 노팅 힐 카니발Notting Hill Carnival은 영국 최대의 거리 축제이다. 이 축제는 서부 런던의 서인도제도 출신 사람이 많이 거주하는 노팅 힐에서 매년 여름 벌어지며, 이때 영국인이나 관광객은 카리브 스틸 밴드Caribbean steel band[4]에서 레게와 랩에 이르기까지, 이국적인 댄스 음악에 맞춰 춤을 추면서 즐거움을 만끽한다. 이러한 음악에 대한 열기는 거대한 음반 판매량으로

2) *Ibid.*, p. 108.
3) *Ibid.*
4) 처음 트리니다드 섬 주민이 시작한 드럼통 등 타악기로 이루어진 카리브제도 지역의 밴드.

이어진다. 음반 제조업은 거대한 부를 창출하는 산업으로 확고하게 자리를 잡아서, 매년 40억 달러 이상의 매출고를 올리고 있다. 1950년대 이후 영국의 대중음악을 이끌어온 두 핵심 집단인 청년과 아프리카계 카리브인이 추구한 음악을 중심으로 대중음악을 정리해 보기로 한다.

2. 1950년대 음악

(1) 로큰롤의 도래

1950년대의 영국 음악도 역시 미국의 영향을 받았다. 1955년경 미국에서는 자유와 번영, 소비문화에 대한 대중의 욕구가 실현되고 있는 것처럼 보였다. 완전 고용이 이루어지고, 기업들은 부유한 10대를 대상으로 마케팅을 시작했다. 그러나 이 소비 지상주의의 시대에, 젊은이는 기성세대의 가치관과 질서를 비판하고 반항하기 시작했다. 영화 속에서 반항적인 이미지의 새로운 영웅이 부각되었다. 말론 브란도Marlon Brando와 제임스 딘James Dean은 각기 〈난폭자 The Wild One〉(1953)와 〈이유 없는 반항Rebel Without a Cause〉(1955)에서 권위주의에 저항하는 성난 젊은이 역을 맡았다. 제임스 딘이 사망한 해인 1955년에 영화 〈블랙보드 정글Blackboard Jungle〉이 제작되었다. 이 영화는 기존의 사회 질서에 격렬하게 반기를 드는 청년을 묘사하고 있다. 무명 가수였던 빌 헤일리Bill Haley와 그의 밴드 코메츠Comets는 이 영화의 주제가인 〈하루 종일 로큰롤Rock Around the Clock〉로 관객을 사로잡았다. 이것이 바로 활기와 역동성과 무질서의 음악인 로큰롤rock'n'roll이 세상에 출현하게 된 시작이었다.

이 영화가 영국에서 상영되었을 때, 그 반응은 충격적이었다. 젊은 관객들은 영화를 보는 도중에 좌석에서 일어나 뛰듯이 춤을 추었고, 주제가는 싱글 앨범으로 발매되어 5개월 동안 영국 최고의 인기 레코드가 되었다. 이런 흐름에 맞추어 제작한 동명의 영화가 1965년에 개봉되었을 때, 많은 영화관에서 소란과 파괴적 행위가 속출했다. 일부 시 당국에서는 이 영화의 상영을 금지하기도 했다. 한편 의회와 경찰서, 종교계 및 언론에서는 이 영화가 청년에 미치는 부정적 영향을 심각하게 받아들였다.

'로큰롤'이란 말은, 처음에 미국인 디제이DJ 알란 프리드Alan Freed가 컨트리 음악, 블루스, 재즈, 종교 음악(가스펠)이 칵테일처럼 혼합된 음악을 설명하기 위해 사용했다. 초기에 로큰롤은 척 베리Chuck Berry와 같은 흑인 뮤지션들이 주로 연주했는데, 이 명칭은 노래의 제목과 가사에 '록rock'과 '롤roll'이 자주 언급된 데서 유래했다. 이 말은 흑인 영어로 '성교하다' 또는 '연애하다'의 뜻을 가지고 있으나, 대중이 광범위하게 사용하면서 원래의 사전적인 의미를 잃게 되었다.

로큰롤의 수입으로 영국의 청년 문화는 큰 영향을 받았다. 초기의 팬들 가운데 '테디 보이즈Teddy Boys' 또는 '테드Teds'로 잘 알려진 '뉴 에드워디언 New Edwardians'이 즐겨 입던, 옷깃과 주머니에 벨벳을 댄 정교한 롱 재킷은 원래 에드워드 7세(1901~1910) 시대에 젊은 남성 귀족들이 즐겨 입던 스타일이 었다. 이 재킷은 '구두끈' 넥타이와 '배수관' 모양의 좁은 바지, 밝은 색의 양말, 두툼한 고무 구두창을 댄 양가죽 신발 그리고 뒤로 넘겨 브릴 크림을 바른 헤어스타일과 함께 유행했다. '테드'는 획일성, 엄격함, 권위를 혐오했고, 매스미디어는 이들을 사회질서를 어지럽히는 반항 집단으로 매도하기도 했다.

(2) 스키플

1953년경에 '스키플Skiffle'로 불리는 어쿠스틱 계열의 음악이 런던 소호 지역의 클럽을 무대로 나타났다. 빠르고 율동적인 스키플은 최소한의 음악 기술만 있으면 작곡이 가능했으며, 스키플의 연주에는 많은 악기가 필요 없었다.

또 가수의 목소리에 리듬감을 실어 활력을 주기 때문에, 다른 음악과 차별화되어 빠르게 보급되었다.

로큰롤의 경우처럼, 스키플은 흑인과 미국에서 유래했으며, 거의 모든 사람이 손쉽게 스키플을 따라할 수 있었다. 따라서 음악 지식이 없고 정규 교육을 받지 않은 젊은이도 악기만 있으면 독학으로 연주를 할 수 있는, D-I-Y (do-it-yourself : 제 스스로 하기) 음악 혁명이 시작되었다.

로니 도니건Lonnie Donegan, 켄 코일러Ken Colyer와 같은 스키플 스타들이 등장했다. 도니건의 〈Rock Island Line〉(1956)은 미국의 음반 순위 차트에서 6위까지 오르는 등, 미국에서 판매의 호조를 기록한 최초의 영국 레코드가 되었다. 스키플은 상업적 압력으로부터 자유로웠으며, 사실상 누구나 스키플을 연주할 수 있었다. 특히 예술 학교의 젊은 좌파 인텔리 계층에 인기가 있었는데, 이들은 스키플이 구사하고 있는 기본 사운드를 민주적인 사운드로 받아들이는 경향이 있었다.

대중음악이 음악 산업에 중요한 비중을 차지하기 시작하면서, 전국적으로 그룹사운드의 공연장이 많이 개설되었다. 특히 팝 음악의 세계적 흐름에 초점을 맞춘 곳은 리버풀이었다. 세계주의적 성격을 지닌 이 항구 도시의 클럽, 커피숍, 댄스홀 등에서 사람들은 시와 재즈를 즐길 수 있었으며, 지방 팝 음악 전문지인 「머시 비트Mersey Beat」도 발행되었다. 이곳에서 세계적으로 가장 유명한 그룹이 나왔다. 바로 비틀즈Bearles였다.

3. 1960년대 음악

(1) 비틀즈

비틀즈의 역사는 무명의 리버풀 스키플 밴드Liverpool skiffle band 쿼리멘

Qurry-men에서 시작된다. 이 밴드는 4명의 리버풀 출신 노동자로 구성되었다. 존 레논John Lennon(1940~1980), 폴 매카트니Paul McCartney (1942~), 조지 해리슨George Harrison(1943~2002), 링고 스타Ringo Star(1940~)가 바로 그들이다.

작은 지역 밴드에 불과했던 비틀즈는, 브라이언 엡스타인Brian Epstein이 새로운 매니저로 오면서 운명이 바뀌었다. 〈Love Me Do〉(1962)로 대성공을 거둔 후 2년 동안 비틀즈는 〈She Loves You〉, 〈I Want To Hold Your Hand〉, 〈Can't Buy Me Love〉와 같은 신선하고 경쾌한 곡들을 싱글판으로 선보여, 영국의 음반 순위 차트에서 1위를 기록했다.

비틀즈는 장발에 흰 셔츠, 좁은 타이, 검은 양복을 트레이드마크처럼 입고 다녔다. 멤버들의 건방진 태도까지 대중에게 매력적으로 비춰질 정도였다. 비틀즈가 나오기 전까지, 대부분의 영국 팝 그룹은 미국의 유명 히트곡을 모방하거나, 전문 작사·작곡가의 곡을 연주했다. 그러나 비틀즈의 히트곡 대부분은 레논과 매카트니가 직접 쓴 것이었으며, 각기 리드싱어로 자신의 노래를 불렀다.

1963년에 「선데이 타임즈」는 비틀즈를 '베토벤 이후 가장 위대한 작곡가'로 평가했다. 1965년에 노동당 수상 해럴드 윌슨Harold Wilson은 비틀즈에게 MBE(Member of British Empire, 대영 제국 국민 훈장)를 수여했다. '비틀매니아 Beatlemania'로 불릴 만큼 비틀즈의 인기는 절정에 달했다. 이 비틀매니아는 영국에서보다 미국에서 더 열광적이었다. 1966년 비틀즈의 열풍이 몰고 온 병적인 흥분 상태가 극도로 치닫게 되자, 결국 비틀즈는 순회공연을 중단할 수밖에 없었다.

비틀즈는 밴드로서 성공을 거두면서 소울soul풍의 〈Got to Get You into My Life〉에서 유머가 담긴 〈When I'm Sixty Four〉에 이르기까지 다양한 스타일을 선보였다. 1967년에 비틀즈는 〈Sgt. Pepper's Lonely Hearts Club Band〉를 발표했다. 이 음반은 노래 한 곡 한 곡이 다음 곡으로 자연스럽게 이어졌으며, 레코드 재킷에는 가사 내용이 인쇄되었다. 비틀즈는 마약과 신비주의 사상에도 깊은 관심을 보였으며, 이러한 관심은 앨범에 반영되기도 했다. 이 앨범은 인텔리 계층을 사로잡았으며, 팝 음악이 진지한 비평의 대상이 될 수 있다는 것을 알리는 신호탄이기도 했다.

1967년, 매니저가 사망한 후에는 각 멤버들 사이에 재정 문제와 추구하는 음악 세계에 대한 견해 차이가 심각해졌다. 1970년에 비틀즈의 각 멤버는 솔로 앨범을 내놓았으며, 같은 해에 공식적으로 해체되었다. 미국에서 15개의 넘버원 앨범과 21개의 넘버원 싱글판, 영국에서 13개의 넘버원 앨범 그리고 17개의 넘버원 싱글판을 내놓은 후의 일이었다.

(2) 리듬 앤 블루스

영국의 대표적인 리듬 앤 블루스 연주자는 알렉시스 코너Alexis Korner와 그의 밴드 블루스 인코퍼레이티드Blues Incorporated였다. 이 밴드는 세계 최초의 백인 블루스 그룹으로도 유명하다. 1962년에서 1967년 동안 이들은 애니멀즈 Animals, 야드버즈Yardbirds(에릭 클랩톤Eric Clapton, 제프 벡Teff Beck 참여), 스펜서 데이비스Spencer Davies(그룹 스티브 윈우드Steve Winwood 참여), 플리트 우드 맥Fleetwood Mac, 롤링 스톤스Rolling Stones를 포함한 새로운 영국 그룹사운 드에 영향을 주었다. 이들의 스타일은 영국의 리듬 앤 블루스R&B로 알려지게 되었다. 처음에 이들은 이상한 음악을 연주하는 이국적인 뮤지션으로 비쳐졌지 만 곧 열광적인 팬들을 확보하게 되었다.

초기 영국 R&B 그룹 가운데 가장 큰 성공을 거두고, 오랫동안 활동한 그룹은 롤링 스톤스다. 롤링 스톤스는 1962년 믹 재거Mick Jagger(1943~)가 조직했다. 재거는 런던 대학의 경제학부를 중퇴하고, 곧이어 키스 리처드Keith Richard(1943~), 브라이언 존스Brian Jones(1942~1969), 빌 와이먼Bill Wyman(1936~), 찰리 와츠Charlie Watts(1941~)와 밴드를 만들었다. 앤드류 루그 올드햄Andrew Loog Oldham이 매니저를 맡았으며, 비틀즈의 음악 세계나 그 당시 기타 그룹사운드가 추구했던 보수적인 이미지와는 대조적으로, 난폭하고 섹시하며 자유분방한 이미지를 만들어냈다.

그 당시 대부분의 팝 그룹이 언론의 눈치 보기에 급급했던 반면에, 스톤스는 상업적 성공 때문에 뮤지션으로서의 자존심을 저버리는 일은 단호히 거부했다. 이러한 태도에 기성세대는 심한 거부감을 보였지만, 신세대 팬들에게는 강한 인상을 주었다.

스톤스도 비틀즈처럼 밴드 내에서 작사·작곡을 했다. 대개 재거가 노랫말을 만들고, 리처드가 곡을 붙였다. 이들의 초기 곡의 리듬과 주제는 폭발적인 반향을 불러일으켰다. 1965년에 스톤스는 〈I Can't Get No Satisfaction〉으로 영국과 미국에서 최초의 넘버원 싱글을 기록했다. 1968년에는 〈Jumpin' Jack Flash〉로 성공을 거두었으며, 이 두 곡을 통해 스톤스는 절정에 달한 힘과 음악성으로 이국적인 강렬한 이미지를 구축했다.

미국과 영국에서 스톤스보다 많은 앨범 히트곡을 발표한 그룹은 없다. 그룹이 조직된 지 30년이 넘었지만, 세계적으로 이들의 라이브 공연은 계속해서 관중 동원의 기록을 경신하고 있다.

(3) 모드

'모드mods'로 일컫는, 패션에 민감한 런던 청년은 한동안 독특한 스타일을 입고 다녔다. 전형적인 남성 복장으로는 단추 3개 달린 가벼운 유럽 정장, 구멍 2개의 재킷, 좁은 바지, 옷깃에 단추가 달린 셔츠, 좁은 넥타이, 자크식

부츠, 단발, 방한용 녹색 스키복 '파카' 등이 유행했다. 여성 스타일로는 트위기 Twiggy, 진 쉬림튼Jean Shrimpton, 메리 퀀트Mary Quant와 같은 최고의 모델들이 유행시킨 미니스커트, 밝고 진한 화장, 진한 마스카라, 단발 직모가 특징이었다.

소비 지향주의는 모드 스타일의 핵심적 특징이었으며, 1964년경 런던 모드족들은 스쿠터를 타고 브라이튼으로 갔다. 브라이튼은 '로커' 그룹들이 경연을 벌이는 장소로 유명해진 해변 휴양지였다. '로커'들은 노동자 계급 문화를 보다 전통적인 방식으로 표현했는데, 이들의 주요 특징은 오토바이, 가죽 재킷, 데님이 달린 청바지, 장발이었다. 미국 영화 〈와일드 원〉과 〈이유 없는 반항〉에서 선보인, 1950년대 초반의 폭주족을 흉내낸 것이었다. 모드 스타일은 후Who와 스몰 페이스Small Faces의 인기에 힘입어 점점 큰 영향력을 갖게 되면서 록 음악 확산에 일조를 했다.

〈I Can't Explain〉(1965)은 로저 달트리Roger Daltrey의 강렬한 음정, 피트 타운젠트Pete Townshend의 개조 기타코드, 존 엔트위슬John Entwhistle의 제트 엔진 베이스, 키스 문Keith Moon의 우울한 색조를 띤 드럼을 통해, 음악적 자신감과 기존 질서에 대한 공격성을 드러내고 있다. 이들은 오만하고, 예측 불허의 행동으로도 유명했다. 특히 공연이 끝나면 자신들의 악기를 때려부시면서 팬들을 즐겁게 하는 해프닝을 연출하기도 했다. 〈My Generation〉(1965)은 구세대와 의사소통을 할 수 없는 신세대에 관한, 난폭한 음악적 선언을 담은 것으로 유명하다. 여러 남성 모드 밴드가 크게 성공을 거둔 반면에, 그때까지도 여성 가수들이 크게 성공을 거두는 경우가 거의 없었다. 룰루Lulu, 더스티 스프링필드Dusty Springfield, 실라 블랙Cilla Black 등은 처음에 재즈풍과 카바레 스타일의 감상적인 노래를 불렀으나, 나중에는 가수로서보다 다른 연예 비즈니스에서 더 능력을 인정받았다.

(4) 소울과 레게 그리고 스카

비틀즈와 스톤스는 공연으로 영국의 음악 팬들을 매료시켰다. 반면에 미국 흑인과 카리브 흑인의 주요 음악 스타일로 팬들을 사로잡은 소울과 자메이카 스카(또는 '블루비트')는 새로운 댄스 음악으로 사랑받았다. 이 음악 스타일은 강하고 규칙적인 박자가 특징으로, 댄스와 잘 어울렸다. 1960년대 초 런던의 물질적 풍요 속에서 이 음악 스타일은 팝과 비견될 만한 인기를 누렸다. 당시에는 라이브로 댄스뮤직을 연주할 수 있는 밴드가 많지 않았던 까닭에, 클럽들은 레코드 또는 '디스크'를 이용하여 음악을 틀었다. 이것이 '디스코텍' 이 되었다. 1964년에 런던의 워두어 스트리트에 최초의 라 디스코텍La Discotheque이 문을 열었다.

1960년대에 자메이카와 미국으로부터 수입된 흑인 음악은 계속해서 인기를 누렸다. 가벼우면서도 조악하며 율동적인 스카ska는 프린스 버스터Prince Buster 와 저지 드레드Judge Dread와 같은 아티스트들에게 일시적으로 인기를 얻었다.

스카ska와 레게reggae는 인종주의와 폭력을 일삼는 '스킨헤드Skinheads'와 같이, 소수이지만 난폭한 하위 문화 집단 사이에 유행되었다. 이 음악에 심취한 극성팬 가운데는 히피와 동성애자처럼 소수 집단도 있었지만, 흑인과 아시아계 동성애자를 공격하면서 사회적 물의를 일으키는 집단도 있었다. 이들은 옷깃에 단추가 달린 셔츠에 꼭 죄는 짧은 청바지와 같은 '독특한 유니폼'을 입고, 무거운 부츠를 신고, 빡빡 깎은 머리를 하고 다녔다. '북부 소울northern soul'은 흑인 댄스 뮤직 팬들이 좋아한 또 다른 음악이었다. 그러나 많은 음악 팬은 1960년대 초반 무명 아티스트의 음반을 더 선호했다. 이 음반에 실린 음악들이, 나중에 상업적으로 제작된 음반보다 훨씬 독창적이고 표현이 풍부했기 때문이 다. 1970년대 동안 중부 지방과 북부에서는 '북부 소울'이 크게 인기를 끌었다. 그런데 이 음반들은 대량으로 제작되지 않았던 탓에 매우 귀한 편이었다.

그러나 이 음악은 영국 음악 전반에 큰 영향을 끼치지는 못했다.

(5) 프로그레시브 음악

1960년대 중반 대중음악은 다양하게 변하기 시작했다. 일부 뮤지션들은 더 이상 라디오 방송이나 음반 순위 차트에 연연해하지 않았다. 비틀즈는 이미 〈Rubber Soul〉(1965), 〈Revolver〉(1966), 〈Sgt. Pepper…〉(1967)와 같은 앨범에서, 장편의 가사와 사운드를 바탕으로 한 실험적인 곡들을 연주했다. 다른 많은 뮤지션도 기존의 3분짜리 팝송의 제한 규정을 거부하고, 길고, 비상업적인 곡을 LP에 수록하기 시작했다.

프로그레시브 음악의 선두 주자로는 핑크 플로이드Pink Floyd와 소프트 머신Soft Machine, 예스Yes, 제네시스Genesis와 에머슨 레이크 앤 파머Emerson Lake and Palmer 등이 있다. 이들의 열성적인 팬들은 대학 및 예술 학교 출신의 주로 중산 계급이었다. 1970년경부터 몇몇 그룹들은, 특정 테마를 주제로 한 일련의 곡들을 중심으로 컨셉 앨범concept albums을 발표했다. 프로그레시브 뮤지션들은 비록 상업적인 목적을 가지고 있었지만, 기존의 팝 음악과는 다른 방법으로 이를 실현하려고 했다. 1970년대에 프로그레시브 밴드들은 긴 연주곡, 심오한 노랫말, 웅장한 관현악 편곡, 화려한 의상 등으로 영국과 미국에서 대성공을 거두었다.

한편 처음에 R&B로 시작한 기타 뮤지션들의 음악은 블루스와 록 음악으로 발전했다. 판타지, 반복적인 선율riff의 연주, 비명을 지르는 듯한 목소리, 천둥 같은 소리의 베이스와 드럼은 '히피족'을 사로잡았다. 히피족은 인습적인 사고나 생활 방식을 단호히 거부하고, 평화와 사랑에 기초한 대안적 삶을 실천하는 젊은 미국인을 가리켰다. 1967년쯤 히피 문화가 런던에 보급되면서, 유니섹스 스타일의 장발, 샌들, 낡은 청바지가 유행하기 시작했다.

일부 히피족은 포크 음악이 가지고 있는 단순하면서도 순수한 요소를, 록이 가지고 있는 상업적 성격에 대한 대안으로 간주했다. 영국에서 포크 음악은 진지한 음악으로 명성을 얻게 되었고, 1950년대와 1960년대에 좌익 학생, 보헤미안, 아일랜드 출신 망명자에게 인기가 있었다. 미국에서는 존 바에즈John Baez와 밥 딜런Bob Dylan과 다른 뮤지션들이 포크 송의 소박함을 급진적 저항의 메시지와 결합시켰다. 이 가수들은 영국에서 우상으로 여겨졌고, 밴 모리슨Van Morrison이나 도노반Donovan, 또 다른 몇몇 가수들도 포크 음악과 록을 혼합한 음악을 시도했다. 1970년대에 들어 페어포트 컨벤션Fairport Convention, 스틸아이 스팬Steeleye Span, 알비언 컨트리 밴드Albion Country Band와 같은 그룹이 성공하면서, 포크록folk rock이 영국에 뿌리를 내리게 되었다. 이들은 상업성을 배제한 수많은 소규모 페스티벌을 열었지만, 대중에게 큰 인기를 끈 적은 드물었다. 그러나 오히려 이 음악을 좋아하는 매니아에게는 비대중적 요소가 이 음악의 장점으로 여겨졌다.

4. 1970년대 음악

1970년대 포크 음악과 일렉트릭 팝의 요소들을 결합한 '제3의 방식Third Way'이라는 새로운 음악 형식이 나왔다. 초기 대표 주자로는 마크 볼란Marc Bolan과 데이비드 보위David Bowie를 들 수 있다. 1971년에 볼란은 록 그룹 티 렉스T. Rex를 조직했다. 그는 번쩍거리는 장식을 한 화려한 의상을 입고 화장을 했는데, 이러한 모습은 대다수 사람들에게 처음에는 도발적으로 받아들여졌다. 그러나 동시에 엄청난 선전 효과를 가져왔다. 1971년에서 1973년의 기간에 이들은 〈Ride a White Swan〉, 〈Get it On〉, 〈Jeepster〉, 〈Hot Love〉 등 히트 싱글을 연속적으로 발표했다. 이들은 꿈꾸는 듯한 시적인 목소리에 신나는 전자 악기의 사운드를 결합하여, 쾌락과 섹스를 찬미했다. 대부분의 비평가들은 이 새로운 경향을 저속하고 상업적인 것으로 평가했다.

(1) 데이비드 보위

1960년대 말에 데뷔하여 오랫동안 변함없는 영향력을 과시한 뮤지션으로 데이비드 보위를 들 수 있다. 그는 가수 겸 작사·작곡가이자 기타리스트로 영국의 대중 가수 가운데 사회적인 영향력 면에서 타의 추종을 불허한다. 그는 1969년에 싱글판 겸 앨범 〈Space Oddity〉를 발표하자마자 대성공을 거뒀다. 포크 음악에 기초한 이 창작곡은, 지구를 방문한 외계인의 시각에서 본 꿈같은 이야기를 담고 있다.

보위는 1971년에 〈Man Who Sold the World〉 앨범을 냈다. 홍보 차원에서 그는 번쩍거리는 장식을 달고 화장을 했으며 심지어 드레스까지 입었는데, 이러한 그의 행위는 당시에 금기시되었다. 그는 신비한 대중 스타에 관한 연속적인 노래인 〈The Rise and Fall of Ziggy Stardust and the Spiders from Mars〉(1972)를 만들었다. 이 음반은 비평가들로부터 대중음악 최초의 포스트모던 음반으로 평가받고 있다. 1973~1974년에 연출한 무대 공연에서는 물감 칠한 얼굴에 화려하고 도발적인 의상을 입고, 자신의 양성兩性 성향을 공개적으로 드러내어 물의를 일으켰다. 뒤이어 임박한 핵전쟁을 암시한 앨범 〈Aladdin Sane〉(1974), 그리고 실업, 파업, 인플레가 고조되면서는 조지 오웰의 악몽 같은 미래를 그린 앨범 〈Diamond Dogs〉(1975)를 발표했다.

(2) 섹스 피스톨스

섹스 피스톨스의 창립 멤버들은 보컬에 자니 로튼Johnny Rotten, 기타에 스티브 존스Steve Jones, 베이스에 글렌 매트록Glen Matlock, 드럼에 폴 쿡Paul

Cook으로 구성되었다. 이들은 가죽 재킷, 찢어진 옷, 안전핀, 자크, 클립, 장식 단추, 쇠사슬, 밝게 염색한 스파이크 모양의 머리 등으로, 독특하고 도발적인 모습을 보여주었다. 이 그룹은 영국에서 가장 오래되고 보수적인 음반 레이블로 유명한 EMI와 최초의 음반 계약을 맺고, 곧 데뷔 싱글 앨범 〈Anarchy in the UK〉를 발표했다. 요란하고, 원시적이며, 적개심이 가득 찬 이들의 음악은 단순한 기타 독주, 반복 코드, 묵직하게 왜곡된 사운드, 도전적이고 갑작스런 결말로 구성되었다. 이들은 욕설과 거부가 뒤섞인 런던 사투리로 격렬하게 노래를 불렀다.

또 이들은 텔레비전에 출연해 사회자에게 욕설을 퍼붓는 행동으로 EMI로부터 해고당하기도 했다. 대부분의 시 당국에서는 지역 주민의 보호 차원에서 이들의 공연을 취소했다. 섹스 피스톨스의 싱글 앨범 〈God Save the Queen〉은 1977년 엘리자베스 2세의 즉위 25주년을 풍자하는 곡이다. 이들은 팬들의 관심을 극대화하기 위해 코를 안전핀으로 뚫은 여왕의 모습을 광고에 이용했다. 그러나 얼마 후에 이들은 반사회적 행동과 폭력에 연루되어, 활동이 다시 정지되었다. 또 약 50여 곡이 금지곡이 되었다.

(3) 팝 음악

펑크 음악의 수입으로 영국 전역에 그룹들이 조직되고, 연주 활동을 하게 되면서 아마추어 밴드의 음악 창작이 활발해졌다. 팬들은 관심의 표시로 밴드를 향해 격렬하게 침을 뱉었다. 펑크의 전조와 상징은 지금까지와는 전혀 다른 음악적 언어였다. 10대들에게 이 새로운 음악의 형식은 전시 소집령이 떨어진 것처럼 굉장히 자극적이었다. 대부분 사람들은 이들의 행동에 전율을 느낄 정도였다.

1976년에 댐드, 클래쉬Clash, 잼Jam, 스트랭글러즈Stranglers, 버즈콕스Buzzcox

등은 빠르고 생동감이 넘치는 소박한 사운드로 연주를 했다. 대부분의 그룹은 모두 남성이었으나, 수지, 밴쉬스, 엑스레이 스펙스를 포함한 몇몇 그룹에는 여성 가수도 있었다. 슬리츠의 경우에는 멤버 전원이 여성이었다. 이를 계기로 남성 보컬을 위해, 무대 뒤에서 노래를 부르는 여성의 역할에 변화가 일기 시작했다. 상업적 성격이 강해지면서 펑크족이 추구하는 공동체 정신이 희박해 졌다. 1980년대 초반 '뉴웨이브' 밴드들은 사실상 자신만의 독창성을 상실하고 말았다.

펑크 음악에 대한 관심이 쇠퇴하면서, 레게음악에 관심이 높아졌다. 초기의 펑크와 같이 레게음악은 보수당 정부에 대한 상징적 도전이었으며, 국민 전선의 극우 인종주의에 대해서도 거부감을 나타냈다. 여러 다인종 밴드가 결성되어 팝과 레게의 대중적인 혼합곡(스카ska)을 연주했다. 이 음악은 투-톤Two-Tone 운동의 일환이었으며, 반인종주의를 표방한 정치적 팝 음악이었다.

1979년에서 1982년 사이 실렉터Selecter, 스페셜Special, 비트Beat, UB40 등 다인종으로 구성된 밴드들은, 반대처리즘Anti-Thatcherism의 도전적인 성명서 를 발표하고, 반인종주의 록Rock Against Racism 운동을 지지하기 위하여 일반인 을 대상으로 여러 차례의 무료 공연을 가졌다. 이러한 좌파 인민주의populism의 시위운동은 흑백 음악인과 하위 문화를 포용하면서, 다양한 형태의 흑인 음악이 영국에 뿌리를 내리는 데 결정적인 역할을 했다.

(4) 클럽과 거리 문화의 혼합

1970년대 영국의 디스코텍에서 가장 인기 있는 댄스 음악은 비지스Bee-Gees 의 곡이었다. 이들은 미국에서 활동하는 영국인 그룹이었는데, 미국 영화 〈토요일 밤의 열기Saturday Night Fever〉(1977)의 사운드트랙으로 대성공을 거두었 다. 이 영화에서 존 트라볼타는 젊은 주인공 토니 마네로 역을 맡았다. 그는 낮에는 페인트 가게에서 단조로운 일을 하고, 밤에는 '댄스홀의 왕'이 된다. 이 영화의 사운드트랙은 3천만 장이 판매되는 전무후무한 기록을 세웠다.

1970년대 후반과 1980년대 초반, 개리 뉴만Gary Numan, 헤븐17Heaven17, 스팬다우 발레Spandau Ballet, 휴먼 리그Human League, 비시지, OMD, 디페치 모드Depeche Mode를 포함한 밴드들은, 신시사이저와 테이프를 이용하여 절제되고 세련된 미래 팝 및 댄스 음악을 만들었다. 이 밴드들과 이들의 팬들은 뉴 로맨틱New Romantic으로 불렸다. 이들 스타일의 특징은 부유함을 과시하면서도, 냉정하고 초연한 자세였다.

이 무렵 미국의 뉴욕과 시카고의 거리에서는 '랩rap'(대중적인 시, 웅변의 한 형태)의 강렬하고 새로운 사운드가 들렸다. 나중에 '스크래칭'으로 알려진 기법이 도입되어 DJ들은 소음을 확대하기 위해, 비닐로 된 LP 디스크를 손으로 이리저리 돌렸다. 이 소리들이 녹음되어 새로운 혼성 음악이 만들어지게 되었다.

랩과 '스크래칭'에 이어 '샘플링'이 대두되면서, 미국의 댄스 음악은 다양해졌다. 즉 다른 음반에서 발췌한 음악을 녹음하고, 혼합하기 위해 견본 채취 장치가 사용되었다. 가격이 저렴한 이 채취 음악은 정교한 음의 콜라주 제작에 사용되었다. 이 새로운 기법은 대중음악의 혁명을 알리는 서막이었다. 이에 따라, 기존의 뮤지션들과 작사 작곡자가 점차 소외될 수밖에 없었다. 일부 비평가들은 이들이 타인의 음악을 훔치고 모방하는 '음의 무법자'라고 매도한 반면에, 다른 비평가들은 누구나 기존의 곡을 '공정하게 이용'할 권리를 가지고 있다고 옹호했다.

5. 댄스 음악

1980년대 중반 영국에 뿌리를 내리게 된 하우스 음악과 더불어 새로운 창작 기법이 활성화되었다. 1970년대의 디스코/펑크와 가스펠 스타일의 목소리, 묵직한 베이스 및 드럼이 혼합되고 컴퓨터 기술과 신시사이저가 이용되었다. 이 음악은 격렬한 댄스에 적합했다. '하우스'라는 명칭은 시카고에 있는 동성애자 클럽인 '웨어하우스'에서 유래했다. 하우스 음악의 과격하고 자유분방한 사운드는 영국 댄스 문화의 새로운 중심지가 된 리버풀과 맨체스터에서 시작되었다.

1960년대부터 지중해의 스페인 섬 이비자Ibiza는 영국인 관광객이 즐겨 찾는 휴양지였다. 1988년부터 '사랑의 여름Summer of Love'으로 알려진 이 섬의 노천 파티에 수천 명이 참여했다. 이 사건은 소위 '애시드 하우스Acid House' 운동의 서막이었다. 여기서 '하우스' 음악을 들으면서 흔히 '애시드acid' (일종의 각성제로 LSD는 아님)로 알려진 마약 '엑스터시'가 남용되었다. 이것은 1960년대 후반 이후 볼 수 없던 쾌락주의, 댄스, 집단적 광기로 이루어진 새로운 하위 문화의 서막이었다. 음악도 더브, 랩, 록, 하우스 음악 및 유럽 각지에서 온 전자 음악 등 다양했다.

1980년대 이비자 파티의 분위기를 재현하고자 빈 창고, 때로는 런던의 M25 순환 도로와 같은 거대한 장소에서, 불법적으로 행사가 개최되었다. '창고 파티' 또는 '레이브rave'(소란스러운 파티)로 알려진 이 행사에서 군중은 경찰이 제지할 때까지 며칠 밤낮을 춤추었다. 그러나 1994년 보수당 정부는 형사법刑事法을 적용하여 레이브를 금지시켰다. 새로 제정된 법에 따라 모든 종류의 얼터너티브 생활방식이 법적 제약을 받게 되고, 댄스 파티가 정치적 쟁점이 되면서, 수천 명의 젊은이가 연대하여 반정부 운동을 벌였다.

6. 브릿 팝

1980년대 후반과 1990년대는, 1960년대 중반의 영국과 미국의 백인 팝 음악에 대한 관심이 되살아난 시기였다. 프라이멀 스크림Primal Scream, 지저스 앤 메리 체인Jesus and Mary Chain, 스미스Smiths 등은 클래식 음악을 재현하고, 클래식 음악과 내적 성찰과 비관주의를 결합시킨 가장 두드러진 밴드들이었다. 전자 댄스 음악의 대안으로 제시되었지만, 처음에는 별로 호응을 얻지 못했다. 나중에 오아시스Oasis, 블러Blur, 펄프Pulp, 베르브Verve, 스톤 로지스Stone Roses, 라디오헤드Radiohead 등이 1990년대 후반 영국 팝 음악에 독특한 사운드를 갖추고 등장했다. 이 '브릿 팝Brit Pop'으로 불리는 영국 새 음악의 '물결'은 세계 음악 무대를 휩쓸었다.

1990년대 대중음악에서 새로운 사건은 5인조 그룹 스파이스 걸스Spice Girls의 등장이었다. 스캐리Scary, 스포티Sporty, 베이비Baby, 포시Posh, 진저Ginger는 오디션에서 많은 경쟁자를 물리치고 선발되었다. 이들은 청소년이 좋아하는 노래와 춤을 본격적으로 교습받았다. 팬들은 8~12세의 연령층이며, 어린 자녀를 둔 대부분의 가정은 당시 히트 상품인 '스캐리'와 '베이비' 미니 인형을 가지고 있을 정도였다. 스파이스 걸스는 어린 팬들의 우상이 되었다. 이들의 첫 앨범 〈Spice〉는 1,600만 장이 팔렸다. 1996년부터 이 그룹은 비틀즈 이후 최대의 성공을 거두었다.

제7장 미술

1. 현대 영국 미술의 동향

영국에서 현대 미술은 문학이나 음악만큼 명성을 누리지 못하고 있다. 대중의 기호도 현대 미술의 혁신적이고 전위적인 작품보다는, 전통적인 작품을 더 선호한다. 매스미디어도 미술에 그리 관심을 가지지 않으며, 새로운 경향이 등장할 때마다 회의적이고 비판적인 태도를 보여왔다. 미술이 다른 예술 분야보다 상대적인 열세를 면치 못하고 있음에도 불구하고, 영국에는 훌륭한 미술관들이 상당수 있다.

주요 전시회는 국립 미술관National Gallery에서 개최된다. 1824년에 개관한 국립 미술관은 13세기에서 19세기까지 제작된 서양화 거장들의 작품을 약 2천 2백 점 보유하고 있다. 현대 미술품 및 조각은 테이트 미술관Tate Gallery(1897년 개관)에서 볼 수 있다. 영국 역사의 유명 인사들의 초상화와 사진은 국립 초상화 미술관National Portrait Gallery(1856년 개관)에서 볼 수 있다. 스코틀랜드의 에든버러에 있는 국립 현대 미술관National Gallery of Modern Art, 스코틀랜드 국립 초상화 미술관Scottish National Portrait Gallery, 스코틀랜드 국립 미술관 National Gallery of Scotland도 유명하다.

런던은 전위적인 미술가들이 주로 활동하는 무대이고, 혁신적인 미술학교도 많다. 왕립 미술 학교Royal College of Art(RCA), 현대 미술 학교Institute of Contemporary Arts(ICA), 슬레이드 미술 학교Slade School of Fine Art, 성 마틴 미술 대학St. Martin's College, 중앙 미술 학교Central School 등이 있다. 1960년대까지 미술 학교에는 특별한 입학 조건이 없었기 때문에 재능 있는 학생들이 많이 입학했다. 각 학교는 각기 독특한 개성을 가지고 있다. 그런데 런던 미술 학교London Institute가 설립된 1980년대에 들어서면서 각 학교의 특색이 없어지고 말았다. 재학생이 2만여 명에 달하는 이 학교는 미술과 디자인 부문에서 유럽 최대 규모의 교육 기관이다.

런던에 있는 현대 미술 학교Institute of Contemporary Arts(ICA)는 주로 진보적이고 전위적인 미술 전시회를 개최한다. 반면에 왕립 미술관Royal Academy은 보다 전통적인 미술을 고수하는 것으로 유명하다. 1768년에 설립된 왕립 미술관은 영국에서 가장 오래된 예술 아카데미다. 왕립 미술관이 주최하는 유명한 하계 전시회는 매년 5월과 8월 사이에 개최되며, 전시품은 전문가와 아마추어로 이루어진 일반 회원의 출품 작품으로 구성된다.

2. 초기 미술

초기 미술은 교훈적인 성격이 강했다. 교회, 정부 및 부유한 후원자들은 도덕적 메시지를 전달하는 작품을 특히 장려했다. 이러한 경향은 조지프 터너 Joseph M. W. Turner(1775~1851)와 존 콘스타블John Constable(1776~1837)을 위시한 18~19세기 풍경 화가의 작품에 반영되었다. 자연 풍경은 도덕적 진실을 담고 있다고 여겨지는 중요한 주제로서, 당시의 문학 작품과 시에서도 이런 생각을 찾아볼 수 있다. 영국의 풍경화는 서유럽 미술사의 발전에 크게 기여했을 뿐만 아니라, 전통적인 회화 스타일의 하나가 되었다.

19세기 중반 산업화가 진행되면서, 산업화의 참상과 사회적 무질서에 직면하여, 종교에서 제시하는 옛 믿음으로 회귀하려는 움직임이 있었다. 이러한 경향은 라파엘 전파Pre-Raphaelite Brotherhood의 작품에 널리 반영되었다. 윌리엄 홀맨 헌트William Holman Hunt(1827~1910) 등은 정신적 위안과 도덕적 가르침을 주는 성서와 고전에 나오는 장면들을 그렸다. 그 이름이 말해주듯이 라파엘 전파Pre-Raphaelites는 라파엘 Raphael(1483~1520) 시대 이전의 미술을 부활시킴으로써 당시 영국의 미술을 개혁하고자 한 그룹이었다. 당시 런던 로열 아카데미Royal Academy Schools의 학생이던 그들이 그러한 이름을 택했던 것은 아카데미의 교수들을 거부한다는 의미였다. 그러나 그보다 더 중요한 것은 이 이름이 수 세기 동안 라파엘과 미켈란젤로Michelangelo(1475~1564)를 최고로 숭배하면서 모방해온 영국의 전통을 부정하는 행위였다는 점이다. 수 세기 동안 지속된 영국의 전통을 부정한 라파엘 전파가 좋아했던 것은 밝은 색채와 납작한 평면, 즉 15세기 이탈리아 미술(초기 기독교 미술로 알려져 있던)의 솔직함 같은 특징이었다.

라파엘 전파에게 이러한 문제의식을 심어준 인물이 바로 작가이자 사회사상가였던 러스킨John Ruskin이었다. 그는 경제 발전을 위해 자연 환경의 파괴와 도시의 사회 문제 등 인간들이 너무 큰 대가를 치르고 있다고 주장했다. 또한 라파엘 전파는 '자연에 대한 충실'이라는 신조를 가지고 그림을 그렸는데, 그 또한 러스킨의 영향이 컸다. 러스킨은 전통적으로 내려오던 재현 방식을 버리고 대신 직접 대상을 주의 깊게 그려야 한다는 사상을 유행시켰다. 그는

"그림의 첫 번째 중요한 원칙은 눈과 마음으로 관찰하는 것"이라고 주장했다.

뉴욕파New York School는 1930년대와 1940년대에 출현했다. 이 시기에 많은 유명 미술가와 지식인이 전쟁의 혼란에 휩싸인 유럽 대륙을 뒤로 하고, 뉴욕으로 망명했다. 2차 세계 대전이 끝난 후에 이들 대부분이 미국에 정착하여, 강단에 서기 시작했다. 파리에서는 마르크 샤갈Marc Chagall, 맥스 에른스트Max Ernst, 앙드레 브레통Andre Breton, 피에 몽드리앙Piet Mondrian과 같이 모더니즘 modernism과 초현실주의surrealism의 영향을 흡수한 화가들이, 미국의 새로운 가능성에 이끌려 폐허가 된 유럽을 떠났다. 이들은 미국에서 회화, 건축 분야의 뉴욕파를 결성했다. 이들은 바우하우스Bauhaus로 알려진 독일의 디자인 그룹으로부터 작품의 아이디어를 얻었다. 이 그룹은 디자인의 기능성, 소박성, 깨끗함을 요구하면서 어떠한 장식이나 꾸밈도 거부했다.

3. 1950년대의 미술

(1) 추상 표현주의

1950년대 영국 미술계를 대표하는 두 흐름은 추상 표현주의Abstract Expressionism와 사회적 리얼리즘이다. 추상화는 뉴욕파로부터 영향을 받았다. 뉴욕파의 사상과 영향이 영국 회화에 반영되면서, 이전에 볼 수 없던 새로운 경향이 나타났다. 작품에서 사람이나 사물이 생략되고, 구성 요소를 제외하고는 주제가 없었다. 그림은 그림 자체로 존재할 뿐, 아무런 다른 의미가 없었다. 그림은, 그림을 존재하게 한 행동을 반영하는 대상이었다. 즉 캔버스를 향해 물감을 던지거나, 똑똑 떨어지게 하거나, 문질러 더럽히는 등 물감을 이용한 동작을 통한 '행위 미술action painting'이 만들어졌다. 이 행위 미술은 추상적 표현주의로 알려지게 되었으며, 그 대표적 인물은 잭슨 폴락Jackson Pollock이었다. 1960년대에 이러한 기법은 세계의 미술가들에게 영향을 끼쳤고, 결국 1970년대에 이르러 추상 미술은 심지어 교육과 정신 치료에도 도움이 되는 것으로 받아들여졌다.

전위 미술이 뉴욕에 뿌리를 내려가고 있을 무렵, 전후 영국의 보헤미안과 미술가들의 활동 무대는 잉글랜드 남서부 콘월 지방의 작은 어촌인 세인트 아이브즈St. Ives가 되었다. 이미 19세기 말부터 이곳에 온 영국의 뛰어난 화가들은, 프랑스 화가들로부터 야외에서 그림을 그리는 방식을 도입했다. 20세기 중반, 이 그룹은 미국으로부터 온 강력한 문화적 조류의 영향을 받아서 마을과 그 정경을 새로운 추상적 표현 양식으로 묘사하기 시작했는데, 이들을 묶어 아이브즈파St. Ives School로 부른다. 이들은 자연 환경을 충실하게 표현하기 위해서 녹색이나 회색 등 어두운 색조를 적극적으로 사용했다.

한편 런던에 본부를 둔 구성주의자Constructivists는 추상적 이미지를 '구성'하는 데 목적을 두었다. 이 표현 양식을 추구하는 가장 대표적인 화가는 낭만적이고 상징적인 화풍을 보여준 빅터 패스모어Victor Passmore였다. 그의 기법은 균형 잡히고 매력적인 방식으로 통제된, 수평 및 수직의 형상을 이용하는 것이다. 그의 작품은 대부분 어떤 윤곽의 느낌을 보여준다. 즉 견고하고 가라앉은 분위기와 차분하며 절제된 미를 보여준다. 1950년대 중반의 사회 분위기와 조화를 이루면서 이 작품들은 정돈된 낙관주의를 반영하고 있다.

(2) 사회적 리얼리즘

미국 미술의 자아 지향적, 주관적 경향과는 크게 대조적으로, 1950년대 중반의 영국 화가들은 공동체적 주제와 사실적인 스타일을 중시했다. 이러한 주제와 스타일은, 반항적이고 미를 거부하는 '뉴 웨이브new wave' 문학과 밀접하게 연관되어 있다. 이런 경향은 1960년대의 많은 음악적·문학적 경향과 마찬가지로 런던 밖의 북부 잉글랜드의 산업 지역에 초점을 맞추고 있다.

미술에서 사실주의의 목적은 사회와 보통 사람의 실상을, 환상적 혹은 추상적 표현을 통해서 감추지 않고, 솔직하게 보여주는 데 있었다. 이런 그림들은 가정환경을 주제로 삼는 특징을 보여주었다. 당연히 그림 내용도 싱크대를 포함해서 책상 등 모든 가구가 함께 자리잡고 있는 방을 주로 묘사한다. 1954년에 미술 비평가 데이비드 실베스터David Sylvester는 이 새로운 장르를 '키친 싱크 파kitchen sink school'로 불렀다. 이 표현은 이후 영화, 연극, 텔레비전에서 유사한 경향을 말할 때 쓰이게 되었다. 이 표현 방식은 정치적 좌파로부터 강력한 지지를 받았다.

사회적 리얼리스트로 가장 널리 알려진 사람은 존 브래트비John Bratby이다. 그의 작품은 의도적으로 반지성적인 표현을 통해서 충격을 주었고, 반미술적 주제로 악명이 높았다. 그는 낡아빠진 시리얼 상자, 담뱃재, 맥주병이 널브러져 있는 지저분한 식탁을 소재로 그림을 그렸다. 이 그림들은 거칠고 투박하게 물감을 칠해, 세련되고 섬세한 그림에 대해 빈정대는 듯한 모습을 느끼게 만들었다. 대중은 당시의 많은 리얼리즘 계열의 소설과 연극 작품에서 느낀 것과 같은 충격을 미술 작품에서도 느꼈다. 그러나 이러한 작품도 점점 추상적 세계로 기울게 되면서, 비전문가인 일반 대중은 잘 알아볼 수 없는 그림이 되어갔다.

(3) 팝 아트

1950년대 중반 미국은 영국에 대해 문화적으로나 미술사적으로 큰 영향을 미쳤다. 1956년에 테이트 미술관은 윌리엄 드 쿠닝William de Kooning, 잭슨 폴락Jackson Pollock, 마크 로스코Mark Rothko의 작품을 중심으로 전시회를 개최했다. 이 전시회의 제목은 "미국의 현대 미술Modern Art in the US"이었는데,

당시 대단한 반응을 일으켰다. 이를 통해 미국의 미술과 문화에 대한 일반 대중이나 전문가의 관심을 확인시키는 계기가 되었다.

1954년 영국의 미술 비평가 로렌스 알로웨이Lawrence Alloway는 미국 문화와 매스미디어의 대중적·상업적 경향에 관심을 보이는 작가와 미술가의 모임인 인디펜던트 그룹Independent Group의 성격을 규정하기 위해, '팝pop'(popular의 약칭)이라는 용어를 사용했다. 확실히 이들이 추구하는 세계는 대중문화적 이미지가 있었다. 즉 요란하고 밝으면서도 저속한 이미지와 함께 광고, 텔레비전 등 새로운 매스미디어에서 사용되는 상투어를 사용했다. 마릴린 먼로Marilyn Monroe의 대형 사진, 코카콜라Coca-Cola와 같은 상품의 광고물, 대형 미국 자동차의 상세한 기술 설명서 등이 그 대표적인 예이다.

1956년에 런던에 있는 화이트 채플 미술관Whitechapel Gallery에서 열린 "이것이 미래다This is Tomorrow"라는 전시회에서 해밀튼Hamilton은 그의 작품 〈현대 가정을 그렇게 다르게, 그렇게 매력적으로 만드는 것은 도대체 무엇인가? *Just what is it that makes today's homes so different, so appealing?*〉를 선보였다. 이 전시회는 팝 아트 작품이 대중에게 최초로 공개된, 영국 미술사의 획기적 사건이었다. 해밀튼의 작품은 잡지에서 잘라 낸 다양한 이미지로 한 거실을 묘사하고 있는 콜라쥬collage이다. 전면에는 보디빌더의 사진이 포즈를 취하고 있다. 천장은 우주 안에 자리잡은 지구 위성의 사진이 차지하고 있다. 벌거벗은 소녀가 거대한 햄 통조림을 앞에 두고 소파에서 포즈를 취하고 있다. 벽에는 연재 만화에서 잘라낸 그림이 걸려 있다. 배경에는 광고물에서 오려낸 장면 속의 계단을 한 왜소한 여성이 전기청소기로 청소하는 모습이 표현되고 있다. 이 작품은 그것들을 재미있게 결합하면서, 광고와 매스컴 세계의 환상적 이미지에 초점을 맞추고 있는데, 매스미디어 세계의 환상적 이미지를 희극적으로 결합하여 보여주는 듯하다. 이것은 바로 미국 상업 문화의 진면목을 보여주는 것이다. 이 작품은 '팝pop'의 주제들을 반영했다 하여, '팝 아트pop art'로 알려지게 되었다.

이 팝 아트의 영향은 급속히 커져서, 곧 많은 다른 미술가들도 이러한 미술을 시도하게 되었다. 그들의 작품은 당대 추상 운동의 영향을 받게 되면서, 작품 내용이 외관상 명확하게 표현되지 않고, 보다 주관적인 것이 되었다. 1960년대 초에 미술가들은 전통적인 캔버스 대신에, 다양한 모양으로 만들어진 캔버스를 사용하기 시작했다.

4. 1960년대 및 1970년대의 영국 미술

1960년대 중반부터 팝 아트 미술가 세대가 영국에 뿌리를 내리기 시작했다. 이들의 영향력은 미국에까지 미쳤다. 이곳에서 앤디 워홀Andy Warhol은 팝 아트와 상업 미술을 결합시켰으며, 로이 리히텐슈타인Roy Lichtenstein은 만화영화에 기초하여 거대한 그림을 제작했다. 팝 아트는 낙관적이고, 감동적이며, 감상하기 쉬운 미술로 세계적인 주목을 받았다. 그러나 대부분의 비평가는 팝 아트를 차갑고, 피상적이며, 정치와는 동떨어진 '사소한 내용을 무관심하게 표현한 것disinterested presentation of trivials'으로 정의했다.

이러한 비평에도 불구하고, 팝 아트는 나중에 캔버스에서 다른 포맷으로 옮겨갔다. 바로 음반의 포장이었다. 팝 아트 미술가 피터 블레이크Peter Blake는 비틀즈의 앨범 〈페퍼 상사 Sgt. Pepper's Lonely Hearts Club Band〉(1967)의 커버를 디자인했고, 롤링 스톤스Rolling Stones는 여러 장의 음반 재킷 디자인을 앤디 워홀에게 위촉했다. 그래픽 디자인과 스크린 인쇄 기법이 발전하면서 저렴한 비용으로 티셔츠, 스티커, 컵, 접시 등 기타 여러 품목에 팝 아트 포스터가 대량으로 인쇄되었다.

이러한 발전과 더불어 팝 아트의 영향력이 점점 커지면서 사람들이 팝 아트를 더 가까이 할 수 있게 되었다. 데이비드 호크니David Hockney와 키타R. B. Kitaj와 같이 일반 대중의 이목을 끄는 팝 아트 미술가도 나왔다. 이 둘은 1959년에 왕립 예술 대학RCA에 입학했으며, 나중에 다양한 스타일을 개발했다. 이들의 작품은 대중에게 인기를 누렸으며, 비평가들로부터도 찬사를 받았다. 호크니의 작품은 영국 미술가로는 드물게 일반 대중에게도 널리 알려져 있다.

(1) 데이비드 호크니

왕립 예술 대학 재학 중에 완성한 일련의 작품, 〈방탕아의 추이*The Rake's Progress*〉로 일찌감치 성공을 거둔 데이비드 호크니David Hockney(1937~)는, 인정받는 영국 미술가 가운데 한 사람이다. 당대의 많은 왕립 예술 대학 출신 미술가들과는 달리, 그는 특정 학파나 시대적 흐름에 크게 영향을 받지 않았다.

최고의 찬사를 받은 호크니의 일부 작품은 1960년대 후반에 완성되었다. 그 당시 그는 캘리포니아로 이주하여, 점차 자연주의 스타일의 그림을 그리기 시작했다. 〈비거 스플래시*A Bigger Splash*〉(1967)에서 그는 해변가의 집, 수영장, 풀밭과 야자수를, 즐거움과 레저의 공간으로 우아하게 묘사하고 있다. 그는 위안, 행복, 쾌락주의의 분위기를 연출하기 위하여 밝은 색깔을 사용하면서, 마치 즐기기 위해 그림을 그리는 것처럼 보였다. 그의 이러한 태도에 대해, 주제가 너무 가볍고 진지함이 결여되어 있다고 비난하는 비평가도 있다.

(2) 키타

키타R. B. Kitaj(1932~)는 초기 작품에서 인간의 투쟁, 고통과 같은 진지한 내용을 해학에 담아 표현했다. 1970년대에 키타는 조형 작품의 작업을 재개하고,

목탄으로 전통적인 여성 누드화를 그리기 시작했다. 1976년에 그는 런던의 헤이워드 미술관Hayward Gallery에서 "The Human Clay"전시회를 기획했다. 베이컨Bacon, 프로이드Freud, 호크니Hockney 등이 이 전시회에 참여했는데, 키타는 이들과의 제휴를 지칭하기 위하여 '런던학파School of London'라는 용어를 사용했다.

나중에 키타는 대형 화필 자국, 밝은 색깔 및 강한 테두리 등으로 대상을 날카롭게 묘사하는 새로운 스타일을 개발했다. 〈바다에서In the Sea〉(1993)와 미국 대통령 〈빌 클린턴의 초상화Portrait of Bill Clinton〉(1996)는 그 대표적인 예이다. 그의 회화 〈If Not, Not〉은 20세기의 여러 이미지로 구성된 작품이다. 이 작품은 7평방미터의 벽걸이 융단으로 제작되었다. 동종 작품으로는 세계 최대인 이 작품은 런던의 세인트 판크라스St. Pancras에 소재한 대영 도서관British Library에 걸려 있다.

(3) 움직이는 이미지 : 오프 아트 및 움직이는 예술

미국의 팝 아트에서는 시각적 인지 능력을 실험하는 '옵티컬optical' 또는 '오프 아트op art'로 불리는 새로운 스타일이 선보였다. 브리짓 라일리Bridget Riley는 이 분야에서 가장 유명한 영국 미술가로 꼽힌다. 특히 캔버스 전체에 진동과 리듬을 일으켜, 수학적으로 정확한 흑백의 줄무늬를 만들어 내는 것으로 유명하다. 라일리의 작품이 처음 공개되었을 때, 작품이 너무 밝고 강렬하여, 일부 갤러리 직원은 작품으로부터 발산되는 빛을 피하기 위해, 선글라스를 착용할 정도였다. 이 전시회를 통해 라일리는 '오프 아트의 여왕Queen of Op Art'으로 알려지게 되었다.

오프 아트에 의해 도입된 시각 효과는 물리적 운동을 이용한 '움직이는 예술kinetic art'이라는 기법을 개발했다. 움직이는 작품의 속성에 따라 그림과 조각은 하나가 되어, '설치물mobiles'이라 일컬어지는 장르를 구축했다.

5. 1980년대의 미술

런던의 테이트 미술관은 모험적이고 혁신적인 새로운 작품을 장려하기 위해서 1984년 터너상Tunner Prize을 제정했다. 이 터너상은 현대 영국 미술 분야에서 가장 유명한 상이 되었다. 최종 선발 명단에 오른 네 명의 후보의 작품이 테이트 미술관에 전시된다. 최종적으로 미술 후원자, 비평가 및 미술관 관장으로 구성된 심사 위원단이 수상자를 선정한다. 1991년부터 50세 이하의 화가로 연령을 제한하고 있다.

1970년대 후반에는 괄목할 만한 특정 스타일이나 학파가 나오지 않았으며 미술 작품은 보다 개인적·개별적인 것이 되었다. 추상, 조형, 초상화, 사회적 풍자, 비평 리얼리즘, 페미니즘 그림 등이 공존했다. 그러나 1980년대 초반에는 미국, 독일, 이탈리아에서 전개된 신표현주의 경향이 강해지면서 새로운 활기가 조성되기 시작했다.

특히 스코틀랜드의 미술계에서 표현주의 경향이 두드러졌다. 존 벨라니John Bellany, 켄 쿠더에Ken Currie, 아드리안 비즈뉴스키Adrian Viszniewski는 표현주의적 기법으로 글래스고Glasgow의 쇠퇴하고 있는 산업 현장에 대한 비관주의를 반영하는 어둡고 우울한 색조의 그림을 그렸다. 1980년대에 스코틀랜드에서 스코틀랜드 미술의 정체성을 발전시키려는 목적에서 몇몇 전시회가 열렸는데, 1987년 스코틀랜드 국립 박물관에서 개최한 "The Vigorous Imagination : New Scottish Art" 전이 그 대표적인 경우였다. 이러한 전시회들은 스코틀랜드가 1990년대 후반에 정치적 자치권을 어느 정도 확보하게 되면서 자주 열리게 되었다.

영국에서는 색을 효과적으로 사용해서 대상과 이미지를 자연스럽게 처리하는 뉴 이미지New Image 그림이 인기를 얻게 되었다. 이 기법은 대상을 연구하거나 분석하기보다는, 명료하게 표현하는 데 목적을 두고 있다. 표현주의 스타일에 따라 활동을 해 온 켄 키프Ken Kiff, 길리안 에이레스Gillian Ayres, 파울라 레고Paula Rego를 위시한 몇몇 중견 미술가도 새롭게 주목을 받기 시작했다.